Gramática analítica avanzada

La *Gramática analítica avanzada: Construyendo significados en español* ofrece una cobertura descriptiva amplia de los temas gramaticales fundamentales del español, a la vez que proporciona un tratamiento detallado de las estrategias de análisis necesarias para que los lectores puedan desarrollar sus destrezas analíticas y su propio pensamiento gramatical.

Esta gramática no asume conocimiento previo de la lingüística. Para ayudar al lector, los materiales están organizados desde los conceptos más básicos a los más complejos. Las herramientas analíticas que acompañan los diferentes temas pueden aplicarse a nuevos fenómenos que surjan durante el proceso de aprendizaje del español como segunda lengua, ofreciéndoles a los lectores la garantía de poder seguir aprendiendo. Cada capítulo contiene una síntesis, tablas de resumen y ejercicios que sirven para repasar los conceptos estudiados.

La *Gramática analítica avanzada* será de utilidad tanto para los estudiantes avanzados de español como segunda lengua que busquen profundizar su comprensión de la gramática del español, así como para hablantes nativos y futuros maestros que deseen reforzar su conocimiento de los fundamentos de la gramática descriptiva.

Ana Teresa Pérez-Leroux es catedrática de español y lingüística en la Universidad de Toronto, Canadá.

Yadira Álvarez-López es investigadora asociada en la Universidad de Toronto, Canadá.

Gramática analítica avanzada
Construyendo significados en español

Ana Teresa Pérez-Leroux y
Yadira Álvarez-López

Routledge
Taylor & Francis Group

LONDON AND NEW YORK

Designed cover image: 'Toronto Puzzle' / © Liz Remicio Tinoco

First published 2024
by Routledge
4 Park Square, Milton Park, Abingdon, Oxon OX14 4RN

and by Routledge
605 Third Avenue, New York, NY 10158

Routledge is an imprint of the Taylor & Francis Group, an informa business

© 2024 Ana Teresa Pérez-Leroux and Yadira Álvarez-López

British Library Cataloguing-in-Publication Data
A catalogue record for this book is available from the British Library

Library of Congress Cataloging-in-Publication Data
Names: Pérez Leroux, Ana T. (Ana Teresa), 1962– author. |
Álvarez-López, Yadira, author.
Title: Gramática analítica avanzada: construyendo significados en español /
Ana Teresa Pérez-Leroux and Yadira Álvarez-López.
Description: Abingdon, Oxon; New York, NY: Routledge, 2024. |
Includes bibliographical references and index.
Identifiers: LCCN 2023032199 (print) | LCCN 2023032200 (ebook) |
ISBN 9781032538839 (paperback) | ISBN 9781032542423 (hardback) |
ISBN 9781003415879 (ebook)
Subjects: LCSH: Spanish language—Self-instruction. |
Spanish language—Grammar. | LCGFT: Self-instructional works.
Classification: LCC PC4112.5 .P43 2023 (print) |
LCC PC4112.5 (ebook) | DDC 465—dc23/eng/20231115
LC record available at https://lccn.loc.gov/2023032199
LC ebook record available at https://lccn.loc.gov/2023032200

ISBN: 978-1-032-54242-3 (hbk)
ISBN: 978-1-032-53883-9 (pbk)
ISBN: 978-1-003-41587-9 (ebk)

DOI: 10.4324/9781003415879

Typeset in Sabon
by codeMantra

Índice

Agradecimientos

De ambas

Gracias a nuestras editoras, Samantha Vale Noya y Tassia Watson, por su amable guía, y a Liz Remicio Tinoco por contribuir con sus ilustraciones a nuestro proyecto. Gracias también a tres revisores anónimos cuyos comentarios sirvieron para enriquecer este texto y al excelente equipo editorial de Routledge. A la profesora Amapola Higgins, Laura Colantoni, Ignacio Uriarte-Tuero, Bill y Ernesto: sin sus sugerencias y consejos este proyecto no hubiera sido lo que es.

De Ana

Mis agradecimientos comienzan por Yadira, con quien he tenido los desacuerdos teóricos más entretenidos y provechosos de mi carrera. Siguen por mis amigos y colaboradores de años, compañeros del quehacer lingüístico: Yves Roberge, Juana Liceras, Anny Castilla-Earls, Petra Schulz y Danielle Thomas; a Rosa Sarabia, por sus estupendas preguntas sobre gramática. Sin la familia que tengo, y su afecto y apoyo, probablemente no hubiera escrito este libro, ni los otros: Annie, Miche, Kathryn, Paul, Liz, Sebas, Laura, Amiro e Irina. A Bill: ¿Te he dicho alguna vez?

De Yadira

Quiero empezar dándole las gracias a Ana, primero, por haberme invitado a participar en este proyecto, y segundo, por lo mucho que nos divertimos (y discutimos sobre gramática y demás tópicos) mientras escribimos este libro. A mis estudiantes les agradezco porque siempre me enseñan algo nuevo y porque sus preguntas siempre me hacen pensar en mejores formas de enseñar la gramática. Muchas gracias también a mis compañeros y amigos de la escuela graduada: Natalia Mazzaro, Yasaman Rafat, Irina Marinescu, Matt Patience, Erin Pettibone y, especialmente, Tanya Battersby, con quienes tuve la suerte de conversar acerca de muchos de los temas tratados en este libro. A mis amigos Dania, Juan y Cris, gracias por siempre estar. A mis padres, mi abuela, mi hermana y Alejandro, les agradezco su apoyo incondicional a lo largo de este proyecto; a Nicole, la alegría que nos da a todos. Finalmente, mi contribución a este libro no hubiese sido posible sin la compañía diaria y segura de Ernesto y Moosh.

Lista de abreviaturas

A	adjetivo
Adv	adverbio
CC	complemento circunstancial
CI	complemento indirecto
Conj	conjunción
Det	determinante o artículo
Fem	femenino
N	sustantivo o nombre; categoría nominal
Masc	masculino
O'	oración
OD	objeto directo
OI	objeto indirecto
P	preposición
PN	persona y número (referido al morfema verbal)
Pl	plural
PPC	pretérito perfecto compuesto
PPS	pretérito perfecto simple
Sg	singular
SA	sintagma adjetival
SAdv	sintagma adverbial
SN	sintagma nominal, frase nominal
SP	sintagma preposicional
Suj	sujeto
SV	sintagma verbal
TMA	tiempo, modo, aspecto (referido al morfema verbal)
V	verbo

Aclaración: para formar el plural, añadimos una *s* al final de las abreviaturas, por ejemplo, SNs (sintagmas nominales), SPs (sintagmas preposicionales), ODs (objetos directos), etc.

Figuras

Tablas

Introducción

Este libro presenta un tratamiento avanzado de la gramática del español, basado principalmente en los resultados de los estudios gramaticales y lingüísticos realizados durante las últimas tres décadas. Nuestro énfasis reside en la descripción de los datos, por lo que nos abstraemos, en lo posible, de cuestiones y debates teóricos. Nuestro punto de partida es la excelente *Gramática descriptiva de la lengua española* de Bosque y Demonte (1999), compendio indispensable dentro de las investigaciones sobre el español. Nos dirigimos simultáneamente a tres tipos de lectores distintos: i) estudiantes avanzados de español como lengua extranjera que deseen una presentación más profunda e integrada de las cuestiones gramaticales; ii) maestros o futuros maestros de español que quieran adquirir un mejor manejo de la explicación gramatical y del metalenguaje que esta requiere y, finalmente, iii) todo hablante, nativo o no nativo, bilingüe, multilingüe, monolingüe o de herencia que se haya interesado alguna vez por la forma en que decimos las cosas en español.

Este texto no asume ningún conocimiento previo de lingüística, ni intenta enseñar una teoría específica o notación formal, por lo que no incluimos diagramas oracionales. Tampoco es una gramática tradicional. En nuestra experiencia, muchos estudiantes y maestros conciben la gramática como una lista de principios de buena conducta del lenguaje. Este acercamiento impide apreciar lo interesante que puede ser el quehacer gramatical. Así, además de ofrecerles a nuestros lectores una gramática avanzada y analítica del español, tratamos de mostrar que la gramática es una actividad científica y no un manual de hablar bien o un conjunto de reglas y estipulaciones. A la vez, aspiramos a entretener a nuestros lectores, ya que, aunque este es un libro serio, la pasamos bien en los años que nos llevó escribirlo. Si logramos que los que lean este libro comiencen a ver el quehacer gramatical como un método de reflexión para entender la compleja relación que existe entre lo que queremos decir y cómo lo decimos, habremos cumplido nuestra misión.

Nuestro enfoque tiene tres características distintivas. Primero, a un nivel general, presentamos el análisis gramatical como un proceso de descubrimiento, donde cada propuesta es una hipótesis comprobable o falsificable. El objetivo es encontrar generalizaciones cada vez más informativas acerca de cómo funciona la lengua. Segundo, estructuramos nuestra presentación de modo integrado, aumentando gradualmente la complejidad de los conceptos y, a la vez, manteniendo clara la relación entre ellos. En este sentido, nuestra exposición y secuencia temática van guiadas por la forma en que se construyen los significados en español, siguiendo el principio de composicionalidad del filósofo alemán Gottlob Frege. Frege propuso que los significados de las frases son la suma de los significados de sus partes más el significado que emerge de la forma en que estas se combinan. Así mostramos progresivamente a los lectores cómo se combinan las diferentes

DOI: 10.4324/9781003415879-1

piezas del lenguaje y qué aporta cada cosa al significado global del enunciado. Tercero, los casos y ejemplos que utilizamos pertenecen no solamente a las prácticas lingüísticas más comunes del español, sino que incluyen otros representantes del habla de varias regiones y estratos sociales, así como de bilingües y hasta niños en sus etapas tempranas de aprendizaje. Todos ellos son hablantes y también poseedores del idioma. Nebrija casi acierta cuando dijo que siempre era la lengua compañera del imperio. Hoy diríamos "que siempre fue la lengua compañera de la gente". Nuestro objetivo, sin embargo, no es presentar un inventario completo de la variación en español, sino utilizar la variedad del idioma para resaltar propiedades relevantes del funcionamiento de la gramática. Esta perspectiva de autor, así como nuestro estilo están determinados, en parte, por el hecho de que ambas autoras somos hablantes de variedades caribeñas.

El orden específico que seguimos en este libro es el siguiente. En el Capítulo 1 comenzamos explicando que la gramática es un quehacer humano y, como tal, no está libre de ideologías. Pasamos entonces a presentar las herramientas que sirven de base para el análisis de la oración, las categorías gramaticales y semánticas, y explicamos por qué en el centro de todo está el verbo (Capítulo 2). Los dos capítulos siguientes cubren dos temas centrales desde el punto de vista de la estructura de las oraciones: el tiempo y el aspecto del verbo (Capítulo 3) y los sujetos (Capítulo 4). Después de hacer una parada en el interior de las frases nominales (Capítulo 5), seguimos con otros componentes oracionales: los objetos directos (Capítulo 6), los indirectos (Capítulo 7), la negación (Capítulo 8) y el modo gramatical (Capítulo 9). Finalmente, el Capítulo 10, enfocado en el tema de la predicación, incluye el análisis de otros dos tipos de oraciones: las oraciones copulativas y las pasivas, temas que integran la interacción entre el orden de palabras, la estructura de la información y la predicación en español. El lector con experiencia notará que algunos temas, por ejemplo, la subordinación o los usos de *se*, están distribuidos en varios capítulos. Estas discontinuidades no son accidentales, sino que obedecen a un plan de elaboración gradual en la presentación de conceptos.

El estudio de la gramática y la construcción del significado resulta un reto, porque para estudiar las palabras y oraciones necesitamos muchas más palabras. Aun así, esperamos que este libro les sirva de ayuda a los lectores. Aprender sobre gramática es invitar a la razón y la creatividad. Es, sobre todo, una ventana de acceso al pensamiento humano y una herramienta necesaria para entender mejor este mundo (lleno de palabras) en el que habitamos.

1 El objetivo de la gramática, sus conceptos y métodos

Temas

Gramáticas descriptivas y prescriptivas
La lingüística como ciencia del lenguaje: subdisciplinas
Unidades de organización gramatical: paradigmas y sintagmas, y relaciones de significado

Objetivos

Ampliar la noción de lo que entendemos por gramática y su estudio
Describir los diferentes objetivos que motivan el quehacer gramatical
Entender ejemplos de relaciones gramaticales

Introducción

La gramática es un quehacer muy antiguo que puede obedecer a dos propósitos bien distintos. Uno es el de describir las propiedades de una lengua o idioma; el otro, promocionar ciertas formas específicas de hablar. Este capítulo comienza por discutir la tensión que existe entre estos dos enfoques. Para ello, introducimos varias nociones como lenguaje, lengua, habla, dialecto, idiolecto, competencia y actuación, y problematizamos la idea de norma lingüística. A continuación, examinamos los prólogos de dos gramáticas clásicas dentro de la historia de la gramática española que ilustran claramente estas dos posiciones. En la sección 1.3 situamos la gramática dentro de las ciencias del lenguaje. El lector con conocimientos generales sobre la lingüística puede obviar esta sección y dirigirse directamente a la sección 1.4. El resto del capítulo presenta una perspectiva abstracta sobre los objetos que investiga la gramática. Comenzamos por introducir los conceptos de relaciones paradigmáticas y las sintagmáticas, y explicamos su relevancia dentro del análisis gramatical. Continuamos con una descripción de lo que son las frases o sintagmas y su funcionamiento dentro de la oración. Por último, examinamos las varias relaciones de significado entre frases y oraciones.

DOI: 10.4324/9781003415879-2

1.1   ¿Qué son las gramáticas y para qué se escriben?

A. J. Verdelle cuenta en su obra *The Good Negress* que cuando era niña la maestra de gramática la mandó a su casa porque no hablaba inglés de forma apropiada. Lo curioso es que la autora es estadounidense (nacida en 1960, en Washington, D. C.), y solo hablaba inglés. En el siguiente párrafo, la narradora le explica a su madre por qué no está en la escuela.

> Missus Pearson say she will teach us all the rules. She say English is governed by rules of grammar, and the rules, she say, go special with nouns and verbs.
>
> La señorita Pearson dice que nos va a enseñar todas las reglas. Dice que el inglés está gobernado por las reglas de la gramática y que esas reglas van especialmente con los sustantivos y los verbos.
>
> [trad. del autor]

¿Ha sido Ud. alguna vez testigo de un intercambio parecido? ¿Qué entiende la maestra por gramática? En nuestras sociedades, los niños que hablan una variedad lingüística minoritaria, diferente a la variedad "estándar" o "apropiada", a menudo, sufren discriminación educacional y, a veces, se los confunde con niños con trastornos de aprendizaje del lenguaje (Muñoz y otros 2014).

La maestra de Verdelle (y todos aquellos que sufren del mismo problema conceptual) adopta una falsa equivalencia entre lo que es la gramática—el sistema y las estructuras de un idioma—con el entronizar la forma de hablar de ciertos grupos sociales que gozan de un estatus socioeconómico y educacional privilegiado. Estos grupos proclaman su propia variedad del idioma como "**norma lingüística**", autoasignándose una supuesta superioridad cultural. Las explicaciones que justifican su selección, sin embargo, no tienen fundamento lógico y suelen vestir de discurso seudocientífico lo que, en el fondo, no son más que prejuicios sociales y/o raciales.

Contrario a lo que implica la noción de norma lingüística, tanto las formas "sin prestigio" como las "prestigiosas" son producto de un sistema intricado de articulación de colocaciones y construcción de sentido, mediante el cual los hablantes van componiendo a partir de los elementos más simples, las palabras, elementos más complejos como frases, oraciones y discursos. Veamos a través de un caso concreto, el verbo *haber*, la diferencia entre lo que es la gramática de una lengua y la llamada **norma**.

En muchos libros de texto de español para extranjeros o en gramáticas tradicionales encontramos la siguiente afirmación: el verbo *haber* se conjuga en tercera persona de singular, independientemente de si precede a una frase singular o plural. Esta regla estipula que la oración dada en (1a) es posible, pero la de (1b) no lo es.

(1) a. Había muchos lápices en la mesa.
     b. Habían muchos lápices en la mesa.

Si esta regla constituyera una descripción de la gramática del español, no esperaríamos encontrar la forma plural de *haber* en estos contextos. Una rápida búsqueda digital muestra, sin embargo, que tales formas abundan. Sería más adecuado entonces proponer que ambas oraciones son parte de la gramática, y que ambas forman parte de la variedad y riqueza expresiva de la lengua española. La supuesta "regla del plural de *haber*" refleja un hecho distinto: que el uso de la concordancia plural en este contexto está estigmatizado en español, al menos entre hablantes con un nivel de educación alto. Curiosamente, contrario a lo que se dice, el uso de la concordancia plural no está asociado al grado de escolaridad del hablante.

- En la capital, un importante despliegue policial rodeó la marcha convocada por los sindicatos mayoritarios CGT y CFDT, pero no **hubieron** incidentes. *El País*, 02/05/1978.
- La balanza comercial de diciembre arrojó un déficit de 5.940 millones de dólares, mientras que **hubieron** 18.000 nuevas solicitudes de subsidio de desempleo en la primera semana de febrero. *El País*, 21/02/1992.
- El conteo de accidentes en la operación salida, que inició el viernes a las 15.00 horas y ha terminado a las 24.00 horas del domingo, ha sido menor que el del fin de semana pasado, en el que **hubieron** 25 fallecidos y 34 heridos en 22 accidentes. *El País*, 03/07/2006.
- El juez George, por su parte, recordó que **habían habido** "otras iniciativas en las que se habían eliminado derechos de minorías a través del voto de la mayoría". *El mundo*, 06/03/2009.
- Gorriarán Merlo quiso saber: "¿El punto en discusión es el dos por uno?" Los legisladores le explicaron que **habían** muchas objeciones a que ellos recuperaran la libertad. *La Nación*, 15/7/2000.
- Allí le cuestionaron a Marín las contrataciones que realizó, sobre todo en 2005, donde se consideró que **hubieron** muchos errores. *La Nación*, 4/4/2006.

Los casos anteriores muestran que incluso en espacios donde impera la llamada norma estándar (los medios de comunicación impresos) encontramos variabilidad en la realización de la concordancia. Finalmente, como los periodistas y editores tienen un alto nivel de educación, tenemos que concluir en que el uso de la concordancia plural con *haber* no está ligada a la falta de educación.

Proponemos entonces que hay una distinción fundamental entre los casos de formas que existen, pero no son valoradas, y los casos de formas que son verdaderamente inexistentes en una lengua. A un hablante de español puede no parecerle bien la concordancia de plural con *haber* en (1b), pero reconoce la oración y la entiende. En cambio, una secuencia como la de (2) no es reconocible. Usamos un asterisco al inicio de la supuesta oración para señalar que es **agramatical**, es decir, que queda fuera de las posibilidades del idioma.

(2) *Muchos habían en lápices la mesa.

De interés

Ya se ha dicho que hipérbaton es lo mismo que inversion ó perturbacion del órden natural de las palabras. No es tolerable esta figura cuando se pone el artículo ó la preposicion despues del nombre, porque deben precederle siempre, y esa es su naturaleza invariable. Decimos bien la Villa de Madrid, pero no podemos decir: Villa la Madrid de. *Gramática de la Lengua Castellana* (Real Academia Española 1771, 330–1).

Es en la diferencia entre lo posible y lo imposible donde radica la clave para entender por qué conceptos como "norma" o "variante estándar" son construcciones sociales sin valor formal. Es un hecho que los hablantes nativos usan tanto *había* como *habían*. La diferencia en la valoración de estas formas no obedece a causas gramaticales, sino sociales. La pregunta que debemos responder es qué entendemos por "regla gramatical". Pasando del lenguaje al mundo externo, una regla puede ser una generalización (*los perros tienen cola*) o un imperativo (*no se puede fumar aquí*). Por igual, una regla gramatical puede ser (a) una caracterización del funcionamiento del idioma, o (b) un dictado sobre de qué manera es mejor hablar. Las gramáticas que promueven ciertas variedades o dialectos en la lengua son llamadas **gramáticas normativas** o **prescriptivas**. Estas gramáticas tienen como objetivo primario **establecer normas** y **fijar los usos correctos** o **aceptables** dentro de la lengua, y contienen enunciados (también llamados reglas) donde se proponen ciertos usos como preferibles. Con frecuencia, estas gramáticas toman **la lengua escrita como modelo por encima de la lengua hablada** y, a menudo, desdeñan o no incluyen ejemplos de esta última. También tienden a excluir usos y construcciones empleadas por grupos que no gozan de prestigio social. Finalmente, en este tipo de gramáticas se fusionan, con frecuencia, análisis gramaticales y lingüísticos con **consejos sobre el arte de redactar y hablar**. Así, se pueden encontrar mezclados imperativos estilísticos acerca de **la prosa elegante**, el lenguaje ético/deóntico, *el hablar bien*, con el quehacer de **describir y explicar el funcionamiento** de las frases y oraciones en una lengua determinada.[1]

Desde nuestra perspectiva, hay razones más importantes para estudiar las reglas gramaticales que la de tratar de buscar la elegancia en el hablar. Al preguntarnos cómo habla la gente en realidad y por qué, pasamos a investigar el producto más visible del pensamiento: el lenguaje. Como actividad científica la gramática trata de explicar cómo se relacionan forma y significado. La gramática describe qué formas existen y cuáles no, qué diferencias de significados existen entre enunciados de forma parecida, o qué significados se asocian con ciertas formas. Consideremos los casos siguientes.

(3)   a. Luisa busca a una secretaria que habla inglés.
        b. Luisa busca una secretaria que hable inglés.
(4)   La policía está en la puerta.

A pesar de ser muy parecidas, las oraciones en (3) expresan un contraste gramatical que afecta el significado. En (3a) se presupone que existe una secretaria individual, y que tal individuo tiene ciertas características ('hablar inglés'). En cambio, (3b) es válida en un contexto en que no se sabe si existe tal persona. La oración en (4), por su parte, representa una ambigüedad de tipo léxico: *la policía* se puede referir a un grupo de individuos que son policías o a una mujer que es policía. Los ejemplos (1–4) muestran cómo la investigación gramatical se fundamenta en el estudio de los **contrastes**:

- Entre lo que se puede y no se puede decir (**contraste de gramaticalidad**)
- Entre formas de distribución parecidas (**contraste de formas gramaticales**)
- Entre dos sentidos posibles de las formas (**ambigüedad o contraste semántico**)

La capacidad del lenguaje es reflejo de la mente. Al estudiar el funcionamiento de las lenguas descubrimos cuestiones sobre la relación entre lenguaje y pensamiento. Este texto está orientado tanto hacia aquellos que se interesen en la lengua española y su gramática, como a futuros maestros para que puedan evaluar los contenidos de los materiales de instrucción. Nuestro objetivo es presentar una buena batería de herramientas analíticas

---

1 Las lenguas naturales pueden ser orales, como el español o castellano, el catalán, el inuktitut, etc., o gestuales, como la *Langue de signes Québécoise* o la lengua de señas nicaragüense. Una propiedad de las lenguas naturales es que existen independientemente de que tengan o no un sistema de escritura. Entonces decimos que la lengua les pertenece por igual a los hablantes letrados y a los iletrados.

NOCIONES BÁSICAS

LENGUAJE: facultad humana de expresión lingüística

LENGUA: código lingüístico de una comunidad

HABLA: acto individual y concreto de uso del lenguaje

COMPETENCIA vs. ACTUACIÓN. La competencia lingüística es la facultad o capacidad potencial que tienen todos los seres humanos de producir y comprender enunciados de una lengua. **La actuación** es la realización o manifestación concreta de esta capacidad. La noción de actuación es equiparable al habla, mientras que la de competencia es comparable a la de lenguaje.

VARIEDAD o DIALECTO: código lingüístico de una comunidad relativamente homogénea

IDIOLECTO: variante individual (de cada individuo)

y conceptuales que sirvan para examinar cómo funciona la lengua española. No tenemos intención de "corregir" la lengua, sino examinarla y entenderla.

Podemos investigar la lengua desde dos perspectivas: una externa y otra interna. Como objeto externo, las lenguas son la totalidad del conjunto de actos de habla de una comunidad, el corpus completo del idioma. Como objeto interno, desde una perspectiva cognitiva o mentalista, la lengua es la capacidad de un individuo de generar y/o comprender los infinitos enunciados posibles dentro del idioma. Los mentalistas alegan que el principal objeto de estudio de la lingüística no es la lengua socialmente nombrada (por ejemplo, el idioma español, o Español con mayúscula), sino la **competencia** o habilidad lingüística de los hablantes individuales. Con frecuencia apelan al estudio de las intuiciones de los hablantes (ya que reconocen que solo se llega a la competencia a través de la **actuación** del individuo cuando externaliza el lenguaje al ejecutar un **acto de habla**). Los externalistas, en cambio, se concentran en estudiar el lenguaje espontáneo dentro su contexto social.

Métodos de estudio

I. Análisis de bases de datos naturales

II. Estudios de intuiciones (introspección o encuestas)

    ... sobre la gramaticalidad o aceptabilidad de los enunciados

    ... sobre relaciones semánticas

III. Estudios de diseño experimental:

    ... de comprensión

    ... de producción elicitada

    ... de tiempo de procesamiento

    ... de registro de movimientos oculares ('eyetracking')

    ... de procesamiento neurofisiológico, usando técnicas como la resonancia magnética funcional (IRMf) y otras

1.2   Tipos de gramáticas

Los prólogos son la sección de un libro donde el autor plantea sus objetivos. Resulta revelador comparar los prólogos de dos gramáticas clásicas de gran importancia en la historia de la lengua española: la de Nebrija y la de Bello. La *Gramática de la lengua castellana* de Antonio de Nebrija es la primera gramática escrita en español y sobre el español. Publicada en 1492, año del inicio del período de conquista y colonización de América, esta obra se considera el documento inaugural del español moderno. La *Gramática de la lengua castellana* (1847) de Andrés Bello[2] es la primera gramática escrita en el continente americano y, aún en la actualidad, se considera una obra de gran profundidad y destreza analítica.

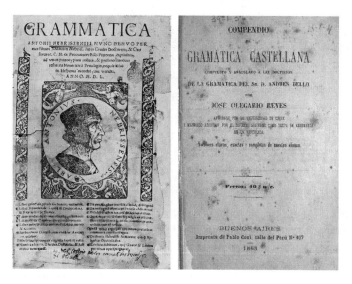

Figura 1.1 Imágenes de la primera página de gramáticas de Antonio Nebrija y de Andrés Bello (Antonio de Nebrija [1444–1522], Public domain, via Wikimedia Commons y Andrés Bello [1781–1865], Wikipedia Commons, Academia Argentina de Letras, Public domain, via Wikimedia Commons).

Prólogo a la *Gramática de la lengua castellana* (1492), Antonio de Nebrija

A LA MUI ALTA Y ASSÍ ESCLARECIDA PRINCESA DOÑA ISABEL, LA TERCERA DESTE NOMBRE [...]

Cuando bien comigo pienso, mui esclarecida Reina, i pongo delante los ojos el antigüedad de todas las cosas, que para nuestra recordación y memoria quedaron escriptas, una cosa hállo y: sáco por conclusión mui cierta: que siempre la lengua fue compañera del imperio; y de tal manera lo siguió, que junta mente començaron, crecieron y florecieron, y después junta fue la caida de entrambos. [...]

Por que después que sintieren bien el arte del castellano, lo cual no será mui dificile por que es sobre la lengua que ia ellos sienten, cuando passaren al latín no avrá cosa tan escura

---

2 Andrés Bello fue un importante filólogo y ensayista venezolano. Fue maestro de Simón Bolívar.

que no se les haga mui ligera, maior mente entreveniendo aquel Arte de la Gramática que me mandó hazer vuestra Alteza, contraponiendo línea por línea el romance al latín. [...] El tercero provecho deste mi trabajo puede ser aquel que, cuando en Salamanca di la muestra de aquesta obra a vuestra real majestad, y me preguntó que para qué podía aprovechar, el mui reverendo padre Obispo de Avila me arrebató la respuesta; y respondiendo por mi dixo que después que vuestra Alteza metiesse debaxo de su iugo muchos pueblos bárbaros y naciones de peregrinas lenguas, y con el vencimiento aquellos ternían necessidad de recebir las leies quel vencedor pone al vencido, y con ellas nuestra lengua, entonces, por esta mi arte, podrían venir en el conocimiento della, como agora nos otros deprendemos el arte de la gramática latina para deprender el latin. I cierto asssí es que no sola mente los enemigos de nuestra fe, que tienen ia necessidad de saber el lenguaje castellano, mas los vizcainos, navarros, franceses, italianos, y todos los otros que tienen algún trato y conversación en España [...].

Prólogo a la *Gramática de la lengua castellana* (1847), Andrés Bello

Aunque en esta Gramática hubiera deseado no desviarme de la nomenclatura y explicaciones usuales, hay puntos en que me ha parecido que las prácticas de la lengua castellana podrían representarse de un modo más completo y exacto. [...]

El habla de un pueblo es un sistema artificial de signos, que bajo muchos respectos se diferencia de los otros sistemas de la misma especie: de que se sigue que cada lengua tiene su teoría particular, su gramática. No debemos, pues, aplicar indistintamente a un idioma los principios, los términos, las analogías en que se resumen bien o mal las prácticas de otro. [...]

Como el diccionario da el significado de las raíces, a la gramática le incumbe exponer el valor de las inflexiones y combinaciones [...].

No tengo la pretensión de escribir para los castellanos. Mis lecciones se dirigen a mis hermanos, los habitantes de Hispanoamérica. Juzgo importante la conservación de la lengua de nuestros padres en su posible pureza, como un medio providencial de comunicación y un vínculo de fraternidad entre varias naciones de origen español derramadas sobre los dos continentes.

Estos textos fundacionales comparten el mismo título; sin embargo, sus prólogos revelan fines muy diferentes. El objetivo de la gramática de Nebrija es pedagógico: apoyar la extensión del imperio, haciendo disponible el arte de la lengua española [por *arte*, léase: destreza] a los pueblos extranjeros. La gramática de Bello, por su parte, anuncia que intentará proveer una caracterización adecuada del sistema de la lengua española, lo que representa una orientación más descriptiva. Las dos gramáticas también se diferencian en cuanto a los métodos empleados. Nebrija propone usar una estrategia comparativa basada en contraponer el romance al latín, mientras que Bello argumenta en contra de la orientación latinista en las gramáticas, proponiendo que el sistema de la lengua castellana debe examinarse en sí mismo. Así concluimos que la gramática de Nebrija es de corte prescriptivista, mientras que la de Bello es de corte descriptivista.

Las gramáticas pueden clasificarse tanto por el método que empleen como por sus objetivos. Las **gramáticas de tipo pedagógico** (que se utilizan para la enseñanza) están destinadas a extranjeros o a jóvenes nativo-hablantes en el proceso de desarrollar sus habilidades de escritura. La mayoría de las gramáticas pedagógicas pueden ser catalogadas como prescriptivas. También existen las **gramáticas históricas,** cuyo fin es documentar el origen de las expresiones y describir los cambios de la lengua en su evolución. Por otra parte, están las **gramáticas descriptivas,** cuyo objetivo es documentar las propiedades de una lengua en un momento específico. A diferencia de las gramáticas históricas que son diacrónicas, ya que siguen los cambios del idioma a través del tiempo, las gramáticas descriptivas son sincrónicas. Por último, encontramos las **gramáticas teóricas** que tratan de explicar y proponer mecanismos más abstractos y generales que den cuenta del funcionamiento de la lengua. En la actualidad hay diferentes perspectivas teóricas, por ejemplo, la gramática generativa, la gramática funcionalista y la gramática cognitiva.

Tipos de gramáticas

Gramáticas pedagógicas: para extranjeros, para jóvenes hablantes nativos; también pueden servir como guía editorial.

Gramáticas históricas: documentan y describen los cambios en una lengua a lo largo del tiempo, por lo que son diacrónicas.

Gramáticas descriptivas: documentan la lengua en un momento específico, usos sincrónicos.

Gramáticas teóricas: explican el funcionamiento de la lengua de manera más abstracta.

Antes de concluir esta sección queremos señalar que las gramáticas prescriptivas obedecen a un impulso normativo: el de influenciar a los hablantes a sustituir su variedad vernácula por una variante de prestigio. Esto, sin lugar a duda, requiere que se defina una versión como estándar o norma dentro de una lengua. Tales convenciones, como vimos, surgen de prejuicios sociales y no de la lógica. La imposición de una norma conlleva, además, consecuencias negativas. Aunque no tenemos objeciones contra los propósitos pedagógicos de la enseñanza de una variedad dentro de una lengua—no es posible enseñar todas las variedades a la vez—sí consideramos esencial que quede claro cuál es el objetivo, y que no se confundan cuestiones gramaticales con cuestiones éticas o estéticas. Finalmente, es importante tener claro que la selección de una variedad determinada no la hace inherentemente más gramatical frente a otras variedades, ya que todas las variedades tienen el mismo estatus de gramaticalidad dentro de la gramática de una lengua. Así, en lugar de seguir la tradición pedagógica y normativa, en este libro proponemos acercarnos a la gramática siguiendo el método de estudio científico del lenguaje.

Gramática-Sociedad-Ideología

Si hay necesidad de nombrar dos, ó mas personas á un tiempo, es natural nombrar ántes al varon que á la hembra, como: el padre y la madre: el marido y la muger: el hijo y la hija. Gramática de la Lengua Castellana (Real Academia Española 1771).

No siempre es tan sencillo desligar el prescriptivismo de la intención de describir la gramática de una lengua. Tomemos por ejemplo a Bello quien declara en su gramática la independencia lingüística de América frente a España: "Mis lecciones se dirigen a mis hermanos, los habitantes de Hispanoamérica" (30). Sin embargo, Bello acaba por proponer una "regular uniformidad", basada en "la costumbre uniforme y auténtica de la gente educada" (34). Con esta frase Bello no solo excluye la posibilidad de la coexistencia de diferentes variantes, sino que selecciona como modelo la variante hablada por la gente con acceso a la educación. Aunque su preocupación era que el uso de neologismos enturbiara el idioma, ya que "tiende a convertirlo en una multitud de dialectos irregulares, licenciosos, bárbaros; embriones de idiomas futuros" (33), la actitud de Bello acaba siendo prescriptivista.

El palenquero, un caso de interés

El palenquero es una lengua hablada en la comunidad de Palenque de San Basilio, en Colombia. Se considera uno de los últimos casos sobrevivientes de lenguas criollas con base léxica en la lengua española. Los palenques son pueblos formados en tiempos de la colonia por grupos de esclavos que habían escapado y que establecieron sociedades libres. En el siglo XX, los maestros les decían a los hablantes de estas poblaciones que el palenquero era un español mal hablado y reprimían su uso en la escuela. En una entrevista, el anciano Pedro Salgado, un hablante de esta variedad, cuenta la experiencia de la pérdida de la lengua en la región:

> Pueblo mí ta pelé lengua ané; lengua de akí suto ta pelendo ele; por gutto, ombe. Pogk'iké mu maluko;
>   dise ané le lengua ik'é mu maluko
>   'Mi pueblo está perdiendo su lengua; la lengua de aquí nosotros la estamos perdiendo; por gusto, hombre. Porque dizque es muy maluca; dicen ellos que la lengua dizque es muy maluca.'
>
> (Pedro Salgado; citado por de Friedemann y Patiño [1983])

Lo peculiar de este caso es que no se trata de una variante del español, sino de otra lengua. Sin embargo, para algunos de los hablantes de la lengua dominante en la región, el palenquero carecía de estatus de lengua y lo calificaban como una variedad inferior del español.

1.3   La gramática dentro de las ciencias del lenguaje

Aunque el estudio de las lenguas es una actividad muy antigua, es solo a fines del siglo XIX que **la lingüística** (la ciencia del lenguaje) se independiza de la filosofía (el estudio del saber), de la lógica (el estudio del pensamiento) y de la filología (el estudio del texto), y se convierte en una ciencia autónoma. Como ciencia, la lingüística trata de formar teorías, proponer modelos, postular hipótesis y conducir observaciones sistemáticas que permitan evaluar dichas teorías, modelos e hipótesis.

> La lingüística es la ciencia que se ocupa del estudio sistemático del lenguaje como un objeto del mundo físico, natural y social.

Debido a la complejidad del lenguaje, la lingüística se subdivide en varias disciplinas que se enfocan en los diferentes niveles de representación de la lengua. El primero de estos niveles corresponde a los sonidos y hay dos disciplinas que se ocupan de su estudio: **la fonética y la fonología**. Aunque el objeto de estudio es el mismo, los sonidos, estas disciplinas se distinguen porque se centran en preguntas diferentes. La fonética investiga las características acústicas y articulatorias de los sonidos de la lengua, mientras que la fonología se ocupa de la organización y el funcionamiento de los sonidos dentro de la lengua. Así, a la fonología le interesa cómo contrastan los sonidos entre sí, cuáles son las combinaciones posibles de sonidos en una lengua, las estructuras silábicas posibles, los patrones acentuales, etc. A la fonética, en cambio, le interesan las propiedades acústicas de los sonidos, y cómo los hablantes producen (modo de articulación) y perciben los sonidos.

Al nivel de los sonidos no hacemos referencia a cuestiones de significado. Esto se debe a que los sonidos por sí solos son unidades de forma y no de sentido. Veamos esta idea a través de un ejemplo. En español hay cinco vocales: /a/, /e/, /i/, /o/, /u/. Aunque podemos identificarlas por su forma, las vocales en sí mismas no están asociadas a ningún significado. Para que una vocal adquiera significado, tiene que convertirse en algo más allá de un sonido. Por ejemplo, la *a* tiene significado cuando funciona como preposición, en una frase como *Caminemos a la biblioteca*.

> Otra área de investigación lingüística es el estudio de la prosodia o entonación: el estudio de la curva melódica de las oraciones y las propiedades acústicas y fonológicas de diferentes elementos oracionales en función de su estatus informativo, por ejemplo, elementos focalizados o topicalizados, elementos contrastivos, etc. Está área de la lingüística se ha desarrollado mucho en los últimos años.

Una vez que identificamos una asociación fija entre una secuencia de sonidos y un determinando sentido, entramos a un nivel distinto de representación: el llamado **signo lingüístico**. Este es el caso de **las palabras** y **los morfemas**. La palabra *gata*, por ejemplo, es un signo lingüístico porque asocia una forma o **significante** y un sentido o **significado**. La subdisciplina de la lingüística que se ocupa del estudio de la estructura interna de las palabras y sus patrones de formación es **la morfología**. Aunque existen diferencias entre las palabras y los morfemas—las palabras tienen independencia distribucional, o sea, pueden aparecer solas, mientras muchos morfemas no pueden aparecer por sí solos—en ambos casos encontramos una asociación entre una forma y un sentido.

> Las palabras *gato/gatita/gatazo/gatuno* contienen la secuencia de sonidos *gat-*, que es considerada como un morfema porque se asocia con el mismo significado: 'relacionado con los felinos'. El morfema gat- no existe de modo independiente en la lengua. De gat- decimos que es la raíz de las palabras anteriores y la etiquetamos con el signo matemático de raíz √: √gat-.

Figura 1.2 La palabra *gata*, como signo lingüístico, asocia un significado (idea) y un significante (una forma o realización de sonidos). Ilustración de Liz Remicio Tinoco.

En los capítulos 3 y 5, veremos que la noción de morfema, en algunos casos, es algo más bien abstracto, ya que no siempre hay una secuencia de sonidos que corresponda al significado que interpretamos. Pensemos en el siguiente par de palabras: *gatos/gato*. Sabemos que *gatos* se refiere a más de uno porque tiene una *-s* al final. Con *gato* sucede algo interesante, aunque no tiene ninguna marca que indique que es uno solo, i.e., singular, lo interpretamos como tal. De este ejemplo podemos concluir que es el contraste con la forma que incluye la *-s*, o la ausencia de *-s*, lo que hace que interpretemos *gato* como uno solo.

El próximo nivel de análisis lingüístico es **la sintaxis**: subdisciplina que estudia la estructura de las oraciones y las frases, y la función de las frases dentro de las oraciones. Sabemos que las palabras se combinan bajo ciertas reglas y forman unidades más complejas llamadas **frases o sintagmas**. Las frases o sintagmas, también conocidos como constituyentes sintácticos, son grupos de palabras asociados alrededor de un núcleo. Por ejemplo, si combinamos el sustantivo *gatita* con el adjetivo *blanca* y con un artículo definido, obtenemos la frase nominal *la gatita blanca*. También es posible combinar frases para formar oraciones, por ejemplo, *La gatita blanca come pescado crudo*.

El siguiente nivel de análisis corresponde al significado, el cual puede estudiarse desde diferentes perspectivas: las palabras individuales, las oraciones y el discurso. La **lexicología** es la subdisciplina de la lingüística que se encarga del estudio de las palabras y sus significados, por ejemplo, de las relaciones entre palabras (*pintor/artista/retratista/dibujante*), o de los múltiples significados de una palabra (*pintor de brocha gorda, pintor de cuadros*).

La semántica, por su parte, se ocupa del estudio del significado a nivel de constituyentes y de la oración. Un aspecto importante de la construcción de frases es que, al combinar los varios constituyentes sintácticos, estos adquieren significados más complejos que las partes individuales. El filósofo y matemático alemán Gottlob Frege propuso que el significado de una estructura sintáctica es una función del significado de sus partes en conjunción con la manera en que se combinan esas partes. Así sabemos que no significa lo mismo decir *el pescado de la gata* que *la gata del pescado*.

Finalmente, hay unidades de significado mayores que la oración como el diálogo, la narrativa, etc. La subdisciplina que estudia el significado de las oraciones en contexto, dentro de situaciones comunicativas, se llama **pragmática**. Además de estas macroestructuras, la pragmática examina aspectos de la interpretación que dependen de oraciones anteriores o del contexto de habla como la referencia de los pronombres, (5).

(5) A: ¿Qué te dijo él?
     B: ¿A quién te refieres?

La situación comunicativa donde se inserta una oración puede completar, aumentar o enriquecer ciertas dimensiones del significado. Consideremos dos diálogos posibles, recogidos en (6).

(6) A: ¿Tienes reloj?   B: Sí.
     A: ¿Tienes reloj?   C: Son las siete.

Aunque A no pregunta directamente qué hora es, eso es en realidad lo que le interesa. Un interlocutor literal (B) podría responder que "sí", pero esa respuesta resultaría insatisfactoria. Si el oyente infiere, correctamente, que lo que quiere saber A es la hora, entonces ofrecerá una respuesta más informativa como C.

La Tabla 1.1 resume las diferentes subdisciplinas de la lingüística y su objeto de estudio. Lo que normalmente entendemos como gramática queda centrado alrededor de la sintaxis. Sin embargo, resulta imposible aislar las frases y las oraciones de la forma de las palabras, sus significados, y los significados que emergen al combinarse los constituyentes en estructuras más complejas. Por estas razones, aunque este libro se enfoca en la sintaxis, también hacemos uso de algunos conceptos básicos de la morfología y la semántica que son esenciales para describir las oraciones.

Tabla 1.1 Las subdisciplinas de la lingüística

Subdisciplinas	*Unidades de análisis y conceptos centrales*
Fonética. Estudia los sonidos del lenguaje y su realización desde un punto de vista fisiológico y físico.	Sonidos: realizaciones específicas de un sonido en una lengua; se representan en corchetes ([p], [a])
Fonología. Estudia el funcionamiento y la organización de los sonidos de una lengua.	Fonemas y rasgos: /n/ [+anterior] Pares mínimos: /pero/ /pero/ (perro vs. pero)
Morfología. Estudia la estructura interna de las palabras y los procesos de formación de palabras, tales como la composición (palabras compuestas), p. ej., *abrelatas*, (abre+latas) o la derivación, p. ej., *imperfecto* (im+perfecto).	Morfemas léxicos o raíces (*gat-*) Sufijos y prefijos: -Morfemas derivacionales (-*mente*, -*ción*, *in*-) -Morfemas gramaticales: número (-*s*), tiempo y aspecto (-*ba*) y persona (–*mos*)
Sintaxis. Estudia el comportamiento distribucional de las clases de palabras, la estructura de las frases y su funcionamiento dentro de las oraciones.	Frases o sintagmas (ej., sintagma nominal *la amiga*, sintagma preposicional *con cuidado*) Oraciones
Semántica. Estudia el significado y las relaciones de significado dentro de la oración, incluyendo los significados lógicos de las oraciones y la referencia.	Rasgos semánticos [+animado] [+genérico] Forma lógica: mortal (Sócrates); $\forall x$, $P(x)$ Cuantificación, etc.
Pragmática. Estudia la relación entre contexto y significado.	Actos de habla, implicaturas
Lexicografía. Estudia el sistema de vocabulario en una lengua.	Las palabras, sus significados y sus colocaciones

1.4   Los paradigmas

Para entender lo que es el idioma, resulta útil pensar en el aprendizaje ¿Cómo aprenden los niños los morfemas, las palabras y las frases de su lengua materna? El aprendizaje gramatical es sorprendentemente rápido. Para el segundo cumpleaños, los niños ya han dominado el género y la concordancia, y durante el tercer año de vida comienzan a usar múltiples formas verbales, incluyendo el subjuntivo, y van incorporando varios elementos gramaticales. Durante el cuarto año de vida, aprenden a elaborar estructuras complejas, en un proceso que continúa hasta la edad escolar. Hoy en día se piensa que el niño se apoya en las semejanzas de forma entre los varios elementos y en sus relaciones distribucionales. Así, comienzan por aislar las palabras dentro del flujo continuo de la voz materna y, usando los entornos o contextos en que estas aparecen, van descubriendo los patrones de formación de las frases y oraciones, y sus significados. Es decir, van organizando las formas que aprenden en **paradigmas** léxicos y gramaticales básicos.

> **Un paradigma** es un conjunto o lista de elementos o palabras relacionados por su forma, sentido o distribución.

Los elementos que forman parte de un paradigma comparten posibles relaciones contextuales. Comencemos por la palabra. Las palabras pueden clasificarse, junto a otras, por su categoría (por ejemplo, sustantivos: *casa, gato, sol, libro*; preposiciones: *a, ante, con, de, desde, para, por, sin*, etc.), o porque comparten una forma, sea la raíz (***libro/*librero/librería**) o la terminación (*libertad, amistad, igualdad*). Ejemplos de paradigmas morfológicos son todos los verbos regulares del primer grupo de conjugación (verbos terminados en *-ar*, como *hablar/estudiar/amar/nadar*). *Venir/poner/salir*, por otra parte, pertenecen al paradigma de los verbos irregulares con incremento consonántico en la primera persona del singular (añaden una consonante al final de la raíz: *vengo/pongo/salgo*). Otro ejemplo es el paradigma de sustantivos derivados de verbos mediante la adición del sufijo *-ción: cocción/transformación/admiración*, etc. Un niño que dice *ha escribido* por *ha escrito* conoce bien la regla de formación de los participios. Lo que no sabe es que el participio del verbo *escribir* es una excepción o irregularidad.

Los paradigmas también pueden ser semánticos: las palabras que se refieren a los objetos que utilizamos para sentarnos (*sofá, silla, sillón, banqueta, banco, mecedora*, etc.), o los verbos de pensamiento (*pensar, saber, conocer, suponer, adivinar*, etc.). Los paradigmas semánticos constituyen las redes que componen nuestro léxico o diccionario mental. De acuerdo a las relaciones que se establecen entre palabras, podemos decir qué pares relacionados de palabras son:

Sinónimos: palabras de referencia y significado similar

> paciente = enfermo
> carro = coche = auto = vehículo

Homónimos: palabras que tienen idéntica forma, pero cuyos significados difieren

> **cara.** i) Parte anterior de la cabeza humana. ii) Que tiene un precio alto: *una cartera cara*
> **cola.** i) Extremidad posterior del cuerpo de algunos animals. ii) Hilera o fila. iii) Sustancia pastosa que sirve para pegar. iv) Semilla de un árbol.

Polisemia: se refiere a los sentidos múltiples (pero relacionados) de una misma palabra.

> *la policía*: i) puede tener un sentido colectivo o institucional, *la policía de Toronto*;
> ii) puede referirse a una mujer individual

Antónimos: palabras de sentido o significado opuesto

> *perfecto ≠ imperfecto*
> *familiar ≠ desconocido*
> *orden ≠ caos*

Los sinónimos no son solo parte de la misma lista, sino que ocupan el mismo espacio semántico, mientras que los antónimos son elementos paralelos en listas que se contraponen, por ejemplo, los atributos positivos como *legal*, *perfecto* y *ordenado*, y los negativos correspondientes como *ilegal*, *imperfecto* y *desordenado*.

También es posible formar paradigmas teniendo en cuenta las relaciones de inclusión de sentido de las palabras. Por ejemplo, un galgo es un perro y también un animal. Las tres palabras apuntan al mismo ente, pero su contenido léxico está a diferentes niveles de especificidad: *galgo* es más específico y se aplica a menos referentes, mientras que *perro* se aplica a todos los individuos de la clase (no solo a los galgos). Finalmente, *animal* es el menos específico de los tres y su aplicación es más general. Los niños pequeños, al aprender sus primeras palabras, con frecuencia se equivocan en la extensión semántica de los términos. Este es el caso de un niño que llama *perro* a los perros, los gatos y las vacas, o de los niños que se enojan cuando alguien dice *mamá* para referirse a otra mujer que no es su madre.

Los términos más generales, más altos en la jerarquía, que incluyen los significados de otros términos se denominan **hiperónimos**. Los **hipónimos**, por su parte, son términos más específicos y reflejan una subcategoría. *Perro* es hipónimo de *animal* y, a su vez, es hiperónimo de *chihuahua*.

> *animal > perro > chihuahua* → Estos elementos están organizados de los más generales a los más específicos, en otras palabras, de la generalidad a la especificidad.
> *chihuahua/galgo/dogo argentino/presa canario* → pertenecen al paradigma léxico de las razas de perros y son hipónimos de *perro*.

1.5   Las relaciones sintagmáticas

Además de las intuiciones acerca de las **relaciones paradigmáticas** entre palabras, los hablantes tienen intuiciones acerca de las combinaciones de palabras que son posibles y en qué orden. Habíamos llamado sintagmas o frases a estas estructuras. Las asociaciones lineales que se establecen entre los elementos dentro de las frases reciben el nombre de **relaciones sintagmáticas**. En las relaciones paradigmáticas, los elementos son independientes y, hasta cierto punto, sustituibles. En cambio, las relaciones sintagmáticas se establecen horizontalmente entre elementos dentro de una misma estructura, y apelan a la colocación. Cuando se invita a completar la frase en (7), muchos hablantes coinciden en dar la respuesta *mantequilla* o *mermelada*. Esto sucede porque hay una fuerte asociación lineal entre estos elementos léxicos.

(7) Untó el pan con...

Asociación entre constituyentes

¿Qué sucede en los ejemplos siguientes? ¿Cuál de las dos opciones para completar la oración prefieres en cada caso? ¿Podrías decir o explicar en qué se basa tu elección?

    a. La empleada se quedó mirando a un cliente con … pantalones rotos/sospecha
    b. La empleada se quedó mirando al cliente con … pantalones rotos/sospecha

¿Con qué elemento oracional se asocia la frase con pantalones rotos?
¿Con qué elemento oracional se asocia la frase con sospecha?

El hablante reconoce que las oraciones están compuestas por estructuras menores, los sintagmas, y que estas estructuras tienen estructura interna. Las frases o sintagmas, también conocidas como **constituyentes sintácticos**, son grupos de palabras que conforman una estructura alrededor de un núcleo.

No toda secuencia lineal de palabras es un sintagma. La oración en (8) es una de las más famosas de la literatura universal; basta leer las tres primeras palabras para anticipar que la cuarta palabra es *de*.

(8) En un lugar de La Mancha, de cuyo nombre no quiero acordarme, no ha mucho tiempo que vivía un hidalgo.

Sin embargo, sabemos que la secuencia *lugar de* no es una frase en sí misma, sino que es parte de la frase mayor *un lugar de La Mancha,* y que adentro de esta frase mayor hay una menor que es *de La Mancha.*

Una propiedad de los constituyentes es que se comportan como una unidad desde el punto de vista de su funcionamiento dentro de la oración. En otras palabras, aunque los constituyentes pueden incluir varias palabras, funcionan como si fueran un elemento único. Las dos pruebas siguientes y sus respectivos ejemplos, adaptados del libro de texto *Introducción a la sintaxis del español* (Camacho 2018, 88–9), muestran este comportamiento peculiar de los constituyentes.

    i. Prueba de sustitución o correferencia: si una sola palabra puede usarse para referirse a un grupo de palabras, manteniendo el mismo significado y sin añadir nada a la cláusula, el grupo de palabras es un constituyente.

        [La hermana de su primo]   hizo un descubrimiento increíble.
        Ella   hizo un descubrimiento increíble.

    II. Prueba de movimiento: las palabras que se pueden mover juntas cuando se cambia el orden de palabras en una cláusula forman un constituyente.

        [El sindicato de los trabajadores] pide a la empresa dos primas anuales.
        Dos primas anuales pide [el sindicato de los trabajadores] a la empresa.
        A la empresa, dos primas anuales pide [el sindicato de los trabajadores].

1.6   Las relaciones de significado dentro de una oración y entre oraciones

Los constituyentes adquieren su sentido propio en la oración. No es lo mismo (9a) que (9b), la gata puede ser víctima o agresor, dependiendo de si es el sujeto de la oración.

(9) a. La gata mordió al perro.
     b. El perro mordió a la gata.

Parte del conocimiento de la lengua consiste en saber cómo se asocian las funciones gramaticales de sujeto, objeto directo, etc., con los diferentes participantes de la situación que el verbo denota. De modo general los verbos denotan situaciones (es decir, su significado) y el sentido del verbo determina la cantidad de participantes que queden implicados. Un verbo como *morder,* por ejemplo, se refiere a una acción en la que hacen falta dos participantes obligatorios: alguien que ejecute el acto de morder, un agente, y un elemento afectado por la mordida, un paciente. Los **roles o papeles temáticos** son las relaciones semánticas que se establecen entre la situación denotada por el verbo y los argumentos participantes en dicha situación. Estudiaremos este tema en profundidad en el Capítulo 4.

Es importante distinguir la función del significado. Por ejemplo, con frecuencia, los agentes aparecen expresados en función de sujeto y los pacientes como objetos directos. Sin embargo, esto solo es una tendencia. Un verbo como *abrir* puede aparecer tanto con un sujeto agente, (10a), como con un sujeto instrumento, (10b), o causa (10c).

(10) a. José abrió la puerta.
      b. La llave abrió la puerta.
      c. El fuerte viento abrió la puerta.

La realización de un argumento puede variar. En otras palabras, un mismo argumento puede cumplir distintas funciones, de acuerdo a la estructura de la oración donde aparece. Pensemos en el contraste entre una oración activa y su contraparte pasiva. En la oración activa, (11a), *los rufianes* es el sujeto, mientras que, en la pasiva, (11b), el sujeto es *el edificio.* Lo interesante en este caso es que cambia la función gramatical de los elementos, pero no su significado: *los rufianes* son invasores en ambos casos y *el edificio* es el paciente u objeto afectado. Así vemos que las relaciones semánticas entre los participantes y la situación denotada por el verbo sobreviven a transformaciones sintácticas, de la misma manera que las relaciones entre los sintagmas o constituyentes sobreviven a permutaciones en el orden de los mismos, (11c), dentro de ciertas posibilidades. (Abordaremos estos temas en detalle en los capítulos 4, 6 y 10.)

(11) a. <u>Los rufianes</u> invadieron <u>el edificio</u>.
          SUJETO: AGENTE   OD: PACIENTE (TEMA)
      b. <u>El edificio</u> fue invadido <u>por los rufianes</u>.
          SUJETO: PACIENTE (TEMA)   COMPLEMENTO AGENTE
      c. Invadieron <u>el edificio</u> <u>los rufianes</u>.
          OD: PACIENTE (TEMA)   SUJETO: AGENTE

De forma semejante, hay pares de oraciones con verbos similares que expresan las mismas relaciones temáticas entre sus argumentos y la situación, a pesar de que los argumentos cumplen funciones gramaticales distintas. Nótese que en (12a) el individuo que sufre la emoción aparece como sujeto, mientras que en (12b) es objeto directo. Al igual que en el caso anterior, los roles de los participantes son los mismos, aunque sus funciones sintácticas difieren.

(12) a. Los perros temen la oscuridad.
　　 b. La oscuridad asusta a los perros/A los perros los asusta la oscuridad.

La relación entre un verbo y sus argumentos es la clave central del sentido de la oración. Sin embargo, algunas oraciones pueden estar bien formadas gramaticalmente (en principio cumplen los requisitos sintácticos), a la vez que carecen de sentido como en el caso de (13). Las oraciones (13) y (14) tienen estructuras de constituyentes paralelas: ambas incluyen el verbo *dormir*, un sujeto y un adverbio, pero difieren en aceptabilidad. Como el verbo *dormir* requiere un sujeto animado, usar *las incoloras ideas verdes* como sujeto da como resultado una incoherencia semántica en (13). Esta oración es una traducción de la famosa oración de Chomsky (1957) *Colorless green ideas sleep furiously.* *¿Qué otras anomalías semánticas se pueden observar en (13)?*

(13) Las incoloras ideas verdes dormían furiosamente.
(14) Los lindos perritos negros dormían plácidamente.

Podemos usar las **relaciones de significado** para entender el funcionamiento de las oraciones. **La ambigüedad** es una de estas. Hay ambigüedad cuando una forma o estructura tiene más de una interpretación. La ambigüedad puede tener base léxica, estructural o ser puramente semántica. Los homónimos son un caso evidente de ambigüedad léxica, ya que se trata de palabras distintas que tienen la misma forma: *Al lado del banco... y en frente del supermercado* o *Al lado del banco... donde está sentada esa señora.* También se da ambigüedad léxica cuando una misma palabra tiene múltiples acepciones distintas pero relacionadas. En ese caso hablamos de **polisemia**. Por ejemplo, el verbo *salir* puede referirse neutralmente al movimiento hacia el exterior de un lugar (*Sonó la alarma, hay que salir del edificio*) o referirse a la vida social de un individuo (*Su problema es que prefiere salir a estudiar*).

La ambigüedad también puede tener causas estructurales. La ambigüedad estructural surge cuando a la misma frase pueden atribuírsele dos estructuras de constituyentes distintas. En el ejemplo (15), Bobo, un payaso, pudo haber usado una pala para golpear al cocodrilo. Otra posibilidad es que el cocodrilo al que Bobo golpeó tuviera una pala en la mano. Nótese que la ambigüedad desaparece si cambiamos el orden: *Bobo le pegó con la pala al cocodrilo.* En este caso no podemos asociar la pala con el cocodrilo, solo con Bobo.

(15) Bobo le pegó al cocodrilo con la pala.[3]

Por último, la ambigüedad puede ser puramente semántica, cuando una misma estructura aporta dos interpretaciones diferentes. Un ejemplo es el caso de los pronombres, (16a), y otro el de las expresiones cuantificadas como *todos los estudiantes* en (16b).

(16) a. José dice que lo obligaron a afeitarse.
　　 b. Todos los estudiantes admiran a un pintor.

---

3 Esta oración está tomada de Patience y otros (2014).

En (16a), puede ser que José hable de otra persona o de sí mismo, dependiendo de si el pronombre *lo* hace referencia a un elemento anterior en la misma oración o si tiene por antecedente un elemento extraoracional. En (16b), la ambigüedad depende del ámbito que *todos los estudiantes* (una frase con el cuantificador *todos*) tenga con respecto al referente de la frase *un pintor*. La oración podría corresponder a un contexto en que hay un único pintor admirado. La otra posibilidad corresponde a un contexto donde cada estudiante tiene su propio objeto de admiración. Podemos parafrasear, informalmente, estos dos sentidos de la siguiente forma: 'Para cada estudiante hay un pintor que este admira', o 'Hay un pintor al que todos los estudiantes admiran'.

Además de la ambigüedad (la asociación de una forma a más de un sentido), como hablantes también percibimos que hay relaciones de significado entre oraciones distintas. Una de estas es la relación de **paráfrasis**: cuando expresamos (aproximadamente) el significado de una oración mediante otra. Las oraciones pasivas, por ejemplo, son paráfrasis de las activas, (17). También podemos utilizar otras formas de parafrasear como ilustra (18).

(17) a. Los vikingos colonizaron Groenlandia
      b. Groenlandia fue colonizada por los vikingos.

(18) a. Luisa es rica.
      b. Luisa tiene mucho dinero.

Si la paráfrasis establece una equivalencia semántica, la **contradicción** establece una relación de oposición. Aquí se trata de una oración cuyo sentido incluye negar una parte importante de la aserción de la otra oración. En estos casos, combinar una afirmación y su contradicción hace que el discurso sea semánticamente anómalo, lo que anotamos en (19) con el símbolo de número (#).

(19) a. #Pedro es un solterón, pero su esposa es muy amable.
      b. #Está lloviendo, pero no cae agua ninguna.

Además del contenido explícitamente declarado por la oración (**la aserción**), hay significados anteriores o significados derivados que van más allá de la oración misma, tales como las implicaciones y las presuposiciones. Estos significados pertenecen a procesos pragmáticos de evaluación de la oración dentro del contexto comunicativo en que se emplea.

Las **implicaciones** (también llamadas **implicaturas**) son significados que quedan sugeridos, pero no dichos, en una oración.

(20) Me comí un pedazo de torta.   ⇒ IMPLICA QUE NO ME COMÍ LA TORTA ENTERA
(21) ¿Tienes la hora?   ⇒ IMPLICA QUE QUIERO QUE ME DIGAS LA HORA

Las **presuposiciones** son significados que preceden lógicamente al enunciado del que se derivan. Las presuposiciones son supuestos implícitos, compartidos entre el hablante y el oyente, y de los cuales ambos tienen conocimiento previo. En caso contrario, la oración no sería apropiada para ese contexto del habla.

(22) Pedro dejó de fumar.   ⇒ PRESUPONE QUE PEDRO FUMABA ANTES
(23) El huésped no ha comido. ⇒ PRESUPONE QUE EXISTE UN HUÉSPED

Las implicaciones y las presuposiciones son semejantes en que se trata de significados que no están expresados directamente en la oración, pero se diferencian en su estatus semántico. Las primeras son inferencias posibles; las segundas son prerrequisitos lógicos. No podemos dejar de fumar, sin haber fumado antes; no podemos referirnos a "el huésped", si el mismo no existe. Así el filósofo Bertrand Russell discutía la peculiaridad de frases como *El rey de Francia es calvo*, la cual, dicha en el siglo XX, es un sinsentido porque Francia es una república, no una monarquía.

1.7 Resumen y conclusiones

En este capítulo vimos que la gramática descriptiva trata de explicar tanto los usos del lenguaje por parte de los hablantes, como las intuiciones que estos poseen acerca de las relaciones entre las palabras, las frases y las oraciones. Vimos, además, que al estudiar la gramática necesitamos considerar elementos de diferentes tipos y niveles. En este texto, nuestro énfasis será en la sintaxis, pero haremos uso frecuente de conceptos e intuiciones morfológicas y semánticas. Específicamente, nos enfocaremos en las propiedades gramaticales del español que son comunes a muchas variedades y que caracterizan al español en contraste con otros idiomas, por ejemplo, el hecho de que al español se lo considera una lengua *prodrop* porque puede tener oraciones con sujeto implícito o tácito. También abordaremos propiedades específicas de diferentes variedades, tales como la variación en los sistemas pronominales (ej., laísmo, leísmo, voseo del español del Río de la Plata o El Salvador, etc.). Finalmente, volvemos a subrayar que no vamos a hacer referencia a una norma preexistente que dicte que algunas variantes sean correctas y otras no, porque lo que nos interesa es describir y entender cómo funciona la lengua viva de los hablantes.

Históricamente, vimos que las gramáticas han tenido fines prescriptivos o pedagógicos que contrastan con los objetivos descriptivos y analíticos de la lingüística. De las gramáticas de fines pedagógicos podemos decir que ofrecen algunas generalizaciones que son parcialmente útiles, a ciertos niveles y dependiendo del público al que se orienten. Sin embargo, en ciertos casos también proponen descripciones inapropiadas o incompletas. Probablemente habrás encontrado libros de texto que proponen que los artículos en español funcionan casi igual que los del inglés. Este tipo de caracterización puede ser útil a corto plazo, pero solo para los estudiantes extranjeros cuya lengua es el inglés. Aún más, desde el punto de vista gramatical, esta descripción no resulta completa. En el Capítulo 5 estudiaremos algunos contextos donde las dos lenguas difieren, como ilustran las traducciones en (25).

(25) a. *Vitamin C is good for your health.*   'La vitamina C es buena para la salud'.
     b. *Mary loves dogs.*   'Mari adora los perros'.

También discutiremos casos de generalizaciones parciales como las que se proponen con relación a la distinción entre *ser* y *estar* en español. Frecuentemente se dice que el verbo *ser* se aplica a características permanentes, mientras que *estar* se usa para propiedades transitorias, ofreciendo ejemplos como los de (26). Sin embargo, casos como (27) muestran que esa definición no siempre funciona.

(26) a. Yo soy venezolano.
     b. Yo estoy en la sala.

(27) La lagartija está muerta.

La lengua tiene su propia lógica, y esta lógica es sutil y resiste las generalizaciones rápidas. Para el que se interese en ella, la lengua española está llena de misterios a resolver. Este texto está dedicado a los hablantes curiosos, a los extranjeros que aspiran a dominar el idioma y a los maestros que quieren enseñarles: en fin, a todo aquel que haya sentido esta curiosidad por la lengua que compartimos y que se haya preguntado en alguna ocasión: *¿Y por qué se dice esto así en español?*

LECTURAS RECOMENDADAS

Este texto se fundamenta en una perspectiva estructuralista y generativista del lenguaje, fundada en los textos clásicos de Saussure (1916) y Chomsky (1957). Los avances recientes en el estudio de la gramática del español han generado una extensa bibliografía. Haremos referencia frecuente a varios capítulos de la *Gramática descriptiva* de Bosque y Demonte (1999). Como introducción a la lingüística como ciencia, recomendamos a Hualde, Olarrea y Escobar (2010) y, para más detalles, la *Enciclopedia de la lingüística hispánica*, editada por Gutiérrez-Rexach (2016).

En los departamentos de enseñanza de lenguas surgen episodios de conflicto lingüístico; estos parten de una confusión entre los objetivos normativos de la enseñanza del español como lengua extranjera y una postura de discriminación lingüística hacia variantes menos prestigiosas. Pérez-Leroux y Glass (2000) discuten estas tensiones, y proponen un modelo de resolución de conflicto, basado en una pedagogía de inclusión.

1.8   Ejercicios

1.8.1   *Repaso de conceptos*

A. Conceptos. Asigne a cada concepto la definición correspondiente. Note que hay más conceptos que definiciones.

Definiciones		Conceptos
1. Tiene el propósito de documentar las características de un idioma.	a)	antónimos
2. Es un significado sugerido, pero no afirmado por una oración.	b)	agramaticalidad
	c)	competencia lingüística
3. Dos oraciones cuyos sentidos son mutuamente incompatibles.	d)	paráfrasis
	e)	gramática descriptiva
4. Una combinación estructurada de palabras.	f)	implicación
5. El estudio de la forma de las palabras.	g)	morfología
6. El estudio del significado de las palabras y oraciones.	h)	semántica
7. Conocimiento implícito que el hablante tiene del idioma.	i)	presuposición
8. Palabras de significado opuesto.	j)	contradicción
9. Frases que expresan el mismo sentido.	k)	sintagma
10. Cuando la estructura de una frase u oración no corresponde a las reglas de una lengua.	l)	sinónimo
	m)	norma
	n)	morfema

1.8.2   Análisis básico

B. Niveles de análisis lingüístico. Identifique a qué nivel o subdisciplina pertenecen los siguientes fenómenos. fonética/fonología/morfología/sintaxis/semántica/pragmática/ lexicología

1. Los latinos en Norteamérica suelen decir *librería* para referirse a la 'biblioteca', por influencia del inglés.
2. Las palabras que terminan en el sufijo *-dor* son masculinas, aunque no terminen con *-o*, y tienen una variante femenina que termina en *-a* (*trabajador/trabajadora*).
3. El inventario de sonidos en el español latinoamericano no contiene la fricativa sorda interdental, llamada **zeta**.
4. En ciertas variedades, la /s/ que ocurre a final de sílaba se pronuncia variablemente como /h/ en inglés *house*, o con una vocal más larga. (las casas/la^{h}casa^h/ la:casa:).
5. A los 3 años de edad, el niño decía *zapi* en vez de *pizza*, *rontoto* en vez de *Toronto*.
6. En el español de México se usa menos el pretérito perfecto que el simple: *he llegado* vs. *llegué*.
7. En el español de Argentina se usan muchas palabras de origen italiano.
8. Los adjetivos de nacionalidad no se usan antes del sustantivo: **la americana música*.
9. En algunas variedades del español caribeño, el sujeto pronominal de la interrogativa precede el verbo, en contraste con otras variedades (*¿Qué tú quieres?/¿Qué quieres tú?*).
10. Es posible contrastar diferentes elementos en una oración negativa:

   No tiene <u>una</u> novia, ¡tiene dos!
   No tiene una <u>novia</u>, ¡tiene un perro!

C. Relaciones entre palabras. Las palabras se asocian mediante redes de relaciones tanto por su forma como por su significado. Identifique los tipos de relaciones de significado que se dan entre las palabras siguientes. sinonimia/antonimia/hiponimia/hiperonimia

1. cobardía/valentía
2. realizar/llevar a cabo
3. darse cuenta/percibir
4. vulnerable/inmune
5. serpiente/víbora
6. atracción/sentimientos
7. cocinar/freír

D. Ambigüedad. Elija dos homónimos y dos palabras polisémicas (distintos de los dados en este capítulo) y construya oraciones que evidencien sus significados.

E. Tipos de paradigma. Ofrezca dos ejemplos de paradigma: morfológico, morfosintáctico y semántico. Incluya al menos tres elementos en cada caso.

F. Paradigmas. Indique cuál de las cuatro palabras dadas es diferente de las otras teniendo en cuenta el nivel de análisis indicado.

<u>tema</u> llama cama dama → Nivel morfológico: aunque *tema* termina en "a" es de género masculino; las otras palabras son femeninas (la terminación *-ma* de origen griego resulta en palabras de género masculino).

Morfológico

  a) tesis cuadernos libros plumas
  b) venga coma habla escriba
  c) estaba quería podía ignoraría
  d) probable ilegal imposible deshecho

Sintáctico

  e) comer hablar amor pensar
  f) pasión azul hormiga ventana
  g) gustar parecer preocupar amar

Léxico-semántico

  h) gentil claro abierto azul
  i) saber decir querer olvidar
  j) piano paz mesa sol

G. **Oraciones.** Delimite las oraciones en el siguiente párrafo, usando la puntuación apropiada.

Refrescos zumos y alimentos procesados suman otro enemigo los dentistas especialistas en salud pública y organismos médicos internacionales la última embestida contra la invasión dulce la han lanzado expertos de 10 países en un especial de *The Lancet* que diagnostica como gravísimo el estado de las bocas en el mundo piden combatir el consumo de azúcar y poner coto a la mercadotecnia de la industria alimentaria hace unos días los odontólogos del Reino Unido exigieron que los colegios fueran espacios "libres de azúcar" y Portugal acaba de prohibir la publicidad de alimentos azucarados para menores
[*El País*: https://elpais.com/sociedad/2019/09/08/actualidad/1567968227_576788.html]

  a) Extraiga una oración simple.
  b) Extraiga una oración que no sea simple.

H. **Constituyentes.** Extraiga dos constituyentes de cada una de las siguientes oraciones. Justifique su respuesta.

  1. El hijo de Sara hizo la tarea de matemáticas.
  2. En este parque juegan los niños todos los días.
  3. Las charlas de filosofía son muy interesantes.
  4. Los invitados del novio llegaron a la fiesta.
  5. A los estudiantes de primer año les gustó la nueva profesora.

I. **Ambigüedades.** La ambigüedad es común en la lengua. A nivel oracional, distinguimos la ambigüedad estructural de la semántica. De las oraciones siguientes diga qué tipo de ambigüedad representa cada una y explique de manera sencilla el contraste de sentido.

TIPO DE AMBIGÜEDAD   INTERPRETACIONES

  1. Trajo plátanos de la República Dominicana.
  2. El hermano de Luis dice que él no viene.
  3. Todos los perros mordieron a un gato.
  4. El policía mató al ladrón con el revólver.

J. Paráfrasis. Ofrezca una paráfrasis de las siguientes oraciones.

1. Juan le dio un beso a su hijo.
2. Josefa tiene una enfermedad grave.
3. En Toronto el verano es muy húmedo.
4. La empresa de minería destruyó el bosque.
5. Asencio no es un hombre soltero.
6. Aquí no se puede fumar.

K. Relaciones de significado. ¿Qué relación de significado paráfrasis/contradicción/presuposición/implicatura existe en los pares siguientes de oraciones?

a. Llovía hace una hora.// Ahora no llueve.
b. Luisa odia los gatos.// Luisa adora los gatos.
c. Luisa es pobre.// Luisa no tiene dinero.
d. El carro de Tony es nuevo.// Tony tiene un carro.
e. Luisa olvidó que había dejado las chuletas en el horno.// Luisa dejó las chuletas en el horno.

1.8.3   *Problemas de reflexión*

L. Evaluación de reglas. Anteriormente, Ud. habrá aprendido algunas reglas prescriptivas que pueden explicar la agramaticalidad de las oraciones siguientes. Primero, exprese tal regla informalmente.

1. *La gata es sentada en la ventana.
2. *Los niños no come brócoli.
3. *La amiga de los vecinos no tienen carro.
4. *Los zapatos ya son limpios.

Ahora evalúe descriptivamente las siguientes reglas, que integran o contraponen los casos anteriores, identificando cada regla como: Equivocada/Aceptable/Mejor/ Excelente

a. i) No se usa *ser* con *sentada*.
 ii) No se usa *ser* con participio pasado.

b. i) El verbo concuerda con la frase nominal que lo precede.
 ii) El verbo concuerda con el sujeto de la oración.

M. Evaluación de reglas. Elija una regla prescriptiva que haya aprendido en cursos anteriores y piense: 1) ¿puede encontrar algún contraejemplo?; 2) si la regla es adecuada, ¿cree que puede formularla mejor?

2 Unidades gramaticales y categorías sintácticas. La oración

Temas

Las palabras y sus clases
Las frases o sintagmas
El verbo
La oración: tipos y clasificaciones

Objetivos

Reconocer y poder etiquetar las clases de palabras en una frase/oración
Identificar diferentes tipos de sintagmas y sus núcleos
Identificar la función de los sintagmas en una oración
Identificar tipos de oraciones

Introducción

Este capítulo presenta una serie de elementos y conceptos que servirán de base para los diferentes temas que trataremos a lo largo de este texto. Aunque a primera vista puede parecer mucho contenido, muchos de los tópicos resultarán familiares. En algunos casos aprenderemos un nombre nuevo para designar una propiedad o estructura conocida, pensaremos en un elemento desde un punto de vista diferente, o conectaremos temas que antes considerábamos de forma aislada. Este es precisamente uno de nuestros objetivos: mostrarle al lector que muchas cuestiones gramaticales están relacionadas y dependen las unas de las otras. En este capítulo ilustraremos esta idea a partir del verbo, elemento que es eje organizador de las oraciones y determina muchas de sus propiedades.

Adoptar una visión más integrada nos ofrece, al menos, dos ventajas. Primero, permite enriquecer nuestro entendimiento del funcionamiento de la lengua como sistema y de la gramática como sistema organizador de esta. Segundo, al estudiar diferentes tópicos de modo integrado, necesitaremos recurrir menos a la memorización y podremos depender más de la deducción. Este tipo de acercamiento puede facilitar, además, la retención del conocimiento aprendido debido a las conexiones establecidas entre los diferentes temas. Finalmente, si bien el capítulo incluye algunos tópicos nuevos, estos se presentarán de

DOI: 10.4324/9781003415879-3

modo introductorio. Este capítulo no requiere conocimiento previo. Acota las nociones necesarias para realizar los análisis de los capítulos subsiguientes y ofrece una nueva forma de pensar acerca de la gramática.

2.1 De los morfemas a las palabras

En el capítulo anterior aprendimos que los morfemas son las menores unidades con función gramatical en la lengua. Las palabras, por su parte, son las menores unidades que tienen independencia distribucional, o sea, que pueden aparecer por sí solas. Esta propiedad de las palabras nos permite distinguirlas de los morfemas. Si bien hay morfemas que en sí mismos constituyen una palabra, <u>muchos morfemas solo pueden aparecer formando parte de una palabra</u>. Por ejemplo, los tradicionalmente considerados morfemas de género (*-a/-o*)[1] y el de número (*-s*) que encontramos en algunos sustantivos y adjetivos: *niñ-a-s estudios-a-s* o *niñ-o-s estudios-o-s*, no son independientes.

De manera general las palabras incluyen un morfema léxico que se denomina raíz. De acuerdo a su clase, las palabras también pueden requerir morfemas gramaticales. La raíz es el morfema que aporta información conceptual o enciclopédica, el llamado significado, y usualmente se representa con el símbolo √. En (1), la raíz nos dice que se trata de un animal, mamífero, felino, etc. En contraste, los morfemas gramaticales especifican las características de un individuo o conjunto.

(1) palabra: *gatos*
  morfemas: √gat-, -o- -s
  significante: /gat/ /o/ /s/
  significado: 'felino' 'macho' 'pluralidad'

Los verbos también se asocian con morfemas gramaticales específicos. Estos morfemas contienen información acerca del tiempo en que ocurre la situación que denota el verbo, la duración de dicha situación y la(s) persona(s) que participa(n). Por ejemplo, al escuchar la forma verbal *cantábamos* sabemos que las personas que llevan a cabo la acción somos nosotros (*-mos*) y que el evento ocurrió en el pasado, específicamente en el imperfecto (*-ba-*). Los verbos también incluyen otro morfema gramatical: la vocal temática, que indica el grupo de conjugación a que este pertenece. Esta información nos sirve, por ejemplo, para determinar qué tipo de morfema temporal usar en imperfecto, *-ba* o *-ía* cuando aprendemos un nuevo verbo. Consideremos *cantar* y *comer*: √CANT-A-R; √COM-E-R, que forman *cantaba* y *comía*, respectivamente.

(2) cantábamos
  √cant- -a-   -ba-   -mos
  Raíz vocal temática tiempo/aspecto persona y número

En el Capítulo 3 estudiaremos la morfología verbal y en el 5 la morfología de los sustantivos. Lo importante por ahora es saber que las palabras pueden estar compuestas

---

1 En el Capítulo 5 veremos que no todos los lingüistas están de acuerdo en que -a/-o son morfemas de género en español.

por diferentes morfemas cuya forma y sentido es posible separar. Las raíces son un grupo muy amplio de morfemas que tienen contenido léxico, es decir, reflejan significados enciclopédicos. Otros morfemas son de tipo funcional, y solo aportan contenidos gramaticales.

2.2   Las palabras y sus clases

Las palabras pueden dividirse de manera similar a los morfemas en dos grandes grupos: **palabras léxicas** y **palabras funcionales**. En muchas lenguas, el español entre ellas, esta clasificación está basada en el contenido y la función de las palabras.

Las **palabras léxicas** son aquellas que tienen contenido enciclopédico; sirven para denotar entidades, conceptos, eventos, situaciones y calificar o modificar dichas entidades, conceptos, eventos o situaciones. Los **sustantivos, verbos, adjetivos** y **adverbios** pertenecen a la clase de las palabras léxicas. A continuación, listamos estas cuatro clases, y ofrecemos una breve caracterización y algunos ejemplos que ilustran su uso y distribución.

Nombres o sustantivos (N): denotan entidades (*gato, jardín, flores, agua*), eventos (*concierto, competición*) y conceptos abstractos (*libertad, paz, inteligencia*).
    i.   Los gatos poseen cierta inteligencia.
    ii. El jardín de Hortensia tiene flores y vegetales.
    iii. El concierto estuvo buenísimo.

Verbos (V): denotan situaciones como eventos (*ladrar, llamar*) o estados (*gustar, permanecer*).
    i.   El perro ladró.
    ii. Anoche llamé a mis padres.
    iii. Me gusta el chocolate.
    iv. Permaneció sentado.

Adjetivos (A): modifican o restringen el significado del sustantivo (*alto, vacío*).
    i.   Anteriormente construyeron un edificio alto, ahora construirán uno pequeño.
    ii. Ese salón está vacío.

Adverbios (Adv): modifican la situación denotada por el verbo (o predicado) (*fácilmente, rápidamente*).
    i.   Marisol terminó el examen fácilmente.
    ii. El perro devoró la comida rápidamente.

Las palabras **funcionales** constituyen el esqueleto estructural de la oración. En este grupo se encuentran los **determinantes** o artículos, los **verbos auxiliares**, las **preposiciones** y las **conjunciones**, y también los **pronombres** (palabras gramaticales que remplazan o hacen referencia a frases con sustantivos). Cada tipo o clase de palabra determina con qué elementos se asocia. Por ejemplo, los artículos (o determinantes) aparecen con los sustantivos, mientras que los verbos auxiliares se asocian con el verbo. Seguido ofrecemos una breve descripción de cada clase, los elementos con los que se asocian y sus funciones.

Determinantes (Det): se combinan con sustantivos. Su función es ayudar a identificar (determinar) la entidad a la que hacemos referencia. Note cómo varía la referencia de acuerdo al determinante.

    i.   **El** <u>gato</u> está maullando.

    ii.   Anoche había **unos** <u>gatos</u> en el jardín.

    iii.   **Este** <u>gato</u> es muy bonito.

    iv.   **Los** <u>gatos</u> son felinos.

Verbos auxiliares: ayudan a componer el tiempo verbal (*ser, estar, haber*) y se asocian con participios verbales.

    i.   El edificio <u>fue construido</u> por la empresa que quebró.

    ii.   El gato nunca <u>había comido</u> queso azul.

    iii.   El gato <u>está comiendo</u> queso azul en este momento.

PARA PENSAR

¿Qué significado temporal expresan los casos anteriores?

¿En qué contexto se usa cada uno de los verbos auxiliares?

Las preposiciones y las conjunciones sirven para enlazar frases. Su función es ser nexo entre dos elementos. Por ejemplo, las **preposiciones** enlazan dos frases nominales, (3), o una frase nominal y un verbo, (4); mientras que las **conjunciones** pueden enlazar cláusulas, (5), u otros tipos de frases, (6).

(3) [La gata] <u>de</u> [la vecina] es gris.

(4) El libro [está] <u>en</u> [la mesa].

(5) [Marta compró los regalos] <u>pero</u> [fue Juan quien los envolvió].

(6) [El niño] <u>y</u> [su madre] fueron al parque.

2.2.1 *Diferencias entre las palabras funcionales y las palabras léxicas*

El grupo formado por las palabras funcionales y el de las palabras léxicas difieren en dos dimensiones: 1) cantidad de elementos que contienen y 2) apertura de los conjuntos que forman cada clase. En cuanto a cantidad de elementos, el grupo de palabras funcionales es más pequeño que el de palabras léxicas. Referente a la segunda propiedad, **las palabras funcionales forman un conjunto cerrado**: los miembros de cada una de sus diferentes clases (determinantes, preposiciones, conjunciones, verbos auxiliares) constituyen un número fijo y limitado; los hablantes saben cuáles son todos los elementos de cada clase y, generalmente, no es posible añadir nuevos elementos. **Las palabras léxicas forman un conjunto abierto** ya que existen muchas, al punto de que un hablante individual no las conoce todas necesariamente, y pueden entrar y salir de la lengua. Por ejemplo, se pueden crear/incorporar palabras léxicas con bastante facilidad. Podemos innovar o tomar prestadas palabras de otras lenguas adaptándolas morfológicamente para referirnos a nuevas realidades: *faxear, feisbú, instagrameable*. Las palabras también pueden caer en desuso y desaparecer del repertorio/vocabulario activo de una lengua.

Hay que notar que, si bien en principio es posible separar/categorizar las palabras en estos dos grandes grupos, a veces la división no resulta clara. Por ejemplo, anteriormente señalamos que los adverbios ayudan a refinar el sentido de la situación que denota el verbo y los incluimos en el grupo de las palabras léxicas. Sin embargo, hay elementos como *sí* o *no* que también se clasifican como adverbios y, a la vez, son palabras funcionales de clase cerrada; en cualquier caso, observe que son diferentes de adverbios como *rápidamente o ferozmente,* que sí poseen contenido enciclopédico. Finalmente, los diferentes tipos o clases de palabras que incluyen ambos grupos conforman la totalidad de las categorías gramaticales de la lengua. La Tabla 2.1 resume las diferentes clases de palabras o categorías gramaticales, los tipos de elementos que conforman cada clase y ofrece ejemplos de cada uno de ellos.

En resumen, **las palabras o categorías léxicas** son un grupo amplio que tiene contenido enciclopédico y lleva el peso semántico de la oración. Hacen referencia a entidades, acciones, propiedades, etc. **Las palabras o categorías funcionales** sirven para refinar y/o componer estos significados y para expresar relaciones entre elementos.

Tabla 2.1 Clasificación de las categorías gramaticales (=clases de palabras) en español

Sigla	Categorías	Subclases	Ejemplos
V	Verbo	léxicos	*correr, hablar, escribir...*
		copulativos	*ser, estar, parecer...*
		auxiliares	*haber, estar, ir a...*
		modales	*poder, deber, soler, querer*
N	Sustantivo o nombre	propio	*Susana, Andalucía, Toronto...*
		común	*rabo, indiferencia, agua...*
		pronombres	De sujeto: *yo, ella, tú, usted, nosotros...*
			De objeto: *me, te, se, le, los, la...*
			De objeto de preposición: *mí, ella, nosotros...*
			Interrogativos y relativos: qué/*que, quiénes/ quienes, cuáles/cuales...*
			Demostrativos: *esto, eso, aquello, aquellas...*
			Cuantificacionales: *muchos, todos, alguno...*
A	Adjetivos	descriptivos	*azul, roto, alto...*
		posesivos	*míos, tuyos, suyos, nuestras...*
		numerales	*dos, tres...*
		ordinales	*primero, segundo...*
		cuantificacionales	*mucho, poco...*
		demostrativos	*este, ese, aquel...*
Det	Artículos o determinantes	definidos	*la, el, las, los...*
		indefinidos	*un, una, unos, unas...*
		posesivos	*mi, tu, nuestras, su...*
		demostrativos	*este, ese, aquel, estos...*
Adv	Adverbios	léxicos	*rápidamente, claramente, inesperadamente...*
		funcionales	*sí, no, apenas...*
		intensificadores	*muy, bien, mal, poco, demasiado, más, menos...*
P	Preposiciones	simples	*en, por, para, hasta...*
		compuestas	*debajo de, al lado de, junto a...*
Conj	Conjunciones	coordinantes	*y, pero, sino...*
		subordinantes	*que*

En estudios psicolingüísticos del aprendizaje del lenguaje se ha propuesto que los niños usan el entorno sintáctico en que ocurren las palabras y, en particular, las categorías funcionales, para apoyar y acelerar el descubrimiento de los significados de nuevos elementos léxicos. Es la llamada "Hipótesis del apoyo sintáctico" (Syntactic Bootstrapping Hypothesis) de la sicóloga estadounidense Lila Gleitman. Esta hipótesis se ha testeado en experimentos donde se invita al participante a que dé una interpretación (mediante la identificación de una imagen) a palabras inventadas (seudopalabras).

Frente a estos dos mandatos, ¿qué imagen escogerías?

Figura 2.1 Uso del entorno sintáctico (sintaxis del SN) para determinar la referencia de un sustantivo no conocido o inventado (*fepo*). Ilustraciones de Liz Remicio Tinoco.

Varios estudios han mostrado que los niños usan el entorno sintáctico de las palabras para aprender el significado de las palabras cuyo significado desconocen (Pérez-Leroux y Castilla-Earls 2016).

2.2.2 *Problemas de clasificación: forma, sentido y función de las palabras*

Para interpretar una expresión lingüística reconocemos, de manera intuitiva, por supuesto, las categorías gramaticales de las palabras que la conforman. Los hablantes emplean varios criterios (a menudo más de uno) para identificar la clase de una palabra. Uno de estos criterios es la distribución: la posición de la palabra dentro de la frase u oración y los elementos con los que se asocia. Otro criterio es la estructura interna de la palabra: los morfemas que la componen. El tercer criterio es funcional: la función que cumple la palabra (o la frase que la incluye) en la oración.

Las clasificaciones tradicionales de las palabras que ofrecen muchas de las gramáticas hacen uso de los criterios distribucionales, aunque también incluyen cuestiones de significado. Tomemos el caso de los sustantivos o nombres. Teniendo en cuenta la distribución, se dice que el sustantivo aparece acompañado de un artículo que lo precede. En cuanto a su forma o estructura interna, el sustantivo tiene flexión de género y número, (7).

(7) a. <u>El perro</u> ladró mucho anoche.
    b. <u>La perra</u> ladra todos los días.
    c. <u>Los perros</u> de Paula son muy pequeños.

Con respecto a la función, se dice que los sustantivos son el núcleo de las frases nominales y que estas pueden tener diferentes funciones dentro de la oración, p.ej., sujeto, objeto directo, etc., (8).

(8) a. <u>El **perro**</u> ladró anoche.   SUJETO
     b. En el parque vi <u>un **perro** pequeño</u>.   OBJETO DIRECTO
     c. Julia compró comida para <u>su **perro**</u>.   OBJETO DE PREPOSICIÓN

En cuanto al significado, se dice que los sustantivos designan "aspectos de la realidad pensados como conceptos independientes", es decir, objetos físicos o mentales, (9).

(9) *perro, gato, oso, libertad, edificio, libro, nube, progreso, siglo, unicornio, saltamontes, puerta, lago, ciervo, lápiz, cazuela, cabeza, pasillo...*

Teniendo en cuenta los diferentes niveles gramaticales estudiados en el Capítulo 1, vemos que las clasificaciones basadas en la distribución y la función se refieren a **la sintaxis**. En cambio, la clasificación que tiene en cuenta la estructura interna de las palabras se refiere a **la morfología**. Finalmente, la clasificación que incorpora cuestiones de significado se refiere a **la semántica**. Aunque útil en alguna medida, esta última clasificación debe usarse conjuntamente con otras para evitar confusión. Por ejemplo, tanto los sustantivos como los verbos pueden denotar eventos. Considere el caso de los sustantivos *construcción* y *lluvia*, los cuales, al igual que los verbos *construir* y *llover*, denotan eventos.

Pero ¿por qué necesitamos varios criterios para la clasificación de palabras? Hay dos razones claves: primero, no siempre podemos decidir la clase de una palabra si la consideramos de manera aislada, y segundo, no todas las palabras cumplen con todas las propiedades que se le atribuye a su clase. En este texto, aunque intentaremos refinar un poco las definiciones tradicionales, mantendremos un acercamiento multidimensional al problema de la categorización de las palabras. Los tres ejemplos siguientes ilustran la importancia de este tipo de acercamiento.

Los sustantivos y los determinantes. Una de las propiedades atribuidas a los sustantivos es que aparecen acompañados de determinantes. En algunos contextos sintácticos, sin embargo, los determinantes no aparecen, (10). Sin embargo, si tenemos en cuenta la función y la morfología, concluimos que se trata de sustantivos a pesar de que aparecen sin determinantes.

(10) a. El perro come <u>carne</u> todos los días.   OBJETO DIRECTO
      b. Llegaron <u>invitados</u> de todas las nacionalidades.   SUJETO POSVERBAL
      c. En el parque juegan <u>niños</u> por las mañanas.   SUJETO POSVERBAL
      d. Tomo <u>café</u> con <u>leche</u> y sin <u>azúcar</u>.   OBJETO DIRECTO Y OBJ. DE PREPOSICIÓN

La homonimia (palabras de forma idéntica pero diferente significado) es otro contexto que puede dificultar la clasificación de las palabras. Por ejemplo, si tomamos la palabra *la* de manera aislada no podríamos determinar su categoría gramatical ya que puede ser tanto un artículo como un pronombre de objeto directo. En cambio, al considerar su distribución, los contextos en que aparece, las posibilidades quedan delimitadas. Si *la* aparece al inicio de una frase nominal, se trata de un artículo o determinante, (11). Si *la* aparece adyacente al verbo, se trata de un pronombre de objeto directo, (12).

(11) **La** niña de Ignacio es muy alta. 　　ARTÍCULO, CATEGORÍA Det

(12) **La** vimos en casa. 　　PRONOMBRE DE OBJETO DIRECTO, CATEGORÍA N

La clasificación de los **adverbios de versión abreviada,** tales como *fácil* (fácilmente) y *rápido* (rápidamente), también puede dar lugar a confusión ya que su forma coincide con la de los adjetivos *fácil* y *rápido.* En este caso utilizamos la distribución para evaluarlos. Nótese que tanto en (13) como en (14) aparece *rápido*; sin embargo, solo en (13) es un adverbio. En (14) se trata de un adjetivo.

(13) El carro anda rápido. (Adv)

(14) El carro es rápido. (A)

Podemos determinar fácilmente la categoría a la que pertenece *rápido* sustituyéndolo por la forma *rápidamente.* Si esto es posible, sabemos que *rápido* es un adverbio en ese contexto. La agramaticalidad de (15b) se explica porque solo los adjetivos pueden aparecer como predicado en las oraciones copulativas (cumplen la función de atributo, como veremos en el Capítulo 10). Los adverbios, en cambio, no tienen esta posibilidad.

(15) a. El carro anda rápido/rápidamente.
　　　b. El carro es rápido/*rápidamente.

Otra posibilidad es realizar una paráfrasis. Cuando *rápido* funciona como adverbio es intercambiable con un sintagma preposicional que exprese un significado similar, (16). En el caso de los adjetivos, (17), esta transformación resulta agramatical.

(16) a. El carro anda rápido.
　　　b. El carro anda a toda velocidad.

(17) a. El carro es rápido.
　　　b. *El carro es a toda velocidad.

Otra prueba es la de la concordancia. Sabemos que los adjetivos concuerdan en género y número con el sustantivo al que modifican, mientras que los adverbios son invariables. En los ejemplos en (18) *rápido* no cambia porque es un adverbio, mientras que en (19) cambia porque es un adjetivo.

(18) a. El carro$_{Masc.Sg.}$ anda rápido.
　　　b. Los carros$_{Masc.Pl}$ andan rápido.
　　　c. Las patinetas$_{Fem.Sg}$ andan rápido.

(19) a. El carro$_{Masc.Sg}$ es rápido.
　　　b. Los carros$_{Masc.Pl}$ son rápidos.
　　　c. Las patinetas$_{Fem.Pl}$ son rápidas.

El siguiente caso a examinar, **los demostrativos** (elementos que sirven para establecer un contraste con otros referentes), es más complejo que los anteriores. Los demostrativos a veces parecen tener distribución de determinantes, otras de adjetivos, y otras de pronombres. Observe cada posibilidad.

A. Distribución de determinantes: preceden al sustantivo y refinan el referente.
    (i) **esta** casa ≈ la casa/una casa

B. Distribución de adjetivos: pueden aparecer como modificador del sustantivo dentro de una frase nominal, (ii), o en posición de atributo, (iii).
    (ii) La casa **esa** ≈ la casa verde
    (iii) El profesor es el hombre **ese**. ≈ El profesor es el hombre con gafas.

C. Distribución de pronombres: pueden parecen como sujetos (iv), objetos de preposición (v), u objetos directos (vi).
    (iv) <u>Ella</u> viene. ≈ **Esa** viene.
    (v) El profesor es <u>él</u>. ≈ El profesor es **ese**.
    (vi) Lo invité a <u>él</u>. ≈ Invité a **aquel**.

Los demostrativos son interesantes porque debemos decidir si se trata de un mismo tipo de elemento que aparece en tres contextos distintos o de elementos diferentes que tienen la misma forma (es decir, formas homónimas). Para determinar qué caracterización resulta más adecuada, primero compararemos los tres contextos. Segundo, basados en lo encontrado, intentaremos proponer generalizaciones. Tercero, elegiremos la mejor opción.

Si consideramos A y B, notamos que los demostrativos aparecen modificando a un sustantivo, o sea, el elemento principal de estas frases es un sustantivo. De esta distribución deducimos que estos demostrativos tienen función de modificadores. Como su distribución exacta es distinta, una posibilidad es que existan determinantes demostrativos, (i), y adjetivos demostrativos, (ii–iii).

El contexto C, en cambio, parece ser diferente ya que no incluye ningún sustantivo. Aún más, el demostrativo parecería ocupar el lugar del sustantivo. Si este es el caso, podríamos decir que los demostrativos de este tipo son pronombres. Sin embargo, existe otra forma de analizar estos datos. El ejemplo (20) muestra que podemos añadir un sustantivo.

(20) a. Les escribí una carta de referencia a esas (estudiantes).
      b. Aquellos (clientes) me dijeron que vendrían mañana temprano.
      c. Lucía vino con esa (mujer) a la fiesta.

Nótese que esto no es posible cuando se trata de un pronombre personal.

(21) a. Les escribí una carta de referencia a ellas.
      b. *Les escribí una carta de referencia a ellas estudiantes.

(22) a. Ellos me dijeron que vendrían mañana.
      b. *Ellos clientes me dijeron que vendrían mañana temprano.

(23) a. Lucía vino con ella a la fiesta.
     b. *Lucía vino con ella mujer a la fiesta.

Teniendo en cuenta esta diferencia entre pronombres y demostrativos, podríamos proponer una explicación alternativa: los demostrativos que parecen comportarse como pronombres no son más que el resultado de un proceso de **elisión (u omisión) del núcleo nominal**. Existe otro contexto de elisión del sustantivo, lo cual apoya este análisis. Se trata del caso donde aparecen juntos un artículo y un modificador: adjetivo, (24a), sintagma preposicional, (24b) o cláusula de relativo, (24c).

(24) a. Quiero la mochila azul, no la__amarilla. (ø=mochila)
     b. No trajo el libro de español sino el__de física. (ø=libro)
     c. Ese fue el__que te presenté ayer. [indicando con gesto a un joven guapo]

Sin embargo, los casos de elisión en (24) tienen propiedades diferentes de los casos de los demostrativos. Para que las construcciones en (24) sean posibles, dos condiciones son necesarias: a) el sustantivo tiene que haber sido identificado previamente en el contexto (igual al caso de los demostrativos), y b) coocurren un artículo y un modificador. Esto es lo que nos permite identificar el sustantivo implícito. Ambos elementos son esenciales en la construcción de elisión del núcleo nominal. Obsérvese que cuando uno de los dos elementos no aparece, la elisión resulta agramatical. El asterisco (*) indica agramaticalidad y los signos de interrogación (? o ??) representan una agramaticalidad más leve.

(25) a. *Compré la mochila azul, no la__.
     b. ??Compré la mochila azul, no__amarilla.

Como no poseemos evidencia sintáctica suficiente para establecer que los demostrativos en C equivalen a un proceso de elisión del sustantivo, por el momento, mantendremos la perspectiva de atribuirle diferentes categorías gramaticales en cada uno de los contextos: determinantes, adjetivos y pronombres, como hicimos en la Tabla 2.1.

Para pensar

Considere la expresión de los posesivos (mi/mío). ¿Con qué tipos de categorías pueden coocurrir? ¿En qué entornos sintácticos aparece?

2.3 De la palabra a la frase. Propiedades y tipos de frases o sintagmas

En el capítulo anterior señalamos que las palabras se pueden combinar entre ellas para formar unidades mayores llamadas constituyentes. Una propiedad de los constituyentes es que se comportan como una unidad en sí mismos. Vimos, por ejemplo, que en una oración los constituyentes pueden moverse de posición. En esta sección veremos a qué se debe este comportamiento. Para ello examinaremos las propiedades de una de las infinitas combinaciones de palabras que podríamos generar: *flores caras*, frase que podríamos usar como parte de una oración como *Ayer compré [flores caras]*.

Una característica de *flores caras* es que si bien contiene dos palabras, una de ellas es más importante que la otra desde el punto de vista del funcionamiento de la frase.

Específicamente, la palabra que define o da la identidad al constituyente *flores caras* es el sustantivo y no el adjetivo. Podemos comprobar que esto es así porque la combinación *flores caras* se comporta como el sustantivo *flores* y no como el adjetivo *caras*. Por ejemplo, podemos adicionar un determinante delante de este constituyente: <u>*unas/las flores caras*</u>, al igual que se puede hacer con *flores*: *unas/las flores*. El adjetivo *caras*, sin contexto, no muestra este comportamiento: **unas/las caras*.[2] Los adjetivos, por su parte, pueden ir acompañados de un intensificador *muy caras*, pero el constituyente *flores caras* no: **muy flores caras*. Concluimos entonces que *flores caras* se comporta como una elaboración del sustantivo *flores*.

El hecho de que una palabra del constituyente marque su identidad y defina su comportamiento significa que <u>los constituyentes son estructuras que tienen un núcleo</u>. Otro nombre que reciben estas estructuras, como ya apuntamos, es frases o sintagmas. Así definimos una **frase o sintagma** como un grupo de palabras que se organiza en torno a un núcleo.

De igual manera que existen diferentes tipos o clases de palabras, p.ej., sustantivos, adjetivos, verbos, adverbios y preposiciones, también existen diferentes tipos de sintagmas: **sintagma nominal, sintagma adjetival, sintagma verbal, sintagma adverbial** y **sintagma preposicional**. Como vimos en el caso de *flores caras*, el tipo de sintagma está determinado por la clase de palabra a la que pertenece el núcleo.

> Una vez que usamos una palabra en una oración o frase, dicha palabra forma parte de un sintagma. En algunos casos, una palabra por sí sola constituye un sintagma.

2.3.1 Identificación de los sintagmas

Como la categoría sintáctica del núcleo determina el tipo de sintagma, para identificar el tipo de sintagma necesitamos saber cuál es su núcleo. Aunque esto podría parecernos circular, hay algunas estrategias que nos pueden ayudar. Antes de explicarlas, consideremos una metáfora extralingüística para entender la importancia del núcleo. Pensemos en una cama. Sabemos que las camas se usan para dormir y que tienen una base y un colchón. A las camas, además, podemos ponerles sábanas, almohadas, sobrecamas, etc. Ninguno de estos elementos, sin embargo, modifica la esencia de la cama; solo pueden mejorarla o hacerla más cómoda, nunca podrían convertirla en otro tipo de objeto, por ejemplo, una cocina, algo que cumple la función de cocinar. El núcleo de los sintagmas funciona de forma análoga, ya que define o marca la identidad del sintagma.

Como el núcleo constituye la esencia del sintagma, una estrategia para identificarlo es eliminar los varios elementos que componen el sintagma y verificar si su esencia se mantiene. El ejemplo (26) ilustra este proceso con el sintagma *la hija menor de Josefa*.

(26) a. la hija menor ~~de Josefa~~
　　 b. la hija ~~menor de Josefa~~
　　 c. ~~la~~ hija ~~menor de Josefa~~
　　 d. ~~la hija~~ menor de Josefa

2　La secuencia de palabras Determinante-Adjetivo es posible en español, pero corresponde al caso de elisión del núcleo nominal que vimos en la sección anterior (Det+N+A, donde N es nulo). El caso que estamos analizando ahora es diferente porque se trata de la posibilidad de combinar un determinante con un adjetivo sin que el contexto incluya ningún sustantivo. Esta combinación es claramente imposible.

e. ~~la hija menor~~ de Josefa
f. ~~la hija menor~~ de ~~Josefa~~
g. ~~la hija menor de~~ Josefa

De las posibilidades anteriores, note que cuando el sustantivo *hija* es eliminado, el sintagma pierde sentido. Aunque las opciones (a–c) no contienen toda la información que aporta el sintagma íntegro, sí mantienen su esencia. Así podemos concluir que el sustantivo *hija* es el núcleo y, por lo tanto, que se trata de un sintagma nominal.

Una segunda estrategia es distribucional/funcional. Se dice que como la categoría sintáctica del núcleo determina el tipo de sintagma, ambos tienen la misma distribución sintáctica. En términos prácticos esto significa que, si el núcleo de un sintagma es un sustantivo, la distribución de dicho sintagma es la misma que la de un sustantivo. En 2.2 vimos que los sustantivos pueden cumplir diferentes funciones gramaticales, entre ellas sujeto y objeto directo. Si utilizamos (26) en oraciones comprobamos que tiene la misma distribución de un sustantivo, lo que confirma que se trata de un sintagma nominal.

(27) a. <u>La hija menor de Josefa</u> estudia ingeniería. SUJETO (cf. Tania estudia ingeniería.)
      b. Ayer vi a <u>la hija menor de Josefa</u>.   OBJETO DIRECTO (cf. Ayer vi a Tania.)

> No siempre el tipo, la distribución y la función son equivalentes. Aunque trataremos esta idea en el Capítulo 4, adelantamos un ejemplo. El sintagma subrayado en (i) tiene como núcleo el sustantivo *día*, por lo que es un sintagma nominal. Su función es modificar la situación que denota el verbo, la acción de esconderse. Específicamente, nos da la frecuencia.
>
> (i) El gato se esconde <u>todos los días</u>. SINTAGMA NOMINAL
>
> Por otra parte sabemos que los adverbios modifican la situación que denota el verbo. En (ii) el sintagma adverbial *diariamente* nos da la misma información y cumple la misma función que el sintagma nominal *todos los días*.
>
> (ii) El gato se esconde <u>diariamente</u>. SINTAGMA ADVERBIAL
>
> Como una misma función sintáctica puede ser cumplida por diferentes tipos de sintagmas, no siempre es posible igualar función y distribución con tipo. Una vez más es necesario utilizar varias pruebas.

La tercera estrategia de identificación es combinatoria. Sabemos que diferentes tipos de palabras se combinan con diferentes elementos. Como el núcleo del sintagma define el tipo del sintagma, los elementos con que se puede combinar el sintagma son los mismos que se puede combinar su núcleo, como mostramos en el caso del sintagma nominal *flores caras*.

2.3.2 *Tipos de sintagmas y sus propiedades*

Una propiedad de los sintagmas, además de que son estructuras que tienen un núcleo, es que pueden contener otros sintagmas. Veamos cómo crear un sintagma nominal complejo expandiéndolo repetidamente. Tomemos como núcleo el sustantivo *jirafas*. Observe que a medida que vamos incorporando elementos, la caracterización del núcleo *jirafas* se va haciendo más rica. Cada elemento aporta información que añade propiedades más específicas al núcleo *jirafas*.

1.er paso: tomamos el núcleo	**jirafas**	(N)
2.º paso: añadimos un determinante	las **jirafas**	(det+N)
3.er paso: añadimos modificadores	las **jirafas** azules	(det+N+A)
4.º paso: añadimos modificadores	las pobres **jirafas** azules	(det+A+N+A)
5.º paso: añadimos modificadores	las pobres **jirafas** azules del zoológico	(det+A+N+A+SP)

Los **sintagmas nominales (SNs)** tienen un **núcleo nominal o sustantivo**. Dicho núcleo puede ir precedido de un determinante al inicio del SN que sirve para especificar la referencia: *las jirafas*. También puede contener un adjetivo prenominal: *las pobres jirafas*, o un cuantificador que indique la cantidad de elementos de los que se trata: *dos pobres jirafas*. El núcleo puede ir seguido, opcionalmente, de modificadores que restrinjan la referencia. En el caso anterior se incluyó *azules*, adjetivo que limita el grupo de jirafas a las que son de ese color únicamente. Asimismo, pueden añadirse otros modificadores como sintagmas preposicionales (SP): *del zoológico*. Es posible incluir también modificadores como oraciones subordinadas adjetivas, (28), que, al igual que los adjetivos, modifican al sustantivo.

(28) Las jirafas [que llegaron al zoológico ayer]

Finalmente, en cuanto a su función, los sintagmas nominales pueden ser sujetos, objetos directos, etc. Retomaremos estos temas en capítulos posteriores.

Aunque todo sintagma contiene un núcleo y, opcionalmente, modificadores y especificadores, la estructura interna de los sintagmas puede variar entre lengua y lengua. Por ejemplo, el orden de los modificadores puede ser distinto. Este es el caso del adjetivo cuya posición difiere en inglés y español en los sintagmas nominales: *los gatos negros* vs. *the black cats*.

Los **sintagmas adjetivales (SA)** tienen una estructura mucho más limitada que los nominales, ya que solamente tienen dos opciones de expansión: a) pueden ir especificados por adverbios de intensidad, y b) pueden tener complementos preposicionales.

SA con solo el núcleo	**cansado**
SA con adverbio de intensidad	muy **cansado**
SA con adverbio de intensidad y complemento preposicional	muy **cansado** de esperar

Las dos funciones de los sintagmas adjetivales son modificar al sustantivo, (29), y servir de atributo en una oración copulativa (oraciones que incluyen los verbos copulativos *ser* o *estar*), (30).

(29) a. Tiene ojos de perro <u>triste</u>.
      b. La <u>triste</u> Eréndira tenía una abuela <u>desalmada</u>.

(30) a. La niña estaba <u>triste</u>.
      b. El perro es <u>negro</u>.

En los ejemplos de (29) el adjetivo *triste* modifica los sustantivos *perro* y *Eréndira*. Como modificador, el adjetivo puede aparecer antepuesto o pospuesto al sustantivo. Siempre son adyacentes. En (30), en cambio, el sustantivo *triste* no es parte del SN sino del predicado. La condición de ser triste se interpreta en referencia al sustantivo *niña* debido a la relación que existe entre ambos, establecida por la presencia del verbo copulativo *estar*. *La niña* es el sujeto de la oración y *triste* aparece dentro del predicado. La presencia del verbo copulativo (que actúa como nexo) permite atribuir la condición de triste a la frase nominal sujeto. Lo mismo ocurre en (30b), con el verbo copulativo *ser*. Estudiaremos las oraciones copulativas en el Capítulo 10.

Los **sintagmas adverbiales (SAdvs)** son aún más limitados que los adjetivales en cuanto a su estructura, ya que solo pueden aparecer especificados con los mismos adverbios de intensidad que se les aplica a los adjetivos, como muestra (31).

SAdv:	**lentamente**
SAdv con adverbio: de intensidad	<u>muy</u> **lentamente**

(31) Caminó **<u>muy</u> lentamente**.

La función de los sintagmas adverbiales es modificar la situación denotada por el predicado en referencia a diferentes aspectos, por ejemplo, tiempo, modo, lugar, frecuencia, etc. En (30), el sintagma adverbial *muy lentamente* aporta información acerca del modo en que ocurre la acción de caminar. Los sintagmas adverbiales se consideran parte del predicado, aunque pueden aparecer antes del verbo, (32).

(32) a. Los niños **<u>apenas</u>** llegaban.

Los **sintagmas preposicionales (SPs)** tienen como núcleo una preposición y la única estructura en que aparecen es en combinación con un complemento de tipo nominal.

SP	Preposición+Complemento Nominal
Ej.:	**por** la calle

El complemento puede ser tanto un SN como una oración, como ilustran (33a) y (33b), respectivamente.

(33) a. El libro está <u>en la mesa</u>.   [en+ [la mesa]]
       b. Julio siempre habla <u>con quien se encuentre</u>.   [con+[quien se encuentre]]

Distintos tipos de elementos pueden tomar SPs como complemento, por ejemplo, frases nominales, (34), adjetivales, (35), y núcleos verbales, (36).

(34) Los gatos <u>de Juanita</u> son muy bonitos.   [los gatos+ [de+ [Juanita]]]
(35) Ramiro está cansado <u>de esperar</u>.   [cansado+ [de+ [esperar]]]
(36) Los gatos maúllan <u>por las noches</u>.   [maúllan+ [por+ [las noches]]]

La interpretación de los SPs depende directamente del significado de la preposición que se use. Algunos significados son los siguientes: posesión (*de*), propósito o finalidad (*para*), motivo o razón (*por*), tiempo (*a, antes, desde, por*), dirección (*a, hacia, desde, contra*), lugar (*en, entre*), etc.

El **sintagma verbal** (SV) tiene como núcleo un verbo. En los ejemplos a continuación, el verbo, realzado en negrita, es el núcleo de los sintagmas verbales. En cuanto a su forma, los SVs pueden tener muchas configuraciones desde la más simple con solo un verbo, (37a–b), hasta aquellas que incluyen múltiples combinaciones de complementos, (37c–f).

(37) a. [**Llueve**.]
       b. [**Salta**.]
       c. Luisa [**está leyendo** una novela en este momento en el cuarto.]
       d. Rosa [le **dio** un libro al estudiante ayer.]
       e. El libro [**está** en la mesa.]
       f. Manuel [**habló** con la directora.]

Los complementos que aparecen en el SV pueden ser de dos tipos: obligatorios u opcionales (también llamados adyacentes o adjuntos). De manera general, el tipo de verbo y su significado, así como el tipo de construcción sintáctica, determinan los complementos obligatorios. Por otra parte, las necesidades informacionales (lo que necesitemos comunicar) determinan la inclusión de complementos opcionales.

Finalmente, la función del sintagma verbal es la de ser el predicado de la oración. El predicado de una oración contiene todos los elementos menos el sujeto. Tradicionalmente se dice que el predicado es aquello que se dice del sujeto. En la Figura 2.2 resumimos los patrones básicos de la estructura de los diferentes sintagmas.

Constituyentes sintácticos	
Sintagma nominal	SN = (det) + **N** + (SA) + (SP)
Sintagma adjetival	SA = (Adv) + **A** + (SP)
Sintagma adverbial	SAdv = (Adv) + **Adv**
Sintagma preposicional	SP = **P** + **SN**
Sintagma verbal	SV = **V** + (SN) + (SP) + (SAdv)

Figura 2.2 Resumen de los principales patrones de la estructura de los sintagmas en español.

2.4 El sintagma verbal: el verbo y sus complementos. Tipos de verbos

Se dice que para poder transmitir el significado de un verbo, los complementos obligatorios del mismo son esenciales. Un verbo como *asesinar*, por ejemplo, requiere un ser animado que sea asesinado. Por lo tanto, cuando utilizamos *asesinar* incluimos el complemento directo, compare (38) y (39). Los verbos que requieren la presencia de un **complemento/objeto directo** se denominan **verbos transitivos**. Otros verbos transitivos son *mirar, ver, escribir, leer, tomar, coser*, etc.

(38) a. El bandido asesinó <u>al policía</u>.

      b. El bandido <u>lo</u> asesinó. ^{OD}

                OD

(39) ?El bandido asesinó.

Además de complementos, la mayoría de los verbos requiere un sujeto. En (38), por ejemplo, el sujeto es el SN *el bandido*. El conjunto de elementos requerido para expresar el significado de un verbo (tanto el sujeto como los complementos) se denomina **argumentos del verbo**. En el Capítulo 4 veremos que diferentes tipos de argumentos están asociados a diferentes interpretaciones semánticas: los llamados papeles o roles temáticos.

Hay otro grupo de verbos que requiere aún más elementos que los verbos transitivos para expresar su significado. Tal es el caso de *dar* que necesita tres argumentos: 1) alguien que dé algo, el sujeto; 2) lo dado, el objeto directo, y 3) alguien que recibe lo que se da, **el objeto indirecto**. (En los capítulos 4, 6 y 7 profundizaremos en el estudio de cada uno de estos elementos.) Los verbos que requieren tanto un objeto directo como uno indirecto se denominan **ditransitivos**.

(40) Jacinta <u>le</u> dio <u>un regalo</u> <u>a su hijo</u>.

                 OD   OI

Por otra parte, existen verbos que requieren menos elementos para expresar su significado. Un verbo como *llegar* solo necesita alguien o algo que llegue, por lo que (41) es perfectamente posible. En estos casos también se puede añadir otros complementos como el SAdv *temprano* y el SP *a clase*, (42a), que especifican la hora y el lugar al que llegaron los estudiantes. Sin embargo, la presencia de estos constituyentes no es obligatoria para que la oración sea gramatical: (42b) no los incluye. Los verbos que no requieren complemento directo se denominan **intransitivos**.

(41) Llegaron muchos estudiantes.
(42) a. Muchos estudiantes llegaron temprano a clase.
       b. Muchos estudiantes llegaron.

Nótese que cualquier verbo que carezca de complemento directo, aunque requiera otros complementos, se considera intransitivo. En este grupo se encuentran los verbos del tipo *gustar*, (43), o verbos como *pensar en, hablar con, casarse con, divorciarse de*, y otros, que requieren complementos preposicionales, (44) y (45). Estos últimos se denominan **verbos de régimen** y los SPs que aparecen con ellos son obligatorios de la misma manera que el complemento directo de verbos transitivos o ditransitivos lo es.

(43) A Luisa le encantan los gatos.
(44) El estudiante habló con la profesora.
(45) Siempre pienso en ti.

Finalmente, existen verbos que no requieren ningún elemento adicional para expresar su significado. Tal es el caso de los llamados verbos meteorológicos, (46). Algo curioso es que no todas las lenguas tienen este tipo de verbos. En algunas de estas lenguas, las situaciones que denotan *llover* o *nevar* en español se expresan mediante un verbo que indica movimiento y el sustantivo *lluvia* o *nieve*: caer+lluvia/nieve.

(46) a. Está lloviendo.
      b. Nevó anoche.

En los capítulos 4 y 6 veremos que ciertas construcciones sintácticas nos permiten la no inclusión de algunos de los argumentos requeridos por los verbos. La Tabla 2.2 resume los diferentes tipos de complementos del verbo.

2.4.1 *Tipos de verbos en cuanto a las propiedades generales de su significado*

Los verbos denotan situaciones y pueden clasificarse de acuerdo a propiedades semánticas de estas. Una de las propiedades relevantes de las situaciones es la dinamicidad, la cual nos permite dividir los verbos en dos grupos: los que denotan **estados** y los que denotan **eventos**. (Esta clasificación es de tipo semántico. La tratada en el apartado anterior que se basa en la cantidad de argumentos es de tipo sintáctico.)

De manera general, los **estados** son situaciones no dinámicas, en las que no ocurre ninguna acción y no suponen ningún cambio. Simplemente refieren una propiedad o una caracterización. Podemos compararlos con una fotografía, algo fijo o estático. En contraste, los **eventos** son dinámicos, hacen referencia a acciones y pueden incluir cambios. Podemos compararlos a un video que muestra el curso de una acción o el desenvolvimiento de un evento en general. Ejemplos del primer grupo son verbos como *amar*, *saber*, *gustar*, *temer*, *tener*, *doler*, etc., mientras que *correr*, *cantar*, *entrar*, *salir*, *romper*, *pensar*, *leer* o *construir* constituyen ejemplos de eventos. En el Capítulo 3 estudiaremos otras divisiones que se pueden hacer dentro del conjunto de los verbos que denotan eventos teniendo en cuenta propiedades semánticas adicionales.

Como existen correlaciones entre tipos de verbos y comportamientos sintácticos, incluyendo con qué elementos se combinan, la agrupación de los verbos en cuanto al tipo de situación resulta muy útil. Por ejemplo, no basta con que un verbo sea transitivo para que pueda aparecer en la voz pasiva en español. Aunque *odiar* es transitivo, la construcción pasiva es agramatical, (47b). De la diferencia entre (47) y (48) concluimos que para que un verbo pueda aparecer en la voz pasiva en español tiene que cumplir, al menos, dos condiciones: ser transitivo y denotar una situación dinámica.

(47) a. Esteban odia los edificios altos.
      b. *Los edificios altos son odiados por Esteban.

Tabla 2.2 Tipos de complementos del verbo

Tipos de complementos del verbo	Definiciones y ejemplos
Directo	- SN que aparece con verbos transitivos, directamente regido por el verbo. - Aparece sin preposición (i), excepto en los casos que necesita la marca de "a personal", (ii). (i) Cociné <u>una ensalada de papas enorme</u>. (ii) Juan vio <u>a Luis</u>. - Usa el pronombre acusativo (*me, te, lo(s), la(s), nos*). (iii) <u>La</u> cociné. (iv) Juan <u>lo</u> vio.
Indirecto	- SN introducido por la marca *a*. Muchas veces aparece conjuntamente con un pronombre dativo (*le*). - Lo encontramos en varios tipos de construcciones sintácticas, por ejemplo, con verbos ditransitivos (de los cuales es el segundo complemento), con verbos del tipo *gustar*, etc. - Tiene varias interpretaciones. (i) <u>Le</u> regaló unos libros <u>a Lulú</u>. (receptor) (ii) <u>Le</u> robé unos caramelos <u>a Olga</u>. (origen) (iii) <u>Le</u> peiné la cola <u>al perro</u>. (poseedor) (iv) <u>Al perro le</u> encantan los huesos. (experimentante)
Suplemento	- SP que aparece con verbos que llevan preposición fija obligatoria (*casarse con, divorciarse de, etc.*). - Es un complemento obligatorio del verbo. (i) Yo siempre pienso <u>en ti.</u> (ii) Presume <u>de buen juicio,</u> aunque no lo tiene.
Atributo	- Funciona como predicado en las oraciones con verbos copulativos (*ser, estar* o *parecer*). - Puede ser de varios tipos sintácticos: SA, SP, SN. (i) El chorizo estaba <u>muy sabroso</u>. (ii) Los estudiantes son <u>de Canadá</u>. (iii) Juan es <u>médico</u>. (iv) La chica nueva parece <u>inteligente</u>.
Circunstancial	- Modifica la situación denotada por el verbo, por ejemplo, nos dice cómo, dónde, cuándo, por qué, etc. - Puede ser de varios tipos sintácticos: SN, SP o SAdv. (i) Trabaja *<u>los fines de semana</u>* *en Wendy's.* (ii) Lee las noticas <u>diariamente</u>.
Predicativo	- Funciona como un adjetivo y se aplica al sujeto (u otro argumento de la construcción) en relación con el evento que denota el verbo. - Aparece en varios tipos de construcciones sintácticas. El caballero cabalga <u>vencido</u>, de retorno a su lugar.[3]
Agente	- Refleja el agente en la voz pasiva. - Siempre aparece precedido de la preposición *por*. - Solo es posible en oraciones pasivas. El Quijote fue escrito <u>por Cervantes.</u>

3 Adaptado de la canción *Don Quijote* de Joan Manuel Serrat.

(48) a. Esa empresa está construyendo los edificios.
      b. Los edificios están siendo construidos por esa empresa.

Hemos visto entonces dos modos complementarios de clasificar los verbos: uno de acuerdo a la cantidad de argumentos y otro de acuerdo a la naturaleza dinámica o estativa de la situación que denotan. Veremos que ambas dimensiones resultan muy útiles para el análisis gramatical.

2.5 Oraciones: función y estructura

La oración es la principal unidad sintáctica y se puede definir desde dos puntos de vista diferentes: su significado (definición lógica o semántica) y su estructura (definición estructural o formal).

ORACIÓN

Definición lógica o semántica

Expresión de un juicio o proposición que relaciona un sujeto y un predicado.
Expresión de un pensamiento completo.

Definición estructural o formal

Sintagma que incluye al menos un SN sujeto y un SV que juntos expresan un complejo funcional completo.

Como el caso de los verbos que es posible clasificarlos con respecto a dos dimensiones distintas (cantidad de argumentos y dinamicidad de la situación), a las oraciones también es posible clasificarlas desde perspectivas diferentes teniendo en cuenta:
   1) la función comunicativa;
   2) la estructura interna (se tiene en cuenta dos parámetros: tipo de verbo y sujeto);
   3) la complejidad (simples o complejas, i.e., número de núcleos verbales).

Nótese que el primer criterio tiene que ver con la función que cumplen las oraciones dentro del discurso, mientras que los criterios 2 y 3 se refieren a la forma. Seguidamente detallamos estas clasificaciones.

2.5.1 *Clasificación de las oraciones en cuanto a su función comunicativa*

Es generalmente aceptado que uno de los usos del lenguaje es la expresión de ideas, una parte esencial de la comunicación. A su vez, esas ideas que expresamos y transmitimos, en muchos casos, tienen forma de oraciones, las cuales son utilizadas para diferentes propósitos. Por ejemplo, podemos afirmar o negar algo, indagar acerca de algo, etc. Estas varias posibilidades se corresponden con las diferentes funciones comunicativas de las oraciones. Teniendo en cuenta dichas funciones, se distinguen cuatro grupos diferentes de oraciones: las declarativas, las interrogativas, las exclamativas y las desiderativas.

Las **oraciones declarativas** sirven para afirmar una proposición, y pueden ser tanto afirmativas como negativas, (49).

(49) a. La empresa municipal construyó el edificio.
     b. La empresa municipal no construyó el edificio.

Las oraciones declarativas pueden tener dos formas: una activa y otra pasiva. Como vimos, la segunda posibilidad depende de que el verbo sea transitivo y que denote un evento. (49) ilustra formas activas, y (50), sus contrapartes pasivas.

(50) a. El edificio fue construido por la empresa municipal.
     b. El edificio no fue construido por la empresa municipal.

La diferencia fundamental entre las oraciones activas y las pasivas radica en la manera de presentar un mismo evento. Obsérvese que (49a) puede interpretarse acerca del evento en general (el hecho de que hubo una construcción) o acerca de la empresa (la empresa municipal hizo algo). La versión pasiva, sin embargo, enfoca nuestra atención en el edificio y la empresa queda relegada a un papel secundario, por lo que podemos decir que las oraciones en (50) son acerca del edificio.

Nótese que, aunque varía el orden de palabras, el sentido expresado por los pares *a* y *b* en (49) y (50) es el mismo. Este tipo de variación en la organización de la oración que no altera su significado fundamental se conoce como **variación en la estructura de la información**. Como la única diferencia entre estos dos tipos de oraciones es la prominencia relativa que se asigna a los varios elementos, las oraciones activas y las pasivas son paráfrasis las unas de las otras. En el Capítulo 10 estudiaremos las propiedades de las oraciones pasivas.

También usamos oraciones para pedir información. Este es el caso de las **oraciones interrogativas** o preguntas. En dependencia del tipo de información que soliciten las oraciones interrogativas, se las puede clasificar en dos grupos: interrogativas parciales e interrogativas totales.

Las **interrogativas totales** preguntan si una proposición es verdadera o falsa en su totalidad, (51).

(51) a. ¿Está lloviendo?
     b. ¿Vienes mañana?
     c. ¿Quieres café?
     d. ¿Te gustan los unicornios?

La respuesta esperada en este caso siempre es *sí* o *no*, de acuerdo a lo que esté ocurriendo, vaya a ocurrir o haya ocurrido, (51a–b), o de las preferencias del individuo al que se le pregunta, (51c–d). Precisamente como este tipo de preguntas se enfoca en la veracidad de la proposición (oración) completa, se las denomina interrogativas totales.

Las **interrogativas parciales**, en cambio, solicitan información acerca de una parte de la oración, de ahí, que se las llame "parciales". La respuesta a una interrogativa parcial es el fragmento oracional que corresponde al pronombre interrogativo que se usa en la pregunta, el *qué, quién, cuándo, cómo, dónde, por qué*, etc., de lo que ocurre. Por ejemplo, en (52), el pronombre interrogativo corresponde al objeto directo y la respuesta es un fragmento que le corresponde, (53).

(52) ¿Qué quieres?
(53) ~~Quiero~~ un helado.

Como ilustra (54), podemos hacer preguntas acerca de cualquier elemento de la oración.

(54) a. ¿Qué trajo Carmela?
       b. ¿A qué hora llamó Juan anoche?
       c. ¿A quién le regalaste el libro?
       d. ¿Cuándo escribió Cabrera Infante esa novela?
       e. ¿Quién llamó por teléfono?

Las oraciones interrogativas tienen ciertas características sintácticas, por ejemplo, la palabra interrogativa aparece al inicio de la pregunta. En general, en las interrogativas parciales se altera el orden de palabras con respecto a las declarativas y el verbo aparece antes que el sujeto, (54a–b) y (54d). Este tipo de inversión la encontramos en la mayoría de los casos excepto cuando preguntamos acerca del sujeto, (54e). Existe variación dialectal y léxica en cuanto a la inversión en español: algunos dialectos permiten la no inversión, particularmente con sujetos pronominales, y la inversión con *por qué* no es obligatoria.

También es posible preguntar acerca de varios elementos en una oración, (55). En este caso solo un elemento ocupa la primera posición de la oración.

(55) a. ¿Quién hizo qué?
       b. ¿Quién le dio qué a quién?

Concluimos así que tanto las interrogativas totales como las parciales solicitan información. La diferencia fundamental entre ambos tipos radica en el tipo de información que solicitan. Otra diferencia importante es su entonación. La curva melódica de las interrogativas totales es descendiente, mientras que la de las parciales es ascendente.

Variación: ¿has notado alguna diferencia entre las diferentes variedades del español en cuanto a las oraciones interrogativas parciales?

Las **oraciones exclamativas** expresan actitud de sorpresa por parte del hablante. No existe, sin embargo, un acuerdo en cuanto a las propiedades formales que las caracterizan más allá de su entonación particular y la expresión de sorpresa. Para algunos lingüistas todos los ejemplos en (56) constituyen oraciones exclamativas; para otros, solo (56a–c) lo son verdaderamente. En el análisis más inclusivo, las oraciones exclamativas pueden ser de dos tipos: aquellas que expresan sorpresa con respecto a una propiedad de un elemento en cuanto a su grado/cantidad o cualidad, (56a–c), y las que expresan sorpresa con respecto a un hecho en general, (56d–e). Para los que asumen el análisis más restrictivo, la propiedad de grado es indispensable y proponen que (56d–e) son oraciones declarativas con fuerza ilocutiva exclamativa. Una propiedad de las exclamativas de grado es que incluyen palabras como *qué* o *cómo*, similares a las interrogativas parciales. Al igual que en esas, en las exclamativas de grado también encontramos inversión del sujeto, (56a–b).

(56)   a. ¡Qué grande es ese libro!
       b. ¡Qué regalo tan malo trajo ese invitado!
       c. ¡Cómo está lloviendo!
       d. ¡Por supuesto que te iremos a recoger!
       e. ¡Vienes mañana!

Por último, las **oraciones desiderativas** expresan un deseo o una exhortación. (57) muestra ejemplos del primer caso.

(57)   a. Ojalá que hayan ganado los Raptors.
       b. ¡Quién estuviera ahí!
       c. ¡Quisiera estar de vacaciones!

Dentro de las exhortaciones encontramos diferentes grados, desde los casos que incluyen verbos que enuncian la intención del hablante como *querer* o *desear*, hasta los mandatos directos, (58) y (59), respectivamente.

(58)   Quisiera que me prestaras la bicicleta este fin de semana.

(59)   a. Préstame la bicicleta.
       b. ¡No salgas!

Los casos en (59) son las llamadas oraciones imperativas. La estructura de estas oraciones se diferencia bastante de los casos anteriores. Una de sus características sobresalientes es que no tienen constituyentes preverbales, es decir, comienzan por el verbo, (59a) o por el verbo acompañado de negación (y acaso también pronombres), (59b). Otra característica es que las oraciones imperativas tienen morfología verbal especial: se usan las formas del imperativo en los mandatos positivos, (60a), y las del subjuntivo en los mandatos negativos, (60b). La tabla 2.3 resume los diferentes tipos de oraciones de acuerdo a su función comunicativa.

(60)   a. Trae el libro.
       b. No traigas el libro.

Aunque el sujeto de las oraciones imperativas es siempre el oyente—al que va dirigido el mandato—el hablante puede dirigirse a este informal o formalmente y esto queda codificado en la morfología verbal. Si el hablante se dirige de manera informal (*tú*) al oyente, el mandato positivo usa la forma del indicativo, (60a), mientras que si se dirige de manera formal (*usted*), se usa el subjuntivo, (61a). El mandato negativo, sin embargo, usa la forma del subjuntivo únicamente, (60b) y (61b).

(61)   a. Traiga el libro.
       b. No traiga el libro.

Finalmente, la posición de los pronombres átonos no depende de la formalidad, sino del tipo de mandato: afirmativo o negativo. En los mandatos afirmativos, los pronombres

Tabla 2.3 Tipos de oraciones de acuerdo a la función comunicativa

Tipo de oración		Ejemplos
Declarativa	Afirmativa	Tengo el diccionario que recomendó la profesora.
	Negativa	No tengo ese diccionario.
	Activa	Cervantes escribió Don Quijote.
	Pasiva	Don Quijote fue escrito por Cervantes.
Interrogativa	Total	¿Encontraste el diccionario? ¿Sí o no?
	Parcial	¿Qué diccionario encontraste? El diccionario *Clave*.
Exclamativa	General	¡Me trajiste chocolates!
	Grado	¡Qué caros son esos chocolates!
Desiderativa		¡Ojalá que haya sol mañana! (deseo)
		Quisiera que te fueras. (exhortación/¿mandato?)
		¡No te vayas! (mandato)

átonos ocurren como parte del verbo (se adjuntan al final de este; forman una sola palabra), (62), mientras que en los mandatos negativos siempre ocurren antes del verbo, (63).

(62) a. Tráe*lo*.   MANDATO AFIRMATIVO INFORMAL
      b. Tráiga*lo*.   MANDATO AFIRMATIVO FORMAL

(63) a. No *lo* traigas.   MANDATO NEGATIVO INFORMAL
      b. No *lo* traiga.   MANDATO NEGATIVO FORMAL

2.5.2 *Clasificación de las oraciones en cuanto a su estructura interna*

Al considerar las oraciones desde la perspectiva de su estructura interna podemos clasificarlas de acuerdo a los diferentes elementos que las integran. Esta clasificación tiene en cuenta dos parámetros fundamentales: 1) el tipo de sujeto y 2) la cantidad y tipo de complementos obligatorios (argumentos) que forman parte de la estructura. Ambas dimensiones están relacionadas, y el eje que las une es el verbo, como veremos a continuación.

Tomando en cuenta el sujeto o tipo de sujeto, podemos aislar el grupo de las llamadas **oraciones impersonales** (oraciones que carecen de sujeto gramatical o tienen un sujeto indeterminado) de otras oraciones que sí tienen sujeto gramatical. Dentro de las oraciones impersonales encontramos las construcciones que se refieren al tiempo o fenómenos de tipo atmosférico. Este grupo incluye tanto las construcciones con verbos meteorológicos como *llover, nevar, tronar*, etc., como aquellas que emplean *hacer* seguido de expresiones referentes al tiempo como *frío/calor/viento/buen tiempo/mal tiempo*. La construcción existencial con el verbo *haber* (*Hubo muchos problemas durante la pandemia*) es otro ejemplo de construcción impersonal. En estos tres casos las oraciones carecen de sujeto gramatical.

Otro tipo de oraciones impersonales son las que utilizan el pronombre *se*. Aquí se considera que el sujeto gramatical se ha suprimido y *se* aparece como reflejo de este proceso. Aunque estas construcciones no tienen sujeto, siempre se interpretan con respecto a un referente humano. Por ejemplo, las oraciones *Se comen bien en Francia* y *Se arregla zapatos* las interpretamos como 'la gente come bien en Francia' y 'alguien arregla zapatos', respectivamente. Otras construcciones impersonales son las de sujeto indeterminado. En estos casos, aunque hay un sujeto gramatical, por ejemplo, el pronombre indefinido *uno* en *Uno no debe ofender a nadie,* el sujeto se interpreta como 'los seres humanos', de modo no específico, de ahí la clasificación de "sujeto indeterminado". En el Capítulo 4 profundizaremos en estas y otras construcciones impersonales.

En los contextos anteriores podemos notar que el tipo de verbo es un factor importante al determinar si la construcción tiene o no sujeto gramatical. Los verbos meteorológicos, las construcciones existenciales con *haber* y otras expresiones referidas al tiempo carecen de sujeto. De manera similar, como señalamos en 2.4, el verbo, conjuntamente con el significado que queremos expresar en un contexto determinado, determina la cantidad de complementos obligatorios. Basados en estas dos propiedades, podemos decir, a modo general, que el verbo es el eje que organiza y agrupa los diferentes elementos dentro de la oración. En su función más sencilla, el caso de los verbos copulativos (*ser, estar* y *parecer*), el verbo es mero enlace entre el sujeto y predicado (como veremos en el Capítulo 10). En el caso de los verbos con contenido léxico encontramos varias posibilidades, desde aquellos que no requieren ningún argumento (los verbos meteorológicos), hasta los que necesitan tres argumentos (verbos del tipo *dar*). Así concluimos que el verbo, como núcleo de la oración, determina la forma general de esta. La Tabla 2.4 resume los tipos de oraciones de acuerdo al tipo de sujeto, verbo y complementos presentes en la estructura.

2.5.3 *Clasificación de las oraciones en cuanto a su grado de complejidad*

Otra clasificación que toma como base la estructura de la oración es aquella referida al grado de complejidad. En este caso, no se tiene en cuenta la cantidad de argumentos del verbo o el tipo de sujeto, sino la cantidad de núcleos verbales (específicamente, verbos léxicos) que haya en la oración. En base a este criterio, las oraciones se clasifican en **simples** y **complejas**.

Una **oración simple** tiene un solo núcleo verbal. El núcleo verbal puede aparecer en cualquier tiempo, por ejemplo, tiempos simples, compuestos o perifrásticos (*estar*+ GERUNDIO, *ir a*+INFINITIVO), etc., (64). También pueden aparecer diferentes elementos en la oración: sujeto y complementos obligatorios y opcionales. Para ser clasificada como simple, una oración simplemente debe tener un solo núcleo verbal.

(64) a. La gata <u>duerme</u> mucho.
 b. La gata <u>está comiendo</u> pescado.
 c. La gata <u>ha estado maullando</u> durante todo el día.
 d. La gata <u>va a saltar</u> al sofá.
 e. La gata <u>puede estar cazando</u> ahora.

Las **oraciones complejas** contienen más de un núcleo verbal y, por lo tanto, contienen más de una oración simple o cláusula. Si las oraciones que forman la oración compleja son relativamente completas e independientes las unas de las otras, decimos que son **oraciones yuxtapuestas,** (65b), o **coordinadas,** (65c) y (65d). (65e) muestra ambas posibilidades.

(65) a. <u>Vino.</u>   SIMPLE
 b. Mi gata es gris; la tuya es blanca.   YUXTAPUESTAS
 c. <u>Llegó</u> y <u>venció.</u>   COORDINADAS, MÚLTIPLES ORACIONES A LA PAR
 d. <u>Llamó,</u> pero no <u>vino.</u>   COORDINADAS, MÚLTIPLES ORACIONES A LA PAR
 e. Vino, vio y venció.   YUXTAPUESTAS Y COORDINADAS

Tabla 2.4 Clases de oraciones simples en cuanto a los elementos que participan obligatoriamente en la estructura

Tipo	Estructura	Criterio de identificación	Ejemplos
Copulativas	suj+verbo copulativo+ {SN/SA/SP}	*ser/estar/parecer*	Luisa es profesora. Luisa parece cansada. El perro está al lado del árbol.
Impersonales (sin sujeto)	1) Verbo 2) *hacer*+complemento *haber*+SN	De predicados meteorológicos, *hacer*, *estar y ser* en sentido del tiempo *haber* (existenciales)	Nevó por horas. Hace calor. Es muy tarde. Había una hermosa arboleda. No hay nada allí.
Impersonales (de sujeto indeterminado)	se+V+SN uno+V+ … V-3.ª Pl+complementos V-2.ª Sg+ complementos	Impersonales con *se* Pronombre indefinido *uno* 3.ª persona de plural 2.ª persona de singular	Se arregla(n) zapatos. Uno no quisiera tener que pasar por eso. Llamaron por teléfono. En esta ciudad no encuentras restaurantes abiertos a la hora del desayuno.
Intransitivas (con verbos de un argumento)	Suj+V/V+Suj	Sujeto y verbo intransitivo que no lleva complemento directo (puede aparecer con circunstanciales)	Los niños llegaron (temprano).
Intransitivas (con verbos de dos argumentos)	OI+V+Suj (intransitivas) Suj+V+SP De verbos de régimen (intransitivas)	Verbos del tipo *gustar* Sujeto y complemento suplemento (verbos de régimen)	A Lourdes le fascinan las novelas de misterio. Eugenia se <u>casó con</u> Jorge. Eugenia se <u>despidió de</u> sus padres.
Transitivas (con verbos que toman un objeto directo)	Suj+V+SN (transitivas)	Sujeto y complemento directo	(yo) Compré pan y tomates. Lisa leyó la novela.
Ditransitivas	Suj+V+OD+OI	Sujeto y dos complementos obligatorios: OD y OI	(ella) Le trajo un regalo a mamá.
Con verbos de tres argumentos	Suj+V+OD+SP	Sujeto y dos complementos obligatorios: uno es siempre el OD, el otro un objeto preposicional o complemento suplemento.	(nosotros) Pusimos la compra sobre la mesa.

En cambio, si una oración (o más de una) depende de otra, decimos que **son compuestas**. Las oraciones compuestas contienen una **cláusula principal** y, al menos, una **cláusula subordinada**.

(66)   a. <u>Dijo</u> [que <u>venía</u>].

   b. La profesora <u>dejó</u> una tarea [que <u>era</u> muy difícil].

A diferencia de las oraciones coordinadas, las subordinadas no pueden aparecer independientes, como muestra (67). La razón es que las oraciones subordinadas siempre cumplen una función dentro de la oración principal.

(67) a. *Que venía.
     b. *Que era muy difícil.

Las posibles funciones de las oraciones subordinadas incluyen: sujeto u objeto directo, modificador de un sustantivo o complemento circunstancial. Teniendo en cuenta su función, las subordinadas se clasifican en tres tipos: subordinadas sustantivas, aquellas que se comportan como sintagma nominal (SN); subordinadas adjetivas o de relativo, aquellas que funcionan como modificadores del sustantivo y se comportan como un sintagma adjetivo (SA), y subordinadas adverbiales, aquellas que funcionan como un adverbio o sintagma adverbial (SAdv). Como existen muchas conjunciones adverbiales subordinantes con diferentes significados, existen muchos tipos de subordinas adverbiales.

La Tabla 2.5 muestra algunos ejemplos de oraciones subordinadas conjugadas para facilitar su identificación. Sin embargo, algunas oraciones subordinadas no tienen conjugación verbal ni sujeto, sino formas no finitas como el infinitivo, tema que trataremos en el Capítulo 8. Por el momento, solo señalaremos que las subordinadas infinitivas funcionan de modo muy similar a las otras.

(68) a. Quiero [que me compres un helado].
     b. Quiero [comer helado].

(69) a. Entró [sin que nadie lo viera].
     b. Entró [sin hacer ruido].

Tabla 2.5 Clasificación de las oraciones subordinadas

Tipos de oraciones subordinadas	*Función*	*Ejemplos*	
Subordinadas sustantivas	Tienen función de un sustantivo	De sujeto:	Me gusta el chocolate.
			Me gusta [**que me regalen chocolates**].
		De OD:	Te dije una cosa.
			Te dije [**que la sopa estaba caliente**].
		De objeto de preposición:	Entró sin zapatos.
			Entró sin [**que nadie lo viera**].
Subordinadas adjetivas	Tienen función de un adjetivo	Los gatos grises duermen mucho.	
		Los gatos [**que tiene mi amiga**] duermen mucho.	
		nexos: *que, quien, el que, el cual, cuyo...*	
		antecedente: siempre es un sustantivo (o frase nominal) al que modifican. El antecedente puede ser explícito o tácito.	
		the one [that my mother invited]	
		el ___ [que mi mamá invitó ___]	
Subordinadas adverbiales	Tienen función de un adverbio	Entró allí.	
		Entró [**donde le habían indicado**].	
		tipos: de modo (manera), *como*; de lugar, *donde*; de tiempo, *cuando*; de finalidad, *para que, a fin de que, a que*; causales, *porque, puesto que, ya que, en vista de que, supuesto que, por cuanto, a causa de que...*	

2.6 Breve resumen

En este capítulo estudiamos diferentes aspectos y propiedades de los elementos y las estructuras que conforman la gramática del español. Una cuestión fundamental que observamos repetidamente es que se puede caracterizar a los elementos y a las estructuras desde diferentes perspectivas, por ejemplo, teniendo en cuenta su forma, su función o su significado. Notamos, además, que estas caracterizaciones no son excluyentes, sino que se complementan. Un ejemplo significativo es el caso de las categorías o clases de palabras donde vimos que, en algunos casos, resulta necesario adoptar más de una perspectiva para realizar una clasificación adecuada. Asimismo, observamos que puede resultar ventajoso realizar una caracterización múltiple de los elementos. Específicamente, en el caso de los verbos notamos que hay correlaciones entre algunas propiedades semánticas y las estructuras sintácticas en las que los verbos pueden participar.

LECTURAS RECOMENDADAS

Este capítulo repasa ciertas nociones fundamentales del análisis gramatical que usaremos con frecuencia en los capítulos posteriores. Para ampliar estos conceptos, recomendamos textos clásicos como King y Suñer (2008), Seco (1967) o la *Nueva Gramática* de la RAE (2010), aunque hay diferencias tanto en la selección de los temas como en el tratamiento. Para mayor profundidad analítica y teórica, recomendamos Di Tullio (2014) y Camacho (2018).

2.7 Ejercicios

2.7.1 *Repaso de conceptos*

A. Complete con la palabra o expresión que corresponda al concepto que se alude.

a) Los adjetivos, sustantivos, adverbios y verbos son ejemplos de palabras_____.
b) Los verbos *ser* y *estar* se usan en oraciones_____.
c) Los_____son estructuras que se organizan en torno a un núcleo.
d) Un verbo_____tiene tres argumentos.
e) Las oraciones_____afirman o niegan una proposición, mientras que las _____inquieren acerca de su valor de verdad.
f) Un sintagma nominal tiene como núcleo un_____.
g) Las oraciones con verbos meteorológicos del tipo *llover, tronar*, etc., y la construcción existencial con *haber* carecen de_____.
h) Las oraciones_____tienen un solo núcleo_____, mientras que las _____tienen más de uno.

2.7.2 *Análisis básico*

2.7.2.1 *Clases de palabra*

B. Indique la categoría de los elementos léxicos subrayados dentro del espacio dado (usando las abreviaturas A/Adv/N/V), Ej.: José <u>vino</u> ayer. <u>V</u>

1. Luisa nos trajo <u>vino</u>. _____
2. Lo hizo por <u>amor</u>. _____
3. El gato saltó <u>rápido</u>. _____
4. ¿<u>Dormirá</u> como un angelito? _____
5. <u>Nunca</u> lo ha visto. _____
6. Después habría empezado a <u>contar</u>... _____
7. ... y hace un corte <u>enérgico</u>... _____
8. Vivió <u>humildemente</u>. _____

C. Clasifique las siguientes palabras de acuerdo a la categoría sintáctica a la que pertenecen $\boxed{\text{N/V/P/A/Adv/Conj/Det}}$ y diga el tipo de clase a la que pertenecen $\boxed{\text{abierta/cerrada}}$.
hambre, unicornio, está, pero, nunca, la, correr, aquellos, seguramente, ha, a, un

D. Los adverbios que terminan en *-mente* pueden aparecer en forma escueta, omitiendo el sufijo *-mente*. Aunque tienen la misma forma que el masculino de los adjetivos del que se derivan, su función e interpretación son diferentes, como ilustran los ejemplos a continuación:

	Paráfrasis
Camina <u>rápido</u>/<u>rápidamente</u>.	→ Camina **de manera veloz**. (SP)
Tiene un carro rápido/*rápidamente.	→ Tiene un carro que anda rápido.
	(Subordinada de relativo)

En las oraciones siguientes, compruebe si las palabras subrayadas corresponden a un adverbio o adjetivo. Identifique la categoría y proporcione una paráfrasis (u otra prueba relevante).

a) Los empleados llegaron puntual a la reunión.
b) Esa profesora no es puntual.
c) Las tranquilas calles de Santiago son hermosas.
d) La <u>tranquila</u> mirada de Luisa me gusta.
e) Luisa miraba <u>tranquila</u>.

2.7.2.2 *Sintagmas*

E. Clasifique los siguientes sintagmas y señale su núcleo.

1. corriendo rápidamente
2. por Buenos Aires
3. encantados de conocerte
4. algunos osos perezosos
5. muy lentamente
6. los martes de cada semana
7. gritando de alegría
8. la puerta azul que está a la derecha
9. sorprendentemente buenos
10. en los meses de invierno

F. Clasifique los sintagmas subrayados en cuanto a su tipo y diga qué función cumplen dentro de la oración. ¿Qué se puede observar acerca de la relación entre significado y categoría?

1. (a) Mario viene <u>diariamente</u>.
   (b) Mario viene <u>todos los días</u>.

   2. (a) Los estudiantes son <u>de Canadá</u>.
      (b) Los estudiantes son <u>canadienses</u>.
   3. (a) Luisa puso los libros <u>en la mesa</u>.
      (b) Luisa puso los libros <u>ahí</u>.

G. Paráfrasis. Manteniendo el mismo sentido, ofrezca una forma alternativa para expresar los siguientes sintagmas.

   1. Gisela habla varios idiomas <u>con gran facilidad</u>.
   2. Hay que pensar antes de responder. No respondas <u>de manera rápida</u>.
   3. Juan escribe los ensayos <u>con mucho cuidado</u>.
   4. Llama <u>todas las semanas</u>.

2.7.2.3 *Argumentos del verbo*

H. Teniendo en cuenta la cantidad de argumentos presentes en cada construcción, clasifique las siguientes oraciones en ⟨impersonal/intransitiva/transitiva/ditransitiva⟩.

   1. Julio le dio un regalo de navidad a su hija.
   2. Ana compró una nueva casa en las afueras de Toronto.
   3. Los atletas nadaron durante varias horas.
   4. En esta clase siempre falta alguien.
   5. En verano, crecen muchas flores.
   6. En verano llueve mucho.
   7. A Luisa le encanta visitar a su hermana.
   8. El perro saltó muy alto.
   9. Los chicos leen historias de misterio antes de dormir.
  10. Juan le vendió un auto a Manuel.

I. Subraye el sujeto de las oraciones siguientes. Recuerde que en español la concordancia es el criterio clave, no el significado, ni el orden de las palabras, y que, además, podemos omitir el sujeto. En este último caso indique "sujeto implícito".

   1. José no quería nada.
   2. No vino nadie.
   3. Juan llegó a tiempo.
   4. El edificio fue derrumbado la semana pasada.
   5. No vimos a nadie.
   6. Llegaron los estudiantes.
   7. A nosotros nos gusta el café.
   8. Las pirámides de Teotihuacán fueron construidas por una serpiente emplumada.
   9. No sobró nada.
  10. El cuento de misterio lo escribió Juana.

2.7.2.4 *Tipos de oraciones*

J. Clasifique las siguientes oraciones teniendo en cuenta su función comunicativa en declarativa, interrogativa, exclamativa o imperativa.

   1. ¡Qué lindo día!
   2. Todos los días son iguales.
   3. Ven acá.

4. ¿Qué día piensas venir?
5. Me fascinan los libros de gramática.
6. ¡Haz la tarea!
7. Los días de invierno a veces se me hacen muy largos.
8. ¿Quién llamó por teléfono?
9. Tráeme el libro, por favor.
10. Limpie su cuarto antes de las 5 pm.
11. La sintaxis es una parte importante del estudio de una lengua.
12. No siempre las cosas resultan como queremos.

K. Clasifique las siguientes oraciones en simples o complejas. En el caso de las complejas diga si son yuxtapuestas, coordinadas o subordinadas.

1. El vino francés es caro.
2. A Julio le gusta que su abuelo le cuente historias.
3. El gato entró en la habitación, miró todo, salió rápido.
4. Las arepas que hace tu madre me encantan.
5. Julia no quiere el libro, pero lo va a comprar de todas formas.
6. No creo que sea importante.
7. Entró mientras sonaba el timbre del teléfono.
8. Llegó a tiempo.
9. ¿Quieres pizza esta noche o prefieres una sopa?
10. Aquí anidan cigüeñas.

L. Delimite las oraciones subordinadas dentro de corchetes y clasifíquelas en tanto a su función dentro de la oración principal (sustantivas/adjetivas/adverbiales).

1. La casa que tiene la ventana roja me gusta mucho.
2. Puedes llegar tarde siempre que avises antes.
3. Cuando llueve siempre saco las plantas al balcón.
4. Rosa compró el libro cuyo autor había dado una conferencia la semana pasada.
5. Estaba sentado mientras llamaba por teléfono.
6. No creo que vaya a invitar a su hermana.
7. Las flores que salen primero son las más bonitas de la primavera.
8. ¿Te gusta que te regalen libros?
9. Te escribiré cuando llegue a Vitoria.
10. Luis compró el libro que está encima de la mesa.
11. Necesito que llegues temprano esta tarde.
12. Salió por donde le indicaron.

2.7.3 *Problemas de reflexión*

M. Oración. Una definición lógica que hemos visto dice que la oración es *la expresión de un juicio que relaciona un sujeto y un predicado*, y también *la expresión de un pensamiento completo*. Lea con atención las siguientes oraciones. ¿Representan un problema para esta definición? Si ese el caso, ¿cuál es el problema y por qué? ¿Cómo podemos aplicar esta definición a estos casos?

a) Llueve.
b) Se come bien en Francia.
c) Había muchos lápices en la mesa.

N. Análisis de texto.

Tenía cinco años cuando mi abuelo el coronel me llevó a conocer los animales de un circo que estaba de paso en Aracataca. El que más me llamó la atención fue una especie de caballo maltrecho y desolado con una expresión de madre espantosa. "Es un camello", me dijo el abuelo. Alguien que estaba cerca le salió al paso. "Perdón, coronel", le dijo. "Es un dromedario." Puedo imaginarme ahora cómo debió sentirse el abuelo de que alguien lo hubiera corregido en presencia del nieto, pero lo superó con una pregunta digna:

—¿Cuál es la diferencia?
—No la sé —le dijo el otro—, pero éste es un dromedario.

El abuelo no era un hombre culto, ni pretendía serlo, [...] toda su vida fue consciente de sus vacíos, y tenía una avidez de conocimientos inmediatos que compensaban de sobra sus defectos.

Aquella tarde del circo volvió abatido a la casa y me llevó a su [...] estante con un libro enorme. Lo consultó con una atención infantil [...] entonces **supo** él y **supe** yo para siempre la diferencia entre un dromedario y un camello. Al final me **puso** el mamotreto en el regazo y me **dijo**:

—Este libro no sólo lo **sabe** todo, sino que es el único que nunca se equivoca.

Gabriel García Márquez (Prólogo al diccionario *Clave* (Maldonado González 1997, *xii*))

---

a) Identifique la categoría gramatical/clase de las siguientes palabras (tomadas del fragmento anterior).
   a, avidez, Aracataca, hubiera corregido, pues, que, supe, siempre, entre
b) Subraye <u>los objetos directos</u> de los verbos señalados en negrita.
c) La palabra *único*, de acuerdo al diccionario *Clave*, pertenece a la categoría ADJETIVO. Sin embargo, en la oración siguiente, tomada del ensayo de García Márquez, *único* aparece al lado de un artículo y no acompañando a un sustantivo. Por otro lado, hemos visto que el adjetivo acompaña al sustantivo.

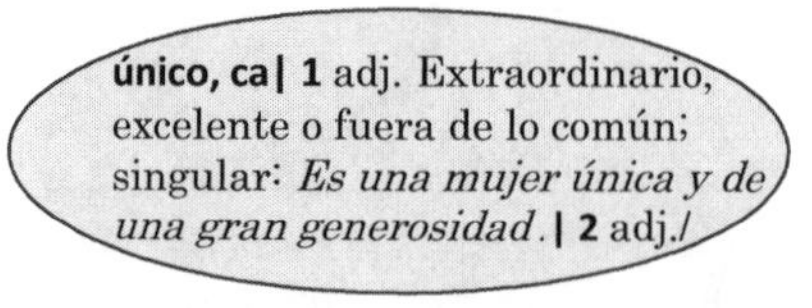

Figura 2.3 Definición de *único* en el diccionario *Clave*.

*Este libro no sólo lo sabe todo, sino que es **el único** que nunca se equivoca.*
¿Cuál de los dos análisis es correcto?
el único: a) Det + N   b) Det + A

d) ¿Cómo interpreta esa frase dentro del párrafo dado? De acuerdo al significado dado, puede decidir si el diccionario está en lo correcto y *único* es un adjetivo, o si puede también funcionar como sustantivo.

Ñ. Transitividad. En este capítulo vimos que la mayoría de los verbos requiere un número específico de argumentos para expresar su significado. Por ejemplo, un verbo como *arreglar* necesita tanto un sujeto como un objeto directo, de lo contrario la construcción es agramatical. Compare (1a) y (1b–c).

(1) a. *Julia arregló.
    b. Julia arregló el problema con su vecino.
    c. Julia se arregló mucho.

Sin embargo, las oraciones (2) y (3) son posibles, aunque ambos verbos pueden tomar un OD: *El chico comió un pastel ayer, Esteban escribió una novela de ciencia ficción durante el verano*.

(2) El chico comió ayer.

(3) Esteban escribió durante el verano.

¿Por qué (2) y (3) son posibles? PISTA: piense en la interpretación de estas oraciones.

3 Anclando la proposición
Tiempo y aspecto

Temas

Tiempo y aspecto en español

Objetivos

Repasar la morfología verbal
Distinguir entre la morfología verbal y la interpretación temporal
Identificar los significados de los tiempos del indicativo
Identificar los diferentes elementos que contribuyen a la interpretación temporal y aspectual

---

Introducción

En este capítulo profundizaremos en las nociones de tiempo y aspecto gramatical, enfocándonos en las siguientes preguntas: ¿cómo se codifican gramaticalmente estas nociones?, ¿qué significados tienen los tiempos verbales en español?, y ¿qué factores influyen en la interpretación temporal y aspectual de los enunciados? Además de expandir nuestro conocimiento sobre el tiempo y el aspecto, al estudiar estas categorías constataremos dos propiedades importantes del funcionamiento de la lengua. La primera es que los significados se construyen composicionalmente. Habíamos anticipado esta idea cuando apuntamos que los verbos requerían la presencia de sus argumentos asociados para concretar su significado. En este capítulo veremos cómo la interpretación temporal y aspectual de una oración también emerge de la combinación de los varios elementos que figuran en ella. No es suficiente pensar solamente en el tiempo verbal o el tipo de verbo: hay que considerar la contribución de todos los elementos presentes en la construcción. La segunda propiedad es la polisemia, ya que, como veremos, una misma forma puede tener diferentes interpretaciones temporales. Esto apunta a otra cuestión importante: la necesidad de distinguir entre la forma y el significado de un elemento.

Aunque el tiempo aparece expresado en las formas verbales, es también una propiedad oracional, así comenzaremos hablando del tiempo como categoría gramatical a nivel oracional. Seguiremos con un recuento de la morfología verbal, para después ocuparnos de

DOI: 10.4324/9781003415879-4

su significado. Repasaremos algunos de los significados y usos de los diferentes tiempos del indicativo. En la segunda parte del capítulo abordaremos la noción de aspecto que se refiere a las características de la temporalidad interna de la situación. En esta parte, examinaremos los varios elementos que contribuyen a la interpretación aspectual de la oración.

3.1 El tiempo como categoría gramatical

Al pensar en el tiempo como categoría gramatical lo primero que notamos es que si bien aparece marcado en el verbo es principalmente una propiedad de la oración, tanto estructural como semánticamente. ¿Qué significa esto? Anteriormente vimos que la oración es la principal unidad sintáctica y que se la puede definir desde dos perspectivas diferentes: su estructura o su significado. Desde un punto de vista formal/estructural, la oración es un sintagma que incluye, al menos, un SN sujeto y un SV predicado que unidos forman un conjunto funcional completo. Por el momento, digamos que la propiedad gramatical fundamental de este conjunto funcional (el sintagma oración) es la temporalidad. En otras palabras, lo que define la oración es la condición de estar anclada temporalmente. Semánticamente, la oración expresa un juicio o proposición que relaciona un sujeto y un predicado. El concepto de proposición viene de la lógica, pero lo usamos de manera intuitiva cuando evaluamos los enunciados dentro de las situaciones comunicativas. En la lógica, una proposición es simplemente un enunciado que puede ser evaluado como verdadero o falso. Un imperativo(/mandato) o una pregunta no tienen valor de verdad. Las oraciones declarativas, en cambio, son ciertas o falsas. Una propiedad necesaria para poder evaluar un enunciado como verdadero o falso es su temporalidad. Dicho de otra forma, el enunciado tiene que estar anclado al tiempo. En términos gramaticales entendemos esto como una propiedad estructural de la oración llamada **finitud**. Segundo, el valor temporal exacto influye materialmente en la evaluación del enunciado.

Para entender mejor la relevancia de la finitud veamos qué pasa cuando no está presente. Pensemos en el personaje Tarzán, cuando dice en la película: "Yo Tarzán", o en Santiago, un niño de dos años, que le dice a su mamá: "tren aquí" (Pérez-Leroux y Castilla-Earls 2015, 215). Los que escuchan estos enunciados pueden hacerse una idea de lo que Tarzán y Santiago quieren decir y podrían responderles: "Es cierto, *eres* Tarzán", o "No, Santi, el tren no *está* aquí". Los oyentes adivinan la intención del hablante reconstruyendo no solo el verbo faltante, sino también la información temporal que añade su conjugación. En otras palabras, el verbo conjugado sitúa la base de la evaluación de los enunciados. Estas reconstrucciones, sin embargo, no son la única opción posible. ¡Veamos por qué! Si Santi dice "Tren aquí" y el tren no está, está claro que intentaba señalar que el tren había cambiado de lugar. Si la mamá de Santi hubiese pensado así, habría respondido de modo diferente: "Sí, Santi, el tren *estaba* aquí". Esto demuestra que para verdaderamente saber si lo que dijo Santi es verdadero o falso, necesitamos saber dónde situar la temporalidad del enunciado.

De este caso ilustrativo concluimos que la temporalidad, que se hace visible en la conjugación verbal, es necesaria para la evaluación lógica de un enunciado. Así, el estudio del tiempo como categoría gramatical resulta esencial para el análisis del funcionamiento comunicativo de las oraciones. Comencemos primero por examinar la codificación del tiempo.

3.2   La morfología verbal

3.2.1   *Componentes de la morfología verbal en español*

Los verbos pertenecen a la clase de palabras de contenido enciclopédico. Como todas las palabras léxicas, los verbos tienen un morfema raíz ($\sqrt{}$) que aporta el contenido léxico-semántico. Además de la raíz, los verbos contienen morfemas gramaticales. Adyacente a la raíz ocurre un morfema que expresa el grupo de conjugación a la que pertenece el verbo, la vocal temática: *-a-/-e-/-i-* (*cant-a-r, com-e-r, escrib-i-r*), primera, segunda y tercera, respectivamente. Las formas verbales contienen, además, morfemas de tiempo, modo y aspecto (TMA), y, si son formas conjugadas, un morfema que expresa persona y número (PN). Los morfemas que expresan estas dos últimas categorías se llaman morfemas de **concordancia verbal.**

Como en muchas otras lenguas, en español, el verbo entra en una relación de concordancia con el sujeto gramatical de la oración, es decir, los rasgos de persona y número gramatical del verbo corresponden a los del SN sujeto. Como dichos rasgos aparecen reproducidos en el verbo, decimos que este concuerda con el sujeto. El mecanismo de concordancia es interesante porque, al duplicar los rasgos de PN del sujeto en el verbo, ayuda a identificar el argumento que funciona como sujeto dentro de la oración. En (1) se muestra un esquema de segmentación de los morfemas verbales y, en (2), ejemplos de segmentación donde las tres categorías morfológicas corresponden a formas separables.

(1) Esquema de la morfología verbal
$\sqrt{}$(raíz) + vocal temática + tiempo/modo/aspecto + persona/número

(2) $\sqrt{}$cant+á+ba+mos
$\sqrt{}$com+e+rá+n
$\sqrt{}$desped+i+rá+n

[handwritten: morphology = the study of the internal structure of words; how morphemes combine to make words ex: morpheme = cookie suffix = s = cookies]

MORFEMAS DEL VERBO

La raíz: lexema base del verbo (significado enciclopédico).

El tema o vocal temática: se refiere a cada uno de los tres grupos de conjugación asociados con los verbos en español (*-ar, -er, -ir*).

La marca de tiempo, modo y aspecto (TMA): fusiona tres categorías que especifican cómo se sitúa la referencia temporal de la situación denotada por el verbo, su aspecto y su modalidad.

Los morfemas de persona/número (PN) o concordancia verbal: expresan los rasgos del sujeto de la oración.

En los casos anteriores cada morfema se asocia con una información única; en otros casos, diferentes rasgos gramaticales pueden ir fusionados en un mismo morfema. En *cantábamos* el morfema *-mos* corresponde a la concordancia de primera persona del plural, y el morfema *-ba-* al imperfecto del indicativo. En *cantaste*, en cambio, el morfema *-ste* expresa simultáneamente concordancia de segunda del singular (*tú*) y tiempo/modo (pretérito del indicativo).

3.2.2 La concordancia

La concordancia de persona y número refleja una de seis posibilidades del paradigma verbal: las tres personas del discurso (primera, segunda y tercera) en singular o plural. Va codificada en los morfemas de persona y número (PN).

- **primera persona**: se identifica con el emisor o hablante
- **segunda persona**: se identifica con el receptor u oyente
- **tercera persona**: se refiere a un individuo que no es ni hablante ni oyente

La Tabla 3.1 muestra la morfología de persona y número para el presente del indicativo de los tres grupos de conjugación. La morfología verbal (la forma) que se emplea para *usted*, segunda persona formal, corresponde a la forma de la tercera persona del singular (*él/ella*). Igualmente, *ustedes*, correspondiente a la segunda persona del plural en las variedades latinoamericanas y al tratamiento formal en los dialectos peninsulares, tiene la morfología de la tercera del plural (*ellos/ellas*). Las formas de segunda persona también pueden expresar un contraste especial de familiaridad o formalidad. Los hablantes pueden codificar la distancia o proximidad social con respecto al interlocutor dependiendo de la forma que utilicen. Estos matices reciben la interpretación de cortesía o falta de respeto, semejante a la distinción del uso de los nombres propios y los apellidos, por ejemplo: *Rosinda* vs. *Señora Raposo*.

Tabla 3.1 Morfología de persona para el presente del indicativo para las tres conjugaciones

		Personas gramaticales y pronombres asociados	*Morfemas*	*Verbos del primer grupo (-ar)*	*Verbos de segundo y tercer grupo (er/-ir)*
Singular	1.ª	yo	-o	canto	como, escribo
	2.ª	tú	-s	cantas	comes, escribes
	3.ª	él/ella (usted)	ø	canta	come, escribe
Plural	1.ª	nosotros	-mos	cantamos	comemos, escribimos
	2.ª	vosotros	-is	cantáis	coméis, escribís
	3.ª	ellos/ellas (ustedes)	-n	cantan	comen, escriben

Los morfemas de concordancia de persona y número son bastante regulares. Sin embargo, la marca de primera persona que encontramos en presente (-*o*) no va realizada en los demás tiempos y, en algunos casos, las formas de primera y tercera singular son indistinguibles: *yo/ella comería* (condicional), y *yo/él caminaba* y *yo/ella escribía* (imperfecto).

En español, existe bastante variación regional en cuanto a la morfología de segunda persona, lo que se ha estudiado en muchas investigaciones dialectológicas. En general, todos los dialectos distinguen la oposición formal/informal, pero no usan ni los mismos pronombres ni las mismas formas de conjugación. La división principal se establece entre los dialectos que usan *tú* y los que usan *vos*. El uso de la forma *vos* se denomina **voseo**. Así los dialectos se dividen en **dialectos tuteantes**, usan la oposición *tú/usted*, correspondiente a informal/formal, respectivamente, y **dialectos voseantes**, usan la oposición *vos/usted*. Existe, además, variación en los dialectos voseantes en cuanto a la morfología verbal, por ejemplo: *vos tenés*, *vos tenéis*, etc. (Lipski 1994). En cuanto a la segunda persona del plural, se dice que los dialectos peninsulares marcan el contraste formal/informal mediante la oposición *ustedes/vosotros*, mientras que los dialectos hispanoamericanos han simplificado la distinción, reteniendo solo la forma *ustedes*.

También hay variación en cuanto a los parámetros de formalidad. En algunas regiones y comunidades la distinción formal/informal refleja un contraste de familiaridad: personas que conocemos bien vs. personas poco conocidas. En otras regiones, la distinción formal/informal se refiere a la distancia o asimetría de edad o posición social. En estos casos, los hablantes usan la variante formal para las personas de mayor edad o para aquellos que ocupan una posición superior socialmente y la variante informal para interlocutores de igual o menor edad o en posición de igualdad o inferioridad social. Así, dependiendo del lugar, un hispanohablante trata a sus abuelos de *usted* o de *tú*.

3.2.3　Más sobre la morfología de los tiempos

Como vimos en la Tabla 3.1, en algunos tiempos, un morfema específico se asocia con un tiempo determinado, tal es el caso del futuro, el imperfecto y el condicional (o pospretérito) del indicativo. Sin embargo, la correspondencia entre forma morfológica y rasgos gramaticales no está siempre tan bien alineada. Como ejemplo de lo contrario vimos el pretérito de indicativo, donde el morfema *-ste* fusiona los rasgos de tiempo/modo y concordancia (TMA-PN). Otro caso es el del presente, donde la marca de TMA es el morfema cero (Ø), ya que la ausencia de morfema visible de tiempo contrasta con los otros tiempos. En todos los casos, el morfema de tiempo está más cerca de la raíz y/o la vocal temática, y va seguido del morfema que indica persona y número (concordancia), (3). La Tabla 3.2 resume los tiempos, los morfemas y las formas para los varios grupos morfológicos.

(3)　Esquema de la morfología verbal

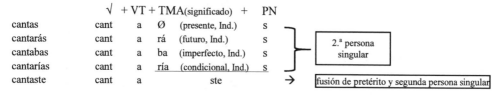

Tabla 3.2 Morfemas de los diferentes tiempos simples del indicativo, ilustrados con la segunda persona del singular (*tú*)

Tiempos	*Morfema de tiempo*	*Forma 1er grupo*	*Forma 2do/3er grupos*	*Observaciones*
Presente	Ø	cantas	comes/escribes	Ausencia de marca de tiempo
Futuro	*-re-/-ra-*	cantarás	comerás/escribirás	Forma regular
Imperfecto	*-ba-, -ía-*	cant**aba**s	comías/escribías	Morfema de tiempo realizado distinto para los grupos de conjugación
Pospretérito o condicional	*-ría-*	cant**aría**s	comerías/escribirías	Forma regular
Pretérito	(varios)	cantaste	comiste/escribiste	Morfemas de tiempo y concordancia fusionados; patrón acentual distintivo; irregularidad en la raíz

Sobre el morfema Ø

La idea de que existe un morfema cero (Ø) en el paradigma puede parecer, a primera vista, un artificio. Si comparamos el presente con casos donde hay una forma física que corresponde a un contenido como el imperfecto (-ba-/-ía-), parecería peculiar decir que en el presente hay algo sin sonido, pero con significado. Sin embargo, la "realidad gramatical" es un poco más compleja. Pensemos en un contexto más sencillo: la oposición singular/plural. En español los sustantivos en plural adicionan -s para indicar una cantidad mayor que uno. El singular, sin ninguna marca física, lo interpretamos como que se trata de uno solo. La pregunta es la siguiente: ¿cómo podemos saber que se trata del singular si no hay algo físico que lo indique? Podemos capturar estas interpretaciones mediante la noción de contraste. Aunque no tiene contenido fonológico, sí hay contenido semántico que va identificado por la diferencia/ ausencia de la otra forma. Este tipo de tratamiento tiene dos ventajas: 1) nos permite analizar de manera homogénea todos los casos, y 2) mantiene la correspondencia entre significante y significado propia del signo lingüístico. Finalmente, los casos en los que se ha propuesto la existencia de un morfema Ø corresponden a la opción menos marcada, la llamada opción por defecto. Es así con el presente, tiempo que corresponde al momento del habla: punto de partida para la organización de las relaciones temporales. Igualmente, el singular se considera la opción no marcada frente al plural.

Concluimos esta sección con dos observaciones acerca de algunas particularidades morfofonológicas de los tiempos futuro y pretérito de indicativo. La forma actual del futuro es una forma sintética: *comeré*, pero evolucionó de una construcción perifrástica compuesta del infinitivo y seguida del auxiliar *haber*, donde *comer he* devino *comeré*. Esto explica por qué las formas del futuro van acentuadas en la última sílaba (excepto en primera del plural, *comeremos*, que añade una sílaba más, el morfema *-mos*), mientras que los otros paradigmas verbales llevan acento en la penúltima sílaba, que es el patrón acentual más común en el español. Es interesante que el futuro sintético vaya perdiendo terreno en tanto a la expresión del futuro frente a la construcción perifrástica con el verbo *ir* seguido del infinitivo: *voy a comer*.

El pretérito es el tiempo con más variación morfológica en español. Prosódicamente también es especial porque su acentuación no es uniforme para todas las personas: el acento recae en la última sílaba en la primera y tercera personas del singular (son formas agudas), mientras en las demás recae en la penúltima sílaba (son formas llanas), como se muestra en (4).

(4) AGUDAS   LLANAS
    yo ha**blé**   tú escri**bis**te
    ella co**mió**   nosotros escri**bi**mos
                 ellos escri**bie**ron

La otra característica singular del pretérito es morfológica: es el único caso del paradigma de tiempos en que la segunda persona singular, *tú*, no toma la *-s* como marca de persona. Algo curioso, pero no sorprendente, es que algunos hablantes nativos añaden una -*s* analógica al pretérito, como muestra el ejemplo (5) que apareció en la traducción al español de la película *Shrek* y que encontramos al hacer una búsqueda digital de la secuencia "*stes*".

(5) "¿Oístes lo que dijo? Me llamó noble corcel" – Burro[1]

Tales hablantes extienden la regla de marcar la segunda persona con la -*s* al único contexto donde no sucede. Este es un fenómeno algo estigmatizado, pero relativamente frecuente.

3.3   Referencia temporal

3.3.1   *Morfología verbal versus referencia temporal*

Pasemos ahora a considerar el significado de las formas temporales. Es útil recordar que en ocasiones las formas pueden usarse con sentidos que no corresponden a su significado principal. Un ejemplo fácil de reconocer es el llamado presente histórico: el historiador narra en presente eventos sucedidos en la antigüedad para animar el recuento. Obsérvese este uso en una narrativa de Eduardo Galeano.

1902 Saint Pierre

Sólo se salva el condenado.

También en la isla Martinica revienta un volcán. Ocurre un ruido como del mundo partiéndose en dos y la montaña Pelée escupe una inmensa nube roja, que cubre el cielo y cae, incandescente, sobre la tierra. En un santiamén queda aniquilada la ciudad de Saint Pierre. Desaparecen sus treinta y cuatro mil habitantes—menos uno.

El que sobrevive es Ludger Sylbaris, el único preso de la ciudad. Las paredes de la cárcel habían sido hechas a prueba de fugas.

Memoria del Fuego. III. El siglo del Viento (Galeano 1986, 19)

Esta disociación muestra que hay que distinguir entre la forma y el sentido, ya que no siempre coinciden. Otros ejemplos de disociación entre la **interpretación temporal** (=semántica) y la **morfología del tiempo** son el uso futurado del presente. En (6a) hay referencia al momento actual (simultánea con el acto de habla, el verdadero presente), mientras que *en un rato* induce una orientación futura en (6b). En (7a) se da una interpretación genérica del presente (*los domingos, en general...*), mientras que en (7b) la interpretación es futura (*el domingo próximo*).

(6) a. Déjalo tranquilo un rato que **hace** su tarea.
     b. Dice que **hace** la tarea en un rato, tan pronto se acabe la telenovela.

(7) a. Los domingos **como** con mis padres.
     b. El domingo próximo **como** con mis padres.

---

1 https://www.telehit.com/entretenimiento/frases-shrek-pelicula-1, accedido: 28/6/2023.

Estos casos ilustran que es posible "construir" nuevos significados a partir de la combinación de diferentes elementos en una estructura. Las expresiones temporales futuras apoyan esa transformación semántica. Así vemos que la referencia temporal de una forma verbal conjugada dentro de una oración se apoya en otros elementos dentro de la oración. El sentido de los tiempos se calcula tanto a partir de la morfología como del contexto. Pensemos ahora en el tiempo como categoría gramatical y en los posibles significados de otros tiempos.

3.3.2   *Tiempos y secuencias temporales*

Del **tiempo** decimos que es una categoría gramatical deíctica que orienta la situación denotada por el verbo con respecto al momento del habla. Funciona como las marcas de personas (*yo, tú, él*) y de deixis espacial (*aquí, allí, allá*) en el sentido de que su interpretación queda situada con respecto al acto de habla. El acto de habla es el centro deíctico que define **el yo, el aquí y el ahora** del hablante en el momento en que este pronuncia el enunciado. En español tenemos nueve tiempos del indicativo: cinco simples (**presente**, *canto*; **pretérito perfecto simple**, *canté*; **futuro simple**, *cantaré*; **pretérito imperfecto**, *cantaba*, y **condicional simple**, *cantaría*) y cuatro compuestos (**pretérito perfecto compuesto**, *he cantado*; **pretérito pluscuamperfecto**, *había cantado*; **futuro compuesto**, *habré cantado*; **condicional compuesto**, *habría cantado*).[2] ¿Qué significan cada uno de ellos?

> ## TIEMPO
>
> Categoría gramatical deíctica que sitúa la temporalidad de un evento directamente con respecto al tiempo del enunciado (como anterior, simultáneo o posterior), o indirectamente, con respecto a otro punto temporal que sí se orienta al tiempo del enunciado.

Pensemos en el tiempo como una secuencia ordenada de intervalos o sucesos. Primero sucede una cosa, después otra, etc. Importan la relación de precedencia (a > b) y de simultaneidad o inclusión (a = b). El tiempo gramatical relaciona puntos ordenados en un vector temporal cuyo eje o centro deíctico es el momento del enunciado.

(8) Eje temporal

$\Leftarrow$ **Momento del enunciado** $\Rightarrow$

REFERENCIA: *al pasado*   *al presente*   *a cosas futuras*

Para describir los tiempos hacemos referencia a los siguientes conceptos:

- Tiempo del enunciado: se considera el *origen* y lo representaremos con la letra **O**.
- Tiempo del evento: se refiere a la situación denotada por el verbo y lo representaremos con la letra **E**.
- Tiempo de referencia: es relevante para los tiempos complejos que especifican su posición relativa a otros momentos.

---

2 Seguimos la clasificación de la *Nueva gramática de la lengua española* (2010) de la RAE. No incluimos la forma del **pretérito anterior** (*hube cantado*) que ha caído en desuso.

En los casos de referencia simple, se incluyen solamente el origen y el tiempo del evento.

(9) Mi amiga trabaja en el cine. ($T_E = T_O$)   (referencia presente o referencia genérica)
(10) Traerán las maletas. ($T_O > T_E$)   (referencia al futuro)
(11) Trajimos las maletas. ($T_E > T_O$)   (referencia al pasado)

El significado de (9) puede ser verdadero presente, identidad con el momento de habla ('ahora mismo'), o presente genérico, donde una situación estable incluye el momento presente (en esta época, en general, etc.). En (10), se indica que el futuro sigue al origen y, en (11), que el pasado lo antecede. Las dos interpretaciones del presente, el **presente simultáneo con el habla** y **presente genérico**, no se expresan de la misma forma en inglés y en español. En español, el presente en (9) es ambiguo entre una interpretación donde la situación es simultánea al momento del habla, 'en este instante ella está trabajando en el cine', y una interpretación genérica, 'en estos tiempos ella trabaja en el cine'. En inglés, en cambio, el tiempo presente se usa con sentido genérico y el presente progresivo se usa para expresar simultaneidad con el origen. En español es posible usar tanto el presente progresivo con este sentido como el presente simple. Si llamas a un amigo, puedes preguntarle simplemente: *¿Qué haces/estás haciendo? ¿Quieres salir?*

El presente simple: el tiempo no marcado

El **presente simple** indica coexistencia o coincidencia (en algún punto) de la situación expresada con el momento de habla o enunciación. La duración de la situación no tiene que coincidir en su totalidad con el momento del habla. Por ejemplo, la situación puede haber empezado con anterioridad y todavía estar sucediendo en el momento que nos referimos a ella, e incluso extenderse más allá del momento del habla. La única condición relevante para usar el presente es que la situación coexista con el momento del habla en algún punto de su duración. Es por esta razón que el presente sirve para expresar tanto situaciones simultáneas con el momento del habla (A), como situaciones vigentes en el momento del habla (B). Asimismo, al tomar el momento del habla como punto de referencia para organizar las demás relaciones temporales y hacer coincidir el presente con dicho punto, de alguna manera privilegiamos este tiempo, haciéndolo el caso neutro. Es la opción por defecto, el punto de partida, el tiempo no marcado. Esta propiedad permite, con la ayuda de marcadores discursivos, usarlo para referirnos a situaciones posteriores o anteriores al momento del habla. En dichos casos, "recalibramos" o "actualizamos" la interpretación del presente mediante la inclusión de frases temporales que indiquen el tiempo en que ocurre la situación (C).

A. Para expresar situaciones que tienen lugar en el momento del habla. (Uso deíctico.)
En algunos casos puede alternar con el presente progresivo. Esta posibilidad depende

del tipo de situación, en eventos con duración interna como (i) y (ii) la alternancia es posible.

(i) a. La estudiante hace la tarea ahora.

b. La estudiante está haciendo la tarea ahora.

(ii) a. El bebé duerme en este momento.

b. El bebé está durmiendo en este momento.

B. Para expresar eventos o estados que son válidos en el momento del habla, también conocido como **presente caracterizador o generalizador**. (<u>Uso deíctico</u>.) Algunas de estas situaciones, los ejemplos (a) y (b), no están sucediendo en el preciso instante que nos referimos a ellas.

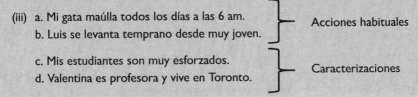

(iii) a. Mi gata maúlla todos los días a las 6 am.

b. Luis se levanta temprano desde muy joven.

— Acciones habituales

c. Mis estudiantes son muy esforzados.

d. Valentina es profesora y vive en Toronto.

— Caracterizaciones

Cuando se expresa una definición o generalización de más alcance, se denomina **presente genérico**.

(iv) a. Las plantas producen clorofila.

b. La tierra es redonda.

C. Usos que no coinciden con el momento del habla. (<u>Usos no deícticos</u>.) En estos casos se añade información temporal que nos indica el momento en que ocurre el evento.

I. Para expresar eventos que ocurrirán en el futuro, **presente prospectivo**.

(v) a. <u>Mañana</u> vienen mis amigos de Madrid a visitarme.

b. <u>El año próximo</u> se celebran las olimpiadas de invierno.

c. Por suerte me traslado de oficina <u>en dos meses</u>.

II. Para expresar eventos que ocurrieron en el pasado, **presente retrospectivo**. Uno de estos contextos es el llamado **presente histórico**, (vi).

(vi) a. <u>En 1605</u>, Cervantes publica la primera parte de Don Quijote.

b. El ejército invade la región <u>en 1825</u> y toma el control de las ciudades.

Otro uso es el llamado **presente narrativo** que se emplea cuando narramos/contamos algo sucedido en el pasado, (vii). En este caso, el oyente sabe que el suceso ya tuvo lugar e interpreta el presente dentro del pasado donde se sitúa el suceso.

(vii) La semana pasada mi hermana me llama y me dice que tengo que llamar a mis padres… y yo estoy tan cansada que me acuesto a dormir. El día siguiente cuando finalmente los llamo…

Variación en el uso de los tiempos verbales en situaciones de contacto (inglés-español)

En un estudio sobre el uso de los tiempos verbales en hablantes monolingües del español, nativos inmigrantes (bilingües: español e inglés) y aprendientes de español como lengua extranjera, Cuza (2007) encontró que tanto los inmigrantes como los aprendientes mostraban influencia de los usos de los tiempos del inglés en español. El experimento de Cuza incluía oraciones que describían tanto situaciones genéricas como específicas en diversos tiempos del presente y del pasado, y los participantes tenían que evaluar su aceptabilidad. Debajo aparecen algunos ejemplos del experimento, evalúe cada caso y piense en su selección teniendo en cuenta lo que hemos señalado. ¿Cómo describiría su comportamiento lingüístico?

Escala: -2 (extraña), -1 (un poco rara), 0 (no sé), 1 (casi bien), 2 (perfectamente bien).

(1) a. En este momento, mi hermana Giselle canta su canción preferida.

  b. En este momento, mi hermana Giselle está cantando su canción preferida.

(2) Mi amigo Venancio es muy atlético. Para todos en el barrio el bus es el medio ideal para ir al trabajo, pero para él caminar es mucho mejor y normalmente eso es lo que hace.

  a. Mi amigo Venancio, normalmente camina a su trabajo.

  b. Mi amigo Venancio, normalmente está caminando a su trabajo.

(3) A Francisco siempre le ha gustado mucho jugar con sus amigos y aún de adulto muchas veces juega béisbol con ellos. Hoy le preguntan, ¿y de niño? y contesta: ¡casi todos los días!

  a. De niño, Francisquito siempre jugó con sus amigos.

  b. De niño, Francisquito siempre jugaba con sus amigos.

(4) Ayer mi amiga Beatriz decide salir a cenar con José, un chico que acaba de conocer. Hoy me cuenta que nunca ha tenido una cena tan romántica y placentera como la de ayer.

  a. Mi amiga Beatriz disfrutaba muchísimo la cena con José.

  b. Mi amiga Beatriz disfrutó muchísimo la cena con José.

3.3.3   *Referencia temporal indirecta*

Ahora consideremos casos de referencia temporal indirecta. Los **tiempos perfectos** contienen un **participio** que señala que el evento del verbo principal ha finalizado anteriormente al momento de referencia (expresado por alguna expresión temporal) y un **auxiliar**, cuya morfología de tiempo se sitúa con respecto al origen. (12) ilustra el pretérito pluscuamperfecto y (13), el futuro compuesto o futuro perfecto. Bajo cada ejemplo diagramamos el ordenamiento de la secuencia en un eje temporal.

(12) Ya <u>habíamos bajado</u> las maletas (cuando <u>llegó</u> el taxi). $(T_E > T_{Ref} > T_O)$

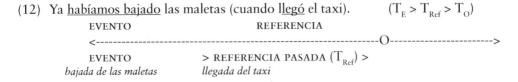

(13) <u>Habré comprado</u> los libros (para la <u>semana próxima</u>). $(T_O > T_E > T_{Ref})$
          EVENTO   REFERENCIA

<--------------------- O --->
              >   EVENTO   >   REFERENCIA FUTURA (T_{Ref})
                    compra de libros   *semana próxima*

Aunque estos tiempos se ubican con respecto al momento del habla (tal como los tiempos simples), indicado por el *tiempo del auxiliar*, también establecen una referencia temporal adicional mediante el participio, la cual señala anterioridad con respecto al tiempo de referencia. La combinación de estos dos elementos nos permite expresar significados temporales más complejos. El tiempo de referencia puede ir expresado por algún complemento circunstancial de tiempo o quedar implícito. Concluimos entonces que todo tiempo verbal se orienta con respecto a una referencia. Puede ser referencia directa al momento de habla o indirecta, aludiendo a un evento o tiempo distinto de momento del habla.

Las oraciones de lenguaje indirecto (reportado) muestran una ambigüedad interesante en cuanto al tiempo de la oración subordinada, ya que este puede interpretarse con referencia directa o indirecta. ¿Nota alguna ambigüedad en (14)?

(14) Carlos dijo que estaba leyendo un libro.

El ejemplo en (14) se puede interpretar de dos formas. La primera es que Carlos dijo: "Estoy leyendo un libro", entendiendo que el hablante acomoda/ajusta dicho enunciado con respecto a su momento de habla. De este reajuste, se obtiene el uso del imperfecto para mantener la secuencia temporal. La otra posibilidad es que Carlos dijo: "Estaba leyendo un libro". En este caso, cuando el hablante reproduce lo dicho, el enunciado mismo se ajusta a la secuencia temporal del hablante y no es necesario realizar ningún reajuste. Al primer caso se le llama interpretación simultánea del pasado (LEER=DECIR). El segundo caso se conoce como interpretación de pasado verdadero (LEER>DECIR).

Los hablantes extraen de los tiempos pasados una implicatura de cesación: "entienden" que la acción/evento ya no opera. Si decimos "llovió", la gente asume que ha dejado de llover. Sin embargo, como todas las implicaturas, esta implicatura de cesación puede ser negada. "Esta tarde llovió" no significa que ahora no está lloviendo. Observe este punto en la segunda oración del siguiente fragmento.

No, no había amor entre Laura y yo aquella tarde, todavía. Lo hubo, lo hay (…). *Tres tristes tigres* (Cabrera Infante 1974, 150)

3.3.4 *Usos modales de los tiempos*

El tiempo es una categoría muy relacionada con la modalidad, tema en el cual profundizaremos en el Capítulo 9. Por ahora solo notemos que algunos tiempos verbales pueden adquirir un significado modal. El condicional, por ejemplo, fue tema de largo debate, ya que los gramáticos no se ponían de acuerdo en si debía considerarse un modo separado o un tiempo del indicativo. En (15) se muestra que el uso del condicional simple puede expresar posibilidad o probabilidad, sea una conjetura, (15a), una situación hipotética,

(15b), o incluso cortesía, (15c). Intente usar paráfrasis para ver de qué tipo de interpretación se trata en cada caso.

(15)   a. Seguramente estaría muy ocupado por eso no vino a la fiesta ayer.
     b. Te ayudaría si tuviera tiempo.
     c. Me gustaría pedirte un favor.

Compare los usos modales en (15) con el uso temporal en (16).

(16)   a. Los políticos dijeron que las vacunas estarían listas en dos meses.
     b. Julio me aseguró que entregaría su tesis la semana próxima.

En su uso temporal, el condicional simple expresa una situación posterior (futura) a una situación ya ocurrida, por eso aparece en contextos subordinados a otro verbo en pretérito. En (16), el que las vacunas estén listas y el que la entrega de la tesis por parte de Julio se realice la semana próxima solo se pueden entender como situaciones posteriores a *decir* y *asegurar*; no queda establecida su situación con respecto al origen. Bello denominó este tiempo pospretérito, i.e., posterior al pretérito, y muchas gramáticas lo caracterizan como "un futuro del pasado" (RAE 2010, 449) o "futuro en el pasado" (Di Tullio 2014, 224).
   El futuro simple también se usa comúnmente con sentido modal. Consideremos el diálogo en (17).

(17)   A: ¿Qué está haciendo la niña?
     B: No sé. Estará estudiando.

B no sabe qué está haciendo la niña, pero sugiere una posibilidad. Se usa el futuro simple con interpretación de posibilidad (significado modal) y no de afirmación (en cuyo caso se usaría el presente). Podemos parafrasear la respuesta de B como "La niña debe estar estudiando" o "Probablemente la niña esté estudiando", usando el verbo modal *deber* o el adverbio modal *probablemente,* acompañado por el verbo conjugado en subjuntivo, *esté estudiando.* Finalmente, nótese que el uso del presente en la segunda parte del enunciado no tendría sentido, ya que implica una contradicción con la primera parte: #"No sé. Está estudiando". Este uso del futuro difiere del uso temporal donde nos referimos a algo que va a suceder posteriormente al momento del habla: *Mañana estudiaré más.* En este caso, podemos expresar lo mismo mediante la perífrasis verbal ir+a+INFINITIVO: *Mañana voy a estudiar más.* El uso modal del futuro es el mismo del condicional simple. Estas dos formas entran en contraste temporal: usamos el condicional para hablar de la posibilidad de algo ya sucedido y el futuro para hablar de la posibilidad de algo que está sucediendo en el momento de hablar.
   El último caso que veremos es el imperfecto del cual se describen varios usos modales. Uno de ellos es el uso lúdico: lo que hacen los niños pequeños cuando juegan y construyen situaciones hipotéticas, (18a). Muy semejante es el uso onírico, que se refiere a la forma de contar los sueños, (18b). Ambos casos sabemos que no son realidad. El pretérito imperfecto también puede tener usos de cortesía o atenuación, (18c), similares a los del condicional simple que vimos en (15c).

(18)   a. Vamos a jugar a que yo era el médico y tú eras el paciente, y yo te operaba la panza.
     b. Soñé algo muy raro. Estaba en una ciudad vacía y aparecía un extraterrestre.
     c. Quería pedirte un favor/disculpas/dinero.

3.3.5 *Tiempos compuestos*

Cada forma le aporta su significado a la referencia temporal y aspectual del enunciado. Considere las diferentes interpretaciones temporales del evento *estudiar para el examen* dadas en (19). Aunque todos los ejemplos se refieren al pasado, los dos primeros contienen formas de tiempo simples, mientras que el tercero incluye una forma compuesta.

(19) Ayer...
    a. estudié para el examen de gramática.
    b. estudiaba para el examen de gramática, cuando sonó la alarma.
    c. ya había estudiado para el examen de gramática.

Los tiempos simples pueden hacer referencia directa o indirecta al momento del habla. El presente, el pretérito perfecto simple y el futuro simple tienen referencia directa (anterioridad, simultaneidad o posterioridad). El pretérito imperfecto y el condicional simple tienen referencia indirecta, ya que establecen un llamado implícito a otro tiempo de referencia. Los tiempos perfectos (*haber*+PARTICIPIO) siempre tienen referencia indirecta: expresan anterioridad respecto del pasado, presente o futuro. Como explicamos antes, la referencia se calcula mediante la combinación del tiempo del auxiliar y el significado perfectivo del participio.

Además de los tiempos perfectos, hay otros dos tiempos compuestos en español. Uno es el **futuro perifrástico** formado con el verbo *ir*, **ir+a+INFINITIVO**, ej., *Voy a leer* un cuento esta noche. Como vimos, esta forma alterna con la forma sintética del futuro simple, *leeré*. La otra forma compuesta es la de los **tiempos progresivos**, donde *estar* aparece como auxiliar (expresando el tiempo), acompañando a un gerundio: **estar+GERUNDIO**, ej., *estoy leyendo, estuve leyendo, estaba leyendo*. De manera general, los progresivos sirven para expresar la duratividad de la situación. Como señalamos, el presente de la construcción **estar+GERUNDIO** puede alternar con el presente simple del indicativo cuando se trata de eventos simultáneos al origen.

ATENCIÓN: otros grupos verbales complejos en español son las pasivas (El ROM <u>fue diseñado</u> por Daniel Libeskin), los verbos modales (¿<u>Puedes</u> venir?) y aspectuales (<u>Acabé</u> de hacer la tarea). ESTOS CASOS NO SON CLASIFICADOS COMO TIEMPOS VERBALES COMPUESTOS, ya que tienen otras funciones.

Pretérito perfecto simple (PPS) y pretérito perfecto compuesto (PPC)

Los usos y distribución de uso de estos tiempos constituyen un área de gran variación lingüística. Aunque ambos se aplican a situaciones pasadas, hay diferencias entre ellos. Primero, el PPS es un tiempo que hace referencia directa al momento del habla, mientras el PPC hace referencia indirecta. Según la RAE (2010), esta diferencia es la clave que determina sus usos. Específicamente, la relación del PPC con el presente hace que las situaciones pasadas se muestren como parte de un intervalo que contiene el momento de la enunciación. El PPS, en cambio, no establece esta conexión, sino que simplemente se sitúa como anterior al momento del habla.

¡Un poco de historia!

Según Cartagena (1999), el PPS proviene del perfecto latino, el cual cubría los valores del pretérito simple y del antepresente (i.e., el PPS y el PPC, respectivamente). Por su parte, la construcción con *haber* proviene del latín vulgar: *habeo factum*, y entra a la lengua más tarde, en romance. Al principio esta construcción expresaba un resultado, similar a la resultativa con *tener* del español actual: *Tenemos escritos cinco capítulos del libro* (adaptada de Cartagena [1999]). En la época clásica, sin embargo, adquiere el valor temporal de una situación "concluida inmediatamente anterior al presente gramatical o de mayor distancia temporal, pero cuyo resultado guarda cierta importancia [...] hasta el momento de la palabra" (Cartagena 1999, 2944).

Usos del PPC

El PPC "se usa para hacer referencia a ciertas situaciones pretéritas, sean puntuales o durativas. Estas situaciones tienen lugar en un intervalo que se abre en un punto inespecífico del pasado y se prolonga hasta el momento de la enunciación y lo incluye" (RAE 2010, 438). A continuación ofrecemos un resumen basado en la RAE (2010) de algunos de sus usos y variación.

A. Perfecto de hechos recientes o inmediato: "hace referencia a situaciones que se localizan en un ámbito temporal que incluye el momento del habla" (RAE 2010). Según la RAE, el período temporal puede incluir el día, la semana o el mes actuales, etc., pero no la semana anterior, por ejemplo. Nótese que el período debe ser compatible con *este*, deíctico que se identifica con el ahora del hablante.

> REGIONES DONDE SE USA: ESPAÑA (ZONA CENTRAL Y MERIDIONAL); PERÚ (COSTA); BOLIVIA Y COLOMBIA (REGIÓN ANDINA); ARGENTINA (NOROESTE Y REGIÓN CENTRAL); CON MAYORES RESTRICCIONES EN CUBA Y OTRAS ZONAS ANTILLANAS.

> REGIONES DONDE NO SE USA (SE USA EL PPS): MÉXICO; PAÍSES CENTROAMERICANOS Y CARIBEÑOS COMO VENEZUELA; CHILE; GRAN PARTE DE ARGENTINA; NOROESTE DE ESPAÑA E ISLAS CANARIAS.

B. Perfecto continuo (o universal): situación pasada que se prolonga hasta el presente, generalmente se usa con predicados atélicos. Los predicados télicos que incluyen la negación también generan esta interpretación: *Maite no ha llegado (todavía)* (RAE 2010). Según la RAE, el PPC muestra diferencias de interpretación en las mismas regiones mencionadas en el contexto A. En el área rioplatense, en contextos con negación, alterna con el PPS: *Maite no ha llegado/llegó todavía.*

C. Perfecto de experiencia: situaciones que han tenido lugar una vez o más veces en un período de duración variable. Dicho período puede expresarse (p. ej., *últimamente, en estos días, a lo largo de*, etc.) o no, y puede incluir toda la vida (p. ej., *en mi vida*) (RAE 2010). Este contexto es quizás uno de los más uniformes dentro del mundo hispanohablante.

D. Perfecto resultativo: "permite inferir como actual el estado resultante a partir de la acción denotada" por el verbo en PPC: *El jarrón se ha roto* → *El jarrón está roto* (RAE 2010).

El español en contacto con el francés: el caso del PPS y el PPC

En francés oral ha desaparecido el uso del pretérito simple y la forma compuesta (*Passé Composé*) expresa los usos que en español corresponden al PPS y al PPC. Markle LaMontagne (2016) explora si el contacto con el francés causa una expansión del PPC en español en hablantes de herencia—provenientes mayoritariamente de familias mexicanas—residentes en Quebec. Uno de los contextos que analiza es el que incluye *todavía no*, el cual adultos monolingües mexicanos tratan como categórico. Sus resultados no dan muestra de una expansión. De hecho, los niños bilingües de Quebec usan la forma del PPS más que la del PPC y usan el presente, además. Curiosamente, los niños monolingües también usan el presente y el PPS, además del PPC, aunque en menor medida que los hablantes de herencia.

todavía no...	*Porcentajes de uso de diferentes tiempos*		
	PPC	*PPS*	*Pres*
Adultos monolingües (mexicanos)	100	0	0
Niños monolingües (mexicanos)	50	31	14
Niños hablantes de herencia de Quebec	33	46	15

3.4 Aspecto

3.4.1 *La diferencia entre tiempo y aspecto*

El aspecto es otra categoría gramatical que contribuye a la expresión de la temporalidad de la situación. Sin embargo, el aspecto aporta un tipo de información diferente de la que aporta el tiempo. La diferencia entre ambos radica en la perspectiva. El tiempo presenta la situación desde una perspectiva externa (posición dentro de una secuencia temporal), mientras que el aspecto se enfoca en la estructura temporal interna de la situación.

Podríamos decir que al tiempo solo le "interesa" ordenar la situación con respecto a una secuencia temporal. **El aspecto (o aspecto gramatical)**, en cambio, describe el desarrollo temporal interno de la situación o su 'granularidad' temporal. Consideremos esta diferencia con un ejemplo concreto. Imaginemos que ayer se hubiese dado un evento de precipitación (lluvia) durante un intervalo de dos horas. Si vamos a informarle a alguien acerca de este evento probablemente usaríamos el pretérito simple, como en (20a). Si necesitamos hacer referencia a la duración del evento porque ocurrió otra cosa de interés durante ese tiempo, entonces usaríamos el imperfecto, (20b).

(20) a. Ayer por la tarde llovió. (Perspectiva externa, momento en que ocurre la situación)
　　　b. Ayer por la tarde, mientras llovía, salí a comprar helado. (Perspectiva interna, enfocada en la duración)

Nótese que el imperfecto, además de situar el evento en el pasado, también pone de relieve su duración. Así, para aludir a un evento que tuvo lugar dentro del intervalo de la lluvia, el hablante selecciona el imperfecto, un tiempo compatible con la duratividad. También se pude usar la forma compuesta progresiva, *estuvo lloviendo*, que expresa duratividad directamente. Nótese, además, que el imperfecto no se ubica con respecto al momento del habla, sino en relación con una situación pasada con la cual se solapa. Muchos gramáticos han señalado que la interpretación durativa del imperfecto surge de la propiedad de copresencia o solapamiento de este tiempo con otra situación. El diagrama siguiente representa las interpretaciones aspectuales del evento de llover en (20).

		$\Leftarrow$	O(rigen)	$\Rightarrow$	
Llovió:		•			
Llovía:		~~~~~~			

Hay varias expresiones gramaticales que se usan para poner de relieve diferentes propiedades aspectuales de un enunciado. Por ejemplo, podemos poner de relieve la duración del evento con una frase que exprese duración, (21).

(21) Ayer por la tarde llovió <u>durante dos horas</u>.

Otras dimensiones temporales de las situaciones son el inicio o la culminación. El llamado *se* aspectual es un ejemplo de un marcador que introduce referencia al aspecto culminativo o iniciativo. El *se* aspectual aparece, por ejemplo, en contextos que implican que el SN objeto directo, *las galletas*, en este caso, es consumido completamente. Si no sabemos cuántas galletas comió Juan, como en (22b-c), no se puede usar *se*. Obsérvese, además, que la distinción entre estos dos contextos va alineada con la presencia o ausencia de determinante. (Estudiaremos estos temas en capítulos posteriores.)

(22) a. Juan se comió las galletas. ('las acabó')
      b. *Juan se comió galletas.
      c. Juan comió galletas.

El **aspecto gramatical** tiene diferentes dimensiones: el valor léxico del verbo (aspecto léxico), el valor aspectual del verbo (llamado aspecto gramatical) y otros elementos léxicos del enunciado como los adverbios. Cada una de estas dimensiones contribuye a la creación de los significados aspectuales. Examinemos a continuación cómo estos elementos contribuyen a la interpretación del enunciado.

3.4.2 *Aspecto léxico*

El verbo es el primer ingrediente en el significado aspectual de una oración. Con **aspecto léxico** nos referimos al significado inherente de la situación denotada por el verbo. Anteriormente habíamos mencionado que los verbos se clasifican en verbos que denotan estados y verbos que denotan eventos. Esta clasificación se puede refinar tomando en cuenta una ontología de situaciones basada en las ideas de Aristóteles. Los gramáticos aplican con frecuencia la clasificación de Vendler (1957), dada en la Figura 3.1. Esta atiende a tres componentes fundamentales de las situaciones:

- **Dinamicidad** (i.e., si hay acción o no en la situación)
- **Telicidad** (i.e., si hay terminación final o culminación inherente a la situación)
- **Duratividad** (i.e., si la situación se concibe como puntual o con duración)

De estos tres componentes obtenemos cinco tipos de situaciones (y, por lo tanto, cinco tipos de verbos). Veamos cada uno por turno. Partiendo de **la dinamicidad**, es decir, si

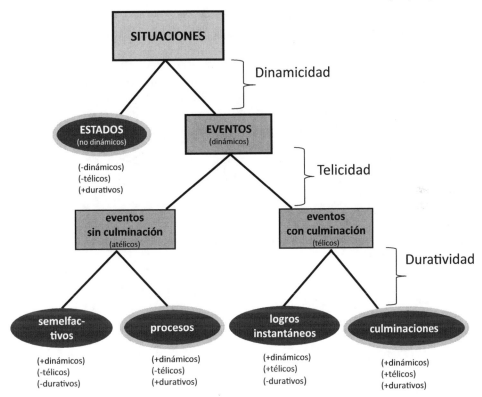

Figura 3.1 Esquema de clasificación de los verbos basado en Vendler (1957).

hay acción o no en la situación, obtenemos nuestra división inicial: **estados** y **eventos.** Los **estados** son situaciones en las que no ocurre ninguna acción, no suponen ningún cambio, i.e., no son dinámicos. Los estados simplemente aportan una caracterización. Los **eventos,** en cambio, son situaciones dinámicas que describen algún tipo de suceso o acción. Ejemplos de estados son verbos como *amar, saber, gustar, temer, tener, doler,* etc., mientras que *correr, cantar, entrar, salir, romper, leer* o *construir* son ejemplos de eventos. Los sujetos de los verbos de estado no realizan ninguna acción; simplemente experimentan algo o quedan descritos por una propiedad específica.

Si partimos de **la telicidad,** es decir, si la situación contiene una culminación inherente, podemos dividir los eventos en dos tipos: 1) los que tienen culminación inherente como *entrar, salir, escalar, romper, subir, bajar,* 2) los que no la tienen como *correr, bailar, nadar, parpadear, batir,* etc. Al combinar **la telicidad con la duratividad** podemos, a su vez, subclasificar las situaciones con punto de culminación en dos clases: aquellas cuya duración no queda codificada y se entienden como un cambio, los llamados **logros instantáneos,** y aquellas que tienen una duración relevante desde el punto de vista gramatical, **las culminaciones.** Los verbos de esta última clase se entienden como eventos más complejos que incluyen un proceso y una terminación. Ejemplos de logros instantáneos son verbos como *salir, entrar, llegar, abrir, cerrar, desaparecer, aparecer,* etc. En estas situaciones ocurre algún cambio, cuya duración no resulta relevante; todo proceso involucrado queda concebido como instantáneo. Las culminaciones, por su parte, describen procesos cuya duración es relevante: culminan y aportan un resultado, ej., *construir, hornear*. Así podemos decir *pintó la puerta de negro* o *rompió la puerta*. El primer caso hace referencia al proceso de transformar la puerta pintándola hasta que cambiara de color (una culminación); mientras que el segundo, solo al cambio de estado: de entera a rota (un logro).

Finalmente, las situaciones dinámicas sin culminación inherente como *correr, bailar, nadar, parpadear, batir*, etc., pueden subdividirse por su duración interna en **procesos** y en **iteraciones puntuales**. Los procesos, verbos como *correr, bailar, nadar*, tienen duración, mientras las iteraciones puntuales, expresadas por verbos como *parpadear, batir* o *besuquear*, se refieren a secuencias repetitivas de acciones puntuales. Tanto los procesos como las situaciones iterativas se consideran situaciones atélicas porque carecen de culminación inherente y porque la situación o acción es la misma en todos los intervalos sin implicar ningún cambio.

RESUMEN DE LAS CLASES DE VERBOS DE ACUERDO AL ASPECTO LÉXICO

Estados: *saber, estar, amar, gustar, odiar*, etc. (-dinámicos) (-télicos) (+durativos)
→ no son dinámicos, ni télicos, solo tienen duración, no movimiento

Procesos: *caminar, comer, hablar*, etc. (+dinámicos) (-télicos) (+durativos)
→ son dinámicos y durativos, pero no télicos.
Tienen duración y movimiento

Logros instantáneos: *abrir, entrar, salir, desaparecer, caerse*, etc. (+dinámicos) (+télicos) (-durativos)
→ son verbos de cambio, dinámicos y télicos, pero no durativos

Culminaciones: *hornear, construir, vaciar*, etc. (+dinámicos) (+télicos) (+durativos)
→ son dinámicos, télicos y durativos.
Se conciben como un proceso con terminación

Semelfactivos: *golpear la puerta, parpadear, martillar* (+dinámicos) (-télicos) (-durativos)
→ son dinámicos, no tienen duratividad y no son télicos porque no hay culminación inherente.
Son iteraciones de acciones puntuales

¿Cómo sabemos a qué clase pertenece cada verbo? Algunas de estas propiedades pueden diagnosticarse mediante preguntas o la inclusión de ciertas frases. Para evaluar la telicidad de un verbo (si la situación del predicado tiene culminación) basta con hacernos una pregunta de la forma esquematizada en (23). Esta alude al hecho de que las situaciones atélicas (al no tener culminación) son homogéneas, cada porción del proceso es un proceso. Si la respuesta es afirmativa, el verbo es atélico: cualquier porción de la situación basta para considerarla como dada, (24). Si la respuesta es negativa, el verbo es télico, (25): solo puedo decir que *rompí el vaso*, si el vaso quedó, de hecho, roto.[3]

(23) Si X estaba **haciendo** Z y lo interrumpimos, ¿podemos decir que **hizo** Z?

(24) Si Juan estaba corriendo y lo interrumpimos, ¿podemos decir que Juan corrió?
  → Sí, entonces *correr* es <u>atélico</u>.

(25) Si Juan estaba horneando pan y lo interrumpimos, ¿podemos decir que Juan horneó pan?
  → No, porque se queda crudo el pan, el proceso no ha llegado a su fin. Entonces *hornear* es <u>télico</u>.

Piense ahora en los siguientes casos, ¿cómo los clasificaría?

(26) a. Si Juan estaba pintando la casa y se detuvo, ¿decimos que *Juan pintó la casa*?
  b. Si estaba abriendo la puerta y se detuvo, ¿decimos que *abrió la puerta*?
  c. Si estaba durmiendo y lo despertaron, ¿decimos que *durmió*?

La duratividad se puede evaluar mediante la compatibilidad del predicado con frases durativas. Un verbo con duración puede combinarse con complementos circunstanciales temporales como *por una hora*. Una situación como *hornear*, que se extiende por un período de tiempo, también puede combinarse con este tipo de expresión, (27); una situación como *abrir* no, (28).

(27) Horneó el pan **por una hora**.

(28) *El portero abrió la puerta **por una hora**.

Nótese que (28) puede ser gramatical, pero solo con una interpretación semelfactiva o iterativa donde se abre la puerta muchas veces, por ejemplo, en un restaurante donde entran y salen clientes a cada rato. En ningún caso se interpreta como que el cambio de la puerta—de la posición cerrada a la posición abierta—duró una hora.

La frase temporal *en una hora* ayuda a evaluar si la situación tiene terminación. Si hay culminación, entonces el verbo o predicado es compatible con esta expresión. Si se trata de una situación sin culminación, no lo es. Comparemos *hornear el pan*, que tiene culminación, con *hablar*, que denota un proceso sin culminación inherente.

(29) Horneó el pan **en una hora**.

(30) *Habló **en una hora**.

Como *hablar* es un proceso y tiene duración podemos combinarlo con *por una hora*, (31).

(31) Habló **por una hora**.

¿Cómo se clasificarían los ejemplos en (32)?

(32) a. Corre/duerme/salta por una hora/???en una hora.
  b. Pintó la casa en una hora/???por una hora

---

3 Nótese la diferencia entre decir que *limpié*, cuya interpretación por defecto es que todo quedó limpio, y decir *limpié un poco*. Algunos podrán decir que son meros asuntos de "semántica", pero cuántas disputas no habrán ocurrido sobre estos pequeños contrastes de significados.

Clases de verbos, construcciones sintácticas y significados

Varias características de las construcciones y sus significados apelan a las clasificaciones aspectuales de los verbos. Por ejemplo:

A. Las pasivas verbales se forman con verbos de eventos delimitados y, generalmente, no funcionan con verbos de estado.

    i. El edificio fue construido por la empresa. (evento)

    ii. *Juan fue odiado por su hermana. (estado)

B. Los enunciados que incluyen verbos de emoción como *gustar, odiar, amar, asustar*, etc. (también estados), se utilizan poco con el presente continuo. Los que pueden aparecer en este tiempo tienen una interpretación diferente de la de los verbos eventivos.

    iii. *Luis está odiando a su hermano.

    iv. A la niña le están gustando los caramelos (últimamente). → cambio de estado; antes no le gustaban

3.4.3   *Aspecto gramatical*

El **aspecto gramatical** sirve para enfatizar la propiedad aspectual de la situación que el hablante desea poner de relieve y, de cierta manera, es independiente de las características inherentes de la situación verbal. Si bien el aspecto léxico es la primera pieza en la construcción del aspecto gramatical, las lenguas tienen mecanismos que permiten anular (en ocasiones) las propiedades inherentes de las situaciones expresadas por los verbos y poner de relieve otros significados que sean relevantes. Por ejemplo, un verbo como *entrar*, que no expresa duración, puede aparecer en el imperfecto si la duración resulta relevante, como muestra (33).

(33) Cuando entraba a casa, me llamaron por teléfono.

El aspecto gramatical es entonces otro recurso morfológico que opera sobre los verbos léxicos y los tiempos verbales. Sirve para reorientar la descripción de la situación en cuanto a su aspecto delimitado (terminativo) o no delimitado (durativo o estado resultante). Nótese que (34) se refiere a la duración interna al proceso, mientras que podemos asociar (35) con el estado resultante de la culminación del evento.

(34) Estará lloviendo durante tu visita.
(35) Habrá llovido antes de tu visita.

Obsérvense, además, las formas empleadas: (34), el progresivo; (35), el perfecto. ¿Cómo se llega a estos significados? Como ya hemos visto, ambos son tiempos compuestos. Los **tiempos perfectos** incluyen *haber* y un PARTICIPIO, este último sabemos que expresa anterioridad. La anterioridad se establece con respecto al tiempo del auxiliar *haber*. La combinación de los dos elementos genera el significado de resultado. Los **tiempos progresivos**, por su parte, contienen el auxiliar *estar*, cuya forma temporal sitúa el evento, y el verbo léxico en gerundio, el cual agrega el sentido de continuidad. Así vemos, de nuevo, que la suma de las partes explica las interpretaciones.

Pretérito e imperfecto

Durante mucho tiempo se asumió que el pretérito y el imperfecto representaban una oposición, cuya diferencia radicaba en que el pretérito implicaba que la situación había concluido, mientras que el imperfecto no. Esta idea puede resultar familiar, pero no es completamente adecuada. Veamos por qué. Se ha notado que si existiera una oposición entre pretérito e imperfecto en cuanto perfectividad/no perfectividad, esperaríamos que la interpretación de los enunciados variara. Como muestran los siguientes ejemplos, no hay diferencias en los valores de verdad de los pares de oraciones: ambas se refieren a situaciones que ocurrieron y concluyeron en el pasado.

i) a. Durante el verano Manuela leyó mucho.
   b. Durante el verano Manuela leía mucho.

Un análisis favorecido hoy en día trata al pretérito y al imperfecto como tiempos <u>aspectualmente sensitivos</u>. En otras palabras, se considera que estos tiempos son especialmente compatibles con situaciones que tienen determinadas características aspectuales. La llamada interpretación durativa del imperfecto surge de su significado de superposición con otro tiempo en pasado. Es por eso que es compatible con contextos de coincidencia, o en los que una situación interrumpe a la otra. Teniendo en cuenta esto concluimos que la denominación de "imperfecto" (=no perfecto) es menos apta que la usada por Bello (1847), quien lo denominaba "copretérito".

3.4.4 Otros elementos que contribuyen a la interpretación aspectual

Más allá del verbo y el tiempo verbal hay otros elementos que también contribuyen a la interpretación aspectual de la oración: los complementos circunstanciales que aportan información sobre la temporalidad interna de la situación, (36) y (37), verbos aspectuales como *empezar* o *terminar*, (38), o la presencia o ausencia de ODs con ciertas propiedades, (39).

(36) **De repente,** lloró. (=empezó a llorar) (aspecto iniciativo, expresión que indica inicio o comienzo)

(37) Resolvió el problema **en un instante**. (aspecto no durativo, expresión que indica poca duración)

(38) a. <u>Empezó</u> a llover. (aspecto iniciativo; verbo aspectual *empezar*, indica comienzo, inicio)

   b. <u>Terminó</u> de escribirlo. (aspecto perfectivo, verbo aspectual *terminar*, indica fin)

(39) a. Canta.   → ATÉLICA

   b. Cantó un bolero.   → TÉLICA

   c. Cantó boleros.   → ATÉLICA

Con respecto a los SNs de objeto, como vimos, la presencia de un OD delimitado por un determinante puede fijar una interpretación télica para un verbo de proceso, dando lugar a una interpretación de culminación.

De Miguel (1999) muestra que también los sujetos pueden ser aspectualmente interesantes. Algunos verbos de logros instantáneos pueden llegar a interpretarse como situaciones durativas en dependencia del tipo de sujeto con que aparezcan. Por ejemplo, *caer*, en principio concebido sin duratividad, adquiere una interpretación durativa cuando el sujeto es un sustantivo de masa (no contable) como *lluvia*, (40). Esta interpretación no está disponible con sujetos singulares y contables como *árbol* (41).[4]

(40) La lluvia cayó durante toda la tarde.
(41) *El árbol cayó durante toda la tarde.

Lo mismo sucede con *entrar*:

(42) a. El batallón entró en la ciudad durante horas/en una hora.
      b. *La mosca entró en la habitación durante horas/en una hora.

En estos casos, la interpretación durativa aparece porque entendemos los sucesos como iteraciones del evento realizado por los elementos individuales que componen el sujeto colectivo: muchas gotas de agua y muchos soldados. Nuevamente vemos que todos los componentes afectan la interpretación aspectual de la oración.

3.5 Resumen

En este capítulo estudiamos el tiempo y el aspecto como categorías gramaticales. Vimos que la temporalidad es una propiedad oracional relevante tanto desde el punto de vista estructural como semántico. Las proposiciones están temporalmente ancladas y el valor exacto de dicha temporalidad afecta directamente la evaluación/el significado de la proposición. Constatamos, además, que los significados temporales resultan de la integración del tiempo verbal dentro del contexto oracional.

En cuanto a la morfología del tiempo, examinamos los nueve tiempos del indicativo: cinco simples y cuatro compuestos (los tiempos perfectos). Existen, además, otras dos formas compuestas: el futuro perifrástico y los tiempos progresivos. El estudio de los significados de los tiempos verbales ilustra el funcionamiento de la lengua en dos modos generales. El primero es que los significados son composicionales. Lo segundo es que es necesario distinguir la forma y el sentido, ya que en algunos contextos los tiempos pueden adquirir interpretaciones diferentes de su significado básico. Por ejemplo, vimos que el presente puede interpretarse como pasado o futuro, de acuerdo con el contexto, y que algunos tiempos verbales también poseen interpretaciones modales.

Con respecto al aspecto, señalamos que el cálculo del valor aspectual de un enunciado integra el aspecto léxico (la clase aspectual del verbo), los argumentos del verbo y sus propiedades, la morfología temporal (los tiempos) y aspectual (progresivos/perfectos) y otros elementos dentro de la oración, como los verbos de perífrasis aspectual o ciertos adverbios y expresiones temporales. Así concluimos que los significados aspectuales se

---

4 Los ejemplos (40–42) están tomados de De Miguel (1999, 3004).

derivan composicionalmente en la oración (todas sus partes) y no pueden analizarse solo en base al verbo y su morfología.

LECTURAS RECOMENDADAS

La *Nueva gramática de la lengua española* (2010) de la RAE contiene una breve introducción al tema de la diferenciación entre tiempo y aspecto, y una descripción exhaustiva de los significados y usos de todos los tiempos del indicativo (pp. 427–453). Rojo y Veiga (1999) ofrecen un excelente tratamiento de las relaciones temporales y descripción de los tiempos simples del indicativo (§44.1–44.3.1), al tiempo que abordan los usos no deícticos y modales de los tiempos simples (§44.3.3). Para profundizar en la variación y el significado del pretérito perfecto compuesto, ver Cartagena (1999) §45.1.4. Por último, recomendamos el trabajo de De Miguel (1999) para profundizar en el análisis del aspecto léxico. Para cuestiones generales de la concordancia verbal leer §42.1, §42.1.1 y §42.10 de Martínez (1999).

3.6   Ejercicios

3.6.1   *Repaso de conceptos*

A. Complete con la palabra o expresión que corresponda al concepto que se alude.

   a) En el uso_____del tiempo presente, el evento que denota el verbo coincide con el momento del habla.

   b) La referencia temporal de los tiempos compuestos se calcula teniendo en cuenta _____y_____.

   c) El aspecto_____se expresa en la morfología del verbo.

   d) Según su significado aspectual, los verbos se dividen en cinco grandes grupos:_____, _____, _____, _____y_____.

   e) Una situación se clasifica como télica si tiene_____.

   f) La_____del verbo contiene información léxica, mientras que la_____ _____indica la conjugación a la que pertenece el mismo.

   g) Los morfemas de persona y número también se conocen como morfemas de _____.

   h) El_____es el único tiempo del paradigma en que la segunda persona del singular no está marcada con una –s en español.

   i) Tanto el_____como el_____tienen un uso modal cuya interpretación es de probabilidad.

3.6.2   *Análisis básico*

B. Identifique los rasgos morfológicos de los siguientes verbos.

Verbo	Infinitivo	Grupo de conjugación (primer, segundo, tercer grupo)	TA futuro, etc.	Modo (subjuntivo/ indicativo)	Persona (1/2/3)	Número Sg/Pl
doy pide habrá hecho pongamos **íbamos** quedó empezando	dar	primero	pres	ind	1	Sg

C. Referencia temporal. Considere los siguientes verbos en negrita. Primero indique en qué tiempo gramatical está cada uno. Segundo, lea con atención y decida si el significado está alineado con la morfología verbal o está disociado.

1) **Vengo** mañana, llueva o ventee.

   Forma_____ Referencia_____

2) En 1492 Colón **toma** rumbo al oeste en busca de una ruta alternativa a la China.

   Forma_____ Referencia_____

3) No creo que esté en casa. **Estará** en la oficina.

   Forma_____ Referencia_____

4) Por la mañana los de la radio dijeron que hoy **iba** a llover.

   Forma_____ Referencia_____

D. Situación temporal. Coloque en un eje temporal las distintas situaciones o puntos temporales que se expresan en las siguientes oraciones complejas.

Ejemplo: Después de la cena, José se encontró con su abogado.

ORIGEN

Anterior	⇐ Simultáneo ⇒	Posterior

•
Encuentro con abogado

•
Cena

(1) Los climatólogos predijeron que disminuirían los glaciares.
(2) Habrá regresado para las ocho.
(3) Tu madre te daba agua porque ya te habías acabado la leche.
(4) El gobernador renunció cuando las cosas estaban mejorando.
(5) Me preocupa que haya llegado 15 minutos antes de la medianoche.

E. Aspecto Léxico. Clasifique las siguientes oraciones de acuerdo al tipo aspectual de situación. estado/proceso/logro/culminación/iteraciones

1) Luis entró de repente.
2) Laura siempre ha detestado el chocolate.
3) La brisa tumbó un jarrón.
4) Juana corrió tres kilómetros.
5) Alicia leyó la novela.
6) Andrés comía sin parar.
7) La luz del faro se encendió hasta el amanecer.
8) Nos despertamos con el ruido del tren.
9) La música de los vecinos retumba en las paredes de mi apartamento.
10) Alina lee periódicos.

F. Pretérito e imperfecto. Una oración de cada par es anómala.

a) Describa qué aspecto del significado es problemático.

(1) a. La clase era a las diez, pero empezó a las diez y media.
    b. La clase fue a las diez, pero empezó a las diez y media.

(2) a. Pablo normalmente jugó en el parque cuando niño.
    b. Pablo normalmente jugaba en el parque cuando niño.

(3) a. La ardilla se subía al árbol.
    b. La ardilla se subió al árbol.

(4) a. Disfruté mucho de la cena de anoche.
    b. Disfrutaba mucho de la cena de anoche.

b) Proporcione, en sus propias palabras, un resumen del contraste de pretérito e imperfecto que capture estos contrastes.

G. Pretérito perfecto compuesto: usos y variación.

Los siguientes ejemplos se han extraído de la web o han sido adaptados de Serrano (1996).

Madrid
(1) He quedado con mi hermana para ir al gimnasio y después me ha invitado a comer.
(2) Luego me he alegrado mucho por conocer el país y otro ambiente distinto.
(3) De hecho, he conocido chicos en Inglaterra que han hecho lo mismo que yo.
(4) Se ha visto claramente que el mundo se lo tienen repartido entre dos.

Canarias
(5) Bueno, a mí me han puesto una navaja aquí y me han dicho que si le daba dinero.
(6) Y la verdad es que sin probarlo, pues me he dado cuenta de que me puedo adaptar a cualquier escenario.

México
(7) Ellos han ``sido siempre muy amables.
(8) Es la única exposición que he hecho en mi vida.
(9) No se ha casado todavía.

De los ejemplos anteriores:

   a) Subraye todos los pretéritos perfectos.
   b) Trate de identificar el tipo de uso (resultativo, de hechos inmediatos, de experiencia o continuo). Si es necesario, ofrezca una paráfrasis o explicación de lo que dice el hablante.
   c) Indique si hay referencia explícita a intervalos de tiempo.
   d) Resuma las diferencias que observa en estas oraciones, y trate de llegar a generalizaciones sobre los usos del perfecto en estas variedades.
   e) Extensión: encuentre un hablante y dele las oraciones de una variedad que no sea la propia. Pregúntele que cómo las diría.

H. **Contrastes de significado.** ¿Cuál es la diferencia de significado entre los siguientes pares de oraciones (puede usar paráfrasis o explicación)? ¿Cómo se explica esta diferencia en términos de tiempo y aspecto?

(1)   a. Alberto sabía la noticia ayer.
       b. Alberto supo la noticia ayer.

(2)   a. De repente, Luis recordó el asalto que había sufrido.
       b. Durante meses, Luis recordó el asalto que había sufrido.

(3)   a. Cuando querías venir, lo hacías.
       b. Cuando quisiste venir, lo hiciste.

I. **Aceptabilidad.** ¿Por qué los siguientes pares de oraciones difieren en cuanto a su gramaticalidad (*) o aceptabilidad (#)?

(1)   a. La gente estuvo llegando durante horas a la protesta.
       b. *El organizador estuvo llegando durante horas a la protesta.

(2)   a. Clara escribió cartas por una hora.
       b. *Clara escribió la carta por una hora.

(3)   a. Juan corrió hasta la tienda en 10 minutos.
       b. *Juan corrió hasta la tienda por 10 minutos.

(4)   a. Los atletas se entrenaban por las mañanas.
       b. #Los atletas se entrenaron por las mañanas.

(5)   a. El ratón mordisqueaba el quesito por horas.
       b. *El ratón se comió el quesito por horas.

3.6.3 *Problemas de reflexión*

J. **Semántica de los adverbios.** Dentro de los diferentes elementos que aportan aspectos semánticos a las construcciones, un caso interesante es el adverbio *casi*. Lea con atención los siguientes pares de oraciones y piense en su significado. ¿Qué impacto tiene *casi* en la interpretación? ¿Por qué cree que sucede esto? ¿Cómo completaría las oraciones en (2) (en paralelo a las del (1))?

(1)   a. Luisa <u>casi</u> escribe la carta de recomendación (pero decidió no hacerlo).

       b. Luisa <u>casi</u> escribe la carta de recomendación (pero antes de escribir el último párrafo decidió que no la entregaría y no terminó).

(2)   a. Sofía <u>casi</u> corre en el maratón de Toronto.

       b. Sofía <u>casi</u> se come el desayuno antes de que llegáramos.

Traduzca estas oraciones al inglés. ¿Qué se puede decir al respecto de las diferencias entre *casi* y *almost*? Si prefiere, puede hacer la comparación con cualquier otro idioma que conozcan y que tenga una construcción parecida.

K. Formas no conjugadas. En este capítulo aprendimos que las formas verbales personales expresan persona, número, tiempo, etc., mientras que las formas no personales carecen de esta información. También dijimos que esas formas aportan cierto significado temporal: el participio aporta significado de **anterioridad**. Otros posibles significados temporales son **simultaneidad** (presente) y **posterioridad** (futuro). Los siguientes pares de oraciones son prácticamente equivalentes en cuanto a su significado.

(1)   a. Cuando empezaron el examen estaban muy nerviosos.

       b. Al empezar el examen estaban muy nerviosos.

(2)   a. Mientras hacía ejercicios estuvo cantando.

       b. Hizo ejercicios cantando.

a) Identifique la forma no temporal en los ejemplos (b) y diga su interpretación:

Verbo	Interpretación del sujeto	Tipo de forma no temporal	Sentido temporal
(1b)			
(2b)			

b) ¿Cómo explica que los pares de arriba tengan significados similares?

c) Ahora proporcione paráfrasis para los siguientes casos y complete el cuadro.

(3)   a. Se hace camino al andar. →

       b. Luis vio al ladrón <u>robar</u> un libro. →

       c. El médico me aconsejó <u>dejar</u> la bebida. →

       d. Para entrar, tendremos que pagar la admisión. →

Verbo en infinitivo	Interpretación del sujeto	Sentido temporal
(3a)		
(3b)		
(3c)		
(3d)		

d) ¿Qué significados pueden tener el infinitivo y el gerundio de acuerdo a sus observaciones?

L. Morfología y *aktionsart*. En español hay verbos que terminan en *–ear*, muchos de los cuales se derivan de un sustantivo. Busque en el diccionario los verbos a continuación. ¿Desde el punto de vista de su *aktionsart*, qué tienen estos verbos en común?

menear	callejear	regatear
zapatear	cabecear	

i) Además de cambiar la categoría sintáctica (convertir el sustantivo en verbo), ¿qué aporta la terminación *-ear* al significado del verbo?

ii) Si se inventaran verbos nuevos relativos a una de las plataformas digitales de hoy en día (Facebook, YouTube, TikTok, Instagram), ¿cree Ud. que los hablantes preferirían usar *-ar* o *-ear*? ¿Por qué?

iii) El autor Eduardo Mendoza en su novela *Trasbordo en Moscú* emplea una variante verbal del sustantivo *visita* en voz del personaje Rufo Batalla en la siguiente oración: "Íbamos a estar allí muy pocos días, y no quería emplearlos en un constante visiteo" (2022, 153). ¿Por qué el autor emplea ese término en lugar de la forma más común *visita*?

4 ¿De qué hablamos? Los sujetos en español

Introducción: Distinguiendo las funciones de la forma y las funciones del sentido

En el Capítulo 2 clasificamos las frases o sintagmas teniendo en cuenta su tipo. Vimos que existen sintagmas nominales (SN), sintagmas adjetivales (SA), sintagmas adverbiales (SAdv), etc. Dijimos, además, que los sintagmas cumplen diferentes funciones dentro de la oración, entre ellas, sujeto, objeto directo (OD) o complemento circunstancial. Veamos, a través del ejemplo de los complementos circunstanciales, la importancia de distinguir la clasificación de un sintagma en cuanto a su función de la clasificación en cuanto a su forma.

Los complementos circunstanciales son elementos que aportan información adicional sobre la situación que denota el predicado, por ejemplo, lugar, modo o tiempo. Un complemento circunstancial puede ser un SAdv, (1a), pero también puede ser un sintagma preposicional (SP), (1b), o una oración subordinada adverbial, (1c). Estos tres tipos de frases cumplen la misma función y tienen aproximadamente el mismo significado, en (1); sin embargo, su estructura es diferente.

(1) a. Llegó $_{SAdv}$[rápidamente]
   b. Llegó $_{SP}$[en pocos minutos].
   c. Llegó $_{O}$[como si lo persiguiera el demonio].

DOI: 10.4324/9781003415879-5

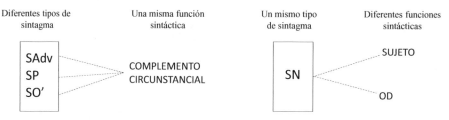

Figura 4.1 Esquematización de la relación entre forma y función.

También encontramos el patrón inverso: sintagmas de un mismo tipo pueden cumplir diferentes funciones gramaticales. Los SNs en (2) ilustran esta posibilidad: mientras en (2a) el SN *un gato* funciona como sujeto, en (2b) funciona como OD. Los diagramas de la Figura 4.1 muestran estos dos escenarios gráficamente.

(2) a. [Un gato] saltó. → $_{\text{SN 'un gato' = SUJETO}}$
    b. Encontré [un gato]. → $_{\text{SN 'un gato' = OD}}$

Concluimos entonces que una misma función puede ser desempeñada por diferentes tipos de sintagmas y que un mismo tipo de sintagma puede desempeñar diferentes funciones. Como no hay correspondencia directa entre la forma y la función que desempeña un sintagma, es importante mantener separadas ambas clasificaciones y considerar ambas dimensiones a la hora del análisis.

Este capítulo se ocupa del estudio del sujeto como categoría gramatical. Al examinar las propiedades de los SNs sujetos, veremos que es necesario distinguir entre otras dos dimensiones: la función y la interpretación (o sentido). Específicamente, constataremos que la función gramatical de sujeto no es idéntica a las propiedades semánticas (o interpretación) de los elementos que cumplen dicha función, algo que va en contra de lo que proponen algunas definiciones de sujeto.

Frecuentemente encontramos definiciones de sujeto como la siguiente que apelan a la interpretación o significado de este elemento:

"En relación a la gramática, el sujeto es la persona, animal o cosa que ejecuta la acción verbal" (https://www.significados.com/sujeto/, accedido: 28/6/2023).

Sin embargo, si consideramos los casos en (3), notamos que la definición anterior resulta problemática.

(3) a. **El guardián** abrió la puerta
    b. **El viento** abrió la puerta.
    c. **La llave** abrió la puerta.
    d. **La puerta** se abrió

En (3a) entendemos que *el guardián* ejecuta la acción de abrir la puerta. Algo parecido, aunque no exactamente igual, se podría decir de *el viento*, entidad inanimada cuya energía pone en marcha la acción. (A diferencia del guardián, el viento no tiene volición.) Sin embargo, extender ese significado a *la llave* ya sería un error, excepto en un contexto de fábula como el de *La Bella y la Bestia* donde los objetos inanimados cobran vida.

Figura 4.2 Esquematización de la relación entre los sujetos y sus posibles interpretaciones.

Por último, decir que *la puerta* ejecuta la acción de abrirse a sí misma no es más que un desatino. En este caso estaríamos cambiando el significado de la oración al servicio de una definición pobremente formulada. Es más acertado concluir que el significado de "actor" o "agente"—es decir "el que ejecuta la acción"—es un significado que los sujetos tienen con frecuencia, pero no necesariamente el único. Por esta razón, en este capítulo adoptaremos una perspectiva funcional (no de significado) para la definición del sujeto. Específicamente, nos centraremos en investigar cómo funciona este elemento dentro de la oración. También nos ocuparemos, por supuesto, de estudiar su interpretación y constataremos que ser agente es solo una de las varias posibilidades que tienen los sujetos (Figure 4.2).

4.1   Los sujetos

El sujeto juega un papel central en la tipología de las oraciones. Al discutir el tema de la estructura interna de las oraciones en el Capítulo 2 señalamos que, a menos que se trate de oraciones impersonales, una de las características fundamentales de las oraciones es que requieren un sujeto. Específicamente, dijimos que a nivel lógico-semántico las oraciones relacionan un sujeto y un predicado. A nivel estructural, notamos que las oraciones son sintagmas que contienen, al menos, un SN sujeto y un SV o predicado. Como se puede observar, ambas perspectivas hacen referencia a la existencia y/o presencia del sujeto a nivel oracional. Entonces es importante detenerse y preguntar: ¿qué es el sujeto?, y ¿por qué es tan relevante? Para responder estas preguntas nos centraremos en tres cuestiones fundamentales: el significado del verbo, la concordancia—proceso gramatical a nivel oracional—y la interpretación global de las oraciones.

Comencemos por el primer punto. En ocasiones anteriores hemos señalado que el significado del verbo determina los complementos que este requiere, y que el verbo y sus complementos forman parte del predicado o SV. Comparemos un verbo como *obtener*, que requiere algo que sea obtenido, un OD, con un verbo como *dar*, que requiere tanto algo que sea dado como alguien que lo reciba, un OD y uno indirecto (OI), respectivamente. A estos elementos añadimos el sujeto que, aunque no está dentro del SV, también resulta esencial para expresar el significado del verbo. Si consideramos nuevamente *obtener*, notamos que también requiere alguien o algo que obtenga. *Dar*, por su parte, requiere un donante del mismo modo que para *pilotear un avión* se requiere un piloto. Adoptando esta perspectiva semántica, vemos que ciertas frases resultan inherentemente implicadas en el significado verbal. Al conjunto de elementos necesarios para expresar el significado de un verbo lo denominamos **argumentos del verbo**. Los argumentos de un verbo desempeñan diferentes funciones gramaticales en la oración: sujeto, OD, OI, etc. Así podemos concluir que ser sujeto no es más que una de las funciones que cumple uno de los argumentos del verbo.

Argumentos del verbo

Frases que denotan los participantes inherentes en la situación denotada por un verbo.

Hasta aquí, sin embargo, solo hemos dicho qué clase de elemento es el sujeto. Pasaremos ahora a explicar por qué el sujeto es más relevante que otros argumentos dentro de la oración. Para responder esto, reflexionaremos primero acerca de algunos de los procesos que ocurren a nivel oracional y, después, profundizaremos en la cuestión de la interpretación global de las oraciones. Empecemos por describir las características principales del sujeto gramatical en español.

4.2   Características principales del sujeto en español

4.2.1   *Aspectos gramaticales que identifican el sujeto*

A diferencia del inglés o el francés donde el sujeto aparece principalmente al inicio de la oración, el español es una lengua más flexible en cuanto al orden de palabras. Los ejemplos (4)–(6) muestran que **los sujetos pueden aparecer en diferentes posiciones.**

(4)   a. <u>El carro</u> no arranca.
     b. No arranca <u>el carro</u>.

(5)   Me encantan <u>las novelas de misterio</u>.
(6)   Ya llegó <u>el tren</u>.

verb always agrees w/ subject in gender/ number

   Otra característica distintiva del sujeto es que **el verbo siempre concuerda en persona y número con él**. Esta relación de concordancia se observa en (7), donde indicamos el rasgo de persona (primera/segunda/tercera) y número (Sg, por singular y Pl, por plural) como subíndices de los núcleos léxicos.

(7)   a. <u>La profesora</u>$_{3Sg}$ <u>preparó</u>$_{3Sg}$ los exámenes.
     b. <u>Los gatos</u>$_{3Pl}$ <u>persiguieron</u>$_{3Pl}$ al ratón.
     c. <u>Tú</u>$_{2Sg}$ <u>hiciste</u>$_{2Sg}$ la tarea, pero <u>los otros estudiantes</u>$_{3Pl}$ no la <u>hicieron</u>$_{3Pl}$.

Algo importante de la relación de concordancia es que se establece independientemente de la posición en que aparezca el sujeto o de su tipo semántico, como muestran (8) y (9).

(8)   a. <u>Los ratones</u> **huyeron** cuando **apareció** <u>el gato</u>.
     b. <u>El ratón</u> **huyó** cuando **aparecieron** <u>los gatos</u>.

(9)   a. A mí me **gustan** <u>los frijoles</u>.
     b. *A mí me **gusto** <u>los frijoles</u>.

La información que aporta el verbo con respecto a la persona y el número del sujeto nos ayuda a identificarlo. Dicha información es relevante en contextos en que los constituyentes aparecen en orden no canónico, (10b-c) y (11), e imprescindible cuando el sujeto no es explícito, (12). En este último caso identificamos la referencia a partir de la concordancia.

(10)   a. <u>Víctor</u> le regaló los libros al niño.
　　　b. Al niño le regaló los libros <u>Víctor</u>.
　　　c. Al niño le regaló <u>Víctor</u> los libros.

(11)   a. Los exámenes los prepa**ró** <u>la profesora</u>.
　　　b. Al ratón lo persiguier**on** <u>los gatos</u>.

(12)   a. ¿Vas a venir? _{SUJETO: TÚ}
　　　b. No puedo, tenemos visita. _{SUJETO: YO; SUJETO: NOSOTROS}

Un último aspecto sobre la concordancia que queremos señalar es que cuando el sujeto está compuesto por varios sustantivos (SNs) coordinados, estos se consideran como un grupo; por lo tanto, la concordancia siempre es plural, (13). Si hay combinaciones de diferentes personas gramaticales, se emplea como referencia la persona más cercana al discurso, (14).

(13)   [El loro, el perro y el gato] jugaron.

(14)   a. [Tú y yo] no coincidimos nunca. _(SEGUNDA Y PRIMERA=PRIMERA PLURAL: NOSOTROS)
　　　b. [Ella y yo] no coincidimos nunca. _(TERCERA Y PRIMERA=PRIMERA PLURAL: NOSOTROS)
　　　c. ¿[Tú y ella] habéis venido con la tarea hecha? _(SEGUNDA Y TERCERA= SEGUNDA PLURAL: VOSOTROS)

Patrones inesperados de concordancia... ¿en español?

Hay casos que parecen mostrar patrones inesperados de concordancia en español. A continuación mostramos algunos ejemplos de interés y analizamos qué pasa en cada uno de ellos.

CONTEXTO 1. Los infinitivos que funcionan como sujeto de los verbos psicológicos del tipo *gustar*, aunque forman parte de una coordinación, no generan concordancia. En estos casos siempre se usa la forma de tercera persona del singular.

　　(i)　　a. Me gustan el café y el té.
　　　　　b.*Me gustan correr y nadar. → Me gusta correr y nadar.

☞ Como veremos en el Capítulo 8, estos casos se tratan de oraciones subordinadas de infinitivo. Como las oraciones no son SNs no poseen información sobre número y persona, por esta razón el verbo aparece con los rasgos por defecto: 3.ª persona del singular. Las oraciones subordinadas conjugadas tampoco generan concordancia, aunque se trate de una coordinación: *Me gusta/*gustan que mi hermano cocine y que mi padre lave los platos.*

CONTEXTO 2. Frases nominales en plural e inclusión de los participantes del discurso. Los SNs como en (ii) y (iii), a primera vista, no contienen información acerca de los participantes. La concordancia, sin embargo, indica cómo se interpreta la frase. En dependencia de los participantes en la situación, la concordancia se realiza con la primera o la segunda persona del plural.

 (ii) a. Los profesores a veces <u>complicamos</u> las cosas. (un profesor hablando)

   b. Los profesores a veces <u>complican</u> las cosas. (un estudiante hablando)

 (iii) a. Los estudiantes de español <u>deben practicar</u> tanto como puedan.

   b. Los estudiantes de español <u>debemos practicar</u> tanto como podamos.

CONTEXTO 3. La aparente concordancia variable de las construcciones con sujetos posverbales, (iv).

 (iv) a. Llegó Norberto y su esposa.

   b. Llegaron Norberto y su esposa.

☞ La versión (a) se trata en realidad de dos oraciones: *Llegó Norberto y ~~llegó~~ su esposa*, la segunda contiene una elipsis del verbo, por lo tanto, no se trata de dos SNs coordinados. La posibilidad de añadir diferentes tipos de adverbios, tanto antes como después, muestra que se trata de dos oraciones: *Llegó Norberto y luego ~~llegó~~ su esposa*; *Llegó Norberto y ~~llegó~~ su esposa también*. Adicionalmente, si añadimos un modificador como *juntos* que nos obliga a interpretar los dos elementos como parte de la misma cláusula el resultado es agramatical: **Llegó Norberto y su esposa juntos*. Esto corrobora que se trata de dos oraciones y no de dos SNs coordinados.

CONTEXTO 4. La concordancia variable de las construcciones impersonales (v) y existenciales, (vi).

 (v) a. Se compra zapatos baratos en esa tienda.

   b. Se compran zapatos baratos en esa tienda. (en el sentido de "es posible comprar")

 (vi) Dijo que no había/habían naranjas.

☞ Existe debate acerca de lo que sucede en estos casos. Por ahora vamos a decir que son los únicos contextos en los que verdaderamente encontramos variabilidad en la operación de concordancia en español.

Otra característica formal de los sujetos es que **nunca aparecen precedidos de una preposición o marca**, a diferencia de otros complementos, (15), o de los OIs, (16), y los ODs humanos o animados, los cuales aparecen con la llamada *a* personal, (17).

(15) a. Juan se casó <u>con Julia</u>.
   b. Puse el libro <u>en la mesa</u>.

(16) a. El vecino le regaló una planta <u>a</u> Sara.
   b. El director le envió la carta de renuncia <u>al</u> departamento.

(17) a. Manolo vio <u>a</u> Rosa.
   b. El perro persigue <u>al</u> mapache.

Por último, en cuanto a su forma, los sujetos pueden ser de dos tipos: **léxicos**, (18a), o **pronominales**, i.e., un pronombre, (18b).

(18)   a. <u>Tu hermana</u> llamó por teléfono.
      b. <u>Ella</u> llamó por teléfono.

Tres observaciones acerca del orden de palabras en español y la posición de los sujetos

La variación del orden de palabras en español es un tema muy interesante, aunque generalmente se habla de esto de manera descontextualizada y sin precisar a qué nos referimos exactamente. De manera general, cuando hablamos de variación en el orden de palabras tomamos implícitamente un punto de referencia con respecto al cual comparamos. Muchas veces ese punto de referencia es la posición del sujeto. Por ejemplo, cuando decimos que el orden de palabras del español es más libre que el de lenguas como el inglés o el francés, probablemente estamos contraponiendo el hecho de que estas lenguas requieren que el sujeto aparezca en primera posición, mientras que en español puede aparecer en otras posiciones. Sin embargo, la variación del orden de palabras en español no es libre, e involucra dos dimensiones distintas: una asociada a los diferentes tipos de verbos y otra que tiene que ver con la estructura de la información. Veamos cada una en turno.

1. **Diferentes tipos de verbos están asociados a diferentes órdenes de palabras (i.e., posiciones del sujeto) en contextos de foco amplio.**

    Los contextos de foco amplio representan situaciones comunicativas donde toda la información es nueva. Responden a la pregunta: *¿Qué pasa/pasó?* En estos casos preguntamos por lo sucedido sin hacer referencia a ningún elemento en específico. El orden de palabras asociado a cada tipo de verbo en este contexto se considera su orden de palabras básico o por defecto.

<u>Los verbos transitivos</u> aparecen con el sujeto en primera posición: Suj-V-O, *Berta compró un libro.* Por otro lado, <u>algunos verbos intransitivos</u> (los inacusativos) aparecen con el sujeto posverbal: V-Suj, *Llegó la carta.* Finalmente, <u>algunos verbos psicológicos</u> (casos en que el experimentante no es el sujeto gramatical) también aparecen con el sujeto gramatical en posición posverbal: OI-V-Suj, *Al niño le encanta el chocolate*, OD-V-Suj, *Al perro lo asustan los truenos.*

2. **Variación asociada a la estructura de información.** La variación en el orden de palabras con respecto a los órdenes básicos vistos anteriormente tiene efectos en la interpretación. Si bien todas las opciones del ejemplo (10) son posibles y todas se refieren al mismo evento, cada una corresponde a diferentes contextos de comunicación. Los casos (10b) y (10c) son similares a la variación que vimos en las oraciones activas y las pasivas. Dicho de otra manera, los diferentes órdenes de palabras se corresponden con diferentes puntos de vista desde los que podemos presentar la información sobre un mismo evento. (10a) se utiliza en un contexto de foco amplio en el que preguntamos, ¿qué pasó?, mientras que (10b) corresponde a un contexto en el que se pregunta por la persona que le

regaló los libros al niño. Por último, (10c) corresponde a un contexto en el que se pregunta qué le regaló Víctor al niño.

Así concluimos que si bien el español es una lengua que permite variación en el orden de las palabras, las diferentes posibilidades no son intercambiables y/o equivalentes, ya que cada una está asociada a una situación comunicativa específica. Los hablantes nativos tienen intuiciones bastante claras con respecto a los diferentes órdenes de palabras y las condiciones en que son posibles. Adicionalmente, los órdenes de palabras por defecto asociados a los diferentes tipos de verbos son el punto de partida (el primer nivel a considerar) para poder evaluar la variación relacionada con la estructura de la información.

3. **No todos los tipos de oraciones permiten la variación descrita**. La variación ilustrada en (10) y (11) pertenece al dominio de las oraciones declarativas, cuya función comunicativa es transmitir información. Otros tipos de oraciones con otras funciones comunicativas no tienen las mismas posibilidades. Por ejemplo, algunas oraciones interrogativas y exclamativas no admiten que el sujeto aparezca en la primera o en la segunda posición, (i). Compare los casos en (i) con la variabilidad de las oraciones declarativas ilustrada en (ii).

(i) a. ¡Qué horrible es la bruja!/ *¡La bruja es qué horrible!

b. ¿Cómo es la bruja?/*¿Cómo la bruja es?

(ii) a. La bruja es horrible.

b. Es horrible la bruja.

4.2.2 *Alternancia entre sujetos pronominales y sujetos nulos*

Una característica especial del español es que los sujetos pronominales no siempre aparecen realizados, como muestra (19b).

(19) a. Ella llamó por teléfono.
      b. Llamó por teléfono.

En los casos en que omitimos el pronombre de sujeto decimos que el mismo queda **implícito** o **tácito**. Como señalamos anteriormente, las oraciones con **sujetos no explícitos** o **sujetos tácitos** son un contexto donde resulta esencial la información que aporta la concordancia verbal. El español se considera una lengua de **sujeto nulo** (o lengua *prodrop*) porque se puede omitir el pronombre de sujeto. Compare la realización del sujeto en el español e inglés en los ejemplos (20a) y (20b), los cuales son equivalentes.

(20) a. Lisa vino ayer. Ø Llegó alrededor de las 9 a. m.
      b. Lisa came yesterday. **She** arrived around 9 a. m.

Intuitivamente podemos pensar que la posibilidad de omitir el pronombre de sujeto en español está relacionada con el hecho de que se puede recuperar la información a través de la morfología verbal. Sin embargo, no hay un acuerdo entre los investigadores acerca de esto. De cualquier forma, lo importante es notar que la posibilidad de omitir el pronombre personal en función de sujeto existe en español y que esta opción es más económica que la opción en que se pronuncia el pronombre.

En los análisis teóricos sobre la posibilidad de omisión de los pronombres en función de sujeto se debaten las condiciones que posibilitan este mecanismo. La idea de que una morfología verbal rica favorecería la omisión de los pronombres en función de sujeto enfrenta el problema de que existen lenguas con morfología verbal pobre, como el mandarín o el cantonés, que también omiten el pronombre de sujeto. En otras palabras, no están claras las condiciones necesarias y/o relevantes para que la omisión ocurra.

Para reflexionar

Pronombres de sujeto en español en dos contextos lingüísticos distintos

a) ¿Qué predicciones se pueden hacer en cuanto al uso de los pronombres de sujeto en los diferentes momentos del aprendizaje de español por parte de aprendientes cuya lengua materna es el inglés, el francés o el alemán?

b) ¿Qué podría pasar en el caso de los hablantes bilingües de español-inglés que se desenvuelven diariamente en un ambiente donde el inglés se usa más que el español?

Por último, hay que señalar que la posibilidad de omitir el pronombre en función de sujeto en español no es siempre una opción. En otras palabras, hay contextos que requieren su realización explícita. A continuación examinamos algunas de las condiciones que fuerzan la realización de los pronombres personales en función de sujeto. Comencemos con el contexto en (21a), donde se habla de dos individuos, Esteban y Antonia, y se quiere decir que uno de ellos llamó por teléfono. Si utilizamos una oración como (21b) no sabríamos si fue ella o él quien lo hizo, a pesar de que ambos forman parte del contexto. Así, el uso del pronombre en (21c) permite desambiguar la identidad de la persona que realizó la llamada.

(21)   a. Esteban y Antonia vinieron ayer.
　　　 b. Llamó por teléfono para ver si estábamos en casa.
　　　 c. Ella llamó por teléfono para ver si estábamos en casa.

Los gramáticos tradicionales proponen que el uso del **sujeto pronominal explícito** tiene dos funciones en español: **desambiguar la persona del referente** (como el ejemplo anterior) y **enfatizar el referente**. Un contexto del segundo tipo sería cuando contrastamos el sujeto con otro elemento o grupo. Pensemos en el ejemplo (22). En este caso el hablante contrapone el sujeto de la primera cláusula, *tú*, al sujeto de la segunda, *los otros estudiantes*. En un caso como este resulta anómalo omitir el pronombre en función de sujeto. Nótese que ambos elementos se pronuncian con una entonación marcada, lo cual representamos con mayúsculas en los ejemplos.

(22) a. TÚ hiciste la tarea, pero **LOS OTROS ESTUDIANTES** no la hicieron.
      b. #Hiciste la tarea, pero **LOS OTROS ESTUDIANTES** no la hicieron.

Algo interesante es que los usos enfáticos pueden dar lugar a un cambio en la interpretación de la identidad del antecedente con respecto a la versión donde el sujeto es nulo. Compare el contraste de la ausencia y presencia del sujeto en las dos oraciones siguientes.

(23) a. El Pingüino empujó a Batman y le pegó un puñetazo.
      b. El Pingüino empujó a Batman y él le pegó un puñetazo.

Como la opción de omitir el pronombre personal existe en español, el sujeto de la segunda oración de (23a) se interpreta como continuación del sujeto de la primera. En este caso, el Pingüino es dos veces agresor: empuja y pega. Cuando usamos el pronombre explícito, (23b), el mismo se interpreta como enfático y el referente cambia. En este caso, la interpretación corresponde a una situación en la que Batman se está defendiendo del empujón que recibió con un puñetazo al Pingüino. En otras palabras, el pronombre personal de la segunda oración, él, se interpreta como referido a Batman.

Otros casos tienen efectos de interpretación más sutiles. En (24) el hablante enuncia que el sujeto, *Julia*, realizó la acción de llamar por teléfono el día anterior y añade información con respecto al desconocimiento por parte de esta acerca de algo. Obsérvese que en la segunda oración el sujeto no aparece explícito, pero entendemos que se trata de Julia.

(24) Julia llamó por teléfono ayer. Dice que no sabía nada del incidente.
      Veamos ahora el ejemplo en (25), pronunciado con énfasis sobre *ella*.
(25) Julia llamó por teléfono ayer. ELLA dice que no sabía nada del incidente.

Las dos oraciones son casi idénticas, pero (25) incluye el pronombre de sujeto *ella* referido a Julia. Este segundo ejemplo sería posible en un contexto donde el hablante piensa que Julia, en realidad, sabía algo acerca del incidente. En otras palabras, el hablante sospecha que Julia no está diciendo la verdad. El mismo efecto se puede logar mediante una entonación especial para la segunda oración sin añadir el pronombre.

Estos son algunos de los contextos que favorecen la realización explícita del sujeto en español. Lo importante a tener en cuenta acerca de estos casos es que siempre que necesitemos desambiguar el sujeto, expresar algún tipo de énfasis o, por algún motivo, destacar algo referente al sujeto usamos el sujeto pronominal en español.

VARIACIÓN REGIONAL

Aunque el español se considera una lengua *prodrop*, algunas variedades tienen características que no son típicas de estas lenguas. Un caso muy discutido es el del español de la República Dominicana, donde se observa el uso no enfático de los pronombres de sujeto y el uso de sujetos pronominales expletivos en construcciones impersonales como el inglés, *It is raining*, o el francés, *Il pleut*.

	Español dominicano	Otras variedades
Uso no enfático de los pronombres de sujeto	**Yo** no sé qué **tú** quieres.	No sé qué quieres.
Uso de pronombre expletivo de sujeto	**Ello** no hay naranjas.	No hay naranjas.
Empobrecimiento de la concordancia por elisión o aspiración de la -*s* de segunda persona	¿Come? ¿Comeh?	¿Comes?

El español dominicano, además, comparte otras características especiales de sintaxis de los sujetos, como la preferencia por el orden preverbal de los sujetos en contextos en que otras variedades requieren o prefieren el orden posverbal.

	Español dominicano	Otras variedades
Sujeto preverbal en interrogativas	¿Qué tú quiereh?	¿Qué quieres tú?
Sujeto preverbal en oraciones con infinitivos	Por yo no venir en carro, voy a llegar tarde.	Por no venir en carro, voy a llegar tarde.

4.3   Sobre la interpretación de los argumentos del verbo

En la sección 4.1 apuntamos que el sujeto no es más que uno de los argumentos del verbo y, como tal, es uno de los elementos necesarios para expresar su significado. Antes de discutir de lleno el problema de adoptar una definición únicamente semántica del sujeto como la que vimos al inicio del capítulo, sería útil profundizar en las interpretaciones de los argumentos del verbo en general, tema estrechamente relacionado.

En varias ocasiones hemos señalado que el número de argumentos que requiere un verbo depende de su significado o tipo de situación que este denote. Así vimos que *dar* necesita tres argumentos, ALGUIEN que dé ALGO a ALGUIEN; mientras que *asesinar* necesita dos, ALGUIEN que asesine a ALGUIEN. Una consecuencia directa de la conexión entre significado del verbo y los argumentos que requiere es que dichos argumentos van a tener interpretaciones que dependen de los significados de los verbos. En otras palabras, el significado del verbo determina la interpretación de sus argumentos. Las diferentes interpretaciones de los argumentos verbales se conocen como **papeles** o **roles temáticos**.

Para entender un poco mejor la noción de papeles o roles temáticos contemplemos la siguiente metáfora. Imaginemos que los verbos representan una escena en la que hay varios participantes que cumplen diferentes roles. El tipo de escena siempre se corresponde con el significado del verbo y cada tipo de escena requiere ciertos participantes, del mismo modo que en una escena de un crimen hace falta una víctima y un perpetrador, como señalaba Alicia con el Baraúndo (… *sabemos que* **alguien** *mató* **algo**…). Así, los tipos de roles o participantes dependen de la clase de situación introducida por el verbo.

Papeles o roles temáticos

Diferentes interpretaciones (agente, paciente, instrumento, etc.) que tienen los argumentos del verbo de acuerdo al tipo de situación que este denote.

Este tipo de clasificación de los argumentos basada en su interpretación es una **caracterización semántica**. Como anticipamos al inicio del capítulo, es importante separar la caracterización semántica de los argumentos de la caracterización en cuanto a su función, ya que elementos que cumplen la misma función sintáctica pueden tener diferentes interpretaciones semánticas, como ilustra el ejemplo (3). Asimismo, constataremos que un mismo rol o papel temático puede asociarse a elementos que cumplen diferentes funciones sintácticas dentro de la oración.

Por último, hay que señalar que, si bien los significados de los verbos difieren bastante entre ellos, las interpretaciones que reciben sus argumentos se pueden agrupar de un modo general. Así la noción de rol o papel temático se entiende como una caracterización general (a un nivel abstracto) de los significados de los argumentos: una especie de etiqueta generalizadora basada en las propiedades más sobresalientes del elemento en cuestión. Veamos esta idea a través del ejemplo de los dos verbos mencionados anteriormente: *dar* y *asesinar*. Aunque sus significados son muy diferentes, en ambos casos el sujeto realiza la acción, por lo tanto, recibe la interpretación de **agente**. Este tipo de información es la que tenemos en cuenta para la definición de rol o papel temático. Con respecto a la cantidad de roles temáticos, no existe un acuerdo acerca de si debemos usar inventarios muy detallados o más generales. En este texto adoptaremos una clasificación intermedia, lo suficientemente rica que nos permita distinguir descriptivamente los varios tipos de argumentos.

Comencemos por alinear los roles temáticos y los tipos de verbos. Obsérvese que los papeles temáticos pueden asociarse con múltiples funciones. Nótese también que, como se trata de una clasificación semántica (lo que se tiene en cuenta es la interpretación), no es relevante la función gramatical que cumple el elemento dentro de la oración.

A) Verbos de acción. Tienen **agente** (actor o motor de la acción, entidad que inicia la acción voluntariamente). También pueden tener **tema** (objeto afectado por la situación) y, opcionalmente, **instrumento**.

De acción física:

(26)   a. Jorge cortó el papel con un cortapapeles.
           AGENTE   TEMA   INSTRUMENTO
      b. Jorge saltaba.
           AGENTE

De acción mental (también agente y tema):

(27)   a. Jorge recordó la tarea.
           AGENTE   TEMA
      b. Jorge piensa en eso.
           AGENTE   TEMA
      c. Jorge medita.
           AGENTE

B) Verbos de emoción. Estas situaciones se asocian con un **experimentante** (la persona que sufre la emoción) y un **tema** (el tema de la emoción), este último también puede ser una **causa** (cuando hay una relación causal). A veces la diferencia entre tema y causa depende de si el elemento que da lugar a la emoción tiene un rol activo o no.

(28) a. <u>Al director</u> le preocupa <u>el presupuesto</u>.
   EXPERIMENTANTE TEMA

  b. <u>Al perro</u> lo asustan <u>los truenos</u>.
   EXPERIMENTANTE TEMA

  c. <u>Mi mejor amiga</u> adora <u>los gatos</u>.
   EXPERIMENTANTE TEMA

Como señalamos anteriormente, el orden de palabras por defecto de muchos verbos de este tipo es OI(experimentante)-V-Suj, así el sujeto gramatical, el elemento que genera concordancia, aparece después del verbo, en posición posverbal, y el argumento que experimenta la emoción aparece en la primera posición, (29).

(29) a. A mi perro le gust**an** los paseos.
  b. A mi perro le gusta el queso.

Tres tipos de verbos sicológicos (de emoción)

Dentro de los verbos sicológicos se distinguen tres grupos teniendo en cuenta la función sintáctica que cumple el experimentante: sujeto, OD y OI (dativo). Las listas que aparecen a continuación son tomadas de Marín (2015, 12–13).

 i) verbos de sujeto experimentante, verbos que dicen que alguien experimenta un estado sicológico: *aborrecer, admirar, amar, apreciar, codiciar, compadecer, deplorar, desear, despreciar, detestar, envidiar, odiar, temer, tolerar...*

  <u>Juan/ella/el niño</u> odia la oscuridad.

 ii) verbos de OD experimentante, verbos que expresan que algo afecta a alguien, causando que sienta un estado sicológico: *aburrir, afligir, agobiar, aliviar, angustiar, asombrar, atemorizar, confundir, consolar, fascinar, fastidiar, frustrar, espantar, importunar, interesar, ofender, obsesionar, preocupar, seducir, sorprender...*

  La oscuridad sorprendió <u>a Juan</u> mientras estaba en el bosque.

 iii) verbos del tipo 'gustar', experimentante como OI, son semejantes al tipo (ii), pero con el experimentante en función de OI no de OD. El orden de palabras también es distinto: OI-V-sujeto: *(des)agradar, apetecer, atañer, concernir, convenir, doler, encantar, incumbir, extrañar, gustar, importar, molar, placer, pesar, repugnar.* (Este es el grupo menos numeroso.)

  <u>A los niños les</u> encanta el helado.

 C) Verbos de desplazamiento, movimiento o transferencia. Normalmente tienen un participante que se desplaza (voluntariamente o no, es decir puede ser tanto **agente** como **tema**) y un punto relacionado con el desplazamiento. Cuando el punto se refiere al lugar hacia el cual el elemento se desplaza se trata de la **meta** o **destino**, (30). Cuando se refiere al lugar desde el cual el elemento se desplaza se denomina **origen**, (31).

(30) Voy <u>a París</u>.   META O DESTINO (a donde se va)

(31) Regresó <u>del trabajo</u>.   Origen (de donde se viene)

Los verbos de transferencia de posesión se consideran como ejemplos de desplazamiento abstracto, (32).

(32) a. Le traje un regalo <u>a Luis</u>.   Meta o Destinatario
      b. Le quité el regalo <u>a Luis</u>.   Origen

D) Verbos de un solo argumento. Además de ser **agente,** como vimos en algunos casos en A, el sujeto de verbos intransitivos puede ser **tema,** como en (33) y (34), respectivamente. Un mismo verbo puede tomar diferentes tipos de sujetos, (35).

(33) a. Hirvió <u>el agua</u>.   Tema
      b. Crecieron <u>las flores</u>.   Tema

(34) a. <u>Las ranas</u> nadan.   Agente
      b. <u>Los gansos</u> emigran cada invierno.   Agente

(35) a. Llegó <u>la carta</u>.   Tema
      b. Llegó <u>Juan</u>.   Tema (¿Agente?)

E) Algunos verbos también pueden tomar un sujeto que sea un instrumento o una fuerza natural o causa.

(36) a. <u>Ese código</u> no abre la puerta.   Instrumento
      b. <u>Ese serrucho</u> corta mal la madera.   Instrumento

(37) a. <u>El viento</u> cerró la ventana.   Causa
      b. <u>El agua</u> oxidó la cerca de hierro.   Causa
      c. <u>El mar</u> se ha comido la arena de la playa.   Causa

F) Otros roles temáticos son **beneficiario** y **posesión**. Vamos a profundizar en el estudio de estos roles en el Capítulo 7.

(38) a. <u>Le</u> corté las uñas <u>al loro</u>.   Posesión
      b. <u>Le</u> recogí los libros <u>a Manuel</u>.   Beneficiario (Manuel no tenía tiempo.)

Antes de concluir esta sección queremos llamar la atención sobre una cuestión relevante acerca de los argumentos del verbo y sus funciones. Anteriormente señalamos que los diferentes argumentos de un verbo cumplen diferentes funciones, ej., sujeto, OD, OI, etc. También observamos la falta de correspondencia entre función e interpretación a través del caso del sujeto. Sin embargo, hay una propiedad que sí es constante: <u>si un verbo tiene un solo argumento, dicho argumento va a cumplir la función de sujeto</u>, (39).

(39) a. Vinieron <u>muchos turistas</u> el año pasado.
      b. Durante la inundación entró <u>agua</u>.
      c. <u>El perro</u> saltó muy alto.
      d. <u>La mujer</u> gritó en el medio de la noche.

Asimismo, en el caso de los verbos que tienen más de un argumento, siempre hay uno que es el sujeto. La generalización es, de hecho, mucho más amplia: si la construcción sintáctica en la que aparece el verbo requiere un solo argumento, dicho argumento recibe la función sintáctica de sujeto, cf. (40), que muestra un ejemplo de pasiva verbal. Este comportamiento sintáctico revela la importancia del sujeto a nivel oracional.

(40) <u>El castillo</u> fue construido en el siglo XVII. (Pasiva verbal)

4.4 Comparando las definiciones del sujeto

A continuación, examinaremos dos tipos de definiciones tradicionales de sujeto que toman como punto de partida sus propiedades semánticas. Ambas definiciones, sin embargo, adolecen de problemas. Luego de evaluarlas, consideraremos una definición que combina nociones de forma y estructura, y discutiremos por qué este tipo de acercamiento es preferible, aunque tampoco está exento de problemas.

4.4.1 *Sujetos como agentes*

Ahora estamos preparados para discutir a fondo la definición que vimos al inicio del capítulo que decía que el sujeto era el elemento que realizaba la acción. Esta definición identifica el sujeto de la oración con el papel temático de agente, por lo tanto, decimos que se trata de una definición de tipo semántico. Si bien es cierto que muchos sujetos son agentes—este es el caso de los verbos de acción y algunos verbos de movimiento—(40) y (41), no todos los sujetos tienen esa interpretación. También existen sujetos **experimentantes**, como los de los verbos de emoción del tipo *amar/odiar*, (42), o sujetos **temas**, como los sujetos de otros grupos de verbos de emoción (*gustar y sorprender*) (43a-b), o como los sujetos de verbos de movimiento o cambio de estado (*llegar, salir, entrar, derretirse, congelarse, convertirse, crecer, hervir*, etc.), (43c).

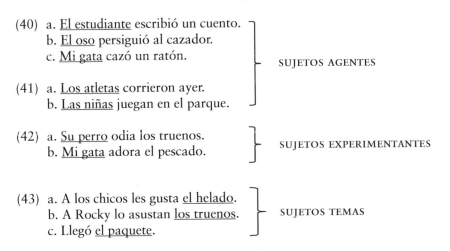

(40) a. <u>El estudiante</u> escribió un cuento.
     b. <u>El oso</u> persiguió al cazador.
     c. <u>Mi gata</u> cazó un ratón.

                  SUJETOS AGENTES

(41) a. <u>Los atletas</u> corrieron ayer.
     b. <u>Las niñas</u> juegan en el parque.

(42) a. <u>Su perro</u> odia los truenos.
     b. <u>Mi gata</u> adora el pescado.   SUJETOS EXPERIMENTANTES

(43) a. A los chicos les gusta <u>el helado</u>.
     b. A Rocky lo asustan <u>los truenos</u>.   SUJETOS TEMAS
     c. Llegó <u>el paquete</u>.

De los sujetos experimentantes, como en (42), no podemos decir que hagan algo, sino que están en un estado en el que son susceptibles a una emoción. Por eso decimos que dichos sujetos "tienen una experiencia o experimentan una emoción". Por otra parte, a los sujetos de (44), los podemos clasificar como **temas**, ya que son elementos a los que les sucede algo o sufren algún cambio.

(44) a. Crecieron <u>las flores</u>
    b. <u>La oruga</u> se convirtió en crisálida.

En estos casos no nos queda duda de que ni *las flores* ni *la oruga* "ejecutan" alguna acción, sino que algo les pasa. También sabemos que tanto *las flores* como *la oruga* son el sujeto gramatical de las oraciones en que aparecen. La prueba es que si cambiamos el número de las frases de plural a singular en (44a) y viceversa en (44b), el verbo también varía.

Debido a que esta definición de tipo semántico solo incluye aquellos sujetos que son agentes (el tipo de sujeto que realiza una acción) resulta insuficiente frente a los datos. En otras palabras, esta definición deja fuera todos los sujetos cuya interpretación no es de agente. Concluimos entonces que no resulta apropiada como caracterización general de los sujetos.

Cerramos esta sección reiterando que así como un mismo rol temático puede materializarse en diferentes funciones, (45), una misma función puede ser realizada por argumentos con diferentes roles temáticos, (46).

(45) a. <u>La empresa</u> construyó <u>el edificio</u>.   Sujeto Agente y OD Tema
    b. <u>El edificio</u> fue construido <u>por la empresa</u>.   Sujeto Tema y Complemento Agente

(46) a. <u>José</u> abrió la puerta con la llave.   Sujeto Agente
    b. <u>La llave</u> abrió la puerta.   Sujeto Instrumento
    c. <u>El fuerte viento</u> abrió la puerta.   Sujeto Causa
    d. <u>La puerta</u> se abrió.   Sujeto Tema

De modo más general concluimos que, aunque hay una relación entre tipo de verbo, función y significado de los argumentos, los verbos aceptan sujetos de varios tipos temáticos. Igualmente, un mismo argumento puede desempeñar diferentes funciones sintácticas, en dependencia de la construcción en que aparezca. Por ejemplo, el agente de verbos de acción como *construir* aparece como sujeto, (45a), pero también puede aparecer como complemento agente, un SP, en las oraciones pasivas, (45b).

4.4.2 *Sujetos como tópicos de las oraciones*

El segundo tipo de definición de sujeto que se adopta con frecuencia se orienta a lo pragmático y parte de la idea de que la oración se interpreta como relativa al sujeto. En este caso se emplean nociones del estudio de la estructura de información tales como los conceptos de **tópico** (de lo que se habla) y **comentario** (lo que se dice). Algunos análisis equiparan estos conceptos a las nociones de sujeto y predicado, respectivamente, y proponen que el sujeto es la persona o cosa de la cual decimos algo <u>(el tópico de la oración)</u>, mientras que el predicado es aquello que decimos del sujeto <u>(el comentario)</u>. Este tipo de definición captura en parte nuestra intuición de lo que es el sujeto, ya que, en muchas lenguas, el español incluido, encontramos el orden sujeto–predicado. Sin embargo, esta caracterización también tiene problemas, incluso en español. Consideremos primero el caso de los objetos directos e indirectos antepuestos en (47) y (48).

(47) <u>A Virginia</u> le dieron una beca en la universidad.
(48) <u>A tu hermano</u> lo arrestaron por estar en el lugar equivocado.

En los ejemplos anteriores, el primer constituyente se interpreta como el elemento tópico; en otras palabras, es el elemento del que se habla en la oración. Sin embargo, ninguno de los dos es el sujeto gramatical, el cual está omitido en ambos casos. En (47) se trata del OI, y en (48) es el OD. Sabemos esto por la presencia del pronombre como marca de cada función, (*le*, indirecto; *lo*, directo) y por la marca *a* del OI y la *a*-personal del OD.

Otro caso similar es el de las construcciones con verbos de emoción con objetos experimentantes, donde el sujeto gramatical aparece en posición posverbal, mientras que el argumento experimentante aparece en posición preverbal, (49) y (50). Como vimos, este es el orden de palabras por defecto de estas construcciones en contextos de foco amplio. Estos casos muestran que si identificamos el sujeto en base a una partición de tópico-comentario, tendríamos que proponer que los sujetos de estas oraciones son *el niño* y *el perro*, sin embargo, los elementos con los que concuerda el verbo son *los caramelos* y *los truenos*, respectivamente.

(49) Al niño le encantan los caramelos.
(50) Al perro lo asustan los truenos.

El tópico de algunas oraciones intransitivas

Un caso que resulta aún más interesante es el de algunos verbos intransitivos en contextos de foco amplio (respondiendo a la pregunta global *¿Qué pasó?*). Nótese que en estos casos el orden de palabras por defecto corresponde al verbo en la primera posición y el sujeto pospuesto.

Llegaron invitados.
Surgió petróleo.
Entró mucha agua durante la inundación.

Si dependemos de una partición tópico-comentario para identificar el sujeto, estas oraciones carecerían de sujeto, ya que no hay ningún elemento que se pueda interpretar como tópico. Esta conclusión, como sabemos, es errónea, ya que los elementos que aparecen en posición posverbal son los sujetos. Si hay duda de esto, al cambiar el número de estos SNs comprobamos que el verbo también varía.

Basados en estos ejemplos concluimos que una definición de sujeto que solo tenga en cuenta su posible interpretación como tópico oracional resulta problemática. Este enfoque dejaría fuera los casos en los que no interpretamos la oración con relación al sujeto gramatical, como el caso de los sujetos posverbales de los verbos inacusativos. A la vez, este tipo de análisis identifica erróneamente como sujetos otros elementos que no lo son, entre ellos los ODs y OIs en posición inicial, en construcciones de topicalización.

Para reflexionar

Masullo (1992)—un trabajo teórico sobre los argumentos dativos—propone que el OI que aparece en primera posición en las construcciones con verbos del tipo *gustar* en contextos de foco amplio es el **sujeto nocional o semántico**, mientras que el argumento tema con el que el verbo establece la concordancia es el **sujeto gramatical**. ¿Por qué estas estructuras representan un problema?

4.4.3   *Definiendo el sujeto desde un punto de vista formal y estructural*

Modernamente, muchos gramáticos prefieren definiciones que apelan a la forma de los sujetos o a la estructura general de la oración en la que los sujetos están vinculados a procesos gramaticales. Estas definiciones tienen en cuenta aspectos como la concordancia o el caso nominativo, que en español solo es visible en los pronombres.

Sujeto (definición formal)

El sujeto es el <u>sintagma nominal</u> que entra en una <u>relación de concordancia con el núcleo del predicado, el verbo</u>. El sujeto de la oración va en forma de nominativo (solo visible en los pronombres). En algunos casos es un argumento externo al predicado.

Finalmente, sabemos que hasta la noción de concordancia puede presentar dificultades. Apuntamos aquí al caso de las construcciones existenciales con *haber* o de las construcciones impersonales con *se*, donde se observa cierta variabilidad en la concordancia. Cerramos esta sección reconociendo que parte de la dificultad que supone proponer una definición adecuada de sujeto surge de que el sujeto no solo está vinculado al significado del verbo (por ser un argumento de este), sino que también forman parte de procesos a nivel oracional como la concordancia o la interpretación de la oración en base a la organización de la información.

4.5   Casos más complejos: oraciones activas y pasivas. Oraciones impersonales

En esta última sección trataremos dos temas más avanzados: 1) la alternancia que representan las oraciones activas y pasivas, y 2) la existencia de otros tipos de sujetos pronominales y su interpretación.

4.5.1   *Oraciones activas y pasivas*

Las oraciones pasivas son construcciones que muestran una reorganización funcional de los argumentos si las comparamos con la versión activa. Fijémonos en los ejemplos en (51), la oración activa y su paráfrasis pasiva.

(51) a. El enemigo destruyó los sembrados.   ACTIVA
      b. Los sembrados fueron destruidos (por el enemigo).   PASIVA

Al comparar estas dos oraciones, podemos notar varias diferencias. En primer lugar, la organización de la información ha variado. La oración (51a) nos dice qué hizo el enemigo, mientras que (51b) nos habla de lo que lo que les sucedió a los sembrados. En los términos usados en la sección anterior, las dos variantes difieren en cuanto a cuál es el tópico del que se habla. En la activa, el tópico es *el enemigo*; en la pasiva, el tópico son *los sembrados*. De alguna manera podemos decir que ambos casos expresan la misma información. Sin embargo, cada uno orienta el comentario hacia diferentes elementos.

En segundo lugar, notamos que las funciones gramaticales de los elementos también han variado. Tanto el agente, *el enemigo*, como el tema o paciente, *los sembrados*, cumplen diferentes funciones en las dos versiones. En (51a) el agente es el sujeto y el tema es el OD. En la pasiva, (51b), el tema se realiza como sujeto, mientras que el agente puede suprimirse o realizarse como complemento agente con la ayuda de la preposición *por*. La concordancia varía en cada caso.

Nótese que la morfología verbal también difiere. En la oración activa encontramos solamente el verbo *destruir*, mientras que la pasiva incluye *ser* como verbo auxiliar y el participio de *destruir* como verbo léxico. En este segundo contexto también aparece un tipo de concordancia especial: el participio concuerda en género y número con el sujeto paciente. Finalmente, aunque el tiempo en ambas versiones es el mismo, en (51b) aparece expresado en el verbo auxiliar.

Este tipo de construcción pasiva se conoce como **pasiva verbal o pasiva canónica**. La característica fundamental de las oraciones pasivas es que suprimen el sujeto agente de la versión activa y el OD se realiza como sujeto. En el Capítulo 10 estudiaremos otros tipos de oraciones pasivas.

> Aunque los usos y significados de las diferentes construcciones pasivas varían, todas se caracterizan por la supresión (o democión) del argumento agente y la realización del argumento tema (el objeto directo en la versión activa) como sujeto en la versión pasiva. Aunque las funciones de los argumentos varían, la interpretación semántica de los mismos es igual en ambos tipos de construcciones.

Cada tipo de construcción pasiva tiene su propia esfera de uso. Los gramáticos llaman a estas condiciones **restricciones léxicas** (si solo se aplican a ciertas clases de verbos); **restricciones semánticas** (si solo funcionan con ciertos significados) y **restricciones pragmáticas** (si los usos dependen del contexto pragmático). A diferencia del inglés, la pasiva verbal en español tiene uso limitado y pertenece, principalmente, a la forma escrita. Por ejemplo, resulta bastante marginal con predicados de acción mental, (52), y también con verbos sicológicos, (53).

(52) ??La televisión es vista por mucha gente.
(cf. inglés: *TV is watched by a lot of people*.)

(53) ?El perro es temido por el gato del vecino.
(cf. inglés: *The dog is feared by the neighbour's cat*.)

> Nota: El doble signo de interrogación indica que una oración no es aceptable; uno solo indica que la oración es marginal.

De manera general, existen restricciones relacionadas con la "estatividad". Como hemos señalado, los verbos que denotan estados no aceptan pasivas fácilmente, aunque hay diferencias entre ellos: mientras (54b) es imposible, (55b) es más bien rara.

(54)   a. Los niños prefieren el chocolate.
       b. *El chocolate es preferido por los niños.

(55)   a. Los músicos admiran al compositor Satie.
       b. ?El compositor Satie es admirado por los músicos.

El estatus del sujeto también juega un papel importante. De hecho, en algunos casos, cuando el sujeto de la oración activa es un cuantificador, (56), la pasiva es aceptable.

(56)   a. Todos (los músicos) admiran al compositor Satie.
       b. El compositor Satie es admirado por todos (los músicos).

Como en español existen otras construcciones que sirven para expresar significados similares, podríamos decir que algunas de ellas ocupan el espacio funcional de la pasiva verbal. Así, los hablantes prefieren otras formas de reorganizar la información. La topicalización (el movimiento de un elemento al inicio de la frase), por ejemplo, (57), es una de ellas.

(57)   Al compositor Satie lo admiran los músicos/todos los músicos. (¡Mucho mejor!)

4.5.2   *Otros tipos de construcciones con sujetos nulos*

En la sección 4.2 vimos que en español podemos omitir el pronombre sujeto. En tales casos, el contexto, la morfología del verbo y el significado de este nos permiten recuperar la información acerca del referente del sujeto e identificarlo. Las construcciones en las que se omite el sujeto reciben el nombre de construcciones de sujeto nulo o tácito.

En español, también existen otros tipos de construcciones de sujeto nulo en las que, a diferencia de las vistas anteriormente, la información del sujeto no es recuperable. Este tipo de construcciones siempre recibe una interpretación impersonal, porque es imposible identificar un referente específico. Como veremos, existen diferentes tipos.

El primer tipo a considerar lleva el verbo en tercera persona de plural y su uso es bastante frecuente en contextos donde no sabemos la identidad de la persona que ha realizado la acción, como en (58), o donde la identidad no es relevante, o el hablante no quiere revelarla, (59).

(58)   Llamaron por teléfono.
(59)   Dicen que se trata de un golpe de estado.

Estos casos son muy interesantes por dos motivos. Primero, la construcción en sí misma (por sus propiedades sintácticas) es ambigua entre un uso referencial, en el que hacemos referencia a un sujeto que hemos mencionado antes en el discurso, y un uso impersonal, en el que no podemos identificar al referente. Los significados posibles de (58) y (59) son los siguientes: i) ciertas personas mencionadas antes y ii) alguien no especificado.

La segunda propiedad curiosa de estas construcciones impersonales es que emplean la tercera persona del plural independientemente de que se refieran a una sola persona. Por ejemplo, la oración (58) puede usarse tanto en un contexto en el que varias personas cuya identidad el hablante desconoce llamaron, como en un contexto en el que solo una persona desconocida ha llamado. Esto se puede ver claramente si pensamos en una oficina donde alguien responde el teléfono y la llamada es para un colega, y le dice a su colega: *Te llaman por teléfono*, aunque haya hablado con un solo individuo. Finalmente, hay que señalar que es imposible usar el pronombre personal de tercera persona plural, ya que, como vimos, el mismo solo tiene uso referencial.

(60) Ellos llamaron por teléfono.
      Solo es posible obtener la interpretación (i) en la que el pronombre es referencial.

PARA PENSAR

¿Por qué se utiliza la forma plural de la tercera persona y no la forma singular en la conjugación de estos casos?

Otro tipo de oraciones impersonales son aquellas que incluyen verbos meteorológicos o que refieren eventos o propiedades relacionadas con cuestiones atmosféricas, (61) y (62). Obsérvese que en estos casos el verbo siempre aparece en la tercera persona del singular.

(61) a. Llovió.
      b. Nevó.

(62) a. Hace frío/calor.
      b. Hay frío/calor.

Otro caso de las construcciones impersonales son las construcciones existenciales (denotan existencia de algo) con el verbo *haber*, (63). Sin embargo, en este contexto, como hemos visto, puede ocurrir concordancia entre el verbo y el elemento cuya existencia afirmamos o negamos como muestra (64b), aunque no podemos decir que se trata del sujeto de la oración.

(63) Hay tres libros en la mesa.

(64) a. Había tres libros en la mesa.
      b. Habían tres libros en la mesa.

Por último, en español también existen oraciones impersonales de sujeto indeterminado como con *se*, (65). En estos casos la interpretación del sujeto siempre corresponde con la de un humano que se entiende como la gente o alguien indeterminado. Para apreciar mejor esta interpretación, nótese que siempre se trata de contextos que incluyen un agente humano en la versión activa: *La gente come bien en Francia*. Así, una oración como (66a) resulta agramatical porque se referiría a los animales que viven en el bosque (que no son personas). Lo mismo sucede con (66b) que incluye un verbo que típicamente toma como sujeto un animal: un perro.

(65) Se come bien en Francia.

(66) a.* Se come bien en este bosque.
      b. *Se ladra alto en esta casa.

En este apartado hemos revisado cuatro tipos de construcciones impersonales del español. Una propiedad general de estas construcciones es que carecen de sujeto gramatical. Adicionalmente, a diferencia de las construcciones de sujeto nulo estudiadas anteriormente, el referente del sujeto en el caso de las impersonales no es recuperable. Las construcciones impersonales estudiadas en esta sección se dividen en dos grupos: 1) las que se interpretan con respecto a un referente humano no determinado, como *Llaman a la puerta* o *Se come bien en Francia*, y 2) las que no se interpretan con respecto a ningún referente (porque el mismo no existe), es decir, las construcciones existenciales con *haber* (afirman o niegan la existencia de algo: *Hay un gato en el jardín*) y las referidas a los procesos y propiedades atmosféricas (*Llueve* o *Hace mucho frío en Toronto*).

4.6   Resumen

En este capítulo examinamos el sujeto como categoría gramatical y las propiedades específicas de este elemento en español, a saber: posición variable, alternancia entre sujetos pronominales implícitos (o nulos) y explícitos, y las interpretaciones especiales de los sujetos de oraciones impersonales. También estudiamos cómo el significado de las clases de verbos determina los argumentos que aparecen en las construcciones y los roles temáticos que cumplen dichos argumentos. En la última parte del capítulo, comparamos las construcciones activas y pasivas, y vimos que hay una redistribución de las funciones sintácticas de los argumentos entre la versión activa y la pasiva. Notamos, además, que en español el uso de la pasiva verbal es más restringido que en otros idiomas, ya que otras construcciones cumplen su función informativa.

Con respecto a los sujetos, constatamos que pueden estar asociados a diferentes papeles temáticos y ocupar diferentes posiciones dentro de la oración. Así concluimos que la mejor forma de definir el sujeto es teniendo en cuenta sus rasgos formales y estructurales, ya que las propiedades semánticas como la agentividad o semántico-estructurales como la topicalidad no representan características necesarias, sino correlaciones. Los rasgos formales que debemos tener en cuenta para definir al sujeto son la concordancia con el verbo, la expresión de caso nominativo y, en algunos casos, el hecho de que se trata de un argumento externo al predicado.

Concluimos entonces con un comentario teórico que nos parece relevante. Parte de la dificultad que representa definir al sujeto como categoría gramatical surge del hecho de que este elemento no solo tiene que ver con el verbo (es un argumento de este), sino que también participa en procesos gramaticales a nivel oracional como la concordancia verbal y la interpretación global de las oraciones. En algunos contextos, sin embargo, algunas de estas características pueden estar ausentes o aparecer distribuidas entre dos elementos diferentes en una misma oración.

Resumen de las características descriptivas del sujeto en español

- Establece concordancia con el verbo.
- No tiene marca/preposición.
- Puede aparecer en distintas posiciones en la oración.
- Puede ser implícito.

LECTURAS RECOMENDADAS

Para una visión general de los problemas del sujeto, los capítulos 1 y 2 de Álvarez-López (2019) ofrecen una síntesis de la literatura descriptiva y teórica. Camacho (2013) ofrece un tratamiento extenso del tema de los sujetos nulos. Para un tratamiento más amplio de los sujetos pronominales ver Fernández Soriano (1999) (§19.1–19.2.1; 19.3.1.–19.3.2; 19.3.5–19.3.9) y Luján (1999). En cuanto a los factores semánticos y léxicos del orden de palabras, Contreras (1978) ofrece un excelente punto de partida a los temas de la interacción entre orden de constituyentes, tipos de verbos y estructura de información. Suñer (1982) expande esta investigación. Torrego (1984) y Goodall (1993) ofrecen tratamientos teóricos avanzados sobre lo que la inversión interrogativa revela con respecto a la estructura oracional en español.

4.7 Ejercicios

4.7.1 *Repaso de conceptos*

A. Conceptos. Asigne a cada definición el concepto que le corresponde. Note que hay más conceptos que definiciones.

Definición	*Conceptos*
1. Ente animado que experimenta una emoción o estado.	a) papeles o roles temáticos
2. Elementos requeridos por un verbo para expresar su significado.	b) destino
	c) concordancia
3. Interpretación semántica que reciben los argumentos del verbo.	d) argumentos
	e) experimentante
4. Proceso mediante el cual los rasgos de persona y número del sujeto aparecen en el verbo.	f) agente
	g) fuente
5. Interpretación de los sujetos que aparecen con verbos de acción.	h) tema
6. Otro término que se utiliza para referirse a la interpretación de meta.	

4.7.2 *Análisis básico*

B. Identificación del sujeto. Subraye el sujeto en las siguientes oraciones. Si es tácito, diga los rasgos de persona y número.

1. Mi gata duerme mucho en invierno.
2. En esta casa falta café.
3. Hace calor.
4. El café y el chocolate me gustan por igual.
5. Nunca he probado ese plato.
6. Esa tarde llovió con fuerza.
7. Anoche vinieron Julio y su esposa.
8. Ese libro fue escrito en el siglo XV.
9. Me gusta que los días sean largos.
10. Nunca llega nadie temprano.
11. En la conferencia participaron estudiantes de muchos países.
12. Siempre hacen la tarea.
13. Las novelas ganadoras las escribieron varios autores latinoamericanos.
14. A Juana le encanta bailar y cantar.
15. La semana próxima llega Patricia con su hijo.
16. Juan le vendió un auto a Pedro.
17. Ninguno trajo el ejercicio resuelto.
18. A veces la gente es impaciente.
19. Descansar es importantísimo.
20. ¿Fuiste a Portugal con tus amigos?

C. Patrones de concordancia. Las siguientes oraciones muestran disociaciones de concordancia, algunas son gramaticales y otras no. Identifique cuáles son gramaticales y cuáles no, y explique cada caso.

1. A mi perro le encanta las hamburguesas.
2. El padre de Luis y Sebastián fue al concierto de fin curso.
3. Mi vecina compraron unas bicicletas nuevas.
4. Los estudiantes hicimos la tarea.
5. Los estudiantes fueron a la fiesta.
6. Su familia compraron una casa cerca del lago.
7. La madre de Paula y Luisa fueron de compras ayer.
8. La mujer con el bebé están cruzando la calle.
9. Esta tarde llamaron por teléfono preguntando por ti. (referido a una sola llamada telefónica)
10. Los niños y la rana ya se va con el papá. (dicha por un niño)

D. Papeles temáticos. Subraye los argumentos del verbo e su indique su función gramatical y rol temático.

Ejemplo: <u>El perro</u> mordió <u>al gato</u>
      Suj/AGENTE   OD/TEMA

  I. Verbos de acción física con múltiples argumentos
    1. Juan abre la puerta.
    2. Julio le robó una revista de deportes a Pedro.

3. La puerta se abre.
4. Sofía besa a Kermit.
5. Juan depositó 500 dólares en su cuenta bancaria.
6. Todos hicimos la prueba.
7. Margarita le dio un reloj a Julio Cortázar.
8. Voy a Estambul la semana próxima.
9. Regresaremos de Estambul en cuatro semanas.
10. El cartero le trajo dos cartas a Susana.

II. Verbos de acción verbal o mental
   11. Pedro dijo algo.
   12. Pedro no piensa en nada.
   13. Josefina les prometió un helado a los niños.
   14. José declaró que la tierra era redonda.
   15. José resolvió el problema de matemáticas.

III. Verbos de experiencia sicológica
   16. José ama a Juana.
   17   .... pero a la mamá de Juana no le gusta José.
   18. Pedro le teme a la oscuridad.
   19. Los perros asustaron al gato.
   20. Me encanta el chocolate.

IV. Verbos de un solo argumento
   21. Mañana llega José.
   22. Siempre crecen muchas flores durante el verano.
   23. Los niños saltan.
   24. Entró agua por esa grieta.
   25. Los perros duermen.

E. Clasifique las siguientes oraciones en construcciones transitivas o intransitivas.

   1. Andrés arrancó las hojas del libro.
   2. Mi gato adelgazó con la dieta.
   3. Los gansos volaban hacia el sur.
   4. La campesina alimentó el ganado.
   5. Caían copos de nieve enormes.
   6. La película entretuvo a los niños.

4.7.3 *Problemas de reflexión*

F. Señale los argumentos de los verbos en las siguientes oraciones y diga la función sintáctica que cumple cada uno. ¿Cuál es el rol temático de cada argumento? ¿Hay otros verbos que muestran el mismo patrón?

   (1) a. Julia rompió el jarrón.
       b. El viento rompió el jarrón.
       c. El jarrón se rompió.

G. Propiedades del sujeto. Una de las propiedades del sujeto, a diferencia de otros argumentos, es que nunca aparece precedido por una preposición o marca. Sin embargo, (1) es posible. ¿Cómo se explican estos casos? PISTAS: Hacer paráfrasis de las oraciones y pensar en la interpretación de los sujetos.

(1) a. Entre tú y yo lo haremos.
    b. Hasta mi padre compró uno de esos teléfonos caros.

H. Papeles temáticos y predicados sicológicos. Las siguientes oraciones muestran un patrón interesante, aunque se trata del mismo verbo, el orden de palabras es distinto. ¿De qué depende la variación? PISTA: ¿cuál es el rol temático de cada argumento en cada caso?

1. El payaso asusta a los niños.
2. A los niños los asustan los truenos.

I. *Haber.* La característica general de las oraciones impersonales, entre ellas las presentacionales con *haber,* es que carecen de sujeto y el verbo aparece en tercera persona singular. Sin embargo, es bastante frecuente encontrar ejemplos como 2. Considerando lo aprendido en este capítulo, ¿qué se puede decir de estos casos?

1. Había muchos libros en la mesa.
2. Habían muchos libros en la mesa.

J. *Llover.* Los verbos meteorológicos normalmente aparecen en construcciones impersonales, en 3.ª Sg, (1). Sin embargo, también pueden aparecer en construcciones como (2), donde la concordancia con el SN es obligatoria, cf. (2a) y (2b), y (2b) y (1b). ¿A qué se debe la diferencia entre (1) y (2)? PISTA: pensar en la interpretación del verbo y el evento en ambos casos.

(1) a. Llovió mucho durante la noche.
    b. Llovió aproximadamente 20 milímetros durante la noche.

(2) a. En el parlamento llovieron las críticas.
    b. *En el parlamento llovió las críticas.

K. Dos tipos de verbos intransitivos: *llegar* y *correr.* En algunas teorías gramaticales se ha propuesto que existen dos tipos de verbos intransitivos: los inacusativos y los inergativos. Una de las diferencias entre estas clases de verbos es el orden de palabras en contextos de foco amplio: los inacusativos aparecen generalmente con el sujeto posverbal, (VSuj), y los inergativos con el sujeto preverbal, (SujV). Para evaluar empíricamente la posible existencia de estos dos tipos de verbos, extraiga un corpus de entre 15–20 ejemplos de oraciones con sujeto expreso que incluyan estos verbos, para determinar los patrones de posición del sujeto con respecto al verbo (VSuj/SujV). Puede usar el Corpus de Referencia del Español Actual (CREA: https://www.rae.es/banco-de-datos/crea). Se deben descartar los casos en que *llegar* o *correr* aparecen como parte de una perífrasis verbal o frase idiomática, como por ejemplo: *llegó a ser, corrió una suerte,* etc. Organice sus oraciones en una base de datos como la Tabla A. Una vez hechas las clasificaciones, realice un conteo y reporte sus resultados en una tabla como la B. Diga cómo se relacionan sus datos con la hipótesis de la existencia de dos tipos de verbos intransitivos. (Hay funciones, como *Pivot Table* en *Excel,* que automatizan estos conteos.)

Tabla A Base de datos: clasificación de oraciones

CASO	EJEMPLO	FUENTE	VERBO	ORDEN
1	Fue entonces cuando llegaron las radiopatrullas	CREA (Versión anotada)	llegar	VSuj
2	Los niños corrieron hacia ella, la bolsita de churros en la mano	CREA (Versión anotada)	correr	SujV

Tabla B Número de oraciones con *llegar* y *correr* clasificadas por posición del sujeto con respecto al verbo

	Total	SujV	VSuj
llegar			
correr			

5 Delimitando la referencia. La frase nominal: elementos, estructura y función

Temas

Sintagmas nominales: estructura, función e interpretación
La concordancia nominal (género/número)
Las clases de sustantivos
Uso de los determinantes
Los adjetivos dentro del SN

Objetivos

Profundizar en la estructura y propiedades de los SNs en español
Examinar la contribución de la estructura del SN (concordancia, determinantes y referencia nominal)

Introducción

Este capítulo se centra en la estructura de las frases nominales (SNs) y su referencia. Los SNs denotan una entidad o conjunto de entidades. Por ejemplo, la referencia del SN *mi perro negro* es una entidad que podemos encontrar en el mundo. Una idea interesante explorada en las últimas décadas es que se puede analizar las oraciones y los SNs de forma paralela. Para empezar, ambos son complejos funcionales y ambos son capaces de referencia. En capítulos anteriores dijimos que la oración es un sintagma que incluye, al menos, un SN sujeto y un SV predicado, que juntos forman un conjunto funcional completo. En cuanto a su significado, las oraciones expresan una proposición que puede ser evaluada como verdadera o falsa. Por ejemplo, para determinar el valor de verdad de la proposición *Está lloviendo* (si es verdadera o falsa), anclamos el evento 'llover' en el momento dado por la forma verbal (ahora), y en un lugar X, y verificamos si tal situación es cierta o no. Teniendo en cuenta este tipo de evaluación, se ha propuesto que la referencia de una proposición es su valor de verdad: verdadero (si se corresponde con la realidad del mundo) y falso (si no se corresponde). Al igual que las oraciones, los SNs son complejos funcionales. A diferencia de las oraciones, la referencia de los SNs no es un valor de verdad sino una entidad, como vimos al inicio.

Hay dos ventajas fundamentales al proponer un tratamiento análogo de las oraciones y los SNs. La primera es la posibilidad de usar la noción de referencia. Aunque la referencia

DOI: 10.4324/9781003415879-6

de los SNs y las oraciones es diferente, en ambos casos establecemos una correspondencia o evaluación con respecto al mundo. La segunda ventaja es la posibilidad de analizar sus significados composicionalmente. En el Capítulo 3 vimos que la interpretación temporal y aspectual de las oraciones depende de la combinación de todos los elementos presentes. De manera análoga, para determinar el valor de verdad de una proposición tenemos en cuenta todos los elementos presentes: la temporalidad, los complementos, el sujeto, etc. En esta unidad profundizaremos en la estructura de los SNs, los elementos que los componen y sus funciones, y veremos que el significado (i.e., la referencia del SN) también se compone a partir de los elementos presentes en la estructura. Trataremos, además, ciertas propiedades específicas de los SNs en español y veremos que existe una correlación entre sus propiedades estructurales y su interpretación. Empezamos entonces por repasar las propiedades gramaticales básicas de los SNs.

5.1   Propiedades generales de los SNs estudiadas hasta el momento

En el Capítulo 2 apuntamos que los SNs son grupos de palabras que se organizan en torno a un núcleo de tipo nominal, es decir, un sustantivo o nombre. Los ejemplos en (1) muestran tres SNs cuyos núcleos aparecen en negrita.

(1) a. $_{SN}$[el **perro**]
    b. $_{SN}$[los **libros** azules]
    c. $_{SN}$[las **estudiantes** de medicina]

Desde el punto de vista de su función en la oración, en el Capítulo 2 vimos que los SNs pueden ser sujetos, (2a), objetos directos (OD), (2b), y objetos indirectos (OI), (2c).

(2) a. $_{SN}$[El perro] ladró ayer.   SUJETO
    b. Ayer vi $_{SN}$[un perro gris].   OD
    c. Juan le dio comida $_{SN}$[a su perro]. OI

Los SNs también pueden funcionar como <u>objeto de preposición</u> cuando forman parte de una frase o sintagma preposicional (SP), (3a) y (3b). La preposición sirve para enlazar el SN con el elemento al que modifica, el verbo en el caso de los ejemplos en (3).

(3) a. Juan puso la comida $_{SP}$[en $_{SN}$[la mesa]].   OBJETO DE PREPOSICIÓN
    b. Juan compró comida $_{SP}$[para $_{SN}$[su perro]]. OBJETO DE PREPOSICIÓN

En cuanto a su estructura interna, los SNs tienen como núcleo un sustantivo o nombre (N) y pueden aparecer acompañados de determinantes, (4), o sin determinantes, (5).

(4) a. $_{SN}$[**Los** estudiantes] llegaron temprano.
    b. $_{SN}$[**Ese** niño] estudia todos los días.
    c. $_{SN}$[**Los** gatos] son mamíferos.
    d. Me encantan $_{SN}$[**los** gatos].
    e. Él odia $_{SN}$[**las** ardillas].

(5) a. Crecieron $_{SN}$[flores] en el césped.
    b. Llegaron $_{SN}$[estudiantes].

c. Julio compra ₛₙ[melocotones] en verano.

d. ₛₙ[Rosa] escribió una novela.

Los SNs pueden incluir, además, modificadores adjetivales (SAs) o sintagmas preposicionales (SPs), (6) y (7), respectivamente, y oraciones subordinadas, (8), las llamadas oraciones subordinadas adjetivas o de relativo.

(6) a. ₛₙ[la <u>gata</u> ₛₐ[gris]]

b. ₛₙ[el ₛₐ[pobre] <u>hombre</u>]

(7) a. ₛₙ[la <u>mesa</u> ₛₚ[de la computadora]]

b. ₛₙ[los <u>meses</u> ₛₚ[de verano]]

(8) a. ₛₙ[los <u>gatos</u> ₒ.[que viven en el campo]]

b. ₛₙ[la <u>tienda</u> ₒ.[que está en la esquina]]

c. ₛₙ[la <u>casa</u> ₒ.[cuyas ventanas son azules]]

Como veremos, cada uno de estos elementos aporta una contribución específica a cómo se compone la referencia dentro del SN.

5.2   La función de los elementos que componen el SN

Los SNs sirven para denotar entidades específicas o tipos (clases) de entidades. El primero de estos usos se clasifica como referencial, ya que hace referencia (o apunta) a un ente específico en el mundo. El segundo uso se considera no referencial porque no hace referencia a un ente en particular. Veamos en qué consiste esta distinción a través del ejemplo (9) que contiene dos frases nominales que ilustran estos dos usos. En (9) el SN sujeto, *Jorge*, se refiere a un individuo, mientras que el SN atributivo *doctor* no se refiere a una persona sino a una <u>clase</u> de persona.

(9) Jorge es doctor.

→ Jorge=entidad individual, individuo

→ doctor=clase de persona cuya profesión es ser médico

Los nombres propios siempre identifican directamente a un individuo (*Pedro, mi tío de Puerto Rico*). En contraste, los nombres o sustantivos comunes: *gatos, perros, niños, profesores, idiomas,* etc., se refieren a clases de individuos. Para que los sustantivos comunes hagan referencia a un ente específico y no a una clase se requiere el uso de determinantes.

Estructuralmente, la categoría sintagma nominal es la expansión de su núcleo nominal. Los SNs pueden ser sencillos o contener múltiples elementos, y cada uno de estos elementos contribuye de modo particular a la referencia. Así, un SN puede contener:

I.   Nombre o sustantivo: núcleo nominal (de categoría N). <u>Este es el único elemento que resulta obligatorio para que exista un SN</u>. El núcleo identifica el individuo directamente cuando se trata de nombres propios, o la clase a la que el individuo o ente pertenece en el caso de los sustantivos comunes.

SN= N= ₛₙ[autos]

II. Modificadores: elementos cuya función es restringir o estrechar el dominio de la referencia. Pueden ser adjetivos (pre- o posnominales), sintagmas preposicionales y oraciones subordinadas adjetivas (oraciones relativas). Las categorías de los modificadores son SP, SA y O'.

SN= N+SP; N+SA; N+O'
SN= $_{SN}$[autos $_{SP}$[de alquiler]]
$_{SN}$[autos $_{SA}$[caros]]
$_{SN}$[autos $_{O'}$[que veo pasar]]

III. Especificadores: ayudan a especificar o fijar la referencia. Los especificadores son determinantes.

SN= Det+N
SN= los autos; unos autos; tus autos; esos autos...
los autos que veo pasar; unos autos de alquiler, tus autos caros

Los tres tipos de elementos que aparecen dentro del SN cumplen diferentes funciones semánticas. El **núcleo** denota la clase de objeto al que pertenece el referente del sustantivo. Por ejemplo, el núcleo del SN *un cuadro negro, cuadro,* se refiere a una entidad que pertenece a la clase de los cuadros, i.e., objetos que tienen cuatro lados. Los **modificadores**, por su parte, delimitan a qué subconjunto de los objetos de la clase denotada por el núcleo pertenece el referente. En este caso, la denotación de "cuadros negros" es la intersección entre los objetos cuadrados y objetos negros. La Figura 5.1 representa gráficamente estos dos conjuntos. Nótese que a la izquierda tenemos el conjunto de los objetos que son cuadros y a la derecha el conjunto de los objetos que son de color negro. La intersección de los dos corresponde a los elementos que son cuadros negros.

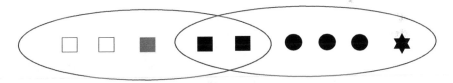

Figura 5.1 Ejemplo de un conjunto de referencia: la denotación de cuadros negros.

Finalmente, los determinantes (artículos/posesivos/demostrativos/cuantificadores) funcionan como **especificadores** y sirven, como su nombre indica, para especificar o anclar el referente dentro del contexto del discurso. En otras palabras, indican las entidades, cuáles y cuántas, a las que el hablante hace referencia. Nótese cómo varía la referencia de acuerdo al uso del determinante.

(10) a. Veo cuadros negros.   → referente no especificado
b. Veo dos cuadros negros. → referente especificado

Consideremos ahora las siguientes opciones y veamos cómo varía la referencia en dependencia del determinante y de los modificadores.

A. Identifique cuadros
B. Identifique dos cuadros negros
C. Identifique el cuadro negro que está al lado del gris

Aunque los SNs pueden estar compuestos por varios elementos, hay elementos que por sí solos constituyen un SN. Unos de estos elementos son los **nombres propios**. Los nombres propios, a diferencia de los comunes, hacen referencia a un individuo en particular y no a una clase de individuos. Se dice que los nombres propios tienen referencia rígida porque identifican directamente al referente. En la oración *Lily es mi perra,* el nombre *Lily* identifica a mi perra. Si los SNs sirven para denotar entidades y los nombres propios hacen referencia directa a individuos u otros entes, entonces podemos concluir que los nombres propios son SNs en sí mismos.

Los **pronombres** también funcionan como un SN completo. A diferencia de los nombres propios que tienen su referente en el mundo, los pronombres lo tienen en el discurso. En otras palabras, los pronombres se anclan directamente dentro del discurso en relación con las personas participantes en el acto de habla (1.ª=hablante, 2.ª=oyente, 3.ª=la persona que no es ni hablante ni oyente). Nótese que, al igual que los nombres propios, los pronombres no necesitan modificadores ni especificadores.

(11) a. **Yo** escribo y **tú** lees.
       b. Él está limpiando el desorden que hizo Lily.

Los sustantivos comunes, por su parte, denotan clases de objetos o conjuntos, y para obtener referencia necesitan un especificador (algún tipo de determinante). Dependiendo del contexto, el hablante decide si hace falta incluir modificadores. Si volvemos al diagrama de la Figura 5.1, podemos simplemente decir "la estrellita" sin mencionar el color, ya que hay una sola estrellita. Sin embargo, decir "el círculo" no es suficientemente informativo como para que podamos identificar un círculo específico, ya que hay tres elementos que corresponden a esta denotación.

Los SNs, entonces, pueden tener las siguientes formas o estructura de constituyentes:

N	*Pedro, nosotros*
Det+N	*esas autopistas, tu perro, una araña*
Det+N+SP	*la hora de llegada, la pregunta de sus ojos*
Det+SA+N	*un tremendo problema*
Det+N+SA	*la televisión popular*
Det+N+Oración	*la promesa que yo no pude cumplir*
	un pasajero que se puso a fumar
	los autos que veo pasar rápidamente

También pueden darse múltiples combinaciones dentro de un mismo sintagma:

la casa   grande   de madera   que compraron los parientes
$_{SN}$[la casa $_{SA}$[grande] $_{SP}$[de madera] $_{O'}$[que compraron los parientes]]

Antes de finalizar esta sección recordemos dos propiedades importantes de los SNs que mencionamos en el Capítulo 2. Primero, en español el núcleo nominal no siempre tiene que aparecer explícitamente: es posible elidirlo u omitirlo. Este tipo de construcción solo es lícita en contextos que permiten recuperar la identidad del núcleo. El proceso de recuperación es posible ya que, como vimos, los casos de elisión siempre incluyen un determinante (con los mismos rasgos de género y número del núcleo) y un modificador (SP, SA o O'). Esta construcción se denomina: elisión del núcleo nominal, y aparece ejemplificada en (12).

(12) a. Dejó la mochila amarilla y se llevó la__azul.
       b. No compres el yogur de vainilla, sino el__de fruta.
       c. No trae las cosas que necesita, sino las__que quiere.

Segundo, sintácticamente, los posesivos y los demostrativos pueden funcionar como determinantes, como adjetivos y como pronombres, (13), (14) y (15), respectivamente.

(13) **mi** casa/ **esta** casa   compare con *la casa*

(14) la jefa **mía**/ la sombrilla **esa**   compare con *un país lejano, el cuadro famoso*

(15) **Esa** es azul.   compare con *Ella es alta.*

Resumen de las funciones semánticas de los elementos del SN

El núcleo nominal define la categoría semántica del referente: *vasos, perros, libro.*

Los modificadores ayudan a proporcionar material descriptivo para identificar el referente: *vasos azules, perros que ladran mucho, libro de gramática.*

Los determinantes asisten en la identificación del referente (nos dicen si es conocido/nuevo, específico o no, etc.): *unos/esos/mis/los vasos azules, los/unos/algunos perros que ladran mucho; mi/tu/el/nuestro/algún libro de gramática.*

5.3   La concordancia dentro del SN

En español, en todo SN, las categorías gramaticales de determinante y adjetivo poseen las mismas características de género y número del sustantivo al que especifican y modifican, respectivamente. El mecanismo mediante el cual los rasgos de género y número del sustantivo se transmiten a estas categorías asociadas se denomina **concordancia**. Obsérvese en (16) cómo varían las categorías asociadas a los sustantivos *amigas, amigo, amiga* en base a los rasgos de género y número de estos.

(16) a. las muchas otras amigas chilenas
      b. el único amigo peruano
      c. la única amiga peruana

En algunos casos, sin embargo, no todas las categorías asociadas tienen la posibilidad de mostrar un cambio con respecto a la propiedad de género. Nótese que en (17a-b), mientras el determinante varía, el adjetivo se mantiene invariable. En (17c), ni el determinante ni el adjetivo varían, aunque aparecen con sustantivos de género distinto. La propiedad de número, en cambio, sí aparece expresada. Obsérvese que todos los elementos tienen número singular en (17a) y (17c), y plural en (17b). Obsérvese, además, que todas las frases son gramaticalmente correctas. Estos datos indican que el proceso de concordancia se estableció, solo que algunas categorías no tienen la posibilidad de mostrar cambios en el caso del género.

(17) a. **un** árbol verde/**una** flor verde
      b. **unas** estudiantes inteligentes/**unos** estudiantes inteligentes
      c. mi tren$_{MASC}$ azul/mi nube$_{FEM}$ azul

Aunque las propiedades de género y número usadas en la concordancia nominal están asociadas al sustantivo, su fuente de origen no es la misma. De manera general podemos decir que el número es una propiedad del referente del sustantivo, i.e., la entidad a la cual el sustantivo denota. El género, en cambio, puede provenir de dos fuentes distintas.

En el caso de los sustantivos animados/humanos (*mujer/hombre, gato/gata*), el género se comporta como el número: toma su valor del referente del sustantivo. En el caso de los sustantivos inanimados (*mesa, libro, lápiz, nube* o *tren*), el género es simplemente una propiedad de la palabra (i.e., no refleja ninguna propiedad del referente).

Para pensar

Un error frecuente de los hablantes de español que aprenden inglés como segunda lengua es decir *her sister* en un contexto que corresponde a "la hermana de él". ¿Qué se puede concluir de este error? ¿Qué están haciendo los hablantes en este caso?

5.3.1 Género

El término género proviene del latín *generus* y significa 'clase o grupo' y, por extensión, a veces se equipara a 'sexo'. Como adelantamos, en muchos de los sustantivos que se refieren a personas o animales (sustantivos animados) puede establecerse una correspondencia entre el valor del 'sexo' del referente y el género gramatical de la palabra. Este es el único caso donde el género gramatical tiene valor semántico, es decir, lo interpretamos como una propiedad de la entidad a la que el sustantivo denota.

(18) Alternancia de género en sustantivos animados
      el niño-la niña
      el gato-la gata
      el presidente-la presidenta
      el estudiante-la estudiante
      el lingüista-la lingüista

En el caso de los sustantivos inanimados, en cambio, el género gramatical no tiene ningún significado (no hay motivación semántica): es simplemente una propiedad de la palabra. En ambos casos (o sea, tanto para los sustantivos animados como para los inanimados) la propiedad de género es relevante a la hora de establecer la concordancia dentro del SN.

Aunque los gramáticos y lingüistas coinciden en que el género es una propiedad de todos los sustantivos en español, no todos están de acuerdo en cuanto al estatus de la -*o* y la -*a* que aparecen en muchos sustantivos. De manera general, los sustantivos, en español, se pueden agrupar en tres grandes grupos teniendo en cuenta su cantidad y productividad dentro del lexicón, y dos dimensiones: su forma (i.e., su terminación) y la propiedad de género (Harris 1991). La Tabla 5.1, basada/adaptada de Harris (1991), resume estos grupos y sus propiedades.

Basados en las propiedades del grupo central, algunos lingüistas proponen que la -*o* y la -*a* son morfemas de género. Otros lingüistas, teniendo en cuenta todos los grupos, arguyen que como existen sustantivos que también terminan en -*o*/-*a* y cuyo género no se corresponde con estas vocales (el grupo residuo), la -*o* y la -*a* no se pueden considerar morfemas, ya que no asocian una misma forma y un mismo sentido. Para estos últimos, la -*o* y la -*a* son vocales temáticas, similares a las vocales que aparecen en los verbos. De cualquier manera, e independientemente de la postura que se adopte en cuanto al carácter de la -*o* y la -*a*, algo está claro: la propiedad de género de los sustantivos en español

Tabla 5.1 Tipos de sustantivos de acuerdo a su forma (terminación) y género en español

	GRUPO CENTRAL	*GRUPO ADYACENTE*	*RESIDUO*
PROPIEDADES	Terminan en *-o* o *-a*; su género es masculino y femenino, respectivamente	Terminan en **consonante** o en *-e*; pueden ser tanto masculinos como femeninos	Terminan en *-i* y *-u* Terminan en *-o* o *-a*, <u>pero estas vocales no se corresponden con el género del sustantivo.</u> (Este grupo es el menos numeroso y productivo.)
EJEMPLOS	De un solo género: (la) *azada*, (el) *pacto*, (la) *referencia*, (la) *lámpara*, (el) *buró...* De género que alterna: (el) *gato*/ (la) *gata*, (el) *manzano*/ (la) *manzana*, (el) *cesto*/ (la) *cesta*	(el) *árbol*, (la) *pared*, (la) *ilustración*, (la) *sed*, (el/la) *caminante*, (el) *elefante*, (el) *padre*, (la) *madre...* En algunos casos, el femenino se forma añadiendo *-a*: (el) *trabajador*/ (la) *trabajadora*, (el) *león*/ (la) *leona*, *(el) presidente/(la) presidenta...*	*la tribu* *la mano*, *el tema*, *el problema*, *el mapa*, *el policía...*

no se pude reducir a la presencia de estas dos vocales, ya que existen sustantivos que no las incluyen y también tienen género.

Terminamos esta sección con dos casos de interés desde el punto de vista de la relación entre el género gramatical y el sexo del referente. Aunque hemos dicho que el género gramatical de los sustantivos animados expresa el sexo del referente, este no siempre es el caso. Existen los llamados <u>sustantivos epicenos</u> cuyo género es invariable. Estos sustantivos se aplican a cualquier miembro de la especie independientemente de su sexo.[1] En algunos casos, los hablantes usan medios léxicos para indicar el sexo del referente, (19). Esto es similar a lo que hace el inglés con ciertas palabras compuestas: *cow-boy/cow-girl, spider-man/spider-woman*.

(19)   una cabra hembra y otra macho

Otro caso interesante son los sustantivos colectivos que pueden tener un homónimo animado. En (20) *la policía* es una expresión ambigua: en sentido específico se refiere a una mujer, en el sentido colectivo se refiere al 'grupo de los miembros de la institución'. Obsérvese que, en este segundo caso, aunque el policía estereotípico sea hombre, la expresión en sentido colectivo es gramaticalmente femenina.

(20)   Vamos a llamar a la policía.

En resumen, el género gramatical es una propiedad de todo sustantivo en español. Aunque en muchos casos podemos encontrar una correspondencia entre el género gramatical de los sustantivos animados y el sexo del referente, el género gramatical no es

---

1 Alarcos Llorach (1994) señala un ejemplo interesante: *el caracol* es masculino en español, aunque muchos gasterópodos son hermafroditas.

Las alternancias de género en español pueden indicar:

- Un contraste semántico en entes animados: gato/gata
- Una relación derivacional: cerezo/cereza, manzano/manzana
- Dobletes (palabras del mismo origen latino con cierta relación semántica): marca/marco
- Palabras que no tienen ninguna relación: casa/caso, plata/plato

El masculino es el género no marcado en español

Esto se manifiesta, entre otros contextos, en la concordancia de SNs coordinados de género distinto que incluyen un modificador que se refiere a los dos SNs.

Cuando hay dos o más sustantivos coordinados y uno de ellos es masculino la frase completa es masculina:

i) Los niños$_{MASC}$ y las niñas$_{FEM}$ son estudiosos$_{MASC}$.

ii) Los libros$_{MASC}$ y libretas$_{FEM}$ rojos$_{MASC}$ son más caros.

Recientemente, se han presentados diversas propuestas de expresión de formas no tradicionales del género para señalar identidades no binarias, tales como introducir una tercera marca de género (elles) o usar una ortografía neutra (latin@s). En este momento no queda claro el estatus de estas propuestas dentro del sistema de la gramática, por ejemplo, si han adquirido categoría de cronolectos, ni qué características gramaticales manifiestan. Sí resulta claro que los argumentos, tanto a favor como en contra de estas formas, son de orientación normativa.

semánticamente transparente, ya que los sustantivos inanimados también tienen género gramatical, aunque no tienen sexo. Es más acertado entonces categorizar el género gramatical como un mecanismo <u>clasificador</u> de palabras que contribuye a la organización de las categorías nominales mediante el mecanismo de concordancia.

5.3.2 *Número*

Como señalamos anteriormente, el número es una propiedad de la entidad referida y no de la palabra. De manera general decimos que el singular se refiere a una unidad de los objetos de una clase y el plural denota una multiplicidad de objetos de una clase. En los análisis que asumen que cada miembro de un paradigma morfológico tiene un morfema correspondiente, el singular se representa por el <u>morfema cero</u> (ø). (Véase la explicación del Capítulo 3.) En otras palabras, en español, el singular se representa por la ausencia de marcación. Las segmentaciones en (21) muestran dicha representación.

(21) a. gata= √gat   + a   + ø
               RAÍZ   ¿MORF. GÉNERO?/   MORF. NÚMERO SINGULAR
                             ¿VOCAL TEMÁTICA?

       b. gatas= √gat   + a   + s
               RAÍZ   ¿MORF. GÉNERO?/   MORF. NÚMERO PLURAL
                             ¿VOCAL TEMÁTICA?

> Forma cero: representa un contraste del paradigma sin producir cambio morfológico en la palabra.

Según este análisis se considera que hay tres formas o <u>alomorfos</u> del plural en español: *-s, -es y -ø*, (22).

(22) a. conde+**s**
      b. flor+**es**
      c. lunes+**ø**

Para finalizar queremos mencionar que en español existen sustantivos que tienen una forma única en cuanto al número; es decir, solo aparecen en singular o en plural. El primer grupo se conoce como *singularia tantum*, y algunos ejemplos son *la sed, el caos y la salud*. El segundo grupo se conoce como *pluralia tantum*, e incluye ejemplos como *los comestibles, las nupcias, los honorarios*, etc. En estos dos casos el número parece funcionar de manera similar al género de los sustantivos inanimados: es una propiedad inherente de la palabra. Otro dato interesante es que existen sustantivos, tales como *la muralla-las murallas o el intestino-los intestinos*, que aparecen indistintamente en plural o singular sin que cambie el referente.

5.4   Clases de sustantivos

En los capítulos 2 y 3 vimos que es posible clasificar los verbos teniendo en cuenta propiedades generales de su significado. Vimos, además, que dicha clasificación está emparejada con determinadas interpretaciones semánticas de los argumentos que toman los verbos, ciertas interpretaciones aspectuales de los predicados, compatibilidad con ciertos elementos sintácticos, etc. En esta sección veremos que se puede hacer algo análogo en el caso de los sustantivos.

Teniendo en cuenta la referencia de los sustantivos, podemos clasificarlos en **propios** y **comunes**. Los **sustantivos o nombres propios**, como su nombre indica, corresponden a un individuo, entidad, o lugar, únicos y específicos. Los **sustantivos comunes** son aquellos que, aunque también nombran individuos, entidades, lugares, objetos, etc., no se refieren a uno en particular, sino a la clase o grupo que tiene esas características.

> **Sustantivos propios:** *Isabel, Puebla, Toronto, Caribe, Finlandia, Juan, Luisa, Federación de Futbol, Canadá, Unión Europea…*

> **Sustantivos comunes:** *niña, ciudad, país, manzana, árbol, hombre, verbo, sustantivo, gato, perro, gramática, libro, libertad, ansia, discriminación…*

Los sustantivos **comunes** pueden dividirse, a su vez, en dos categorías: **concretos** y **abstractos**. Los **concretos** denotan objetos del mundo físico, mientras que los **abstractos** denotan conceptos.

> **Sustantivos concretos:** *arena, poema, libro, arroz, vino, puerta, vaso, agua, mar, cielo, sol, planetas…*

> **Sustantivos abstractos:** *verdad, libertad, odio, paz, envidia, razón, pensamiento, opresión, sentimiento…*

Los **sustantivos concretos,** por su parte, son de dos tipos: **animados** o **inanimados.** Los **animados** se refieren a seres vivos, mientras que los **inanimados** se refieren a objetos inertes. Este contraste de animacidad tiene gran importancia gramatical. Por ejemplo, es una de las propiedades que determina la aparición de la llamada *a*-**personal** en los objetos directos, como veremos en el Capítulo 6.

> **Sustantivos animados:** *hombre, niño, mujer, gato, perro, libre, avispa, pez, ballena, delfín...*

> **Sustantivos inanimados:** *piedra, pared, libreta, libro, puerta, vaso, mesa, tienda, apartamento...*

Por último, los sustantivos animados pueden ser **humanos** o **no humanos.** La Figura 5.2 muestra la clasificación completa.

> **Sustantivos animados humanos:** *mujer, hombre, niño, bebé, abuela, profesor, directora, presidenta, jefe, soldado, cocinero...*

> **Sustantivos animados no humanos:** *gato, liebre, perro, pez, loro, tiburón, halcón, serpiente, mapache...*

Los nombres propios no aparecen subclasificados, pero, como dijimos, pueden referirse tanto a humanos como a animales y a entes inanimados (países, instituciones, continentes, etc.), i.e., podemos aplicarles la misma subdivisión semántica que a los concretos.

Figura 5.2 Clasificación de los sustantivos de acuerdo a algunas de sus propiedades semánticas generales.

También se pueden hacer otras caracterizaciones de los sustantivos teniendo en cuenta otras propiedades. Por ejemplo, hay sustantivos concretos que denotan **entidades** (cosas) como *gato, museo, automóvil, edificio, parque, niño,* etc., y otros que denotan **eventos** (o sucesos) como *cita, manifestación, concierto, llamada, etc.* Esta diferenciación está detrás de la compatibilidad de cada grupo con ciertos elementos gramaticales. Por ejemplo, los sustantivos que denotan eventos pueden aparecer con modificadores que indiquen algún tipo de temporalidad (ya sea duración, inicio o fin), pueden ser complementos de frases que también indiquen temporalidad y pueden ser sujetos de verbos aspectuales como *comenzar, terminar,* finalizar, etc., (23). En cambio, los sustantivos que denotan objetos no tienen esta posibilidad, (24). En el Capítulo 10 veremos que esta división también influye en la selección de la cópula en español.

(23) a. Durante el concierto mi hermana me llamó.
      b. Al inicio de la huelga, todos los participantes estaban entusiasmados.
      c. La clase/la construcción/el partido comenzó a las 3 en punto.

(24) a. *Durante el museo vimos varios cuadros interesantes. (cf. durante la visita al museo)
      b. *Todos están esperando al inicio del estadio.
      c. *El edificio comenzó a las 3 en punto. (cf. la construcción del edificio)

La última clasificación a la que nos vamos a referir es de particular importancia. Es un poco más sutil y se refiere a las propiedades intrínsecas del objeto denotado en tanto a su individualización o medición. Específicamente, interesa saber si el objeto denotado es cuantizable o contable y discreto o indiferenciable. Por ejemplo, podemos contar individualmente ciertas entidades como *un gato, tres libros, pocas soluciones, cinco idiomas*, mientras que otras se refieren a un objeto homogéneo (de masa/no cuantizable/no contable) como *el azúcar, la arena, el vino, el queso*, etc. Esta distinción entre contable y no contable separa las entidades atómicas y diferenciables, aquellas que podemos numerar individualmente, de aquellas que son entidades no diferenciadas o sustancias. Como podemos diferenciar los referentes individuales, los sustantivos contables son compatibles con los adjetivos numerales y el plural se interpreta como una multiplicidad de elementos de la misma clase. Los sustantivos de masa o no contables, generalmente, son incompatibles con los adjetivos numerales y sus plurales muestran una interpretación distintiva. Por ejemplo, una interpretación de los plurales de sustantivos no contables es que se refieren a diferentes tipos o subtipos. En el caso de *azúcares* podría ser azúcar blanco, azúcar moreno, azúcar de caña, azúcar de remolacha, azúcar de coco, etc. Aunque algunos sustantivos no contables pueden aparecer con numerales o plurales, por ejemplo: *Ponme un vino/un ron/unos vinos/unos rones*, su significado es también especial. Como señalan muchos autores, estos casos se refieren a unidades de medida, por ejemplo: una(s) botella(s) o copa(s) de vino y un(os) vaso(s) o un(os) trago(s) de ron.

Antes de cerrar esta sección queremos señalar dos cuestiones interesantes con respecto a la clasificación de sustantivos en contables y no contables. La primera es que, si bien en muchos casos existe una correspondencia entre objeto y clasificación, también encontramos casos en que hay sustantivos que son contables en un idioma, pero no en otro. En español, por ejemplo, la palabra *mueble* es contable: *un mueble, dos muebles*, etc., mientras en inglés *furniture* denota el colectivo no diferenciado, y para individualizar alguno de los elementos hay que usar un sustantivo clasificador, *that piece of furniture*. La segunda cuestión es que en un mismo idioma podemos encontrar sustantivos cuyo significado es muy cercano, pero que se diferencian en cuanto a sus propiedades de individualización. Por ejemplo, los sustantivos *cambio* y *monedas* aluden al mismo referente en español; sin embargo, uno es contable, (25), y el otro no lo es, (26). Todo esto sugiere que existe una cierta dimensión de arbitrariedad léxica en el comportamiento gramatical de los sustantivos.

(25) Tengo dos monedas/muchas monedas.

(26) a. *Tengo dos cambios/muchos cambios.
      b. Tengo un poco de cambio/mucho cambio.

5.5 El uso y la distribución de los determinantes en español

El uso y distribución de los determinantes es un tema muy interesante dentro de la gramática del español. Al inicio dijimos que la función de los determinantes es fijar la referencia dentro del SN. Como los sustantivos o nombres comunes denotan clases o tipos de individuos, ellos por sí mismos no pueden referir a un individuo en particular, por lo tanto, necesitan determinantes para fijar su referencia. De alguna manera podemos pensar en los determinantes como flechas que apuntan al ente al que el hablante quiere referirse. Entonces podemos decir que parte importante del proceso de selección de los determinantes depende de la intención del hablante. Sin embargo, hay otros aspectos generales que influyen en la selección de determinantes: a) el inventario de determinantes existentes en la lengua, b) el tipo o clase a la que pertenecen los sustantivos (contable vs. no contable), c) la función sintáctica que desempeña (sujeto u objeto), d) la posición que ocupa (preverbal o posverbal), y e) el tipo aspectual del verbo (dinámico vs. estativo). A continuación, examinaremos estos factores en detalle.

En el uso canónico del contraste definido/indefinido, la distribución depende del contexto del discurso. El determinante indefinido se usa para primera mención de un referente, la primera vez que se habla de algo, mientras que el definido se usa para menciones subsiguientes dentro de la misma oración, (27), o del discurso, (28).

(27) Dejó caer **una** silla y **la** silla, por supuesto, se rompió.

(28) Luisa se acercó a **un** hombre que era parte de un grupo y le preguntó cómo llegar a la estación del metro. **El** hombre le dijo que doblara a la derecha, que la estación estaba al final. Después de caminar un minuto, Luisa se dio cuenta de que **el** hombre la seguía.

Nótese cómo varía la interpretación de la última oración de (28) si sustituimos el determinante definido *el* por el indefinido *un* ¿Cuál es el referente del SN si en lugar del definido, el párrafo en (28) terminara como en (29)?

(29) (…) Después de caminar un minuto, Luisa se dio cuenta de que **un** hombre la seguía.

Cuando un SN aparece acompañado de un determinante se interpreta como referencial, ya que hace referencia a una entidad en el mundo. Luego veremos que hace falta acotar esta afirmación. Además de SNs con determinantes, en español también es posible encontrar SNs sin determinantes, (30).

(30) a. Tengo clase a esa hora.
     b. Compré tomates.
     c. Tiene hijos.

En estos casos, la ausencia de determinante no permite fijar una referencia y, por lo tanto, la interpretación que recibe el SN es simplemente de existencia. La interpretación existencial es una las interpretaciones que los SNs no referenciales pueden tener, pero no la única. Seguidamente examinaremos en detalle las propiedades de los SNs no referenciales y sus interpretaciones.

5.5.1 *SNs con usos no referenciales*[2]

Una cuestión muy interesante de variación lingüística es cómo se expresan gramaticalmente los usos no referenciales de los SNs en las lenguas. Hemos reiterado que para hacer referencia a un ente o individuo específico con un sustantivo común es necesario utilizar algún determinante que fije la referencia. Como dijimos, los sustantivos comunes expresan clases o tipos de individuos, por lo tanto, requieren algún elemento que especifique quién o qué para que adquieran un valor referencial. Sin embargo, hay contextos en los que no hacemos referencia a un ente específico sino a una clase o un tipo. Por ejemplo, cuando no necesitamos, no queremos o no es relevante especificar, como en (30) y (31) (sin determinante), o cuando queremos hacer generalizaciones como en (32) (con artículos definidos).

(31) a. Siempre compro <u>tomates</u>.
      b. Siempre veo <u>ardillas</u> cuando paso por ahí.
      c. Julio lee <u>periódicos</u> por la tarde.

(32) a. <u>Las plantas</u> producen clorofila.
      b. <u>Los gatos</u> son felinos.
      c. Me gustan <u>los gatos</u>.
      d. Los perros odian <u>los fuegos artificiales</u>.
      e. <u>La sal</u> es necesaria para la salud.

Los SNs subrayados en (31–32) tienen en común que no hacen referencia a un ente específico; sin embargo, hay diferencias tanto en su forma como en su sentido. En cuanto a la interpretación, podemos dividirlos en dos grupos: aquellos cuya interpretación es existencial—algunos individuos/objetos no específicos de una clase—(31), y aquellos cuya interpretación es genérica—todos los individuos de una clase, la clase completa—(32).

En casos como (32) la interpretación es general, incluye todos los individuos de una clase. La forma por defecto para referirnos a una clase completa es usar el plural en el caso de los sustantivos contables y el singular en el caso de los no contables, ya que el plural, como vimos, adquiere otra interpretación. Es común en los contextos genéricos que el verbo aparezca en presente (generalizaciones absolutas), aunque puede aparecer en imperfecto (generalizaciones pasadas, como *Los brontosaurios eran herbívoros*).

Los ejemplos en (31), por su parte, afirman la existencia de individuos (indeterminados, no específicos) de una clase. Aunque no nos estamos refiriendo a *tomates, ardillas* o *periódicos* específicos, tampoco nos estamos refiriendo a la clase completa, como en el caso de los genéricos. Una forma de notar la diferencia entre las interpretaciones de los dos grupos para el caso de los sustantivos contables es combinarlos con *todos y unos/ algunos*. Así podemos decir que *Todas las plantas producen clorofila, Todos los gatos son felinos* y *Me gustan todos los gatos* tienen un significado similar al de las proposiciones genéricas de (32). Los ejemplos en (31), en cambio, son incompatibles con *todos*, ya que este hace que varíe el significado. En este caso podemos añadir *unos* o *algunos* y

---

2 La discusión sobre las interpretaciones genéricas y existenciales de los SNs y sus propiedades sintácticas está basada en las estructuras sintácticas de los diferentes tipos de verbos en español desarrollada en Álvarez-López (2019), Capítulo 6. Seres y Espinal (2018) abordan el tema de los ODs de los verbos sicológicos de sujeto experimentante desde el punto de vista de la semántica.

obtenemos una interpretación comparable: *Siempre compro algunos tomates, Siempre veo unas/algunas ardillas, Juan siempre lee algunos periódicos por las tardes.*

Las propiedades sintácticas de los SNs de los dos grupos también difieren. Nótese que en los casos con interpretación existencial el SN aparece sin determinante, mientras que los de interpretación genérica siempre requieren un determinante en español. Obsérvese, además, que las interpretaciones existenciales parecerían estar limitadas a elementos que aparecen en posición posverbal. Si añadimos un determinante definido en estos casos, el SN se interpreta como específico. Las interpretaciones genéricas, por su parte, aunque suelen ser más frecuentes referidas a sujetos en posición inicial, como en (32 a, b, e y f), también pueden estar asociadas a SNs posverbales, tanto sujetos, (32c), como OD, (32d). Por último, la interpretación existencial no se afecta con el cambio de tiempo: *Ayer compré tomates/vi ardillas/leyó periódicos,* a diferencia de la interpretación genérica.

En español, el que los SNs con interpretación genérica aparezcan con un determinante definido no depende de la posición que ocupe el SN en la oración ni de la función que el mismo desempeñe. Tanto los sujetos preverbales como los posverbales y los ODs en (33) necesitan determinación en contextos genéricos. La necesidad de oxígeno se aplica a los humanos como clase, y el amor de los perros o su odio se aplica a la categoría de huesos y fuegos artificiales, como clases. Podemos, sin embargo, hacer una caracterización más específica de los patrones ilustrados en (33) teniendo en cuenta el tipo de situación que denota el verbo. Por ahora note que los ejemplos b, c, d y e incluyen verbos que denotan estados.

(33) a. <u>Los seres</u> humanos necesitan oxígeno.   SUJETO PREVERBAL
      b. A los perros les gustan <u>los huesos</u>.   SUJETO POSVERBAL
      c. Los perros odian <u>los fuegos artificiales</u>.   OD
      d. <u>Los gatos</u> adoran <u>el pescado</u>.   SUJETO PREVERBAL Y OD
      e. A los niños los asustan <u>los truenos</u>.   SUJETO POSVERBAL
      e'. <u>Los truenos</u> asustan a los niños.   SUJETO PREVERBAL

Los SNs sin determinante con interpretación existencial solo son posibles en posición posverbal. Estos casos podemos resumirlos en dos tipos de construcciones sintácticas: los ODs de los verbos transitivos que no denotan estados, (34a-c), y los sujetos posverbales de los verbos intransitivos de tipo inacusativo, (34d-f), que tampoco denotan estados. Aquí vemos por qué es relevante la clase a la que pertenece el verbo. Los ODs de los verbos que denotan estados como (33c) y (33d) reciben una interpretación genérica, mientras que los ODs de los verbos que denotan eventos reciben una interpretación existencial, (34a-c).

(34) a. Compro <u>tomates</u>.   OD
      b. Siempre veo <u>palomas.</u>   OD
      c. Los lunes siempre como <u>tortilla</u>.   OD
      d. Aquí siempre salen <u>flores</u>.   SUJETO POSVERBAL VERBO INACUSATIVO
      e. Llegan <u>estudiantes</u> todos los días.   SUJETO POSVERBAL VERBO INACUSATIVO
      f. De esta fuente brota <u>agua</u>.   SUJETO POSVERBAL VERBO INACUSATIVO

Por último, obsérvese que si intentamos modificar el orden de palabras de los ejemplos en (34), el uso del SN sin determinante en posición preverbal hace que la oración sea agramatical, (35). O sea, la opción sin determinante solo es posible si el SN se mantiene en posición posverbal.

(35) a. *Tomates compro.
     b. *Palomas siempre veo.
     b. *Estudiantes llegan todos los días.
     c. *Agua brota de esta fuente.

Teniendo en cuenta los datos examinados podemos concluir:

I. Los SNs con interpretación genérica requieren un determinante en español, independientemente de la posición o la función sintáctica que cumplan en la oración. En estos contextos siempre se usa el plural cuando el sustantivo es contable, mientras que si es de masa se usa el singular. Aunque la interpretación genérica aparece con más frecuencia asociada a los sujetos, los ODs de los verbos que denotan estados y el sujeto de los verbos del tipo *gustar* también reciben interpretación genérica.

II. Los SNs que aparecen en posición posverbal y sin determinante siempre reciben una interpretación existencial. Estos casos están restringidos a verbos que denotan eventos. Estos SNs nunca pueden aparecer en posición preverbal.

La construcción que ejemplifica la interpretación existencial por excelencia es la llamada <u>construcción existencial</u> con el verbo *haber,* (36). Esta construcción, como su nombre indica, se usa para afirmar o negar la existencia de un elemento, por lo tanto, el SN que aparece en ella siempre recibe una interpretación existencial (de existencia).

(36) Hay lápices en la mesa.

Esta construcción tiene propiedades muy interesantes. En primer lugar, el SN cuya existencia afirmamos o negamos nunca puede aparecer con un determinante definido, (37a). Nótese que los demostrativos, como tienen interpretación definida o anafórica, tampoco son posibles, (37b). Los indefinidos, (38a), y los numerales, (38b), en cambio, sí son posibles. Esta restricción tiene sentido si pensamos que cuando usamos la construcción existencial estamos introduciendo un nuevo referente en el discurso. (Compare (37) y (38) con *Los lápices están en la mesa.*) Como vimos en los ejemplos (27) y (28), no es posible hablar por primera vez de algo/alguien y utilizar un determinante definido.

(37) a. *Hay los lápices en la mesa.
     b. *Hay estos lápices en la mesa.

(38) a. Hay unos lápices en la mesa.
     b. Hay cinco lápices en la mesa.
     c. Hay lápices en la mesa.

Nótese, además, que los SNs que aparecen en las construcciones existenciales se comportan sintácticamente de manera análoga a los ODs que reciben interpretación existencial. Cuando se trata de un sustantivo contable, el sustantivo aparece en plural y sin determinante, (38c). Si es de masa, se usa la forma singular sin determinante, (39).

(39) Hay sal en la mesa.

Este es el mismo patrón de (40), donde los ODs de verbos que denotan eventos reciben una interpretación existencial.

(40) a. Teresa compra/compró tomates/libros/lápices...
      b. Siempre compro sal/aceite/vino/queso...

Antes de cerrar el tema queremos hacer hincapié en tres aspectos de los SNs con interpretación genérica. El primero es que en contextos cuya interpretación es genérica los SNs en español requieren un determinante. Aunque los contextos vistos incluyen determinantes definidos, la interpretación no es referencial. La necesidad de incluir un determinante en construcciones con interpretación genérica es una restricción del español como lengua. En general, las lenguas romances no tienen la opción de expresar significados genéricos con SNs sin determinantes, a diferencia de lenguas como el inglés. Un dato interesante es que hay lenguas romances como el francés que son aún más estrictas que el español. En francés se requiere el uso de determinante hasta en contextos existenciales.

El segundo punto es la relación que existe entre algunas construcciones sintácticas (tipos de verbos) e interpretaciones genéricas. En el Capítulo 3 vimos que existen diferentes tipos de verbos en cuanto a propiedades generales de la situación que denotan. Uno de estos grupos es el de los verbos que denotan estados, dentro de los cuales se encuentran los predicados sicológicos o de emoción como *amar, asustar* o *gustar*. Como hemos visto, la interpretación por defecto que encontramos en las construcciones que incluyen predicados sicológicos en el presente es genérica.

(41) a. A Luisa le encantan los gatos.
      b. Luisa ama los gatos.
      c. A Luisa la asustan los perros.

El último aspecto se refiere a la clasificación del sustantivo (contable/no contable) y la forma que se usa en los contextos que expresan genericidad. Como sabemos, los contextos cuya interpretación es genérica se refieren a la clase completa. En el caso de los sustantivos contables, la forma que se usa es la forma plural, ya que dicha forma incluye todas las entidades que pertenecen a la clase, (42). En el caso de los sustantivos de masa, la forma que usamos es la del singular, (43).

(42) a. Los libros/los viajes son una fuente importante de conocimiento.
      b. Me gustan los libros/los viajes/los gatos...
      c. Los gatos y los perros son mamíferos.

(43) a. El queso se hace de algún tipo de leche.
      b. Me gusta el queso/la sal...

5.5.1.1   *Otras formas de expresar la genericidad en español*

Además de las construcciones de tipo genérico vistas anteriormente, en español también es posible expresar la genericidad mediante una caracterización estándar o habitual de un individuo. Esta opción tiene bastantes restricciones, sin embargo. Primero, solo funciona para los sustantivos que son contables, (44), y SNs singulares. Obsérvese que, a diferencia de los casos vistos anteriormente que utilizan el determinante definido, en este caso se puede usar tanto un determinante definido, como uno indefinido.

(44) a. <u>Un gato</u> es un felino.
      b. <u>La naranja</u> es un cítrico.
      c. <u>Un político</u> siempre miente.

Los SNs sin determinante aparecen con frecuencia en registros periodísticos (titulares de prensa)

"Taxistas advierten que sus protestas podrían durar 2 días; piden disculpas". *El universal*, México, 7/10/2019.

"Investigadores reconstruyeron 3.000 años de historia de tormentas en el atolón Jaluit en el sur de las Islas Marshall, lugar de nacimiento de ciclones en el Pacífico Norte occidental". *Listín Diario*, República Dominicana, 16/11/2020.

La segunda restricción importante es que solo se puede obtener una interpretación genérica de un SN singular (indefinido o definido) si aparece en posición de sujeto preverbal, como en (44) y (45). Si el SN es un OD, la interpretación genérica no se obtiene, (46), incluso cuando incluimos como sujeto cuantificadores como *todos* que pueden interpretarse como la gente en general. Esto quiere decir que la función sintáctica y la posición que ocupa el elemento son indispensables para obtener una interpretación genérica en estos casos. Como en el caso de las construcciones genéricas de la sección anterior, para expresar genericidad siempre usamos el presente.

(45) Un poema debe rimar para ser bueno. (✓genérico)

(46) a. Todos leen un poema. (*genérico; solo significa un poema específico)
      b. Todos leen el poema. (*genérico; solo significa un poema específico)
      c. Todos comen una/la naranja. (*genérico; solo significa una naranja específica)

5.5.2   *La expresión de la posesión o relación parte-todo a través de determinantes definidos*

Otro caso interesante del uso de los determinantes definidos son los contextos en los que se interpretan como posesivos. Es fácil darse cuenta de que, en español, los determinantes posesivos alternan con los adjetivos posesivos para expresar posesión: *mi hermana* o *la hermana mía*. Existen otros casos, sin embargo, en los que solamente aparece el determinante definido, (47). Lo interesante de ejemplos como (47) es que la interpretación que recibe el determinante definido es equivalente a la del determinante posesivo. En otras palabras, sabemos que se trata del pie del hablante. Esta propiedad no es exclusiva del español, se ve también en otras lenguas romances. Como el significado de *tener* indica posesión, su uso en combinación con el sujeto, en español, es suficiente para identificar que el SN *el pie derecho* es parte del sujeto.

(47) Tengo dolor en el pie derecho.

Aunque no podemos definir una fuente única que explique este comportamiento, sí podemos señalar una propiedad que está relacionada: el que el español es una lengua que tiene un sistema pronominal bastante rico. Específicamente, en español existen pronombres de OD e indirecto y también reflexivos. Recordemos que estos últimos indican si la acción recae sobre el mismo individuo, compare los ejemplos en (48).

(48) a. Ayer bañé al perro.
      b. Ayer me bañé.

Numerosos autores han señalado que las construcciones con pronombre dativo o reflexivo generalmente expresan posesión con el determinante definido. Aún más, el uso del determinante definido (o indefinido), en lugar de un determinante posesivo, es obligatorio en el caso de las partes del cuerpo, compare (49) y (50). El término gramatical para definir este tipo de relación de posesión es **posesión inalienable**, la cual se entiende como una relación entre las diferentes partes que conforman una entidad y la entidad misma: la relación parte-todo (Picallo y Rigau 1999). De hecho, dentro de la gramática española, el OI que aparece en casos como (49b) tradicionalmente ha recibido el nombre de **dativo posesivo**. (En el Capítulo 7 trataremos nuevamente estas construcciones.)

(49) a. El niño se partió **la** boca.
    b. Al niño le duele **la** cabeza.

(50) a. *El niño se partió **su** pierna derecha.   (única interpretación posible: 'a propósito'.)
    b. *Al niño le duele **su** cabeza.

Con respecto al tipo de determinante, definido o indefinido, la selección va a depender de si la parte del cuerpo pertenece a un conjunto o si es única, (51). Si pertenece a un conjunto, podemos además caracterizarla, (52).

(51) a. El niño se partió una pierna/un hueso/un dedo...
    b. El niño se partió *una cabeza/*una nariz/*una boca...
    c. El niño se partió la cabeza/la nariz/la boca.

(52) El niño se partió la pierna <u>derecha</u>.

La posibilidad de interpretar el determinante definido como posesivo en español va más allá de la presencia de un pronombre dativo. Los ejemplos en (53), tomados de Picallo y Rigau (1999), ilustran que el determinante definido en este caso se interpreta como posesivo, a pesar de que no incluyen ningún pronombre.

(53) a. Inés levantó la cabeza.
    b. Inés abrió los ojos.
    c. Inés agitó la mano.

Aún más, la inclusión de un pronombre hace que la construcción cambie de significado, (54).

(54) a. Inés se levantó la cabeza (con la mano).
    b. Inés se abrió los ojos (con los dedos)
    c. Inés se agitó la mano (con los pies).

Los ejemplos en (54) se interpretan como si Inés se ayudara de algo (probablemente de la mano) para llevar a cabo las acciones. Como señalan estas autoras, no todos los verbos pueden aparecer en las construcciones del tipo ejemplificado en (53). Se trata de verbos de movimiento que son transitivos y "que denotan un movimiento de una parte del cuerpo provocado por un impulso del sistema nervioso central de un individuo" (Picallo y Rigau [1999, 1018], citando Authier [1992]), entre estos mencionan: *mover, bajar, alzar, levantar, cerrar, girar,* etc.

Teniendo en cuenta los ejemplos vistos en esta sección podemos concluir que en muchos contextos donde se expresa la posesión inalienable (relación parte-todo) en español se utiliza el determinante definido (o indefinido) en lugar del posesivo. Podemos diferenciar dos contextos: a) casos que incluyen un objeto indirecto o pronombres reflexivos y de objeto indirecto, y b) casos en los que el significado del verbo posibilita la interpretación de posesión, tales como *tener* o verbos de movimiento "autónomo" asociado a partes del cuerpo.

5.5.3 *Uso de los determinantes con nombres propios*

El último uso de los determinantes definidos que vamos a analizar es en el contexto de los nombres propios. En la mayoría de las variedades del español, los nombres propios no aparecen con determinante. Como los nombres propios tienen referencia rígida e identifican directamente a un individuo no es necesario añadir un determinante para fijar su referencia. Así, una oración como (55) no es posible en la mayoría de los dialectos.

(55) *La Margarita no vino.

Es posible, sin embargo, usar nombres propios con un determinante en contextos en que hay contraste, en casos de modificación o en casos de énfasis en todas las variedades.

(56) a. Invitaremos a **tu Mario**, pero no al de Patricia. (Hay dos individuos llamados Mario)
      b. La historia de **la dulce** Eréndira.
      c. ¡La Juana es tremenda! (¡Esa Juana es tremenda!)

En algunas variedades como en el español de Chile y el de Cataluña, es posible usar el artículo definido con nombres propios, en contextos donde no se hace énfasis:

   i. La Blanca me dijo que vendría pronto de visita.

   ii. Invitaremos a la Rosa

Sin embargo, incluso en estas variedades cuando los nombres se usan como vocativos (estamos llamando a la persona, hablando con ella directamente) no pueden aparecer con un determinante:

   **¡Hola, la Rosa!   ➜   ¡Hola, Rosa!

5.6 Los adjetivos dentro del SN

En esta sección solo nos vamos a referir a los adjetivos que ocurren con función de modificador, es decir, dentro del SN, y no hablaremos de los adjetivos en función de atributo en oraciones copulativas, tema que trataremos en el Capítulo 10. Comenzaremos con un breve repaso de la frase o sintagma adjetival (SA) y luego realizaremos una caracterización básica de las clases léxicas de adjetivos, sus significados y los efectos que se asocian con la posición variable. La presentación que ofrecemos en esta sección no es exhaustiva: haría falta un capítulo independiente para poder tratar el tema de los adjetivos en español con cierta profundidad.

Los adjetivos suelen aparecer de forma simple, (57a), pero sabemos que representan sintagmas, ya que casi siempre podemos expandirlos aplicándoles especificadores de grado, por ejemplo, los adverbios *muy* y *poco*, (57b), o modificadores (frases preposicionales) que a su vez estrechan y especifican el significado del adjetivo, (57c). (58) representa la estructura completa del SA.

(57) a. un gato cansado/tranquilo
      b. un gato muy tranquilo
      c. un gato cansado de maullar

(58) (especificador)+**A** +(SP)

De manera general se clasifica a los adjetivos de acuerdo a la función que realizan. Esta clasificación requiere una división en dos grandes grupos: adjetivos cuantificadores y adjetivos descriptivos. Se dice que los adjetivos cuantificadores limitan al sustantivo. En cierta forma, son comparables a los determinantes. Por ejemplo, este tipo de adjetivos siempre preceden al sustantivo, al igual que los determinantes, (59).

(59) a. Ayer vi algunos gatos.
      b. *Ayer vi gatos algunos.

Otros ejemplos de adjetivos cuantificadores son *muchos*, *pocos*, y los numerales (*dos*, *tres*, *cuatro*...). Los adjetivos cuantificadores parecen ocupar la posición de los determinantes. Anteriormente vimos que los SNs sin determinante no eran posibles en posición preverbal en español; sin embargo, los ejemplos en (60) muestran que un SN con adjetivos cuantificacionales y numerales son posibles. De este comportamiento podemos concluir que algunos adjetivos se comportan como determinantes o, al menos, pueden desempeñar la misma función en algunos contextos.

(60) a. Algunos gatos están en el jardín.
      b. Dos estudiantes llegaron temprano.
      c. Pocos gatos duermen toda la noche.

Sin embargo, también es posible que los adjetivos cuantificadores aparezcan junto a un determinante, (61). Esto indica que no están en distribución complementaria, ya que ambos pueden aparecer en una misma frase (i.e., no son excluyentes).

(61) a. Los muchos gatos del señor Remicio.
      b. Los tres mosqueteros y D'Artagnan.

Los adjetivos cuantificadores forman una clase cerrada. La segunda clase, la de los **adjetivos descriptivos** es una clase muy amplia y sería imposible dar ejemplos de todos. En la Tabla 5.2 presentamos algunas clases léxicas de adjetivos descriptivos.

En cuanto a la posición con respecto al sustantivo, en muchos casos los adjetivos descriptivos pueden ir antes, después o a ambos lados del sustantivo. Estas posibilidades varían en dependencia del tipo y función del adjetivo. De manera general, se dice que la

Tabla 5.2 Clases de adjetivos descriptivos y ejemplos

CLASE LÉXICA DE ADJETIVOS DESCRIPTIVOS	EJEMPLOS
de origen/nacionalidad	*canadiense, cubano, uruguayo...*
de color	*rojo, azul, blanco...*
de edad	*joven, nuevo, viejo...*
de estados internos	*bravo, loco, feliz, miedoso, asustado, contento...*
de conducta	*chistoso, salvaje, tranquilo, alerta...*
de estado físico	*enfermo, cansado, borracho, mareado, muerto...*
de característica física	*abierto, cerrado, apretado, roto, dulce, suave, oscuro, liviano, claro, frío...*
de forma	*redondo, cuadrado, recto, plano...*
de tamaño	*grande, pequeño, alto, bajo, ancho, largo, flaco, gordo...*
de evaluación	*bueno, malo, excelente, bonito, feo, agradable...*
de tiempo	*anterior, próximo, sucesivo, preliminar, permanente, nuevo...*
de cuantificación	*distinta, similar, específico, determinado, varios, suficiente, única, mínimo...*
de manera	*repetida, habitual, rápida, diario, infrecuente, cotidiano, intenso...*
de lugar	*cercano, adyacente, contiguo, inmediato, distante, alejado...*
ordinales	*primarias, secundarias...*
posesivos	*nuestra, propia...*
modales	*posible, probable, presunto, futuro...*
relacionales	*industrial, felino, argumental, constitucional, físico, condicional, humana...*

posición posnominal es mucho más frecuente. En dicha posición los adjetivos limitan o restringen al sustantivo. Recordemos el ejemplo de la Figura 5.1 a inicio del capítulo. En ese caso vimos que el SN *cuadros negros* se refería a todos los objetos que eran cuadros y que además eran de color negro. En casos como este, decimos que el adjetivo ayuda a identificar al sustantivo, ya que restringe su dominio, i.e., la referencia de *cuadros negros* es más limitada que la de *cuadros*. También decimos que este uso tiene una interpretación contrastiva, ya que presupone un contraste con todos los elementos que no tienen esa propiedad, por ejemplo, los cuadros grises, blancos o verdes.

Las clasificaciones de los adjetivos son de interés para explicar dos fenómenos de la sintaxis de los adjetivos: su posición relativa al sustantivo (*linda niña/niña linda*) y el ordenamiento de los adjetivos cuando hay múltiples modificadores (*la cartera plástica amarilla*).

Comencemos por el primer punto: la posición con respecto al SN. Algunos tipos de adjetivos como los que se originan de un participio verbal (que pueden ser de diferentes clases léxicas, por ejemplo, *cansada/repetida/iluminada*), o los que se derivan de un sustantivo (es la clase de adjetivos llamados relacionales) nunca aparecen en posición antepuesta: solo ocurren en posición posnominal, (62).

(62) a. Me encanta **su pelo revuelto**/ *su revuelto pelo (derivado de *revolver*)
    b. Me gustan **los colores metálicos**/ *los metálicos colores (derivado de *metal*)

Otras clases de adjetivos que no pueden aparecer en posición prenominal son los adjetivos que denotan color, (63).

Una excepción serían los casos de epítetos como "la blanca nieve", "el verde pasto" o "las altas cumbres". Los epítetos simplemente toman una característica propia del sustantivo al que modifican. Para muchos hablantes, los epítetos se asocian con un estilo literario, formal o anticuado.

(63) a. Me gustan los carros verdes.
      b. *Me gustan los verdes carros.

Generalmente, la posibilidad de aparecer en posición prenominal está reservada para adjetivos cuyo significado es más amplio, (64).

(64) a. Los niños buenos se acostaron temprano.
      b. Los buenos niños se acostaron temprano.

En posición prenominal, la función e interpretación del adjetivo muestra características especiales. En los ejemplos en (65), los adjetivos no están cumpliendo una función delimitadora, sino que simplemente nos permiten referirnos a los elementos que tienen esas propiedades, sin hacer una oposición con otros elementos distintos. Este uso, además, tiene un significado evaluativo, ya que el hablante está dando su opinión acerca de una propiedad que le atribuye al sustantivo. Note la diferencia entre (65) y (66). Cuando hay que establecer un contraste entre clases (diferentes tipos), el adjetivo tiene que aparecer en posición posnominal como en (66).

(65) a. ¡Qué <u>lindo</u> perrito!
      b. Los lindos perritos fueron de paseo esta tarde.

(66) ¡No quiero un perrito feo, quiero un perrito <u>lindo</u>!

Otra perspectiva sobre el contraste de significado entre las dos posiciones que puede ocupar el adjetivo en español se centra en esta última función del adjetivo: si existe o no restricción del referente. Considere los contextos que aparecen a continuación.

Uso de adjetivos en contexto

A. El juez discutía todo lo que había hecho el acusado. Y entonces dijo: "Sus maliciosos actos serán condenados". ¿Insinúa el juez que todo lo que había hecho el acusado era malo?

B. Hay una huelga en esa compañía. El representante del sindicato dijo: "Los ricos empleados no van a apoyar la huelga". ¿Opina el representante del sindicato que los empleados de esa compañía en general ganan mucho?

C. "Los venezolanos ricos viajan al extranjero", dijo un periodista. ¿Piensa el periodista que los venezolanos son generalmente adinerados?

D. "Vamos a echar de la escuela a los estudiantes maliciosos", dijo la directora. ¿Considera la directora que los estudiantes son, en general, maliciosos, o solo algunos lo son?

Los hablantes nativos suelen tener intuiciones acerca de estos contrastes de orden de palabras. Aunque hay desacuerdo entre los gramáticos acerca de si las interpretaciones son complementarias o si hay cierta ambigüedad, muchos hablantes interpretan el adjetivo en posición prenominal como describiendo a un referente ya identificado: en A, los actos del acusado eran malvados y, en B, los empleados de esa compañía son ricos. Los hablantes tienden a interpretar el adjetivo posnominal como que implica un contraste entre los elementos que tienen la propiedad denotada por el adjetivo y los que no la tienen; así, en D, solo van a expulsar a los estudiantes maliciosos, no a todos. En C, algunos venezolanos son ricos, otros no lo son, y son los ricos los que viajan. A modo general, estas interpretaciones (restrictivas o no restrictivas) son altamente dependientes del contexto y pueden encontrarse ejemplos de la interpretación alternativa. No cabe duda, sin embargo, de que la tendencia descrita aquí existe en los hablantes nativos, y existen varios estudios que demuestran que los hablantes no nativos pueden adquirir tales intuiciones.

Resumen de la interpretación de los adjetivos en dependencia de la posición

ANTEPUESTO	POSPUESTO
Descripción de referente determinado	Restricción/identificación del referente
Se asocia con significados evaluativos	Significados de perspectiva no subjetiva

---

Hasta ahora hemos visto que la posición del adjetivo interactúa con el contexto y favorece ciertas interpretaciones (evaluativa/neutra, restrictiva/no restrictiva). Hay un grupo de adjetivos que aparece frecuentemente mencionado en los libros de enseñanza del español como lengua extranjera, tales como *gran(de), pobre, nuevo, viejo, antiguo*, donde el efecto del ordenamiento va más allá que la perspectiva sobre el contexto. Se trata de adjetivos cuyo significado léxico se altera en dependencia de su posición, (67). En algunos casos, la diferencia es ligera, en otros casos, radical.

(67)   Cambio de significado de acuerdo a la posición

PRENOMINAL	*POSNOMINAL*
un <u>buen</u> profesor 'bueno como docente'	un profesor <u>bueno</u> 'bueno como persona'
su <u>antigua</u> casa 'donde vivía antes'	su casa <u>antigua</u> 'de valor histórico'
una <u>simple</u> transacción 'apenas una'	una transacción <u>simple</u> 'fácil'

5.7   Resumen y conclusión

En este capítulo hemos visto que la sintaxis y semántica de los SNs en español tiene varias características particulares, entre ellas:

- Concordancia de género y número en las categorías Det, N y A: *las buenas amigas españolas.*

- La posibilidad de elidir del núcleo nominal: *Compré un auto azul y Manuel uno (...) rojo.*
- La distribución específica de la ausencia y presencia de los determinantes: **Café es un estimulante* vs. *El café es un estimulante*; *Quiero café*; **Me gusta café.*
- Las interpretaciones especiales de los determinantes definidos: *Los gatos son mamíferos* (genérico), *Me gustan los gatos* (genérico), *Manuel levantó la mano* (posesivo).
- La posición variable de los adjetivos modificadores, la cual depende del tipo léxico de los adjetivos y de su interpretación.

Algunas de estas características resultan muy llamativas cuando las comparamos con las de otros idiomas como el inglés o el francés. Sin embargo, también hay cuestiones más generales que se pueden aprender de la relación entre significado y forma a partir de los SNs del español. Primero, las frases nominales hacen referencia a entidades en el mundo. Segundo, el SN tiene un contenido descriptivo que va dado por el significado léxico del núcleo sustantivo y el de los posibles modificadores que lo acompañan. Tercero, el significado léxico del SN se puede cuantizar, matizar y anclar en el discurso a partir de elementos gramaticales de la estructura nominal, tales como los determinantes, los cuantificadores y el número gramatical. Finalmente, al estudiar los SNs hemos visto que la interpretación depende de los elementos léxicos de una frase, la presencia o ausencia de los elementos funcionales y el orden en que se componen los elementos dentro de la estructura. Este comportamiento corrobora, una vez más, el carácter composicional del significado de las construcciones gramaticales.

LECTURAS RECOMENDADAS

Bosque (1999) ofrece un excelente suplemento a la clasificación de los tipos de sustantivos. Para profundizar en la estructura del SN, específicamente los diferentes tipos de modificadores, ver Rigau (1999). Para cuestiones generales de concordancia dentro del SN, Martínez (1999, §42.2, 42.3, 42.4.1) y para el tema de la concordancia en casos de SNs coordinados ver sección §42.5. Demonte y Pérez-Jiménez (2012) tratan la concordancia con el conjunto más cercano. Leonetti (1999) profundiza en la clasificación, función y distribución de los determinantes. Una referencia fundamental sobre la ausencia de los determinantes en español es la compilación de Bosque (1995). Finalmente, para el tema de los adjetivos recomendamos partir de Demonte (1999, §3.1, características fundamentales; §3.2 clases; y § 3.5, posición). Pettibone, Pérez-Leroux y Klassen (2021) discuten el aprendizaje de los adjetivos en español como segunda lengua.

5.8   Ejercicios

5.8.1   *Repaso de conceptos*

A.   **Conceptos.** Asigne a cada definición el concepto que le corresponde. Note que hay más conceptos que definiciones.

Definición	*Conceptos*
1. Elementos que funcionan como especificadores dentro del SN y anclan el referente dentro del discurso.	a) Concordancia
	b) Abstractos
	c) Posesión inalienable
2. Elementos que tienen referencia propia.	d) Dativo posesivo
3. Proceso establecido entre los diferentes elementos del SN mediante el cual se comparten los rasgos de género y número.	e) Determinantes definidos
	f) Nombres propios y pronombres
	g) Descriptivos
4. Interpretación que recibe un sustantivo cuando se refiere a la clase completa.	h) Elisión nominal
	i) Determinantes
5. Nombre de la clase de sustantivos que denota conceptos.	j) Genérica
6. Elementos en español que pueden contribuir tanto a interpretaciones definidas, genéricas y posesivas.	
7. Otro nombre gramatical que puede recibir la relación parte-todo.	
8. Adjetivos que pertenecen a una clase abierta (numerosos miembros).	
9. Fenómeno gramatical propio del español mediante el cual se omite el núcleo del SN.	

5.8.2 Análisis básico

B.   **Núcleos y modificadores.** De los siguientes sintagmas nominales subraye el núcleo, y encierre los modificadores en corchetes.

1. varios muros que están pintados de azul
2. el sobrino de María
3. ese problema de matemáticas que no he podido resolver
4. los supermercados baratos de las afueras de la ciudad
5. aquellos supermercados baratos que están en las afueras de la ciudad
6. un remedio para el catarro que me recomendó el doctor
7. algunos gatos callejeros que maúllan por las noches

C.   **Estructura del SN.** Identifique la estructura de los SNs siguientes. En el capítulo vimos que dependiendo de los determinantes y modificadores que sirvan para elaborar el núcleo nominal, la estructura de un SN es probablemente alguna variante de la estructura siguiente: Det+SA+N+SA+SP+Oración .

Para cada uno de los SNs, indique la estructura básica que representa.
Ej. *El gato* Det+N .

1. la última película de Almodóvar
2. algunos consejos que no esperaba
3. tres tristes tigres
4. diferentes problemas
5. varios estudiantes internacionales
6. muchos tomates rojos en una caja de cartón
7. las de la vecina de enfrente
8. paredes blancas que parecen gritar

D.   Clases de sustantivos. Hay varias maneras de clasificar los sustantivos: humano/animado o inanimados, abstracto/concreto, contable/no contable/colectivo; y para los inanimados, también, entidad/evento. Clasifique cada sustantivo de acuerdo a los parámetros que le correspondan.

	animacidad	contabilidad	entidad/evento
arroz			
libro			
poesía			
reunión			
madera			
perro			
locura			
vino			
profesorado			

E. Clases de determinantes. Subraye los determinantes que pueda identificar en las siguientes oraciones, indicando debajo la subcategoría del determinante subrayado def/indef/pos/demostrativo. Recuerde que ciertas categorías adjetivales pueden parecer ocupar la posición de un determinante, pero no se consideran como tales, en parte porque no tienen una distribución complementaria. Este es el caso de los numerales que pueden ir con o sin determinante (*tres gatos/los tres gatos/unos tres gatos*).

1. La observó con cierto detenimiento.
2. Entramos por unas puertas de cristal.
3. Tu hermana no me comprende a mí.
4. Han vuelto todos los amigos.
5. Este abrigo no me queda nada bien.
6. El que se robó mi bicicleta fue aquel sinvergüenza.
7. No te mojes los cabellos.
8. Varias personas llegaron sin avisar.

F.   Distribución de determinantes. Los sintagmas nominales con interpretación genérica en español necesitan un determinante independientemente de la posición en que aparezcan en la oración. En los ejemplos a continuación, añada los determinantes en las construcciones que tienen interpretación genérica. No en todas las oraciones se necesita incluir determinantes.

a) _____ gatos adoran ___pescado.
b) Laura leyó _____ noticias toda la tarde.
c) A los niños les encantan _____ caramelos.
d) Siempre veo _____ personas muy arregladas en el metro.

5.8.3   Análisis más avanzado

G. Colectivos. Los sustantivos colectivos (denotan conjunto de entidades) pueden ser contables o no contables. Aplique los diagnósticos de numerales y plural a *gente* y *comité*, dos sustantivos colectivos, para decidir si son contables o no contables.

H. Agramaticalidad ¿Qué está mal en las siguientes oraciones? Corríjalas y provea una breve explicación, usando la terminología estudiada.

1. *Las aves migratorios viajan a lugares más cálidos para pasar el invierno.
2. *Niño ese rompió el jarrón.
3. *Compré libro en la librería.
4. *Ayer vi el gato en la calle. Un gato era blanco y gris.
5. *Mi hermana siempre quiere azúcares para el café.
6. *A Luisa le encantan perros.
7. *Estudiante aquella llamó por teléfono.
8. *Ese policía y la asistenta son muy estúpidas.
9. *José se afeitó su barba.
10. *El águila americano no está en peligro de extinción.

I. ¿Por qué difieren en gramaticalidad las siguientes oraciones?

(1) a. La niña llegó temprano.
     b. *La Susana llegó temprano.

(2) a. Quiero comprar sal.
     b. *Quiero comprar mesa.

5.8.4 Problemas de reflexión

J. Posición de los adjetivos dentro de la frase nominal. En la Tabla 5.2, vimos varios tipos de adjetivos descriptivos. Sabemos, además, que algunos adjetivos solo pueden ocupar una posición dentro del SN (productos ecuatorianos/*ecuatorianos productos), mientras que otros son variables (buen amigo/amigo bueno). Proporcione dos ejemplos nuevos de cada clase (es decir, que no aparezcan en la Tabla 5.2) de las varias clases léxicas de adjetivos para cada tipo, en posición pre- y posnominal, indicando si es gramatical o agramatical (✓/*). Clasifique los adjetivos como prenominales/posnominales/de posición variable.

CLASE	AN	NA	Tipo
de origen/nacionalidad			
de color			
de edad			
de estados internos			
de conducta			
de estado físico			
de característica física			
de forma			
de tamaño			
de evaluación			
de tiempo			
de cuantificación			
de manera			
de lugar			
ordinales			

(Continúa)

CLASE	AN	NA	*Tipo*
posesivos modales relacionales			

     a) Resuma sus observaciones generales acerca de los tipos de adjetivos y su posición (AN/NA/variables).

K. La posición de los adjetivos de cambio léxico y de cambio contextual. Demuestre los contrastes de significado asociados con la posición del adjetivo mediante una paráfrasis o, alternativamente, aumentando el contexto de entorno de los SNs.

Frases nominales	*Paráfrasis prenominal (AN)*	*Paráfrasis posnominal (NA)*
Entró a su <u>**antigua**</u> **casa** /**casa antigua.**	'donde vivía antes'	'de valor histórico'
Se enfrentó a **una rara situación**/**una situación rara**		
Tenían **diferentes problemas**/**problemas diferentes.**		
Los niños traviesos /**los traviesos niños** se fueron de paseo.		
Ayer conocí a **una mujer grande**/**una gran mujer.**		
En clase de álgebra teníamos **una mala profesora**/**una profesora mala.**		
Prefiero **los deliciosos vinos chilenos**/**vinos chilenos deliciosos.**		
Expresó **una cierta afirmación**/**una afirmación cierta.**		

¿Hay algún o algunos casos en que uno de los órdenes AN/NA tenga ambos sentidos? ¿Se puede concluir algo al respecto?

L. Tipos de contraste de género. Vimos que hay muchos tipos de contraste de género.

    1. **Alternancia en sustantivos animados:** las vocales temáticas -*a*/-*o* se pueden interpretar como sexo biológico.
    2. Una alternancia **derivacional:** un sustantivo se deriva del otro con un cambio sistemático de significado.
    3. Un **contraste léxico:** dos palabras distintas.
    4. Un **doblete:** existen las dos formas con cambio de significado mínimo o inexistente.
    5. **No hay alternancia:** uno de los elementos del par es agramatical.

Para los pares de sustantivos siguientes indique de qué tipo de alternancia se trata. Consulte el diccionario si le hace falta. En los casos en que el elemento no exista inserte un asterisco (*).

	Significado de la forma masculina	*Significado de la forma femenina*	*Tipo de contraste*
guineo /guinea			
canasto/canasta			
cerdito/cerdita			
palo/pala			
carro/carra			
periodista/periodisto			
modista/modisto			
banano/banana			
rey/reina			
techo/techa			

1) ¿Por qué es ambigua una expresión como *la guardia*?

2) ¿En el caso de *la artista/el artista*, podemos decir que el sustantivo no tiene género?

3) ¿Qué es un sustantivo epiceno? Proporcione cuatro ejemplos.

4) En las discusiones teóricas en torno al estatus morfosintáctico y morfosemántico del género gramatical existen diversas hipótesis. Basándose en lo aprendido en este capítulo y en sus respuestas a las preguntas anteriores, decida si las siguientes afirmaciones son verdaderas o falsas. Ofrezca una breve justificación.

_____El género gramatical aporta el significado de género biológico al sustantivo.

_____El género gramatical ofrece una manera de clasificar los sustantivos que tiene consecuencias sobre las categorías gramaticales asociadas a estos, i.e., determinantes y adjetivos.

_____Los sustantivos que no terminan en -*a*/-*o* no tienen género gramatical.

5) Teniendo en cuenta la idea de que los sustantivos que se refieren a entes animados, especialmente humanos, reflejan el género biológico, ¿qué se puede decir del sustantivo *persona*?

6 Los objetos directos

Temas

La noción de objeto directo: argumento interno, saturación y restricción, y tipos
La transitividad y los objetos directos implícitos
Marcación diferencial del objeto directo
Pronombres de objeto directo y (re)duplicación

Objetivos

Familiarización con los varios tipos de objetos directos
Identificación de las características y fenómenos específicos asociados a los objetos directos y los pronombres átonos en español

Introducción

Anteriormente vimos que el significado del verbo y la información que queremos transmitir, de manera general, determinan los elementos requeridos en una construcción. Esto se debe a que cada tipo de situación requiere ciertos participantes obligatorios: los argumentos. A su vez, dichos argumentos cumplen diferentes funciones gramaticales (sujeto, objeto directo (OD), objeto indirecto (OI), etc.) y reciben diversas interpretaciones semánticas (agente, tema, instrumento, experimentante, etc.).

En el Capítulo 4 nos concentramos en el sujeto, un argumento generalmente externo al predicado. En este capítulo nos enfocaremos en el OD, un argumento que forma parte del predicado y que algunos consideran el más interno de los argumentos del verbo. Los ODs no solo ayudan a definir el subtipo de situación, sino que, como vimos en el Capítulo 3, también están involucrados en la telicidad, ya que contribuyen a definir aspectualmente el tipo de situación que denota el predicado. Ahora profundizaremos en los tipos e interpretaciones de los ODs y en sus propiedades fundamentales. Abordaremos, además, el tema de la sintaxis de los pronombres de OD y la marcación diferencial del OD, la llamada *a*-personal.

DOI: 10.4324/9781003415879-7

6.1   La noción de OD como argumento interno y su contribución semántica

Muchas de las definiciones de OD contienen dos aspectos fundamentales: la intuición de que el mismo está fuertemente ligado al significado del verbo, el cual no está completo hasta que no se añade el OD, y el hecho de que el OD está asociado al caso acusativo. Estas nociones están presentes desde hace siglos en las gramáticas españolas, como muestra la siguiente descripción de los verbos transitivos, los cuales se definen a partir de la necesidad de incluir lo que consideramos actualmente un OD.

> Los verbos en quanto el modo de sinificar son en dos maneras, unos que pasan en otra cosa, i se llaman transitivos, o pasadores, o pasadizos, i sirven como puente para pasar la azión de la persona que la haze, al acusativo de la cosa que se dize, i llama persona que padeze. Io llamaría a estos verbos de media e imperfecta sinificazión, porque no hazen orazion cunplida hasta que se dize el acusativo. *El arte de la lengua española castellana* ([Correas 1625], en Alarcos Llorach [1999, 148])

Definiciones más contemporáneas como la del *Esbozo de la gramática de la RAE* (1991) mantienen intuiciones similares y combinan criterios semánticos con estructurales:

i.   Precisa el significado del verbo
ii. Denota el objeto en el que recae directamente la acción expresada por el verbo
iii. En el OD se cumple y termina la acción del verbo
iv. Forma una unidad con el verbo

Nótese que las tres primeras propiedades hacen referencia al significado, mientras que la última se refiere a la estructura del SV. Aunque estas propiedades describen el OD, algunas también se aplican a otros argumentos. Por ejemplo, cualquier argumento obligatorio ayuda a precisar el significado del verbo. Entonces, necesitamos maneras menos ambiguas de definir el OD.

Una propiedad que solo se aplica a los ODs y a los sujetos es que el verbo se combina con ambos directamente, sin que hagan falta otros elementos o partículas que medien entre ellos. (Esto es lo que captura el uso del modificador *directo* de la expresión *objeto directo*.) Reflexionemos acerca de los OIs de verbos de transferencia como *dar* y los complementos suplementos obligatorios de verbos como *caserse con*, indicados entre corchetes en (1) y (2). Obsérvese que en ambos casos es necesario un elemento que introduzca los SNs *Juan* y *Manuel*. El sujeto y el OD, sin embargo, no requieren elementos adicionales para enlazarse con el verbo. Por eso decimos que el verbo puede combinarse <u>directamente</u> con ambos.[1]

(1)   Julia le trajo un libro [a Juan].
(2)   Julia se casó [con Manuel].

Sin embargo, hay diferencias importantes entre el sujeto y el OD. Primero, el sujeto muchas veces es un argumento externo al predicado. Los ODs, en cambio, siempre son

---

1 La *a* que aparece con los OIs se considera diferente de las preposiciones de los complementos suplementos y los complementos locativos. Nótese que estas últimas varían de acuerdo al significado de la eventualidad (cf. *Puso el libro en la mesa/sobre la mesa; Viene de Sevilla/a Sevilla/por Sevilla*), la *a* que marca al OI es invariable.

parte del predicado. Segundo, el sujeto está ligado a procesos a nivel oracional como la concordancia y la temporalidad. En algunos contextos de subordinación, la temporalidad o finitud de la cláusula subordinada y la realización del sujeto están relacionadas. (Todo depende del contexto, del tipo de subordinada y de si hay identidad referencial entre un argumento de la principal y el sujeto de la subordinada.) Compárese la realización del tiempo y el sujeto en (3a) y (3b).

(3) a. Quiero [comprar la nueva novela].

SUJETO oración principal= YO; oración subordinada=YO

b. Quiero [que compres la nueva novela].

SUJETO oración principal= YO; oración subordinada=TÚ

Desde un punto de vista semántico también existen diferencias. El OD está más ligado al significado del verbo que el sujeto y tiene menos posibilidades de variación. Los sujetos, en cambio, son relativamente flexibles. Repetimos en (4) ejemplos que muestran la libertad semántica del sujeto.

(4) a. José abrió la puerta con la llave.   AGENTE
     b. La llave abrió la puerta.   INSTRUMENTO
     c. El fuerte viento abrió la puerta.   CAUSA
     d. La puerta se abrió con el viento.   TEMA

En contraste, la interpretación del OD está rígidamente atada al verbo y sus papeles temáticos son limitados. Consideremos *abrir* nuevamente, (5).

(5) José abrió la puerta/la casa/el libro/la maleta/el closet/la olla/el grifo...

Aunque la lista es larga, podemos notar que la interpretación del OD es siempre la misma: se trata de objetos afectados por la situación que denota el verbo. En otras palabras, todos reciben la interpretación de **tema**.

Una última diferencia formal entre el sujeto y el OD es que el primero tiene caso nominativo y el segundo acusativo. Al sustituir los SNs que funcionan como sujeto y OD en (6) por sus respectivos pronombres observamos esta diferencia.

(6) José abrió el grifo. → Él lo abrió.

En la actualidad se dice que el OD:

   i) Es el **argumento interno** del verbo, estructuralmente más cercano a este.
   ii) Es un sintagma nominal (SN) u oración directamente regido por un verbo.
   iii) Tiene caso acusativo.

En términos semánticos, la primera función del OD es de identificar (o saturar)[2] uno de los participantes de la situación denotada por el verbo. Muchos de los ODs identifican un argumento tema, aunque se pueden distinguir diferentes subtipos como muestran los ejemplos a continuación.

---

2 Muchos autores usan esta metáfora tomada de la química y proponen que los verbos tienen valencia y los argumentos *saturan* dicha valencia.

(7) a. Pintó <u>la mesa</u>.   OBJETOS AFECTADOS
    b. Limpió <u>la mesa</u>.
    c. Rompió <u>el jarrón</u>.
    d. Cocinó <u>el arroz</u>.

(8) a. Pintó <u>un cuadro</u>.   OBJETOS CREADOS
    b. Escribió <u>un poema</u>.
    c. Construyó <u>una casa</u>.
    d. Hizo <u>un pastel de manzana</u>.

(9) a. Se fumaron <u>unos puros</u>.   OBJETOS CONSUMIDOS
    b. Nos comimos <u>la pizza</u>.
    c. Se leyó <u>el libro</u> de principio a fin.
    d. Vimos <u>la serie</u> de una sentada.

(10) a. Oyó <u>un ruido</u>.   OBJETOS ESTÍMULO LIGADOS A
    b. Aprecia <u>los actos de generosidad</u>.   UN ESTADO MENTAL O PERCEPCIÓN
    c. Envidia <u>la tranquilidad de los gatos</u>.
    d. Vio <u>un accidente</u> cuando salía del trabajo.

También hay ODs experimentantes como los que aparecen con verbos sicológicos, (11).

(11) a. La oscuridad no <u>me</u> asusta, pero <u>a los niños</u> sí <u>los</u> asusta.
    b. <u>Al niño lo</u> confunden tantos personajes en la historia.
    c. <u>A algunos estudiantes los</u> ilusiona el inicio del curso.

Otra función del OD es especificar el significado del verbo. Existen verbos que no especifican la acción, la cual queda precisada al combinarse el verbo con el OD. Consideremos los ejemplos en (12).

(12) cocinar: cocinar la cena/el pescado…
    coleccionar: coleccionar antigüedades/coleccionar sellos…
    correr: correr maratones/correr caballos…

Los casos anteriores muestran que el OD estrecha o especifica el sentido del verbo, como sugiere la definición de la RAE. El extremo de esto es un grupo de verbos que los lingüistas llaman **verbos ligeros** o **de apoyo**. Se trata de verbos que tienen poco significado y el evento que denotan depende directamente del OD con que se combinen. Compárense las siguientes expresiones con el verbo ligero *dar* y sus contrapartes con verbos fuertes. A diferencia de los casos en (12), donde el verbo porta significado y el OD lo delimita, en (13) los ODs determinan el significado de la frase verbal.

(13) dar palos (→ *golpear*)
    dar abrazos (→ *abrazar*)
    dar dolores de cabeza (→ *preocupar*)
    dar besos (→ *besar*)

VERBOS LIGEROS O DE APOYO

- Tienen poco significado.

- Solo el objeto nos da el sentido de la situación.

hacer: la tarea/la cena/la siesta/la compra...

tomar: una copa/una siesta/vacaciones/una pausa/una ducha/sol...

dar: un beso/un abrazo/una bofetada/cariño/un escándalo/vergüenza/pena/lástima...

tener: hambre/frío/sed/X años/gripe/prisa/paciencia/miedo...

terminar (verbo aspectual): el libro/la tarea/la cena...

6.2   Diferentes tipos de ODs

Como el OD está más ligado al verbo, no permite tantas posibilidades interpretativas como el sujeto. En términos combinatorios esto significa que no hay mucha variabilidad en cuanto al tipo de sustantivo que se combina como OD con tipos específicos de verbos. En el esquema de clasificación de los sustantivos introducido en el capítulo anterior, vimos que hay diferentes tipos de acuerdo a sus propiedades generales. Seguimos esta clasificación para describir los tipos de sintagmas nominales (SNs) con los que se combinan los diferentes tipos de verbos. Los **verbos de acción física** toman como OD SNs concretos, animados o inanimados, (14).

(14)   a. Rompió las botellas.

b. Se comió las manzanas.

c. Empujó la puerta / a su hermanita.

Los **verbos de acción mental o estado físicos y mentales** toman como OD SNs concretos, animados o inanimados. También pueden combinarse con SNs abstractos.

(15)   a. Estudiaremos la tabla de pronombres.

b. Necesito una aspirina/a mi mamá/tranquilidad.

c. Conoce la paz espiritual.

d. Quería un helado.

Algunos de estos verbos también pueden tomar como OD una oración subordinada. Como vimos, estas oraciones pueden ser infinitivas o conjugadas, en dependencia del sentido que queramos transmitir y el tipo de verbo. Algunos verbos permiten ambos tipos de subordinadas, (16); otros como *creer, decir*, etc., solo permiten la opción conjugada, (17).

(16)   a. Quería comer helado.

b. Quería que comieras helado.

(17)   a. Creía que comería helado. (yo)

b. Creía que comerías helado.

Los **verbos sicológicos** que tienen un sujeto tema y un OD experimentante requieren que el OD sea animado, ya que solo los entes animados pueden experimentar emociones, sensaciones o estados de ánimo, (18).

(18) a. La oscuridad asusta <u>a los niños</u>.
      b. Los fuegos artificiales atemorizan <u>al perro</u>.
      c. Tus exigencias incomodan <u>a tus amigos</u>.

6.2.1 ODs marginales

En esta sección nos ocupamos de un contexto gramatical especial: SNs que se combinan con los verbos en forma similar (o igual) a la de un OD, es decir, sin mediación de ningún elemento, pero que no poseen todas las características de los ODs típicos o canónicos.

Comencemos por repasar las propiedades gramaticales de los ODs canónicos. Como notamos al final de 6.1, una característica de los ODs es que tienen caso acusativo. Esto lo sabemos porque el SN que funciona como OD puede ser remplazado por un pronombre con caso acusativo, (19b) y (20c).

(19) a. Estrella vio <u>esa película</u> anoche.
      b. Estrella <u>la</u> vio anoche.

(20) a. Julio preparó <u>varios platos</u>.
      b. Julio <u>los</u> preparó.

Otra propiedad de los ODs canónicos es que podemos formar oraciones interrogativas con *qué* para preguntar acerca de ellos, (21).

(21) a. El niño está leyendo un cuento.   DECLARATIVA
      b. ¿Qué está leyendo el niño?   INTERROGATIVA
      c. Un cuento.   FRAGMENTO RESPUESTA

Una tercera propiedad es que al formar oraciones pasivas, el argumento que corresponde al OD en la oración activa se realiza como sujeto, compárense (22a) y (22b). Aunque no todos los verbos transitivos permiten esta posibilidad (los verbos de estado generalmente no forman oraciones pasivas), de manera general, la formación de oraciones pasivas sirve como diagnóstico para saber si la construcción contiene un OD canónico.

(22) a. Los socorristas examinaron al paciente.   ACTIVA
      b. El paciente fue examinado por los socorristas. PASIVA

A diferencia de los ODs canónicos, hay otros objetos que, aunque se combinan con el verbo de manera similar, no poseen todas las características anteriores. Específicamente, algunos no pueden ser sustituidos por pronombres de OD y/o no permiten la formación de oraciones interrogativas donde se pregunta acerca de ellos. Finalmente, y quizás esta es la restricción más fuerte, es imposible hacer oraciones pasivas con estos objetos. A este tipo de objetos se les da el nombre de **objetos directos marginales**. Generalmente aparecen con verbos de medición, construcciones existenciales y acerca del tiempo, y construcciones con verbos ligeros. (23) y (24) muestran el comportamiento de objetos marginales con verbos de medición en contextos de pronominalización e interrogativos.

(23) El terreno mide 100 metros.
       b.?? El terreno los mide.
       c.*¿Qué mide el terreno? (cf. ¿Cuánto mide el terreno?)

(24) a. La gata pesa 13 libras.
       b.?? La gata las pesa.
       c. *¿Qué pesa la gata? (Gramatical si la gata estuviera pesando algo, cf. ¿Cuánto pesa la gata?)

Bajo ciertas condiciones de énfasis se pueden sustituir estos objetos por un pronombre acusativo, (25b). El mismo comportamiento ambivalente lo encontramos con verbos como *haber* y *hacer*.

(25) a. La gata no pesa 13 libras.
       b. ¡Sí que las pesa! ¡Está gordísima!

    Las construcciones impersonales con *haber* y *hacer* son interesantes porque tienen propiedades mixtas. Teniendo en cuenta (26b-c) pensaríamos que el SN no es un verdadero OD porque no lo podemos sustituir por un pronombre, ni preguntar acerca de él. Si consideramos (26c'), tenemos que reconocer que esto no es categórico. De hecho, como observa Torrego (1999), es posible utilizar un pronombre con caso acusativo, (27).

(26) a. Había mucha gente en la fiesta.
       b.??/*Sí, las había.
       c.??/*¿Qué había en la fiesta? *Mucha gente.
       c'. ¿Qué había en la fiesta? Cerveza, vino y buena música.

(27) ¿Hay delegadas en la sala?
       Sí, las hay.
       (Torrego 1999)

Aunque no está clara la naturaleza del pronombre de OD en (27), no podemos negar su existencia. Este comportamiento se observa en refranes antiguos como (28).

(28) Dicen que no hay brujas, ¡pero de que las hay, las hay!

Hacer, por su parte, muestra una variabilidad similar. Aunque en (29) parecería imposible sustituir el SN *calor* por un pronombre acusativo o preguntar acerca de él, en ciertas circunstancias es posible, (30).

(29) a. Hace calor/mucho calor.
       b. ?Sí, lo hace.
       c. ?¿Qué hace?

(30) a. ¡Hace un calor horrible!
       b. ¡Sí que lo hace!

El que podamos usar un pronombre de OD sugiere que el caso acusativo está disponible en algunos de estos contextos. Una vez más concluimos que la clasificación de algunos elementos dista de ser categórica. Por último, vale la pena recordar que en el caso de *haber* algunos hablantes establecen la concordancia con el SN como si este fuera sujeto, (31a). Lo mismo ocurre con *hacer* (31b). Una pregunta que surge es si es posible, en casos en que hay concordancia, sustituir el SN por un pronombre con caso acusativo. La respuesta, teniendo en cuenta el ejemplo (32), parece ser afirmativa.

(31) a. <u>Habían</u> tres libros en la mesa.
      b. Hacen unos calores horribles en esta época.

(32) Ahí se identificará a los contratistas que recibieron lícitamente sus pagos, **que si** [sic] **los hubieron;** y, también a los que fijaron sobreprecios o ejecutaron otros ilícitos –los "truchos"–.[3]

Aunque no existe consenso con respecto a *haber*, hay que reconocer que tiene propiedades mixtas: 1) el SN puede ser sustituido por pronombres de OD en algunas circunstancias y podemos preguntar acerca de él, y 2) el mismo SN también puede establecer concordancia con el verbo.

Otros objetos marginales aparecen con verbos meteorológicos los cuales también carecen de argumentos. En estos casos también se pueden encontrar alternancias de concordancia, (33b-b').

(33) a. Esa tarde, llovía una lluvia fina. (cf. *Esta tarde la llovía/*Sí que la llovía.)
      b. Llovió 20 milímetros. (cf.?¡Sí que los llovió!; *20 milímetros fueron llovidos.)
      b'. Llovieron 20 milímetros.

Por último, los SNs que aparecen con verbos ligeros tampoco son ODs típicos. Recordemos que en las construcciones con verbos ligeros el sintagma OD aporta el significado a la construcción. En estos casos el elemento verbal tiene un significado muy general (*hacer*: 'acción'), y el contenido semántico surge al añadir el OD. Es lógico entonces que este OD no sea como los otros ODs, ya que su función es diferente: generar un tipo nuevo de eventualidad/evento.

(34) a. Berta va a darse una ducha. (darse una ducha=ducharse)
      b. ??/*Berta va a dársela.

(35) a. El niño se dio un golpe. (darse un golpe=golpearse)
      b. *El niño se lo dio.
      c. ¿Qué se dio??un golpe (Posible como respuesta a pregunta eco)

Complementos suplemento

No se deben confundir los ODs con los complementos preposicionales—también llamados complemento suplemento—que van regidos por una preposición. Estos últimos nunca se pronominalizan con un pronombre de OD y la preposición siempre es necesaria.

3 https://www.elcomercio.com/opinion/opinion-leon-roldos-quiebra.html, accedido: 28/6/2023.

(i)   El tendero abusaba <u>de sus clientes</u>. (cf. El tendero abusaba <u>de ellos</u>.)

(ii)   Insistíamos <u>en que había que contestar con urgencia</u>. (cf. Insistíamos <u>en eso</u>.)

(iii)   Dependemos <u>de tu buena voluntad</u>. (cf. Dependemos <u>de eso</u>.)

Algunos verbos alternan entre los dos formatos: transitivo y preposicional.

(iv)   Olvidé <u>la tarea</u>.

(v)   Me olvidé <u>de la tarea</u>. → Nótese el uso del pronombre reflexivo en este caso. ¿Qué ha pasado?

6.3   La transitividad

La transitividad, o sea, la posibilidad de que un verbo tome un OD, se ha utilizado para diferenciar y clasificar los verbos. Teniendo en cuenta esta noción, tradicionalmente se decía que había tres tipos de verbos: intransitivos, transitivos obligatorios y transitivos opcionales, Tabla 6.1. En el caso de los transitivos opcionales se proponía que tenían un objeto implícito (sobreentendido) cuando aparecían en formato intransitivo, como ilustra (36).

Tabla 6.1 Tipos de verbos según su grado de transitividad y ejemplos de cada grupo

Intransitivos	*Transitivos obligatorios*	*Transitivos opcionales (permiten la realización optativa del OD)*
crecer, morir, llegar, dormir, caminar, bailar…	devorar, obtener, difundir, conocer…	comer, leer, estudiar, beber, cocinar, limpiar…

(36)   a. Comimos bien anoche. (algo comestible)

b. Leímos durante las vacaciones. (libros, revistas, poemas)

c. Todos los días cocino. (algún tipo de comida)

d. Esteban limpia los fines de semana para ganar un poco más de dinero. (oficinas, casas)

e. Los niños estudian para los exámenes. (diferentes materias)

En la actualidad, la forma de entender la transitividad ha cambiado. Algunos investigadores la conciben como una propiedad gradable y no como una propiedad absoluta (Pérez-Leroux, Pirvulescu y Roberge 2018). Parte de esta forma de entender la transitividad surge del hecho de que numerosos estudios han observado cierta permeabilidad en el sistema. En primer lugar, dado suficiente contexto y ciertas interpretaciones, hasta los verbos transitivos obligatorios pueden funcionar como transitivos opcionales. Pensemos en un verbo como *picar* referido a los peces cuando se los pesca y "pican el anzuelo". En ese contexto es posible decir una oración como (37).

(37)   En esta zona no pican. (Adaptado de Ruda [2018])

En segundo lugar, desde las gramáticas de Correas y Bello se ha notado que algunos verbos intransitivos pueden aparecer con objetos de medición temporal o espacial, (38), u objetos que indiquen un subtipo de evento, (39), o una propiedad del evento, (40), comportamiento que los haría transitivos.

(38) a. Durmió dos horas.
b. Corrió 20 kilómetros.

(39) a. Cantó una canción bellísima.
b. Serafín bailó un vals.

(40) a. Murió una muerte violenta. (cf. Murió violentamente.)
b. Vivió una vida feliz. (cf. Vivió felizmente.)

Basados en estos datos, y de manera más radical, otros investigadores proponen que la transitividad no es una propiedad del verbo, sino de la oración o el predicado en que se emplea el verbo.

6.3.1 *Alternancias de transitividad*

Hay varias formas en que se puede aumentar o disminuir la valencia verbal, es decir, la cantidad de argumentos requeridos o realizados en una construcción. Cuando estas variaciones involucran al OD, tanto casos de omisión como de adición, se las denomina alternancias de transitividad/intransitividad. A continuación mostramos algunos de los contextos más comunes donde ocurren estas alternancias.

6.3.1.1 *Adición de un SN como OD*

Los ejemplos (38–40) muestran que es posible adicionar un SN, similar a un OD, a algunas construcciones con verbos intransitivos que, en principio, no requieren ODs. Estos objetos pueden ser **cognados** o dobletes, los cuales duplican el contenido léxico de la raíz verbal (41), (40) y (33a). También pueden ser **hipónimos**—establecen un subtipo—(42), **expresiones de medida,** (43), o expresiones que delimitan los verbos de movimiento, (44).

(41) a. Murió una muerte natural.
b. Vivió una vida tranquila.
c. Cantó una canción.

(42) a. Cantó el himno nacional/un bolero.
b. Corrió un buen maratón.

(43) Corrió 100 metros/tres kilómetros.

(44) a. Saltó.
b. Saltó una valla. (actividad vs. actividad delimitada)

Al igual que los objetos de los verbos ligeros que no toleran la pronominalización ni la pasivización, los objetos cognados tampoco las permiten; por lo tanto, también son objetos marginales. Algo interesante es que, en idiomas como el árabe o el hebreo, donde la derivación adverbial (i.e., formación de adverbios) no es tan productiva, las construcciones del tipo en (41a) y (41b), donde se adiciona un objeto modificado, se usan frecuentemente con diferentes clases de verbos para ofrecer una caracterización del evento o situación.

6.3.1.2   *Eliminación del OD*

El proceso contrario es la omisión del OD de un verbo transitivo. Este proceso resulta en diferentes interpretaciones del objeto implícito. Los ejemplos en (45) muestran que cuando el OD se puede recuperar a través de contexto discursivo se puede omitir. En estos casos se trata de un objeto presente, definido dentro del contexto físico o comunicativo, por lo que lo llamamos **objeto nulo contextual**.

(45) a. Yo lavo y tú secas.   Frente al fregadero
      b. Ábrele a la señora.   Indicando la puerta
      c. A: ¿Hay tarea?
         B: No creo (que haya tarea).

Otros ODs ausentes tienen una interpretación indefinida. Estos **objetos nulos indefinidos** se refieren a un referente no especificado. Existen varios tipos en dependencia de su interpretación. Están los que poseen una **interpretación estereotípica o de cognado**, (46).

(46) a. Dibujó toda la tarde. (unos dibujos)
      b. Cantó en el concierto de fin de curso. (canciones)
      c. Bailó mucho en la fiesta. (muchos bailes, piezas de música)
      d. Comió bien. (comida)

Otro tipo, ilustrado en (47), conlleva una especialización del significado, y el objeto nulo adquiere una **interpretación idiomática**.

(47) Mi padre ni fuma ni bebe. (=tabaco y alcohol, respectivamente)

Otras veces, los objetos implícitos se interpretan como la gente en general, (48). La **interpretación arbitraria** de los objetos nulos es igual a la de los sujetos indeterminados en oraciones impersonales del tipo *Se come bien en Toronto* (ver Capítulo 4).

(48) Esta medicina cura. (=a la gente en general) (arbitrario)

Finalmente, la combinación de la ausencia del objeto con el uso genérico del tiempo presente induce una interpretación del predicado como 'capacidad' del sujeto. Nótese que en (49) la intención del hablante no es decir que el perro muerde a alguien, sino establecer la habilidad/capacidad/posibilidad de morder. La oración adquiere un significado parecido al que tendría con el verbo modal *poder*. Decimos que el predicado con su objeto nulo adquiere una **interpretación modal**.

(49) Ese perro muerde. (=puede morder a alguien; habilidad/posibilidad)

Además de estas alternancias, hay procesos gramaticales que permiten alterar la valencia verbal. El más común es la voz pasiva. Otro caso es el de los verbos transitivos que alternan con una versión intransitiva. Contrástese la versión intransitiva con la transitiva en (50) y (51), donde el sujeto tema de las versiones (a) se realiza como OD en (b).

(50) a. El agua hirvió.
      b. Luisa hirvió agua.

(51) a. La nieve se derritió.
 b. El calor derritió la nieve.

6.4 Marcación diferencial del OD, también conocida como *a*-personal

El español distingue formalmente entre el OD y el OI. Los OIs siempre aparecen con la marca *a*, (52a), y se pronominalizan mediante un pronombre de dativo, (52b).

(52) a. <u>Le</u> traje un libro <u>a</u> <u>Marta</u>.
 b. <u>Le</u> traje un libro.

Los OD, como vimos, se asocian directamente con el verbo, (53a), y usan pronombres acusativos, (53b).

(53) a. Vio <u>esa película</u>.
 b. <u>La</u> vio.

Sin embargo, en español hay una marca idéntica a la preposición *a* que sirve para diferenciar o marcar de modo especial cierto tipo de OD. Es la llamada construcción de la *a*-personal. El contexto prototípico en que aparece esta marca es cuando los ODs son humanos y específicos. Como veremos, esta no es la única posibilidad.

> ### Condiciones generales de la *a*-personal
>
> En principio es una marca diferencial de OD humano (persona), pero aparece en otros contextos también para desambiguar la función sintáctica del elemento. Actualmente, todavía se discute cuál de las dimensiones semánticas es más relevante: individuación, animacidad o especificidad.

6.4.1 *La a-personal*

Los textos pedagógicos mencionan tres observaciones significativas (aunque un tanto simples) acerca de la *a*-personal: i) se requiere con ODs humanos y específicos, (54); ii) no se permite con ODs inanimados y no específicos, (55), y iii) con SNs humanos e indefinidos sirve para desambiguar entre la interpretación específica y la no específica, (56).

(54) a. Vi a mi madre/a los vecinos/a Luisa.
 b. *Vi mi madre/los vecinos/Luisa.

(55) a. Vi muchos carros/un libro que quisiera comprar/unos pájaros.
 b. *Vi a muchos carros/a un libro que quisiera comprar/a unos pájaros.

(56) a. Queremos contratar una administradora hispanohablante. (no específica)
 b. Queremos contratar a una administradora hispanohablante. (conocida por el hablante)

De casos como (56a) se dice que el OD describe el tipo de persona que queremos contratar y no se afirma su existencia (por lo tanto no puede ser específica). Una posibilidad es que tal persona no exista. En (56b), el hablante tiene en mente a un individuo en particular. Se usa el determinante indefinido por ser la mención inicial de un referente conocido por el hablante, pero no por el oyente, lo que se conoce como un indefinido específico. La pregunta entonces es la siguiente: ¿qué cuenta como personal y específico?

Un caso peculiar es el de los pronombres que requieren el uso obligatorio de la *a*-personal sean específicos o no, como muestra (57). Aunque los ODs son humanos, no hay individualización.

(57)   a. Los saludamos a todos/a ellos.
　　　　b. No saludamos a nadie/a ninguno.
　　　　c. *No saludamos nadie/ninguno.

Otros casos interesantes se dan cuando aparece la marcación con SNs no humanos, introduciéndose un significado que algunos autores han denominado de "personificación" o individuación, (58).

(58)   a. Traje a Fifí, mi perra.
　　　　b. Es importante honrar a la bandera.
　　　　c. Echan de menos a su tierra.

Teniendo en cuenta los casos anteriores, podemos concluir que la caracterización general del uso de la *a*-personal, aunque sólida, no cubre su distribución completa en español. Continuemos con los siguientes ejemplos. Nótese que cuando hay asimetría de animacidad, no hace falta la *a*-personal, (59). Sin embargo, cuando el OD y el sujeto son los dos humanos, (60), la *a*-personal se usa para distinguir las funciones gramaticales de los elementos. Obsérvense las dos posibilidades si no incluyéramos la *a*-personal, (61). Lo mismo sucede cuando el sujeto y el OD son animales, (62). El ejemplo en (62c), sin la *a*-personal, lo entendemos usando nuestra experiencia del mundo.

(59)   Juan vio <u>la película</u>.

(60)   Perseguía el guardia el ladrón.
　　　　(Torrego 1999, 1784)

(61)   a. El guardia perseguía el ladrón.
　　　　b. El ladrón perseguía el guardia.

(62)   a. ?El perro persiguió el mapache.
　　　　b. El perro persiguió al mapache.
　　　　c. El coyote persiguió el ratón.

Como señala Torrego (1999), numerosos gramáticos han llamado la atención sobre la similitud entre el sujeto y el OD cuando los dos son animados. Por esto se ha propuesto que la marcación diferencial del OD sirve para reparar la ambigüedad que surge cuando hay simetría entre el tipo semántico del sujeto y del OD (si los dos son humanos o animados o inanimados). En ausencia de marcado, asumimos que la interpretación emerge del orden de palabras, como en (61). Para finalizar consideremos (63), donde se invierte el proceso.

(63) El embajador <u>le</u> presentó <u>la actriz a su esposa</u> en la fiesta.

Algo curioso de (63) es que aunque el OD es humano y específico, la *a*-personal no aparece. Una hipótesis es que como los OIs siempre aparecen marcados con la *a*, si añadiéramos la a-personal delante del OD sería imposible saber cuál es cuál, (64).[4] Casos como (64) se consideran ejemplos de "indiferenciación" entre el OD y el OI (Alarcos Llorach 1999).

(64) ?El embajador le presentó a la actriz a su esposa en la fiesta.

Con estos dos últimos ejemplos queremos mostrar que en algunos casos se pueden "violar" ciertas restricciones sintácticas/semánticas si con ello se logra reparar la interpretación general de una construcción.

La *a*-personal

- Es obligatoria en ciertos contextos; prohibida en otros; opcional en algunos casos.
- Puede incluir los rasgos de +HUMANO, +ESPECÍFICO.
- Se usa consistentemente con pronombres, tanto definidos como indefinidos (*a ellos/a nadie*).
- Puede servir para desambiguar objeto y sujeto.
- Se evita para distinguir OD y OI: *Prefiero este candidato a aquel*.
- Puede alterar los significados: personificación/despersonificación (*Pasea a su perro/Pasea su perro*).
- Marca semántica de especificidad.

6.4.2 *La interacción de la a-personal con algunos predicados en español*

Hemos visto que el SN que aparece en posición posverbal en las construcciones existenciales con *haber* se comporta de manera ambivalente. En algunos casos puede ser reemplazado por un pronombre de OD y en otros generar concordancia. Otra propiedad es que nunca está marcado con la *a*-personal, (65), aun cuando el SN es humano o animado.

(65) a. Hay <u>un hombre/un perro</u> en el jardín.
     b. *Hay <u>a</u> un hombre en el jardín.

Esto se explica teniendo en cuenta dos factores. Algunos autores señalan que como la *a*-personal aparece en contextos en los que el sujeto y el OD pueden confundirse, como en estas construcciones solo aparece un SN, no hay necesidad de distinguirlo. Por otra parte,

---

4 Torrego (1998; 1999) también señala la similitud entre la *a* que marca los ODs (animados, humanos, específicos, etc.) y la *a* que aparece con los OIs. Esta lingüista nota que lo mismo ocurre en lenguas tan diferentes del español como el hindi, donde la misma partícula que se usa para marcar los OIs aparece con los ODs cuando estos tienen interpretación específica (Torrego 1998, Capítulo 2, específicamente, 13-15 y 24-5).

si pensamos que la *a*-personal a veces marca especificidad, nos damos cuenta de que tampoco tiene sentido en este contexto. Las construcciones existenciales tienen la función de afirmar la existencia de un ente a la vez que lo introducen por primera vez en el discurso. En estos casos no se puede decir que el SN sea específico o definido. Esto lo comprobamos en (66), que muestra la incompatibilidad del determinante definido con la construcción existencial. El mismo tipo de agramaticalidad la generan los nombres propios, (67), que son específicos. En estos casos se usa un verbo distinto en español: *estar*, (68).

(66) a. *Hay el hombre en el jardín.
      b. *Hay ese hombre en el jardín.

(67) *Hay Juan en el jardín.

> **¿Qué pasa en el ejemplo:** *Hay Juanes en todos los sitios?*

(68) a. El hombre está en el jardín.
      b. Juan está en el jardín.

Otros dos casos muy interesantes—que tal vez hayas oído mencionar—son el de *querer* y *tener*. Con ambos verbos se da un cambio de significado entre la versión con la *a*-personal y la versión sin esta, (69) y (70).

(69) a. Mi mejor amigo quiere una terapeuta.
      b. Mi mejor amigo quiere a una terapeuta.

(70) a. Mi mejor amiga tiene un hijo.
      b. Mi mejor amiga tiene al hijo enfermo/hospitalizado/en casa/de vacaciones...

En (69a) *querer* significa 'necesitar', mientras que en (69b) se interpreta como 'amar' (cf. *Mi mejor amigo quiere 'ama' a una sociópata.*) La diferencia de significado parece emerger de la presencia/ausencia de la *a*-personal. El caso de *tener* es más intrigante. Como señalamos en el capítulo anterior, *tener* es un predicado que indica posesión, (70a). No todas las lenguas tienen un verbo para expresar este significado; algunas usan la cópula, por ejemplo. Cuando la construcción con *tener* incluye la *a*-personal, (70b), hay un cambio de significado más sutil: no solo tiene un hijo, sino que nos dice el estado del hijo, el cual interpretamos con referencia al sujeto.

Las construcciones con *tener* muestran cierta variabilidad en cuanto a la inclusión de la *a*-personal. Es tentador pensar que si hay algún tipo de modificación del SN la *a*-personal es obligatoria; sin embargo, este no siempre es el caso. Cuando la relación de posesión es clara (aquí, relación hijo-madre), encontramos ejemplos como (71). En cambio, cuando incluimos un nombre o la referencia a un/a amigo/a, donde el SN no se interpreta relacionado necesariamente con el sujeto, la ausencia de la *a*-personal hace que la oración sea agramatical, (72).

(71) Tengo el niño enfermo/en casa/de vacaciones.
(72) a. *Tengo Juanito de vacaciones.
      b. *Tengo mi mejor amiga enferma.

Estos ejemplos ponen de manifiesto que no es tan sencillo determinar cuáles son las condiciones de uso de la *a*-personal en el contexto de *tener*. Con respecto a la interpretación general de estos casos, algunos autores, por ejemplo Demonte y Masullo (1999), proponen que en estos contextos *tener* deja de expresar posesión y pasa a significar algo así como que el sujeto de la oración está en una situación particular derivada del estado o propiedad del SN. Nótese que este significado no se puede parafrasear con un verbo específico, a diferencia de *querer* (*necesitar* vs. *amar*). Para nuestros objetivos, basta reconocer que es posible que *tener* aparezca con la *a*-personal, aunque las condiciones exactas que motivan esto no estén totalmente claras. Como vimos, hay dos factores que influyen: la modificación del SN y la relación de posesión entre el SN objeto con respecto al sujeto de la oración.

6.5 La sintaxis especial de los pronombres de objeto

6.5.1 *Los pronombres de objeto y sus posiciones con verbos simples*

La morfosintaxis de los pronombres de objeto es un tema de mucha importancia en los estudios del español tanto por sus características distintivas con relación a otras lenguas, como por el grado de variación dialectal que existe. Para entender esto, comencemos repasando el sistema pronominal del español. La Tabla 6.2, adaptada de King y Suñer (2008, 170), resume este sistema y ofrece una clasificación de los pronombres por sus rasgos morfológicos de persona, función gramatical, caso y propiedades acentuales. Veremos que la acentuación es una propiedad clave en la distribución sintáctica de los pronombres.

Con una simple observación de la Tabla 6.2 notamos un rasgo distintivo del sistema pronominal: no todas las funciones tienen una forma única. Es decir, una misma forma

Tabla 6.2 Sistema pronominal del español, clasificación por rasgos de persona, número, función, caso y acentuación

FUNCIÓN GRAMATICAL / ACENTUACIÓN	Sujeto (tónicos)	Objeto directo (átonos)	Objeto indirecto (átonos)	Reflexivos (átonos)	Objeto de preposición (tónicos)
CASO GRAMATICAL	Nominativo	Acusativo	Dativo		Objetivo
1.ª	yo/nosotros	me/nos			mí/nosotros
2.ª	tú, vos (Argentina, El Salvador…)/ vosotros (España)	te/ os			ti, vos/ vosotros
3.ª	él, ella, usted/ ellos, ellas, ustedes	lo, la/ los, las	le/ les	se	sí (también: él, ella, usted/ ellos, ellas, ustedes)

puede cumplir diferentes funciones. Esto es particularmente visible en las formas de los pronombres de OD y OI de la primera y segunda personas. (Las formas del reflexivo, aunque aparecen separadas, corresponden a las funciones de OD y OI.)

La división más importante desde el punto de vista sintáctico, como se ha señalado ampliamente, es la que existe entre los pronombres tónicos, *yo, tú, nosotros, ellas*, etc., que tienen acento propio y la misma distribución que los SNs, y los átonos, *me, nos, les*, etc., que son acentual y sintácticamente dependientes. Específicamente, los pronombres átonos, también llamados clíticos, se distinguen de los tónicos o fuertes en que no pueden aparecer solos, sino que se apoyan en un verbo. Por ejemplo, un pronombre átono no puede ser respuesta a una pregunta, como muestra (73) (cf. (74)). Tampoco puede recibir acentuación enfática o contrastiva, (75a). Por consecuencia, para enfatizar un OD pronominal hace falta duplicarlo con su equivalente fuerte, (75b).

(73) a. ¿A quién viste?
      b. *La./*A la.

(74) a. ¿Quién vino, Raúl o Sara?
      b. Ella.

(75) a. *LA vi.
      b. La vi a ELLA.

Dentro de las características de los ODs anteriormente señaladas se encuentra que poseen caso acusativo. En lenguas como el latín o el alemán, las funciones gramaticales (sujeto, OD, OI, etc.) se asocian con la morfología de los SNs y los diferentes casos tienen desinencias específicas (lo que se conoce como morfología de caso). En lenguas como el inglés y el español, sin embargo, los contrastes de caso solo ocurren dentro del sistema pronominal: a) *I/me; he/him; she/her; they/them*; y b) *yo/me; tú/te; ella/la*, inglés y español, respectivamente.

Al comparar los pronombres átonos con los pronombres fuertes en español, notamos diferencias en la marcación o rasgos expresados. En el caso de los pronombres fuertes, los de primera y segunda persona marcan caso (la función) pero no género, mientras que los de tercera marcan tanto caso como género. Los pronombres átonos marcan todavía menos información. Los de primera y segunda personas no marcan caso (fusionan las formas de OD y OI) ni género. Mientras que los de tercera o marcan caso, los de dativo, o marcan caso y género, los de acusativo. El *se* es un caso complejo, con múltiples usos y significados, que trataremos más detalladamente en el próximo capítulo. Por el momento, solo señalaremos que es un pronombre no especificado, que no marca ni caso, ni género, ni número. Además, si consideramos que la tercera persona es también una categoría de contenido negativo (la ausencia de participación en el discurso), el *se* también conlleva la ausencia de persona. En otras palabras, el *se* es el pronombre con menos rasgos morfológicos. La Figura 6.1, a continuación, basada en la propuesta de análisis del lingüista canadiense David Heap, ofrece una caracterización de los pronombres de objeto en cuanto a los rasgos sintácticos de persona, caso y número que estos expresan.

Como vimos, las propiedades acentuales de los pronombres átonos determinan que su distribución no sea independiente, es decir, no pueden aparecer por sí solos, sino

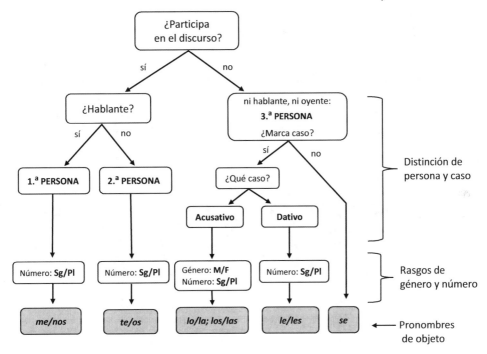

Figura 6.1 Inventario de pronombres de objeto y clasificación por rasgos, basado en la propuesta de Heap (2005).

asociados a una forma verbal. Nótese el contraste con los ODs léxicos que pueden aparecer en varias posiciones, (76) y (77).

(76)　a. Ayer leí **el artículo** detenidamente.
　　　b. Ayer leí detenidamente **el artículo**.
　　　c. Leí ayer **el artículo** detenidamente.

(77)　a. Ayer **lo** leí detenidamente.
　　　b. *Ayer leí **lo** detenidamente.
　　　c. *Ayer leí detenidamente **lo**.

Los clíticos son pronombres débiles que siempre ocupan posiciones adyacentes al verbo, cuya forma, flexionada o no, determina la posición específica del pronombre. Si se trata de formas conjugadas, los pronombres átonos aparecen antepuestos, (78). Si se trata de formas no conjugadas, siguen al verbo y forman una palabra única con este, (79). El orden antepuesto se llama proclisis; el pospuesto, enclisis.

(78)　a. **Lo** vi ayer.
　　　b. **Me** visitó.
　　　c. **La** cociné por media hora a fuego alto.

(79) a. Al ver**la**, me horroricé.

     b. Teniéndo**la** tan cerca, no deberías esperar tanto para visitar**la**.

     c. (Hablando de verduras) Cocinándo**las** de esa manera, no saben a nada.

Entre las formas conjugadas incluimos tanto los tiempos simples, por ejemplo, *Lo dibujó bien*, como los tiempos perfectos formados con *haber* y el participio verbal: *Lo ha dibujado bien*. Igualmente, los imperativos conjugados con morfología de subjuntivo, es decir, los imperativos negativos, siguen este mismo patrón: *No lo dibujes así*. En cambio, los imperativos positivos se agrupan con los verbos no conjugados: ¡Dibújalo bien!

> **Los pronombres átonos** o **clíticos** son elementos que no tienen independencia distribucional: siempre aparecen ligados (o junto) a un verbo o forma verbal, elemento que es su anfitrión. Fonológicamente se considera que los clíticos no tienen acento, de ahí que se dice que son átonos. Esta propiedad les imposibilita aparecer de manera independiente.

6.5.2 *La posición de los clíticos en grupos verbales complejos*

Hasta ahora hemos visto que existen dos posiciones en las que los pronombres de objeto o clíticos pueden aparecer, las cuales dependen de la flexión verbal. Pero ¿qué pasa cuando tenemos una secuencia compuesta por al menos dos verbos, uno conjugado y el otro un infinitivo o un gerundio?¿Cuáles serían las respuestas a las preguntas siguientes si sustituyéramos el OD por el clítico acusativo correspondiente?

(80) a. ¿Puedes leer la carta ahora? Sí, _____

     b. ¿Amanda está terminado el ensayo? No, _____

La respuesta corta a la pregunta anterior es que hay dos posiciones posibles: una al inicio de la frase verbal y otra después del último verbo de la secuencia. La primera opción, la posibilidad de colocar el pronombre átono al inicio de la frase, se denomina **monta o subida de clíticos**. A continuación analizaremos las propiedades generales de este fenómeno sintáctico.

En los contextos de perífrasis verbal (dos o más verbos), donde se combinan un auxiliar con infinitivo o gerundio, o en los de verbo modal seguido de infinitivo, los hablantes permiten variación en cuanto a la posición del pronombre con respecto al grupo verbal, (81)–(83). Así los pronombres átonos pueden aparecer tanto al inicio, delante del verbo conjugado, o como parte de la forma no conjugada.

(81) a. Voy a leer**la** detenidamente.

     b. **La** voy a leer detenidamente.

     c. **La** voy a poder leer detenidamente.

(82) a. Estaba riéndo**se**.

     b. **Se** estaba riendo.

(83) a. Puedes ver<u>la</u> claramente desde aquí.
     b. <u>La</u> puedes ver claramente desde aquí.

Nótese que los casos anteriores se diferencian de los tiempos compuestos formados con *haber,* donde el complejo verbal funciona simplemente para marcar tiempo. Estos se comportan simplemente como si fueran un verbo conjugado, (84).

(84) a. Luisa nos ha ayudado mucho.
     b. *Luisa ha ayudádonos mucho.

La monta o subida de clíticos solo es posible en construcciones de grupos de verbos asociados; es decir, cuando tenemos al menos dos verbos juntos y uno de ellos es de forma no conjugada, como ilustra (85).

(85) a. <u>Lo</u> [está dibujando] bien.
     b. <u>Lo</u> [va a dibujar] bien.
     c. <u>Lo</u> [puede dibujar] bien.

La idea general en estos casos es que una vez que los verbos se asocian forman una unidad. Como la frase verbal está formada por un verbo conjugado y, al menos, uno no conjugado, reúne en sí misma las dos posibilidades de distribución de los pronombres átonos: al inicio, delante del verbo conjugado, y al final, junto al verbo no conjugado. Es importante señalar que la monta de clíticos es opcional, ya que el pronombre siempre puede aparecer en su posición base, como enclítico, (86).

(86) a. [Está dibuján<u>dolo</u>] bien.
     b. [Voy a dibujar<u>lo</u>] bien.
     c. [Puedo dibujar<u>lo</u>] bien.

Nótese que el pronombre de OD *lo* es uno de los dos argumentos del verbo *dibujar,* por lo que decimos que está asociado a este. Si hay dudas, la sustitución del OD *un pez,* por el clítico *lo* demuestra que este es el caso, (87).

(87) a. El niño dibujó un pez.
     b. El niño lo dibujó.

La monta o subida de clíticos se refiere al movimiento de los pronombres átonos desde una posición que se considera su posición de origen o posición base hacia otra posición que se considera más alta, de ahí el nombre de subida. La denominación de subida viene de la gramática generativa donde las estructuras se representan en forma jerárquica con diferentes niveles y se dice que el clítico se desplaza de una posición más baja a otra más alta. <u>La idea fundamental, sin embargo, no depende de una estructura jerárquica. Simplemente podemos entenderla como la realización del pronombre átono en una posición diferente al verbo del cual es un argumento.</u>

Hasta ahora hemos descrito la monta de clíticos con verbos funcionales tales como auxiliares y modales. La monta de clíticos también se da con otras clases de verbos con más contenido léxico como los verbos de deseo o los verbos aspectuales (*la queremos pintar/la acabamos de pintar*). En estos casos, los grupos de verbos no son perífrasis verbales, sino verbos que pueden tener como OD una oración subordinada de infinitivo, por ejemplo, *quiero helado/quiero comprar helado/quiero que me compres un helado*. En el Capítulo 8, al tratar el tema de los predicados complejos formados por un verbo y una oración subordinada, retomaremos la monta de clíticos y veremos que, si bien en algunos casos es posible, en otros no lo es.

6.5.3   *(Re)duplicación del clítico de OD*

Vimos que los ODs en español pueden tener las siguientes características: a) ser un SN (marcado o no por *a*-personal), b) estar implícito, y c) estar expresado mediante un pronombre átono con caso acusativo. Existe, además, una configuración adicional: la posibilidad de que en una misma oración aparezcan tanto el sintagma que funciona como OD como el pronombre acusativo que lo reproduce. Este fenómeno se conoce como "(re)duplicación" o "doblado" de clíticos.

La (re)duplicación entre clítico y OD obedece a varias condiciones. Compárese (88), donde los ODs son nombres, con (89) y (90), donde son pronombres.

(88)   a. Vimos a Beatriz en la fiesta.
       b. Llamamos a Julio, pero no respondió.

(89)   a.*Vimos <u>a ella</u> en la fiesta.
       b. <u>La</u> vimos <u>a ella</u> en la fiesta.

(90)   a. *Llamamos a él, pero no respondió.
       b. Lo llamamos a él, pero no respondió.

Cuando el sintagma OD es un pronombre fuerte, se requiere su doblado con un pronombre átono. El por qué esto es así es tema de debate. Algunos investigadores proponen que la realización del pronombre fuerte en español siempre es aclaratoria o enfática, semejante a lo que sucede con la realización de los sujetos pronominales. Siguiendo esta lógica, lo que estaría de más en estos casos sería el SN con el pronombre fuerte que serviría para aclarar de quién se trata. Por el momento, solo vamos a tener en cuenta que cuando un sintagma OD es un pronombre fuerte, se requiere la presencia del pronombre átono también.

En general, en la mayoría de los dialectos del español no hay duplicación cuando el OD es un SN que incluye un sustantivo (ya sea propio o común). Así solo se duplica el OD cuando este incluye un SN que es un pronombre y también con ciertos cuantificadores como *todos*. La duplicación en (91a-c) solo se permite en algunas variedades; la de (91d) generalmente no es aceptada en ninguna. Volveremos a este tema en 6.5.4.

(91)   a. *La vimos a Rosa en la fiesta.
       b. *Lo llamamos a Julio pero no respondió.
       c. *Lo llamamos al profesor.
       d. *Lo llamamos a un profesor de francés. (generalmente no aceptado)

Además de la duplicación obligatoria en el caso de los ODs que son pronombres personales, la duplicación resulta obligatoria cuando el OD aparece al inicio de la oración, compárense (92) y (93). (Dentro de la gramática generativa esta colocación se conoce como dislocación a la izquierda.) Una restricción es que solo los SNs definidos se pueden duplicar. Compárense los ODs definidos en (92) y (93) con el SN sin determinante en (94). Casos como (94b) tienen una entonación distinta, con énfasis en el SN *café*.

(92)   a. El reporte, lo escribió la directora.
       b.*El reporte, escribió la directora.

(93)   a. Siempre compro las naranjas ahí.
       b. Las naranjas, siempre las compro ahí.

(94)   a. No bebo café
       b. Café, no bebo.

Los SNs sin determinante, debido a su significado no específico, son generalmente incompatibles con la pronominalización, ya que los pronombres expresan referentes específicos. Nótese la agramaticalidad de (95b).

(95)   a. ¿Quieres café?
       b. *No lo quiero. (cf. No, no quiero.)

6.5.4   *Variación regional en el sistema pronominal*

El sistema pronominal del español es un área de divergencia dialectal. Uno de los parámetros de variación son las formas de segunda persona y las diferentes maneras de marcar los contrastes de familiaridad/confianza y respeto.

Patrones de uso de pronombres de segunda persona

TÚ/UD./UDS. En muchas variedades se marca la formalidad solo en la segunda persona del singular y se usa *ustedes* (Uds.) por defecto en la segunda persona del plural.

VOSOTROS. Los dialectos de español peninsular tienen el pronombre informal *vosotros* en el plural que supuestamente contrasta con el formal Uds. En algunas gramáticas, como la de la RAE, se dice que en las variedades europeas del español, a excepción de Andalucía y Canarias, *vosotros* es el plural de tú, y Uds. el de Ud. Sin embargo, de acuerdo a Morgan y Schwenter (2016), en estas variedades domina el *vosotros* y el contraste de formalidad solo se expresa regularmente en el singular. Para muchos hablantes la forma Uds. se percibe como que no forma parte del lenguaje común o como forma extranjera.

VOSEO. Uso de una segunda persona informal *vos*. Existe variación en la conjugación.
   Vos <u>sabés</u> que a veces hay desencuentros. (canción argentina)
   (https://es.wikibooks.org/wiki/Español/La_conjugación/El_voseo, accedido: 28/6/2023)

   ¡Pa' que vos <u>veáis</u>! (Venezuela)
   (https://asihablamosespanol.wordpress.com/2018/04/14/pa-que-vos-veais-uso-del-voseo-en-america-latina/ accedido: 28/6/2023)

Los pronombres de objeto también son fuente de variación regional en el mundo hispanohablante. Específicamente, encontramos que hay variación en la realización o no de los pronombres de ODs, en las distinciones entre las formas de dativo y acusativo y en los patrones de duplicación. Veamos estos tres contextos de variación por turno.

Omisión de OD en variedades latinoamericanas. Anteriormente notamos que los objetos nulos aparecen en contextos indefinidos o estereotípicos, con verbos de transitividad opcional, como el uso de *comer* por 'comer comida/comer algo'. También vimos que en determinados contextos donde el referente está presente en el contexto físico del habla, se permiten los objetos nulos, aun cuando el referente es definido. Son de uso frecuente con los imperativos, (96).

(96) a. El café está caliente. ¿Le sirvo__?   Pregunta el camarero
      b. Toma__ y lee__.   'Esto que te estoy pasando'

En ciertas variedades de contacto se amplía el uso de los objetos nulos a contextos definidos, aunque no esté presente el referente. Camacho, Sánchez y Paredes (1997) investigaron el uso de clíticos en hablantes bilingües del Perú cuya primera lengua era el quechua y encontraron que, independientemente de su nivel de español, estos hablantes utilizaban construcciones como (97).

(97) a. A: ¿Y Uds. preparaban el desayuno para los pensionistas?
         B: Sí, mis hermanas preparaban__.
      b. A: ¿Extrañas mucho a tu papá?
         B: Sí, extraño__.
      c. A: ¿Qué hace (el lobo), la mata o no la mata a la oveja?
         B: Sí, mata__.

Obsérvese que estos objetos implícitos tienen interpretación definida y en otras variedades requerirían pronombres átonos. Este patrón, según Camacho, Sánchez y Paredes, se debe a la influencia de la lengua quechua.

Variación en la forma de los pronombres de tercera persona. Habíamos clasificado *lo/la* como pronombres de acusativo (OD) y *le* como pronombre de dativo (OI). Esta generalización describe una buena parte de las variedades del español. Sin embargo, hay regiones donde el uso de *le* por acusativo es norma común. Este es el caso en algunas zonas de España, ciertamente con OD animados y menos frecuentemente con inanimados. El uso de *lo* o *la* por el pronombre dativo en variantes ibéricas es mucho menos frecuente, pero también existe. Algunos asocian este último uso a variedades rurales.[5]

(98) Leísmo
      a. ¿Viste al profesor?
      b. Sí, **le** vi.

(99) Laísmo
      a. Yo **la** di un beso a Josefa
      b. Cuando abrió la Marcelina, **la** dijeron: ¿Vive aquí Marcelina Domínguez?

5 Ejemplos tomados de https://www.gramaticas.net/2018/05/ejemplos-de-leismo.html y https://www.rae.es/dpd/la%C3%ADsmo, ambos accedidos: 28/6/2023.

(100) Loísmo
      a. A Enrique **lo** ofrecieron un buen trabajo.
      b. Una vez recuperados los informes, **los** prendieron fuego.

El leísmo también se da en algunas variedades del español andino como el español de Ecuador, (101).

(101) a. **Le** conoció a mamá.
      b. **Les** calentará a los pollitos.
        (Fernández Soriano 1999)

Variabilidad en el uso de los pronombres átonos en zonas de contacto entre lenguas

Mayer y Sánchez (2017) documentan procesos de neutralización en los rasgos de los clíticos en hablantes bilingües del Perú cuya otra lengua es shipibo o quechua. Estos hablantes usan con mayor frecuencia las construcciones de dislocación que los hablantes monolingües. Algunos hablantes favorecen el *le* y otros el *lo*, pero introducen también formas femeninas y el *se*. Añadimos las variantes más generales entre corchetes para fines de comparación.

Lo conoce a las chicas.   [Las conoce, a las chicas]
El niño se abre la caja. (sin significado reflexivo)   [El niño abre la caja]

Hay mayor variabilidad en casos de dislocación del OD, algo especialmente frecuente en algunos de estos grupos de hablantes.

Y el perro también le mira al sapo.   [Y el perro también lo mira, al sapo]
Y el perro le patea al loro.   [Y el perro, lo patea, al loro]
Al niño puede morderle.   [Al niño, puede morderlo]
Ella, yo le llevé a Iquitos.   [A ella, yo la llevé a Iquitos]

En los tratamientos prescriptivos se ha denominado el laísmo/loísmo/leísmo como un "vicio" o error. Pensándolo un poco, la misma definición dada anteriormente trata estos patrones de uso como si fuesen casos de "sustitución" de una forma por otra. Pero desde una perspectiva mentalista, resulta improbable que el hablante tenga en su mente una regla mental que estipule "uso de dativo por acusativo" o viceversa. Lingüistas como Ordóñez (1999) y muchos otros apuntan que estos casos muestran una diferencia en la valoración de los rasgos de caso, género y número, distinta de la que representamos en la Figura 6.1. Así proponen que distintos grupos de hablantes atribuyen diferente organización a los rasgos dentro de su sistema de pronombres átonos. Muchos hablantes leístas, por ejemplo, hacen un contraste de caso en femenino, y reducen a *le* en masculino. En cambio, otros hablantes leístas, como en el caso de la variedad ecuatoriana, reducen todo el sistema de tercera persona a *le*. Los hablantes laístas o loístas (que muchas veces no son los mismos) probablemente dan primacía al género sobre el caso en su representación de los pronombres. Ordóñez sugiere que en el dialecto de Santander solo se marca el género, y que la función gramatical o caso simplemente no está marcada en ese sistema.

(Re)duplicación del clítico en el español del Río de la Plata. Como vimos en la sección anterior, la posibilidad de (re)duplicación entre clítico y el OD depende del tipo de SN que sea el OD y de su posición en la oración. En la mayoría de las regiones, la (re)duplicación es obligatoria cuando hay dislocación del OD definido, tanto a la izquierda como a la derecha, (102a) y (102b), respectivamente, y cuando el OD es un pronombre, (102c).

(102)   a. La vi, a Rosa
   b. Las papas, las tienes que pelar primero.
   c. La vimos a ella

El español de Argentina, en particular la variedad del Río de la Plata (español rioplatense ER), difiere de otras variedades en que la (re)duplicación del sintagma OD ocurre con frecuencia, aunque el objeto no esté dislocado. Primariamente sucede con SNs humanos que contienen nombres propios o SNs definidos (Suñer 1988; Estigarribia 2006).

(103)   a. La vi a Rosa. (ER)
   b. Yo lo voy a comprar el diario. (Suñer 1988)
   c. ¿La vas a llamar a Marta? (Estigarribia 2006)
   d. Lo quiero a mi país. (Estigarribia 2006)

Suñer (1988) usa los siguientes ejemplos para demostrar que no es obligatorio que el OD sea definido para la (re)duplicación de clíticos en el ER.

(104)   a. **La** asaltaron **a una mujer** sustrayéndole la cartera donde tenía dinero en efectivo
   b. Cuando iba al vestuario **lo** escupió **a un rival**.

En estos casos, los ODs son indefinidos, por lo que esta investigadora sugiere que la condición para (re)duplicación en esta variedad es que los ODs humanos tengan una interpretación específica.

6.6   Resumen

En esta unidad estudiamos los ODs y sus propiedades generales. Vimos que, a diferencia de los sujetos, los ODs tienen menos posibilidades de variación semántica en cuanto a su rol temático porque están mucho más ligados al significado del verbo. Aprendimos, además, que es más acertado analizar la transitividad como una propiedad gradual, ya que existen ejemplos que demuestran que tanto los OD obligatorios se pueden omitir si existen las condiciones necesarias, como que es posible añadir elementos que parecerían similares a los ODs en contextos en los que en principio no son requeridos.

Los ODs reflejan ciertas propiedades particulares del español. Una de ellas es la marcación diferencial o *a*-personal que aparece cuando el OD es humano y/o animado y específico, o cuando necesitamos diferenciar las funciones sintácticas (sujeto vs. OD) de los argumentos con propiedades similares. Otra particularidad del español es el doble sistema de pronombres de objeto (átonos y tónicos), y los procesos de (re)duplicación entre SNs objeto y los clíticos. Estudiamos, además, que la morfosintaxis de los clíticos es también ámbito de variación regional, tanto en cuanto a la organización de los rasgos, como en los patrones de realización y de (re)duplicación. Por su distribución fija relativa al verbo y los diferentes procesos de ordenamiento de rasgos en los diferentes dialectos del español, se dice que los pronombres átonos ocupan un espacio intermedio entre la sintaxis y la morfología.

LECTURAS RECOMENDADAS

Los ODs y los clíticos ocupan una amplia bibliografía. Para una perspectiva general sobre muchos de los temas cubiertos en este capítulo, recomendamos Campos (2016). Por su parte, Fernández Soriano (2016) ofrece una excelente entrada al tema de los clíticos.

6.7   Ejercicios

6.7.1   *Repaso de conceptos*

A. Conceptos. Asigne a cada definición el concepto que le corresponde. Note que hay más conceptos que definiciones.

Definición	*Conceptos*
1. Tipo de verbo que tiene poco significado y solo mediante la adición del OD concreta el significado.	a) laísmo
2. Cuando aparece en una oración tanto el OD como el clítico acusativo que lo reproduce.	b) monta de clíticos
	c) objetos cognados
3. Realización del pronombre átono al inicio de la frase verbal, i.e., separado del verbo del cual es argumento.	d) ligero
4. Sustitución de los pronombres de acusativo de tercera persona por los de dativo de tercera persona.	e) alternancia de transitividad
5. Posibilidad de algunos verbos de tomar o no ODs.	f) implícitos
6. ODs que se sobreentienden por el contexto.	g) (re)duplicación
7. Objetos que aparecen con algunos verbos y se forman a partir de la misma raíz.	h) marginales
	i) canónicos
	j) leísmo

6.7.2   *Análisis básico*

B. Identificación. Identifique los ODs en las siguientes oraciones.

1. Luis escribió una novela que ganó un premio el año pasado.
2. Amelia besó a su hijo.
3. Amelia le dio un beso a su hijo.
4. Cayó el precio del petróleo.
5. Siempre veo gatos cuando salgo por la noche.
6. El calor cansa a los perros.

7. El calor derritió la mantequilla que estaba sobre la mesa.

8. Apenas llamo a Francisco últimamente.

C. **Papeles temáticos.** Identifique los ODs e indique el rol temático de cada uno. ¿Qué conclusión puede sacar?

1. Julia cocinó el salmón para la cena con sus padres.
2. Luisa escribió un nuevo libro de aventuras para niños.
3. Bernardo, el perro de Francisco, rompió el cojín.
4. A mi gata la asustan los insectos.
5. Siempre escucho ruidos por las noches.
6. La llave abrió la puerta.
7. Luis abrió la puerta con la tarjeta magnética.
8. Tus malas formas molestan a tu madre.
9. Justina odia los mapaches.
10. Vimos el cuadro famoso en la exposición.

D. **Objetos creados, consumidos, afectados y estímulo.** Señale los ODs y diga su interpretación semántica.

1. Paula se bebió todo el vino tinto.
2. Luis hizo un rico pastel de manzana.
3. Sebastián recalentó la lasaña.
4. Los invitados oyeron un fuerte estruendo.
5. Los niños escucharon las instrucciones con atención.
6. Juan escribió un ensayo para la clase de lengua.
7. Juan corrigió el ensayo antes de entregarlo.
8. Mi compañera de cuarto dobló la ropa.

E. **Interpretaciones de los objetos implícitos: contextual, estereotípica, idiomática, arbitraria y modal.** Identifique el tipo de interpretación que se asocia con los ODs nulos en las oraciones siguientes y proporcione una paráfrasis de cada uno.

1. Ándale y sírvele al abuelito.
   Tipo_____paráfrasis:_____
2. Esos precios asustan.
   Tipo_____paráfrasis:_____
3. Este detergente limpia bien.
   Tipo_____paráfrasis:_____
4. Jorge bebe desde temprano.
   Tipo_____paráfrasis:_____
5. Aunque llegó a ser un autor reconocido, Manuel de la Fuente ya no escribe.
   Tipo_____paráfrasis:_____

F. **Argumentación.** Explique brevemente, con ejemplos apropiados, por qué tiene más sentido tratar la transitividad como propiedad "gradable" y no como absoluta.

G. **Tipos de objetos.** Diga si se trata de objetos canónicos o marginales. Justifique su respuesta con dos pruebas relevantes.

1. El director revisó personalmente las peticiones de los estudiantes.
2. La casa de Carlos tiene una piscina en el patio.
3. La casa de Carlos cuesta un millón de dólares.
4. El alcalde del pueblo organizó la demolición del edificio que era patrimonio.
5. El padre de Martina agarró una gripe horrible.
6. El padre agarró a Martina por el brazo.

H. **Objetos especiales.** ¿Cómo se denomina el tipo de objeto subrayado en las siguientes construcciones y por qué? ¿Qué interpretación tienen?

1. Esa tarde llovía <u>una lluvia muy fina</u>.
2. Mi vecino vivió <u>una vida digna</u>.
3. Marta corrió <u>una buena carrera</u>.

I. **Marcación diferencial del OD.** Identifique los casos que incluyen *a*-personal y subráyela.

1. José fue a París el año pasado en mayo.
2. El vecino me dijo que había visto al candidato ayer.
3. Nunca veo a nadie cuando salgo por las mañanas.
4. Se la di a Luisa ayer.
5. Conozco a alguien que te puede orientar acerca de eso.
6. Esta semana condenaron a los miembros corruptos del gobierno.
7. En inglés el sujeto precede al verbo.
8. Luis le envió una carta a su madre a Londres.

J. *a***-personal.** Coloque la *a*-personal en los casos que sea necesaria. Si hay dos posibilidades, describa el contraste de significado.

1. Los invité_____ellos la semana pasada.
2. El gobierno implantará_____las medidas necesarias para mejorar las condiciones de vida en la zona.
3. Vimos_____mucha gente que no conocíamos.
4. Busco____una secretaria que hable español.
5. Julieta quiere_____un plomero.
6. Vimos_____elefantes en el zoológico.
7. Hay____un hombre esperado por ti.
8. Los estudiantes esperaban_____la profesora.
9. Tiene_____su hermana en su casa en estos días.
10. Los funcionarios anunciaron_____el inicio de una nueva etapa en las negociaciones.
11. Últimamente han sancionado_____muchos atletas por usar drogas.
12. Mis padres fueron a esperar_____mi hermana al aeropuerto.
13. Presionaron_____el primer ministro para que se pronunciara al respecto.

K. **Duplicación de los ODs.** Agregue el pronombre átono correspondiente donde sea necesario. Justifique su respuesta.

1. A mi hermana_____invitaron a la fiesta de cumpleaños.
2. No_____quiero tomar vino.

3. Esta mañana_____vi a Sebastián y a José en la estación de St. George.
4. Todos los años mis primos_____llaman a nosotros para felicitarnos por año nuevo.
5. El pastel, Laura_____preparó desde ayer porque hoy no tenía tiempo.
6. No_____vi a nadie durante la mañana.
7. A casi todos los perros_____asustan los truenos.

L. Pronombres átonos. Reescriba las siguientes preguntas incluyendo el pronombre átono de acusativo correspondiente.

1. Elena va a comprar un libro de gramática. ¿Cuándo va a comprar?→
2. Javier siempre entrega la tarea antes de clase. ¿Cuándo entrega?→
3. Debemos leer los artículos antes del examen. ¿Cuándo debemos leer?→
4. Alfredo había traído un pastel para la fiesta. ¿Para qué había traído?→
5. Luisa María empezará a escribir el informe la semana próxima. ¿Cuándo empezará a escribir?→

6.7.3   *Problemas de reflexión*

M. Tipos de objetos. Aunque se trata del mismo verbo, los SNs subrayados difieren en cuanto a sus propiedades como objetos. ¿A qué se debe esta diferencia? PISTA: ¿cómo contribuye cada uno a la interpretación del enunciado?

1. Mi amiga duerme <u>a su bebé</u> fácilmente.
2. El bebé de mi amiga duerme <u>una siesta</u> fácilmente.

N. Pronombres átonos: posición, rasgos y usos.

i) Los pronombres átonos siempre están asociados a una base verbal; sin embargo, pueden aparecer en dos posiciones: enclíticos o proclíticos. Ponga dos ejemplos de cada caso y diga qué factor determina la posición.

ii) Teniendo en cuenta la Figura 6.1 de este capítulo, diga cuál/cuáles son los pronombres átonos más especificados en español. Justifique su respuesta.

iii) Además de usos canónicos (con respecto al caso), los pronombres átonos pueden tener usos no canónicos. Ponga dos ejemplos de este tipo de variación y describa la sustitución que ocurre.

Ñ. ODs y pronombres. La duplicación del OD por un pronombre átono es obligatoria en ciertos contextos en todas las variedades del español; sin embargo, en el Río de la Plata está más extendida. ¿Cuáles son los contextos que son comunes a todas las variedades? ¿Cómo se diferencia el español del Río de la Plata? Busque ejemplos naturales en la web.

O. *Haber.* Vimos que *haber* puede concordar con el SN que aparece en las construcciones existenciales y también que el mismo SN puede ser sustituido por un pronombre con caso acusativo. Las dos propiedades pueden coexistir en un mismo enunciado, ver ejemplo (32). ¿Qué nos dice esto de la gramática en general?

P. ¿Cuál es el comportamiento del verbo *existir* con respecto a la *a*-personal? Argumente su respuesta.

Q. **Variación.** Los siguientes ejemplos muestran un caso interesante de variación de los pronombres de acusativo.[6] ¿Qué puede decir respecto a la selección del pronombre?

Variedades latinoamericanas: ¿la pasaron bien?

Variedades peninsulares: ¿os lo pasasteis bien?

R. **Lo.** ¿Qué tipo de pronombre es el que aparece subrayado en el siguiente diálogo? ¿A qué se refiere? ¿Qué nos dice esto de los posibles referentes de los pronombres?

A: Mis hermanas todas son muy talentosas.

B: ¡Sí que <u>lo</u> son!

6 Agradecemos a un revisor anónimo por estos ejemplos.

7 Objetos indirectos y pronombres de objeto

Temas

Objetos indirectos: propiedades generales, estatus argumental e interpretaciones; los OIs y los SPs
Pronominalización de los OIs
Pronombres átonos de dativo y acusativo, secuencias de clíticos y sus propiedades
Variación lingüística en el uso de los pronombres de acusativo y los de dativo

Objetivos

Identificación de los OIs y sus propiedades generales
Completar la caracterización de los pronombres átonos

Introducción

En este capítulo nos ocuparemos del estudio de los objetos indirectos (OIs), también conocidos como complementos indirectos y/o dativos dentro de la gramática y la lingüística españolas. Los OIs son elementos muy interesantes por dos razones. Primero, revelan de manera bastante clara cómo se pueden usar ciertos recursos sintácticos para construir ciertos significados en la lengua. Segundo, muestran cómo, en algunos casos, construcciones diferentes pueden expresar significados similares, y cómo una misma construcción puede expresar significados distintos. A través del estudio de los OIs también constataremos algo que ya vimos para algunos ODs: que la división entre argumentos y no argumentos no siempre es clara. Esta cuestión es significativa desde el punto de vista de cómo concebimos la gramática. También continuaremos con el estudio de los pronombres átonos. Específicamente, examinaremos las propiedades de los pronombres átonos de dativo. Asimismo, estudiaremos los contextos que incluyen más de un pronombre—las llamadas secuencias—. Por último, veremos un caso especial de variación del uso de los pronombres átonos de acusativo y dativo ligado a construcciones sintácticas específicas.

DOI: 10.4324/9781003415879-8

7.1 Propiedades generales de los OIs

OI es una función sintáctica desempeñada tanto por un SN precedido de la marca *a*[1] que puede ser sustituido por un pronombre átono de dativo (*le/les* y demás variantes), como por un pronombre átono de dativo. En cuanto a su significado, los OIs indican "el receptor, el destinatario, el experimentador, el beneficiario y otros participantes en una acción, proceso o situación" (RAE 2010, 671). Los ejemplos a continuación ilustran algunas de estas interpretaciones.

(1) a. Vicente <u>le</u> dio el libro <u>a Juana</u>.   DESTINATARIO/META
    b. Martina <u>le</u> quitó el libro <u>a Juana</u>.   ORIGEN
    c. <u>Al niño le</u> encantó el regalo.   EXPERIMENTANTE O
                                                        EXPERIMENTADOR
    d. Ayer <u>le</u> cuidé la niña <u>a mi hermana</u>.   BENEFICIARIO
    e. Después del paseo, <u>le</u> lavé las patas <u>al perro</u>.   POSEEDOR

Nótese que los OIs en (1) muestran un rango de variación interpretativa similar al de los sujetos. Esto los diferencia de los ODs cuya interpretación es mucho más restringida. Vimos solamente dos roles temáticos asociados al OD: tema y experimentante. La variación interpretativa de los OIs es esperable si tenemos en cuenta el amplio rango de construcciones en las que aparecen. Como la interpretación de los elementos depende no solo de su significado intrínseco, sino también de su combinación con otros elementos y de los significados de estos, si un tipo de elemento aparece en diversos tipos de construcciones es natural que muestre diferentes interpretaciones. Aunque existe una diferencia fundamental entre los sujetos y los OIs—los primeros son obligatorios a nivel oracional (excepto en el caso de las oraciones impersonales) y los segundos en muchos casos son facultativos—ambos tipos de funciones sintácticas, sujeto y OI, aparecen en múltiples tipos de construcciones, a diferencia del OD que solo aparece en construcciones transitivas.

> Si comparamos las definiciones de sujeto, OD y OI notamos que mientras el sujeto y el OI se definen como funciones sintácticas, para el OD se especifican las propiedades argumentales del elemento que la cumple.
>
> El término **sujeto** designa una función sintáctica y se aplica por extensión al elemento que la desempeña (RAE 2010, 637).
> **OD:** función sintáctica que corresponde a un argumento dependiente del verbo (RAE 2010, 655).
> **OI:** función sintáctica desempeñada por pronombres átonos dativos, así como por SNs marcados con *a* que pueden ser reemplazados por un pronombre átono dativo.

Otra diferencia entre los ODs y los OIs—en este caso formal—es que los segundos siempre aparecen con la marca *a*, independientemente de sus propiedades semánticas. Los ODs, en cambio, solo aparecen con la llamada *a*-personal en determinadas condiciones:

---

1 Algunos gramáticos consideran que se trata de un SP que siempre va introducido por la preposición *a* (ej., RAE 2010). Otros, en cambio, proponen que la *a* es una marca de caso dativo y no una preposición (Demonte 1995, 7). Adoptamos aquí esta segunda posición.

cuando son humanos y específicos, (2b), o en contextos donde necesitamos distinguir la función sintáctica de dos argumentos con propiedades similares, (2c).

(2) a. Vi <u>el cuadro</u> en el museo.
      b. Vi **a** <u>Raquel</u> en el museo.
      c. El invierno sigue <u>al otoño</u>.

(3) y (4), a continuación, muestran OIs humanos y no humanos, respectivamente, todos marcados con la *a*. Nótese que si bien de los ejemplos en (4) podríamos decir que, aunque no son personas, los interpretamos con tales, los ejemplos en (5), tomados de Demonte (1995), muestran la misma marca, aunque estos OIs nunca podrían recibir una interpretación humana.

(3) a. <u>Les</u> donó sus libros **a** <u>los estudiantes</u>.
      b. <u>Le</u> envió una carta **a** <u>Diana</u>.
      c. <u>Le</u> puso una demanda **a** <u>su abogado</u>.

(4) a. <u>Le</u> donó sus libros **a** <u>la biblioteca</u>.
      b. <u>Le</u> envió una carta **al** <u>parlamento</u>.
      c. <u>Le</u> puso una demanda **a** <u>la tienda</u>.

(5) a. <u>Le</u> limpié las manchas a <u>la camisa</u>
      b. <u>Le</u> fregué las manchas al <u>tablero</u>.
      c. <u>Le</u> puse el mantel a <u>la mesa</u>.

Una tercera diferencia entre los ODs y los OIs es que los segundos, muchas veces, aparecen acompañados del pronombre átono dativo. En el Capítulo 6 vimos que es posible que en una misma oración aparezcan tanto el sintagma OD como un pronombre átono acusativo que lo reproduce, fenómeno conocido como duplicación o doblado. Vimos, además, que el doblado del OD es obligatorio en dos contextos sintácticos específicos: i) cuando el sintagma OD es un pronombre personal tónico, (6), y ii) cuando el sintagma OD es definido y aparece antepuesto al verbo, en las llamadas topicalizaciones, (7).

(6) a. <u>Las</u> vi <u>a ellas</u> ayer.
      b. *Vi a ellas ayer.

(7) a. <u>El libro</u>, <u>lo</u> compró Roberto.
      b. *El libro, compró Roberto.

En otros contextos la duplicación no ocurre, (8). Una excepción es la variedad hablada en el Río de la Plata (ver Capítulo 6).

(8) a. Ayer vi <u>a las estudiantes de mi clase</u>.
      b. Juan escribió <u>la tesis</u> el año pasado.

Si comparamos (8) con (1) y (3–5), notamos que los OIs aparecen junto al pronombre átono dativo. Obsérvese, además, que estos casos corresponden al orden de palabras por defecto, o sea, no son topicalizaciones como (7a). De esto concluimos que la coocurrencia del pronombre dativo con el sintagma OI no es un fenómeno exactamente igual a los casos de (re)duplicación del OD.

Sin embargo, contrario a lo que se dice en muchos textos, la coocurrencia del sintagma OI y el clítico dativo no es obligatoria en todos los casos. Tampoco los casos de omisión del pronombre átono están limitados a contextos donde la interpretación del OI es destinatario o meta. De hecho, como señala la RAE (2010), la no realización del pronombre átono en construcciones que incluyen un sintagma OI está sujeta a numerosos condicionantes desde el tipo de verbo, las propiedades del OI (especificidad, pronombre, cuantificador, etc.), la telicidad, el tipo de registro, entre otros. Por ejemplo, se dice que la no realización del clítico se asocia a un registro más alto. Los ejemplos en (9) y sus respectivas caracterizaciones tomados de o basados en la RAE (2010, 676–8) ilustran algunos contextos de no realización del clítico dativo.

(9) a. Pidió permiso <u>a su jefe</u>. (REGISTRO ALTO)
 b. Di dinero <u>a los muchachos de la calle</u>. (¿RECEPTOR?; ¿REGISTRO ALTO?; ¿NO ESPECIFICIDAD?)
 c. La subida de intereses no sorprendió <u>a nadie</u>. (CUANTIFICADOR)
 d. Estas novelas interesan poco <u>a la gente</u>. (GENÉRICO)
 e. Las películas de horror **dan miedo** <u>al niño</u>. (CONSTRUCCIÓN DE VERBO LIGERO)
 f. De estudiante enseñó inglés <u>a los inmigrantes latinos</u>. (ACTIVIDAD, NO ES RELEVANTE SI APRENDIERON)
 f'. De estudiante <u>les</u> enseñó inglés <u>a los inmigrantes latinos</u>. (TELICIDAD: SE SUPONE QUE APRENDIERON)

Antes de concluir esta sección queremos señalar que, al igual que en el caso de los ODs que incluyen SNs topicalizados o que son pronombres personales tónicos, en el caso de los OIs el doblado también es obligatorio en esos contextos, (10).

(10) a. *A Juana envié un libro. (cf. A Juana **le** envié un libro.)
 c. *Envié un libro a ella. (cf. **Le** envié un libro a ella.)

Una excepción, señala Fernández Soriano (1999), es el caso de *usted* y *ello*. Los ejemplos en (11) muestran la omisión del clítico en contextos que incluyen estos pronombres. Nótese que (11a–b) pueden analizarse como pertenecientes a un registro alto, ya que u*sted* es la forma empleada para dirigirnos a alguien formalmente.

(11) a. Agradezco a usted. (vs. *agradezco a ti)
 b. La EMT agradece a usted la utilización de sus autobuses.
 c. Dedicaré a ello el siguiente capítulo.
 (Fernández Soriano 1999, 1248)

7.2 Sobre el estatus argumental/no argumental de los OIs

A lo largo de este libro hemos hecho hincapié en la idea de que, de alguna manera, el significado del verbo determina la cantidad de argumentos realizados en una construcción. Por ejemplo, hemos dicho que un verbo como *asesinar* requiere dos argumentos, un agente y un tema, que se realizan sintácticamente como sujeto y OD, respectivamente, en la voz activa: *El ladrón asesinó al policía*, cf. *El ladrón asesinó*. Sin embargo, esta asociación no es categórica. Hemos visto que en algunos casos es posible dejar de realizar el argumento que funciona como OD, si se cumplen ciertas condiciones: *Todos los días come* [OD NULO-INTERPRETACIÓN ESTEREOTÍPICA: COMIDA]; *Cada vez que robaba, ese ladrón también asesinaba* [OD NULO-INTERPRETACIÓN ESTEREOTÍPICA: PERSONAS]. Asimismo constatamos el fenómeno inverso. Es posible adicionar elementos que funcionan de manera parecida a un OD a ciertos verbos intransitivos: *Vivió una vida plácida; Corrió 100 metros; La habitación mide 4 m²*. (Estos objetos no tienen las mismas propiedades sintácticas los ODs canónicos.)

A un nivel más abstracto, es decir, más allá de verbos específicos, sabemos que en algunos contextos sintácticos tampoco se realizan todos los argumentos asociados a un verbo. En la voz pasiva, por ejemplo, no se requiere la expresión del agente: *El policía fue asesinado*. Lo mismo ocurre en las oraciones impersonales con *se*: *Se come bien en Toronto* o *Se lee mucho en esta casa*.

La discusión anterior muestra que, si bien el significado del verbo es importante a la hora de determinar los elementos necesarios en una construcción, la combinación de la información que queremos transmitir y las posibilidades que presenta el sistema gramatical, i.e., la sintaxis, nos permite cierta flexibilidad en la expresión/no expresión de los argumentos y/o la inclusión de otros elementos. Los OIs son un caso interesante. Al igual que los ODs canónicos, algunos OIs son argumentos requeridos del verbo o de la construcción donde aparecen. Otros, en cambio, al igual que los OD no canónicos, parecen adicionarse a determinadas construcciones y permiten crear nuevos significados o matices. Un ejemplo del segundo caso es (12), donde *romper*, un verbo que en principio requiere dos argumentos, aparece con tres: sujeto, OD y OI.

(12) Julia le rompió el libro a Juan. (cf. Julia rompió el libro [de Juan].)

La diferencia en el estatus argumental de los OIs o dativos es una cuestión que se ha discutido ampliamente dentro de la gramática española como ilustran los siguientes fragmentos tomados de Bello (1847).

```
"Con este nombre me contento, sin que me le pongan un don en-
cima" (Cervantes); aquí me y le son ambos dativos; le pertenece
al régimen propio del verbo; me significa de una cosa mía. (Bello
1847, §955)
    En las combinaciones binarias de dos dativos, el segundo de
ellos pertenece al régimen propio del verbo, el primero, llamado
superfluo, sirve solo para indicar el interés que uno tiene en la
acción significada por el verbo, o para darle un tono familiar o
festivo a la oración. (Bello 1847, §951)
```

El problema, sin embargo, es que esta distinción no es absoluta. El caso de los dativos no argumentales a los que se refiere Bello, los superfluos, se encuentra en un extremo. En el otro estarían los OIs de verbos del tipo *dar, regalar, entregar,* o de verbos como *gustar, encantar* o *doler* que de alguna manera requieren el argumento que se realiza como OI. Entre estos dos polos hay toda una gama de construcciones que incluyen OIs cuyo grado de "argumentalidad" no siempre es fácilmente definible.

Curiosa pero no sorprendentemente, en los casos intermedios, la clasificación argumental/no argumental del OI depende, en gran medida, de los criterios que se asuman como relevantes. Por ejemplo, basados en las propiedades de verbos de transferencia como *dar, regalar, entregar*, etc., que incluyen en su significado la idea de un destinatario/meta que se realiza sintácticamente como OI, se dice que el OI que aparece con verbos de comunicación como *escribir* es un argumento del verbo, (13). Nótese que los verbos de comunicación muestran el mismo patrón sintáctico de los de transferencia, (14).

(13) Carmela <u>le</u> escribió una carta <u>al presidente del consejo de vecinos</u>. DESTINATARIO

(14) Beatriz <u>le</u> dio una carta <u>a Horacio</u>. DESTINATARIO

Sin embargo, el OI de (13) puede tener otra interpretación. Imaginemos un contexto en el que el presidente del consejo de vecinos tiene que escribir una carta y, como sabe que Carmela escribe muy bien, le pide ayuda. En este caso, el presidente no es el destinatario de la carta, sino que Carmela la escribe en su lugar.

Por otro lado, el OI que aparece en construcciones como (15), cuya interpretación general es poseedor, es considerado no argumental en la mayoría de los análisis. Nótese que trata de un evento cuyo significado requiere dos participantes: un agente y un tema. Nótese, además, el OI y el OD se interpretan en relación el uno con el otro. Las patas son parte del perro; patas y perro forman un todo, i.e., son una misma entidad.

(15) Después del paseo, <u>le</u> lavé las patas <u>al perro</u>. POSEEDOR

Recordemos que cuando se refiere a una parte del cuerpo, esta construcción es la opción por defecto para expresar la relación parte-todo (posesión inalienable) en español (ver Capítulo 5). (16) parece confirmar esta idea.

(16) #Después del paseo, lavé las patas del perro.

La interpretación que emerge de (16) es que las patas son algo separado del perro, por lo tanto, no es aceptable para describir un evento en el que el dueño del perro lo limpia un poco después del paseo. La diferencia de interpretación entre (15) y (16), y la generalización acerca de la posesión inalienable parecen confirmarse a través de (17), donde el objeto lavado es propiedad del perro, pero no es una parte de su cuerpo. Obsérvese que ambas construcciones son posibles en este caso.

(17) a. Después del paseo, le lavé el abrigo al perro.
      b. Después del paseo, lavé el abrigo del perro.

Desafortunadamente, la división alienable/inalienable no explica por qué cuando se trata de una parte del cuerpo solo la construcción con el OI es satisfactoria. Teniendo en cuenta las diferencias interpretativas entre casos como (15) y (16), García (1975) propone que el OI que aparece en estas construcciones no significa o se usa simplemente para expresar posesión en español, sino que su función es reclamar estatus de participante para el referente, o sea el poseedor del OD, en contextos donde el significado del verbo no lo presupone. Esta hipótesis explicaría por qué (16), a pesar de identificar al poseedor, es insatisfactoria. La idea es que en (16) el poseedor no es un argumento del evento, sino un modificador del OD. En (15), en cambio, al incluirse el poseedor como OI, este se incorpora como participante del evento. A un nivel teórico, casos como este sugieren que algunos OIs con interpretación de poseedores parecen ser argumentos requeridos.

Basados en estos contextos concluimos que determinar el carácter argumental de algunos OIs no es algo trivial. Aunque en la próxima sección ofrecemos un inventario de las interpretaciones más frecuentes de los OIs en español separadas por tipo, argumental/no argumental, hay que recordar que esta división no siempre es clara. Creemos, sin embargo, que vale la pena mantenerla ya hay algunas diferencias sintácticas entre ambos. Por ejemplo, en el caso de algunos de los OIs argumentales es posible omitir el pronombre átono. Para los no argumentales esto resulta imposible.

En paralelo a la distinción argumental/no argumental, algunos gramáticos marcan una diferencia en la nomenclatura. Como señala Gutiérrez Ordóñez (1999), en algunos análisis la etiqueta **CI** (complemento indirecto) o **dativo objetivo** se asocia a los elementos de este tipo que son argumentos, mientras que la etiqueta **dativo** se usa para los no argumentales. Otros lingüistas unifican los dos tipos bajo una única etiqueta, ya sea **CI** o **dativo**. Este tratamiento tiene una base funcional, ya que solo considera la función sintáctica del elemento, independientemente de su carácter argumental y/o interpretación. Seguimos aquí esta perspectiva.

7.3 Interpretaciones de los OIs

Para muchos gramáticos y lingüistas el carácter argumental de los OIs es una propiedad relevante de su análisis. Tal es el caso de la RAE (2010). Según la RAE, los OIs argumentales pueden aparecer tanto en construcciones simples como complejas. La diferenciación está dada por el tipo de verbo o predicado: simples (_Le **entregó** el ensayo a la profesora_) y complejos (_Le **anduvo** cerca a la profesora_ o _Me **fue** útil esa información_). De los predicados simples se dice que el verbo, en este caso _entregar_, selecciona el OI. En los complejos, el OI es seleccionado por otro elemento del predicado o por la combinación del verbo y otros elementos. En los ejemplos anteriores el adverbio _cerca_ y el predicado _(ser) útil_ seleccionan los OIs: _cerca de algo/alguien; (ser) útil a alguien_. Con respecto a la interpretación de los OIs argumentales, la RAE señala que pueden ser destinatarios, experimentantes o término/origen/ubicación, interpretaciones que emergen del tipo semántico del verbo o predicado que los selecciona. Se diferencian así tres grupos: i) verbos de transferencia, OI, destinatario; ii) verbos de afección(sicológicos)/acontecimiento/adecuación, OI, experimentante; iii) varios tipos de predicados, OI, término/origen/ubicación. El resto de los OIs son considerados no argumentales y sus interpretaciones son las siguientes: posesivo, de interés, aspectual y ético.

OIs argumentales: ¿argumentos de qué?

La clasificación en base a la complejidad del predicado captura la idea que los OIs pueden ser argumentos de una construcción, aunque no sean argumentos del verbo específicamente. Así, algunos OIs son argumentos del verbo, mientras otros son seleccionados por otros elementos del predicado o por la frase resultante de la combinación del verbo y otro elemento.

De interés

La idea de que el OI no es un argumento del verbo ha sido sugerida también en el caso de los predicados simples. Rafael Seco, alrededor de 1930*, ya proponía lo siguiente con respecto a la oración *El cura ha regalado un libro a Andrés.*

"lo que ocurre es que el acusativo complementa la acción del verbo y el dativo complementa la acción del verbo después de incrementada en el acusativo. El dativo *a Andrés* es complemento no de *regalar*, sino del conjunto *regalar un libro*". (Seco 1971, 147-8)

*La primera edición de la gramática de Rafael Seco se publicó alrededor de 1930. En 1954, se publica una versión aumentada a cargo de su hijo, Manuel Seco, la cual se ha seguido publicando.

Gutiérrez Ordóñez (1999), por su parte, ofrece una delimitación similar del grupo de los OIs argumentales, pero agrupa las construcciones en cuanto a la cantidad de argumentos. Distingue así dos grandes grupos de OIs argumentales: i) los que aparecen en construcciones con tres argumentos (ditransitivas) y ii) los que aparecen en construcciones con dos argumentos (intransitivas).

A continuación, ofrecemos un inventario de las interpretaciones de los OIs argumentales, basado en la partición de Gutiérrez Ordóñez (1999). Seguido hacemos lo propio con los OIs no argumentales, siguiendo en este caso la propuesta de la RAE (2010). Por cuestión de uniformidad utilizamos las etiquetas de la RAE en ambos casos.

7.3.1 *Interpretaciones de los OIs argumentales*

7.3.1.1 *CONSTRUCCIONES DITRANSITIVAS*

Dentro de los OIs argumentales se encuentran los que aparecen con verbos que denotan algún tipo de transferencia como *dar, entregar, regalar, vender, comprar, robar, sacar, arrebatar, mandar, ofrecer, otorgar, prestar, arrancar, quitar*, etc. La interpretación de estos OIs es **destinatario/meta u origen**, (18). Nótese que todas estas construcciones incluyen un OD que es la entidad transferida. La transferencia debe entenderse como el paso del OD de un punto a otro y no implica que el OI sea un agente que reciba o dé activamente el OD, cf. (18e) y (18f).

(18) a. Elena le regaló una bicicleta <u>a su hija</u>.   DESTINATARIO
      b. Mario le donó todos sus libros <u>a la biblioteca</u>.   DESTINATARIO
      c. El ladrón le arrebató la mochila <u>a Luis</u>.   ORIGEN
      d. Justina le puso el cascabel <u>al gato</u>.   META
      e. Beatriz le echó demasiada sal <u>a la ensalada</u>.   META
      f. Pedrito le arrancó una rama <u>al árbol</u>.   ORIGEN

Como señalamos anteriormente, los verbos de comunicación como *decir, escribir, informar, notificar, transmitir*, etc., también se consideran verbos de transferencia y presentan el mismo patrón, (19).

(19) a. El presidente <u>les</u> informará la decisión de inmediato <u>a los afectados</u>. DESTINATARIO
      b. La empresa solicitará información relevante <u>a los empleados</u>. ORIGEN
      c. Agustina <u>le</u> confió el secreto <u>a su hija</u>. DESTINATARIO

El siguiente esquema, adaptado de Gutiérrez Ordóñez (1999, 1874), resume las propiedades formales y semánticas de estas construcciones.

SINTAXIS *(forma)*	SUJETO	VERBO	OD	OI
INTERPRETACIÓN	'agente'	'proceso agentivo'	'tema'	'meta/destinatario' u 'origen'

7.3.1.2 *CONSTRUCCIONES INTRANSITIVAS*

El segundo grupo de OIs argumentales aparece en construcciones intransitivas. Desde el punto de vista estructural estas construcciones incluyen dos argumentos: el sujeto y el OI. Nos centraremos en las interpretaciones de **experimentante** y nociones espaciales como **meta** y **origen**.

Los OIs **experimentantes** o **experimentadores** están asociados a verbos de afección o sicológicos como *gustar, alegrar, sorprender, preocupar, molestar, doler*, etc., (20). Se trata de predicados estativos que no indican ninguna acción, simplemente denotan un estado o propiedad que le es atribuido al OI. Como señala la RAE (2010), el estado puede ser tanto anímico, (20a–c), como sensorial (físico), (20d–e).

(20) a. No <u>me</u> gustan las películas violentas.
      b. <u>Me</u> sorprende tu interés repentino.
      c. <u>Al niño</u> <u>le</u> molestan los zapatos.   EXPERIMENTANTES
      d. <u>A Roberto</u> <u>le</u> duele la cabeza.

Al grupo anterior, la RAE asimila los OIs que aparecen con verbos de acontecimiento (*ocurrir, pasar, suceder*, etc.), adecuación (*bastar, faltar o hacer falta, sobrar*, etc.), daño/provecho (*beneficiar, convenir, dañar*, etc.), entre otros, (21). La idea es que estos OIs, al igual que los de los verbos sicológicos, "participan de forma no activa en diversos procesos que les afectan o los involucran" (RAE 2010, 680) o simplemente se les atribuye una propiedad que los caracteriza.

(21) a. <u>A Martín</u> <u>le</u> sucedió lo peor.
      b. <u>A este flan</u> <u>le</u> falta azúcar.
      c. <u>A ese chico</u> <u>le</u> hace falta un poco de cordura.   EXPERIMENTANTES
      d. <u>Le</u> sobran demasiadas comas <u>a este escrito</u>.
      e. <u>Les</u> conviene un cambio de aire.

Los OIs con interpretaciones relacionadas a nociones espaciales (meta y origen) aparecen con verbos que indican algún tipo de movimiento como *acercarse, alejarse, venir(se), llegar, caer, aparecerse*, etc., (22). Estas interpretaciones son las mismas que vimos en el caso de los verbos de transferencia. Los incluimos en este grupo simplemente porque la construcción donde aparecen es intransitiva, i.e., carece de OD.

(22) a. El chico se <u>nos</u> alejó.   ORIGEN
      b. <u>Les</u> llegó la visa.   META
      c. <u>Te</u> cayó un buen chaparrón ayer. META

7.3.2 *Interpretaciones de los OIs no argumentales*

Los OIs que no están dentro de los casos anteriores y cuyas interpretaciones son distintas de las vistas arriba se consideran no argumentales. Recordemos que los OIs no argumentales se añaden a las construcciones y permiten crear nuevos matices o ciertos significados, pero, en principio, no son seleccionados ni por el verbo ni por ningún otro elemento de la construcción. Dentro de las interpretaciones de los OIs no argumentales, la mayoría de los estudios identifica cuatro tipos: **poseedor, de interés** (con las especificaciones: **benefactivo** o **malefactivo**), **aspectual** y **ético**. Veamos cada una por turno.

Como hemos señalado, en español, la noción de poseedor, de manera más general la relación parte-todo, se expresa, en algunos casos, mediante construcciones que incluyen un OI. Los OIs que reciben una interpretación relacionada con la posesión/parte-todo se denominan **poseedores** (tradicionalmente <u>dativos posesivos</u>). Obsérvese en (23) que estos OIs nos ayudan a identificar al poseedor del OD.

(23) a. <u>Le</u> lavé las patas <u>al perro</u>.
      b. <u>Le</u> corté las uñas <u>a la gata</u>.
      c. <u>Me</u> partí la pierna.
      d. <u>Le</u> puse el mantel <u>a la mesa</u>. (Demonte 1995, 12)

Un segundo tipo de OI no argumental designa al individuo o cosa que se beneficia (**benefactivo**) o se perjudica (**malefactivo**) por la acción verbal, el conjunto de estos se denomina **OIs de interés** (RAE 2010, 682). Los OIs de interés aparecen con verbos que tienen significados diversos y son bastante frecuentes en las estructuras transitivas, (24).

(24) a. <u>Les</u> preparé un pastel <u>a mis amigos</u>.   BENEFACTIVO
      b. Arturo <u>les</u> leyó un cuento <u>a los niños</u>.   BENEFACTIVO
      c. Marta <u>le</u> recogió los libros <u>a Manuel</u> en la biblioteca.   BENEFACTIVO
      d. Miriam <u>le</u> construyó una casita <u>al perro</u>.   BENEFACTIVO
      e. El ciclón <u>les</u> causó daños <u>a los agricultores</u>.   MALEFACTIVO
      f. La bajada de los intereses <u>les</u> ocasionó pérdidas.   MALEFACTIVO

Algo interesante es que en algunos contextos la interpretación de poseedor y la de interés son indistinguibles. Por ejemplo, Gutiérrez Ordóñez (1999) clasifica los OIs en (25) como poseedores, sin embargo, también pueden recibir la interpretación de OI de interés, ya que quedan perjudicados directamente por la acción. Lo mismo podemos decir de (26) pero en sentido inverso.

(25) a. <u>Le</u> rompió el jarrón chino <u>a la abuela</u>.   POSEEDORES; MALEFACTIVOS
      b. <u>Le</u> gastó los ahorros <u>al hermano</u>.
        (Gutiérrez Ordóñez 1999, 1890)

(26) a. Ayer le cuidé la niña a mi hermana.   POSEEDORES; BENEFACTIVOS
      b. El fin de semana, le pinté el pelo a mi madre.

Otro ejemplo que muestra que las interpretaciones no siempre son claras es (13), re-petido a continuación. Obsérvese que en este caso no hay solapamiento, sino clara ambigüedad.

(13) Carmela le escribió una carta al presidente del consejo de vecinos.
      → DESTINATARIO
      → BENEFACTIVO (supleción) 'Carmela escribió la carta en lugar del presidente; lo hizo por él'.

De manera general, la variación en las interpretaciones de los casos (25), (26) y (13) in-dica que a menudo no podemos atribuirle una interpretación única al OI.

Los últimos dos tipos no argumentales que consideraremos son los aspectuales y los éticos. A diferencia de los casos anteriores, estos casos no admiten la presencia de un SN introducido por *a*, i.e., solo aparece el pronombre átono. Usualmente tampoco reciben el nombre de OI, sino que se les llama simplemente dativos.

Los dativos aspectuales aparecen en predicados que expresan eventos télicos (delimi-tados) y concuerdan en persona y número con el sujeto de la oración. Muchas gramáti-cas los califican como enfáticos; sin embargo, otra forma de verlos es como una marca de telicidad, como sugerimos en el Capítulo 3. (Este es uno de los casos del llamado *se* aspectual.)

(27) a. Antonia$_i$ se$_i$ tomó la cerveza.
      b. ¡Te$_k$ comiste$_k$ (=tú$_k$) toda la comida!
      c. Los estudiantes$_m$ se$_m$ recorrieron$_m$ la ciudad completa.
      d. Este fin de semana me$_n$ vi$_n$ (=yo$_n$) la serie de una sentada.

Finalmente, los llamados **dativos éticos**, superfluos para Bello (1847), corresponden al pronombre dativo no reflexivo que identifica "al individuo afectado indirectamente" (RAE 2010, 683) por el evento que denota el predicado. El uso de *indirectamente* en este caso diferencia la interpretación de los dativos éticos de la de los de interés que son beneficiados o perjudicados *directamente* por la acción verbal. Otra característica de los dativos éticos es que pueden coexistir con un OI argumental, (28).

(28) La maestra me$_k$ le$_i$ dio una mala nota al niño$_i$.
      me$_k$=el hablante$_k$ DATIVO ÉTICO
      le$_i$=al niño$_i$ OI ARGUMENTAL; INTERPRETACIÓN DESTINATARIO

(29) y (30) muestran otros ejemplos de dativos éticos.

(29) a. Hágansemele, hágansemeles una acogida cariñosa (a él, a ellos).
      b. Póngamele un colchón bien mullido (al enfermo).
      c. Me le dieron una buena felpa (al ladrón).
      (Bello 1847, §951)

(30) a. Se me están muriendo las plantas.
      b. El bebé no me duerme.

Muchas de las construcciones con OIs/dativos y las interpretaciones asociadas a ellas vistas en este capítulo se encuentran en otras lenguas, entre ellas las romances, el alemán, el hebreo o el coreano. En inglés, sin embargo, no están disponibles. Para los hablantes de inglés que aprenden español como segunda lengua, la adquisición de estas estructuras y sus significados representa un reto. Hay numerosos estudios que documentan dicha dificultad.

7.4 OIs y sintagmas preposicionales

Al principio del capítulo señalamos que los OIs mostraban cómo en la lengua se construían ciertos significados. Esta idea la desarrollamos en la sección anterior donde vimos que mediante la adición de un OI se obtienen interpretaciones acerca de la posesión o el sentido de beneficiario o la supleción. Muchos de estos significados, a su vez, pueden ser expresados de otras formas, observación que desarrollamos en esta sección.

Se ha señalado que algunas construcciones que incluyen OIs tienen significados parecidos a construcciones que incluyen, en lugar de un OI, un sintagma preposicional (SP). (Ver RAE 2010; Gutiérrez Ordóñez 1999; Demonte 1995; Masullo 1992, entre otros.) Los ejemplos (30–36), tomados y/o adaptados de Gutiérrez Ordóñez (1999, 1891–5), muestran algunas de estas posibilidades. Las interpretaciones y/o propiedades de (30–36) son las siguientes: (31–32) poseedores; (33) sustitutivo; (34) meta, i.e., lugar; (35) construcción con verbos ligeros o de soporte; (36) complemento de un adjetivo.

(31) a. María le robó el dinero a Juan.
      b. María robó el dinero de Juan.

(32) a. Juan le puso la mano sobre el hombro al niño.
      b. Juan puso la mano sobre el hombro del niño.

(33) a. María le hizo el trabajo a Juan.
      b. María hizo el trabajo por Juan.

(34) a. María le echó agua a la leche.
      b. María echó agua en la leche.

(35) a. Juan le tiene envidia/miedo/rabia/asco a María.
      b. Juan tiene envidia/miedo/rabia/asco de María.

(36) a. Este libro les es útil a los alumnos.
      b. Este libro es útil para los alumnos.

Como vimos en la sección 7.2, aunque los significados son parecidos, algunas de estas alternancias no son posibles. Comparemos (37) y (38).

(37) a. Después del paseo, <u>le</u> lavé las patas <u>al perro</u>.
      b. #Después del paseo, lavé las patas del perro.

(38) a. Después del paseo, <u>le</u> lavé las botas <u>al perro</u>.
      b. Después del paseo, lavé las botas del perro.

Además de las diferencias de aceptabilidad ejemplificadas en (37), el hecho de que las alternancias de (30–36) existan no quiere decir que las construcciones con SPs y las de OIs son intercambiables. De manera general, podemos decir que la selección de una u otra depende de la información que se quiera transmitir y el tipo de situación referida.

Los OIs y el problema de equipar función e interpretación

Los OIs son un ejemplo ilustrativo de por qué función, forma e interpretación no pueden ser equiparadas. Durante bastante tiempo en muchas gramáticas españolas se decía que los OIs eran introducidos por las preposiciones *a* y *para*. Esta idea surge, en parte, de la similitud interpretativa de los SPs con *para* y los OIs, (i). Ambos pueden expresar el destinatario, beneficiario o la persona/cosa que recibe el daño o provecho. Sin embargo, se trata de dos tipos de elementos diferentes. Veamos por qué.

(i) a. Mario donó el libro <u>para el niño</u>.   SP
     b. Mario donó el libro **al niño**.   OI

Aunque los ejemplos en (i) tienen significados parecidos—en ambos el niño se interpreta como destinatario del libro—si añadimos un clítico dativo, (ii), notamos que sus interpretaciones no son iguales. Específicamente, en (iia) el clítico se refiere a un individuo diferente del niño. Tal individuo sería el "receptor" inicial del libro, mientras que el niño sería el destinatario final. Nótese que en la versión del OI, (iib), no hay variación de interpretación con respecto a (ib). El clítico dativo se refiere al niño.

(ii) a. Mario **le** donó el libro <u>para el niño</u>.   SP
      b. Mario **le** donó el libro **al niño**.   OI

Si cambiamos el número del clítico la diferencia es más clara, ya que la versión con el OI resulta agramatical. Como el clítico y el OI se refieren a la misma persona, deben tener el mismo rasgo de número.

(iii) a. Mario les donó (a los abuelos) el libro para el niño.
       b. *Mario **les** donó el libro **al niño**.

Estos ejemplos muestran que, si bien la interpretación de un SP con *para* puede ser similar a la de los OIs, se trata de dos elementos que sintácticamente no son equivalentes.

7.5 Resumen intermedio

En esta parte hemos estudiado los OIs: función sintáctica desempeñada tanto por pronombres átonos de dativo como por SNs que aparecen introducidos por la marca *a* que pueden ser reemplazados por un pronombre átono de dativo. Los OIs pueden aparecer en

Tabla 7.1 Propiedades generales de los ODs y los OIs

Propiedades sintácticas		ODs	OIs
Aparecen con la marca *a*		Cuando tienen ciertas propiedades semánticas o sintácticas: 1) humanos o animados, específicos 2) en contextos donde sea necesario diferenciarlos del sujeto	✓ (siempre)
Aparece el pronombre átono obligatoriamente	Contextos de topicalización y SNs que incluyen pronombres personales tónicos	✓ 1) SNs que son pronombres personales tónicos 2) contextos de topicalización	✓ 1) SNs que son pronombres personales tónicos 2) contextos de topicalización
	Contextos de foco amplio	NO Excepción: variedad hablada en el Río de la Plata.	Muchas veces Aunque algunos se pueden omitir si se dan ciertas condiciones.
Son argumentos		✓ Algunos no son argumentos requeridos: los llamados OD no canónicos.	✓ experimentantes, destinatarios/meta y origen
			? algunos poseedores
			NO de interés, aspectuales y éticos

diversos tipos de construcciones sintácticas por lo que su interpretación depende del verbo o predicado de la construcción. Aun así, constatamos que en una misma construcción se pueden solapar interpretaciones y/o existir interpretaciones distintas. A través del estudio de los OIs comprobamos, además, que los "argumentos" que aparecen en una construcción no necesariamente son seleccionados por el verbo, sino que otros elementos y/o la combinación del verbo y otro elemento también pueden seleccionar argumentos. Esta propiedad es relevante ya que nos obliga a repensar la idea de que el verbo es elemento que selecciona los argumentos de una construcción. Finalmente, en alguna medida, el comportamiento de algunos OIs es similar al comportamiento de los ODs que se combinan con verbos ligeros: ambos casos demuestran que algunos significados se construyen en la sintaxis. La Tabla 7.1 resume y contrasta las propiedades formales de los objetos directos e indirectos.

7.6   Pronominalización de los OIs: los pronombres átonos o clíticos

Los OIs se pronominalizan con los pronombres átonos o clíticos de dativo. Al estudiar el sistema pronominal del español en el capítulo anterior, observamos que los pronombres de dativo solo se diferencian de los de acusativo en las formas de la 3.ª persona (*lo/a(s)* vs. *le/les*); es decir, las formas de la primera y segunda personas son las mismas en los dos casos. (39) y (40) muestran estas propiedades. La Tabla 7.2 contiene el inventario de los pronombres de OD y OI.

(39)   Sara <u>me</u> regaló un libro.   OI referido a la 1.ª persona
       Sara <u>te</u> regaló un libro.   OI referido a la 2.ª persona
       Sara <u>le</u> regaló un libro.   OI referido a la 3.ª persona

(40)   Sara <u>me</u> vio ayer.   OD referido a la 1.ª persona
       Sara <u>te</u> vio ayer.   OD referido a la 2.ª persona
       Sara **<u>lo/la</u>** vio ayer.   OD referido a la 3.ª persona

Asimismo señalamos que los clíticos de dativo de tercera persona, a diferencia de los de acusativo, no marcan género, solo número, por lo que están menos especificados. (Ver Figura 6.1, Capítulo 6). Otra diferencia entre los clíticos de dativo de los de acusativo es que los primeros, en muchas ocasiones, aparecen junto al SN que funciona como OI.

Tabla 7.2 Pronombres de objeto directo e indirecto

Persona	*Número*	*OD*	*OI*
1.ª	singular	me	
	plural	nos	
2.ª	singular	te	
	plural	os	
3.ª	singular	lo/la	le
	plural	los/las	les

7.6.1   *Secuencias de clíticos: caracterización y propiedades generales*

En español, puede aparecer más de un pronombre átono en una misma oración. Un ejemplo son los casos de sustitución de los sintagmas de OD y OI de los verbos ditransitivos por sus respectivos clíticos, (41). La combinación de dos o más pronombres átonos se denomina secuencia de clíticos.

(41)   a. Luisa <u>me</u> regaló <u>un libro de gramática</u>.
       b. Luisa <u>me</u>   <u>lo</u> regaló. OI >OD
          CL-OI   CL-OD

En algunos casos, como es sabido, se dan cambios "inesperados". En contextos que incluyen la secuencia *le lo*, o sea, un pronombre átono dativo y uno acusativo, ambos de tercera persona, el dativo se convierte en *se*, (42) y (43). El *se* que aparece en estos contextos se denomina *se* **espurio**.

(42)   a. María <u>le</u> regaló el libro a Luisa.
       b. María <u>se</u> lo regaló.   (LE LO→SE LO)

(43)   a. El profesor <u>les</u> devolvió los ensayos calificados a los estudiantes.
       b. El profesor <u>se</u> los devolvió. (LES LOS→SE LOS)

La sustitución de *le(s)* por *se* ha suscitado numerosas investigaciones y, como consecuencia, varios posibles análisis. Actualmente, no hay una teoría que se acepte como estándar o única.

Se dice que el *se* que aparece en estos contextos es un *se* **espurio** o **falso,** ya que no tiene ninguno de los significados asociados típicamente con *se* en español. Por ejemplo, no se trata del *se* **reflexivo** que indica que el sujeto realiza la acción sobre sí mismo y es compatible con expresiones como *a sí mismo/a*, (44), ni del *se* **recíproco,** (45), que es una variante del reflexivo. Como señala Di Tullio (2014), si el sujeto es plural, los pronombres reflexivos se pueden entender como recíprocos. Estas estructuras se interpretan como dos oraciones coordinadas donde "la referencia es cruzada: el sujeto de la primera es el objeto de la segunda, y viceversa" (Di Tullio 2014, 173–4).

(44) a. <u>La niña</u>ᵢ <u>se</u>ᵢ lavó las manos.
      b. <u>Los chicos</u>ᵢ <u>se</u>ᵢ bañaron temprano.
      c. <u>Manuel</u>ᵢ <u>se</u>ᵢ afeita todos los días.

(45) a. <u>Los vecinos</u> se ayudan (los unos a los otros/entre sí/mutuamente).
      b. <u>Luis y Juan</u> se saludaron.

También es distinto del *se* **impersonal,** cuyo significado corresponde a la gente en general, (46), como vimos en el Capítulo 4.

(46) a. Se come bien en Francia.
      b. Se hace mucho deporte en Australia.
      c. Se duerme bien cuando se está de vacaciones.

Igualmente, el *se* espurio se diferencia del *se* que aparece cuando suprimimos un argumento. Ciertos verbos transitivos que denotan acciones y cuyos sujetos típicos son agentes pueden participar en una construcción donde el argumento tema se realiza como sujeto y el agente queda eliminado. El *se* que aparece en estas construcciones se considera una marca de la reducción argumental y se denomina **intransitivizador,** porque la construcción no tiene OD, (47b) y (48b).

(47) a. Mario rompió <u>el jarrón</u>.
                          OD
      b. <u>El jarrón</u> se rompió.
         sujeto

(48) a. Juan cocinó <u>la carne</u> demasiado.
                          OD
      b. <u>La carne</u> se cocinó demasiado.
         sujeto

Nótese que lo que sucede en este caso es parecido a lo que sucede en las construcciones pasivas canónicas como *El jarrón fue roto*, donde el argumento agente también se elimina. La supresión del agente trae consigo que las construcciones con *se* puedan interpretarse como eventos accidentales. Aunque, en algunos contextos, tal accidentalidad se cuestiona, como muestra el siguiente diálogo.

(49) A: ¡Mamá, mamá, se rompió el jarrón!
       B: ¡Ah, sí! Se rompió solito, ¿verdad?

Otra propiedad de la versión con *se* es que es posible añadirle un OI. El orden en este caso es *se >le*, (49) y (50). La interpretación no accidental/involuntaria sigue presente, como muestra la compatibilidad con frases como *sin querer* y la incompatibilidad con frases que denotan lo opuesto como *a propósito*.

(50) A Mario se le rompió el jarrón (sin querer/*a propósito).

En algunas ocasiones, para determinar el tipo de *se* es necesario evaluar el contexto en que se dice la frase, ya que algunos casos son ambiguos. Por ejemplo, el *se* en (51) podría ser un *se* espurio que sustituye un pronombre de OD de tercera persona o un *se* reflexivo. En casos como este, solo el contexto nos permite saber de qué tipo de *se* se trata. Cuando tenemos que decidir de qué *se* se trata en casos de ambigüedad, la estrategia a seguir es dar una paráfrasis del significado, como ilustra (51).

(51) Clara se lo regaló.
       'Clara le regaló el libro a alguien, por ejemplo, a Pedro'.   → *SE* ESPURIO
       'Clara se regaló el libro a sí misma, lo compró para ella'.   → *SE* REFLEXIVO

Retomando el tema de las secuencias, hasta ahora solo nos hemos referido a los casos que incluyen dos pronombres, uno de OD y otro de OI. Sin embargo, esta no es la única combinación posible en español. Las secuencias también pueden incluir pronombres reflexivos, el *se* impersonal, (45), o el *se* intransitivizador, (47) y (48). Las secuencias, además, no están limitadas a dos elementos (aunque esto es lo más frecuente), ya que podemos encontrar casos donde aparecen tres pronombres.

En muchos textos de enseñanza de español como lengua extranjera se habla de las secuencias de manera bastante simplificada, y se encuentran descripciones como la siguiente: "... cuando hay dos pronombres de complemento en una oración el orden es **indirecto>directo>verbo**" (De la Vega y Salazar 2007, 220), Los ejemplos en (52), tomados de dicho texto, ilustran este orden.

(52) a. Pedro me lo dice.
       b. Ella te la enseñará.
       c. Ellos nos lo han dado.

Con respecto a los reflexivos, otro texto propone: "... el pronombre reflexivo siempre precede al pronombre de complemento directo o al de complemento indirecto" (Gilman, Levy-Konesky y Daggett 2005, 171), y ofrece los ejemplos en (53) y (54).

(53) Me lavé las manos. → **Me las** lavé.
(54) Se le rompió la pierna a él. → **Se le** rompió.

Si unimos estas dos descripciones obtenemos el siguiente orden: *se* (reflexivo)>OI>OD. Si bien este esquema puede capturar una buena parte de los datos, no es muy informativo con respecto a casos que incluyen otros tipos de pronombres y, aún más importante, no dice nada acerca de ciertas ausencias sistemáticas en las realizaciones. Veamos un ejemplo concreto de esto último. Pensemos en un verbo como *presentar* que por su significado en el siguiente contexto requiere que los objetos directo e indirecto sean humanos, (55).

(55) El embajador le presentó el actor a su esposa durante la fiesta.[2]
                            OD   OI

Sustituyamos ahora ambos objetos por sus pronombres respectivos, (56).

(56) El embajador se lo presentó durante la fiesta.
                OI OD

Consideremos ahora las personas del discurso y pensemos en un contexto donde el hablante es el OI y la esposa del embajador el OD, (57), o sea, la esposa del embajador le es presentada al hablante. Como muestra (58), la sustitución es posible y la secuencia mantiene el orden OI >OD.

(57) El embajador me presentó su esposa durante la fiesta.
                   OI   OD

(58) Me la presentó.
      OI OD

¿Pero qué pasa en un escenario inverso, donde el embajador le presenta el hablante (OD) a su esposa (OI)? Este caso sería igual al ejemplo (57), la única variación es que en lugar de la actriz (una tercera persona), se trata de la primera persona. Si intentamos generar la secuencia, la oración resulta agramatical, (59).

(59) *El embajador le me presentó durante la fiesta.
                 OI OD

Esta situación, sin embargo, es posible en el mundo real. Incluso, podemos preguntar acerca de ella, (60).

(60) ¿A quién le presentó el embajador su esposa?
      Respuesta: A mí.

En principio, la secuencia en (59) debería ser lícita ya que sigue el orden: OI > OD. Esto significa que la imposibilidad de que aparezca esta secuencia parece depender de otras restricciones más complejas. Teniendo en cuenta este caso concluimos, al menos de

---

2 Este es un contexto donde la a-personal debería aparecer, pero no aparece. Una hipótesis es que como los OIs siempre aparecen marcados con la *a*, si añadiéramos la a-personal al OD sería imposible distinguirlos: ?El embajador le presentó a la actriz a su esposa en la fiesta. Así, en algunos casos se violan las restricciones sintácticas a favor de salvar la interpretación, como vimos en el Capítulo 6.

manera provisional, que 1) el ordenamiento de las secuencias no es tan simple y 2) quizás otras cuestiones más allá de la función gramatical del pronombre son relevantes.

Otros casos, aún más extraños, los encontramos cuando combinamos la primera y la segunda personas, (61) y (62). Curiosamente, (61) puede tener la interpretación del contexto que representaría (62) también.

(61) El embajador <u>me</u>$_i$ presentó <u>a mí</u>, <u>a ti</u> → El embajador <u>te</u> <u>me</u> presentó.
                 OD   OI   OI OD

(62) El embajador <u>te</u>$_k$ presentó <u>a ti</u>$_k$, <u>a mí</u> → *El embajador <u>me</u> <u>te</u> presentó.
                OD   OI   OI OD

Debido a la existencia de los casos anteriores, se ha propuesto que el ordenamiento de los pronombres en las secuencias en español no responde a una organización basada en la función gramatical, sino a otras propiedades del pronombre. El esquema a continuación muestra el ordenamiento general de las secuencias lícitas en español.

$$\boxed{SE > 2.^a > 1.^a > 3.^{a3}}$$

> "Cuando concurren varios afijos o enclíticos, la segunda persona va siempre antes de la primera, y cualquiera de dos antes de la tercera; pero la forma *se* (oblicua y refleja) precede a todas."
> (Bello 1847, §932)

Teniendo en cuenta este orden, Heap (2005) propone una explicación sencilla y elegante que da cuenta de este y también permite explicar las ausencias sistemáticas que vimos anteriormente. Su análisis está basado en los rasgos de los pronombres. Específicamente, Heap sugiere que el orden de los clíticos en español obedece a un esquema morfológico en que los pronombres con menos rasgos aparecen siempre antes que los pronombres con más rasgos. (Ver Figura 6.1 en el Capítulo 6.) Así, si miramos la secuencia anterior de izquierda a derecha podemos constatar que va del pronombre menos especificado, el *se*, a los más especificados. Recordemos que el *se* no tiene rasgos específicos, solo sabemos que no es primera ni segunda persona. Los pronombres de segunda y primera personas tienen rasgos de persona y número. Podemos pensar que los de primera persona están más especificados porque se refieren al hablante (que siempre tiene más relevancia en el discurso, de ahí el orden 2.ª>1.ª). Por último, los clíticos de tercera persona tienen información de caso, persona, género y número. Los de dativo (le/les) son menos específicos, ya que solo marcan caso y número, mientras que los de acusativo marcan caso, género y número, por lo tanto, son los más especificados de todos. De acuerdo a la propuesta de Heap, las secuencias que incluyen ordenamientos donde pronombres más especificados preceden a los menos especificados no son lícitas. Así, (59) viola este orden ya que *le* es más especificado que *me*.

Como anticipamos, también es posible encontrar secuencias con tres pronombres, aunque estos casos no son tan frecuentes. (63) muestra una oración con el *se* intransitivizador y un dativo que nos sirve para identificar a qué pertenece la pantalla: el teléfono.

---

3 Dentro de la gramática generativa este ordenamiento fue introducido por Perlmutter (1971).

En (64a) vemos que es posible añadir otro dativo en este caso referido al hablante. También es posible hacer lo propio con el oyente, (64b). Las secuencias son *SE*>1.ª>3.ª y *SE*> 2.ª>3.ª. Nótese que ambos ordenamientos siguen el mismo patrón descrito anteriormente: del pronombre menos especificado al más especificado.

(63) Se le₁ rompió la pantalla al teléfono.
            DATIVO 1- POSEEDOR

(64) a. Se   me   le₁ rompió la pantalla al teléfono₁.
       DATIVO 2-ÉTICO   DATIVO 1-POSEEDOR

      b. Se   te   le₁ rompió la pantalla al teléfono₁.
       DATIVO 2-ÉTICO   DATIVO 1-POSEEDOR

Concluiremos esta sección con otras dos características importantes de las secuencias: la inexistencia de secuencias que incluyen dos pronombres iguales y el comportamiento de las secuencias en contextos que permiten su realización tanto enclíticas como proclíticas. Con respecto al primer asunto, en español no existen combinaciones que incluyen dos clíticos iguales, aun en contextos en los que sus significados son distintos. Pensemos en el caso de un verbo reflexivo como *acostarse* que requiere *se* para indicar esta propiedad. Pensemos ahora en un contexto específico, por ejemplo, una casa en la que los individuos se acuestan muy temprano todos los días. Si quisiéramos expresar esta idea mediante el uso del *se* impersonal (sin referirnos a un individuo en particular) conjuntamente con el verbo reflexivo *acostarse*, obtendríamos una secuencia que incluye dos clíticos iguales, (65). Esta construcción, sin embargo, no es posible. Una hipótesis para explicar esta imposibilidad es que si tuviéramos dos pronombres iguales sería imposible saber a qué se refiere cada uno. En casos como este, la lengua dispone de otros recursos para expresar la misma idea. Como vimos en el Capítulo 4, los sujetos impersonales pueden expresarse con un SN genérico, (66), o mediante el plural, (67).

(65) *Aquí se se acuesta temprano.
(66) Aquí la gente se acuesta temprano.
(67) Aquí se acuestan temprano. (Masullo 1992)

En cuanto a la posición con respecto al verbo, vimos que los clíticos pueden aparecer tanto al inicio como al final de una frase verbal en español: proclíticos y enclíticos, respectivamente. Ilustramos esto con ejemplos que incluían un solo pronombre. Como es de esperarse, las secuencias se comportan de manera análoga: en contextos que permiten la realización del pronombre en dos posiciones, las secuencias también pueden aparecer en esas dos posiciones, (68) y (69).

(68) a. Te lo voy a regalar.
      b. ¿Me lo puedes comprar mañana?
      c. Te lo estoy terminando ahora.

(69) a. Voy a regalártelo.
      b. ¿Puedes comprármelo mañana?
      c. Estoy terminándotelo ahora.

Lo que tienen de especial las secuencias es que funcionan como una unidad: nunca se pueden separar. Los ejemplos a continuación muestran que ninguna de las combinaciones en las que se separan los clíticos que forman parte de una secuencia es legítima gramaticalmente.

(70)   a. *<u>Te</u> voy a regalar<u>lo</u>.
       b. *<u>Lo</u> voy a regalar<u>te</u>.

(71)   a. *¿<u>Me</u> puedes comprar<u>lo</u>?
       b. *¿<u>Lo</u> puedes comprar<u>me</u>?

(72)   a. *<u>Te</u> estoy terminándo<u>lo</u> ahora.
       b. *<u>Lo</u> estoy terminándo<u>te</u> ahora.

Para finalizar, queremos señalar que existe mucha variación en cuanto a la realización de los pronombres como proclíticos, los contextos de monta o subida. Por una parte, hay construcciones en las que esta posibilidad es más frecuente, por ejemplo, el futuro perifrástico, (73), o las construcciones que incluyen verbos modales como *poder* (74). En otros casos, la subida es menos frecuente, (75). En el Capítulo 8 hablaremos más en este fenómeno.

(73)   a. Voy a comprarlo mañana.
       b. Lo voy a comprar mañana.

(74)   a. Puedo llamarlo cuando quieras.
       b. Lo puedo llamar cuando quieras.

(75)   a. Prefiero hacerlo sola.
       b. Lo prefiero hacer sola.

7.7   Variación lingüística en el uso de los pronombres de acusativo y dativo

El contraste entre clíticos acusativos y dativos es un área de amplia variación lingüística. Dicha variación se puede clasificar en dos tipos: a) dialectal y b) léxico-sintáctica. En el capítulo anterior hablamos del primer caso. Vimos que hay variedades del español donde ocurre la sustitución del clítico de acusativo de tercera persona *lo/la(s)* por la forma dativa *le(s)*, fenómeno denominado **leísmo**. En algunos de los dialectos leístas, la sustitución tiene lugar cuando el OD es humano; en otros, la sustitución ocurre independientemente de las propiedades del OD. Los ejemplos en (76) ilustran este tipo de variación. También vimos ejemplos de **laísmo** y **loísmo**, y otros casos de variación asociados al contacto del español con lenguas como el quechua.

> La variación se determina a partir de las sustituciones o cambios en los usos canónicos de los clíticos. Es decir, se asume como punto de partida la forma en la que el uso del pronombre se corresponde con su función gramatical: si es un OD → clítico acusativo; si es un OI → clítico dativo. Cualquier patrón diferente a esto se considera variación. Aunque esta posición es prescriptivista, la utilizamos simplemente para describir los datos.

(76) a. Le vi ayer. (cf. Lo/la vi ayer.)
      b. Le llamo mañana. (cf. La/lo llamo mañana.)

El otro tipo de variación que se da en relación con el uso de los clíticos de acusativo y dativo se clasifica como **variación léxico-sintáctica**, ya que <u>emerge en contextos sintácticos asociados a tipos específicos de verbos y/o construcciones sintácticas</u>. Aunque algunos investigadores proponen que este tipo de variación no está ligada a dialectos específicos (o sea, supuestamente ocurre en todos), no existe consenso acerca de esta opinión. En esta sección simplemente describiremos dos de los contextos en los que se ha reportado que existe este tipo de variación, sin descartar la posibilidad de que esta variación también esté ligada a dialectos o hablantes que sean leístas o que esté sujeta a otros condicionantes. El primer contexto corresponde a verbos que tienen una variante paralela con verbos ligeros o de apoyo como *golpear* y *dar golpes*, ejemplificados en (77) y (78). Nótese que la construcción con el verbo de apoyo requiere el pronombre dativo. La alternancia solo se da en los contextos que no incluyen verbos de apoyo.

(77) a. <u>Lo</u>   golpeé (<u>a Juan</u>).
           CL-OD   OD
      b. <u>Le</u>   golpeé (<u>a Juan</u>).
           CL-DATIVO   OD

(78) <u>Le</u> di   <u>un golpe</u>   <u>a Juan</u>.
        CL-DATIVO   OD   OI

El segundo contexto son las llamadas construcciones causativas con el verbo *hacer* del tipo "alguien hace a alguien hacer algo", (79). Obsérvese que, en estos casos, (80), aparece la misma variabilidad en cuanto a la realización del pronombre átono que en (77).

(79) a. Rafaela hizo comer a Juan.
      b. Rafaela hizo bañarse a la niña.

(80) a. Rafaela lo/le hizo comer.
      b. Rafaela la/le hizo bañarse.

Las construcciones causativas son muy interesantes desde el punto de vista de su estructura y su interpretación. Aunque no profundizaremos en su análisis, señalaremos algunas de sus propiedades principales. Nótese que el sujeto, en este caso *Rafaela*, se interpreta como la persona que hace que otro individuo haga algo, mientras que el individuo que realiza la acción, en este caso *comer* y *bañarse*, aparece realizado como el OD. Obsérvese que los SNs *Juan* y *la niña* están marcados con la *a*-personal, (79), y, como muestra (80), pueden ser sustituidos por un clítico acusativo. Sin embargo, si pensamos en su interpretación, sabemos que son el sujeto de los verbos *comer* y *bañarse*, respectivamente. En otras palabras, los que realizan las acciones de comer y bañarse son *Juan* y *la niña*, respectivamente, y no *Rafaela*. La estructura de las construcciones causativas es de mucho interés dentro de la lingüística actual. Como existe mucha variación en la forma que las diferentes lenguas emplean para expresar este tipo de significado, no existe un análisis único.

En cuanto a la alternancia mostrada en (80), algo relevante es que algunos hablantes reportan que existe cierta diferencia de significado. La intuición que tienen los hablantes que notan un cambio de significado es que la versión que incluye el clítico acusativo se asocia con causación <u>directa</u>, (81), mientras que la versión que incluye el clítico dativo se asocia con causación <u>indirecta</u>, (82). La diferencia en estos casos radica en una participación más o menos activa por parte del sujeto de la oración principal. En los contextos de causación directa, los hablantes reportan que el sujeto tiene mayor implicación, mientras que, en los contextos de causación indirecta, reportan que el sujeto está menos involucrado, como indican las paráfrasis de cada oración.

(81) Lo hizo comer. → 'lo obligó por fuerza, le dijo que se sentara y que comiera'=forzar
(82) Le hizo comer. → 'Juan estaba haciendo dieta, pero cuando llegó a casa de Rafaela había tanta comida preparada que terminó comiendo'=causar

Como señala Campos (1999), esta diferencia permitiría explicar lo que ocurre en los ejemplos en (83).[4] Nótese que los sujetos tienen diferentes propiedades: *Roberto* (humano), estamos seguros de que tiene intenciones, *el perro* (no humano), no podemos asumir que tiene intenciones (al menos no de ese tipo), se interpreta como causa y, por lo tanto, no es compatible con la frase *a propósito*. Lo mismo sucede con *el desnivel del suelo*, (83c).

(83) a. Roberto hizo tropezar a Juan (a propósito).
      b. El perro hizo tropezar a Juan (*a propósito).
      c. El desnivel del suelo hizo tropezar a Juan (*a propósito).

Así, para los hablantes que notan la diferencia en la interpretación de los clíticos, si sustituyeran el sintagma OD por el pronombre átono deberían obtener (84).

(84) a. Roberto lo/le hizo tropezar. → Roberto puede forzar a Juan y/o empujarlo o ser la causa de la caída.
      b. El perro/el desnivel del suelo *lo/le hizo tropezar. → El sujeto carece de intención: es la causa

7.8   Resumen general

En este capítulo abordamos el tema de los OIs. Siguiendo la tradición gramatical española, distinguimos entre los OIs argumentales—son argumentos del verbo o de algún elemento de la construcción en que aparecen—y los no argumentales—se adicionan a las construcciones y permiten expresar diferentes sentidos, entre ellos la posesión o la relación parte-todo. A través del estudio de los OIs vimos cómo en la lengua se pueden expresar significados similares mediante el uso de estructuras diferentes y cómo una misma estructura puede expresar significados distintos. Como se ha señalado ampliamente, las interpretaciones de los OIs dependen del tipo de construcción en la que se incluyen, ya que pueden o "completar" el sentido del verbo, o "invitar" nuevos participantes al evento. Al estudiar las propiedades de los pronombres átonos y las secuencias (orden, subida, inseparabilidad de las secuencias, inexistencia de secuencias de clíticos idénticos,

---

4 Ejemplo (83b) tomado de Campos (1999, 1544); (83a), (83c) y (84) construidos en base a su discusión.

usos de *se*, variación entre acusativo y dativo), vimos también que la compleja distribución de los clíticos y sus rasgos no solo apoya nuevos matices de significado, sino que hasta puede crear en el hablante la ilusión de que algunos sentidos no se pueden expresar.

LECTURAS RECOMENDADAS

El tema de los OIs ha sido objeto de estudio y debate desde antes de la gramática de Bello (1847). La RAE (2010) presenta una excelente caracterización general, la cual seguimos en este capítulo. Gutiérrez Ordóñez (1999), por su parte, ofrece una descripción pormenorizada de los diferentes tipos de dativos e incluye referencias a diferentes acercamientos teóricos desde el punto de vista de varias corrientes lingüísticas. También ofrece un poco de historia del análisis de estos elementos en la gramática española.

7.9 Ejercicios

7.9.1 *Repaso de conceptos*

A. Conceptos. Asigne a cada definición el concepto que le corresponde. Note que hay más conceptos que definiciones.

Definición	Conceptos
1. Nombre del conjunto que forman dos o tres pronombres átonos que aparecen juntos en una construcción.	a) intransitivizador
2. *SE* que aparece cuando se combina un clítico dativo de tercera persona y uno acusativo.	b) léxico-sintáctica
3. Tipo de variación en el uso de los pronombres átonos de acusativo y dativo que, en principio, no tiene que ver con variedades específicas del español.	c) destinatario
4. Interpretación que pueden recibir los OIs de los verbos de transferencia.	d) posesivo
5. *SE* que aparece cuando se omite el agente del evento y el argumento tema se realiza como sujeto.	e) de interés
6. Interpretación que generalmente recibe OI que aparece en construcciones cuyo OD es una parte del cuerpo.	f) secuencia (de clíticos)
	g) espurio

7.9.2 *Análisis básico*

B. Identificación. Identifique los OIs en las siguientes construcciones.

1. ¿Te parece que ese ejemplo está bien?
2. Anoche le preparé un pastel a mi madre para sus invitados.
3. Esta mañana, escuché a Luisa estornudando.
4. El editor nos retiró el manuscrito.
5. Al inicio de la jornada, dieron los resultados.
6. La noticia del asesinato no sorprendió a nadie.
7. Todas donaciones serán de mucha utilidad a los damnificados del huracán.
8. Se le desprendió un cristal a una ventana del edificio.

C. <<a+SN>>. La secuencia a+SN aparece en diferentes tipos de construcciones. En los siguientes ejemplos, identifique el tipo de construcción a que corresponde esta secuencia: COMPLEMENTO CIRCUNSTANCIAL DIRECCIONAL, OI, OD CON A-PERSONAL, COMPLEMENTO SUPLEMENTO.

1. Ese escritor aspira al Premio Nobel de Literatura.
2. Le entregaron una donación a la biblioteca.
3. Los premios les serán otorgados a los ganadores la semana próxima.
4. Fuimos a Montevideo el año pasado.
5. Encontraron a los asaltantes escondidos en el sótano.

D. Interpretación de los OIs. Señale los OIs en las siguientes oraciones y diga su interpretación: DESTINATARIO, ORIGEN, EXPERIMENTANTE, POSEEDOR, ÉTICO, y MALEFACTIVO/ BENEFACTIVO. Si hay más de una interpretación posible, dé paráfrasis.

1. A Rosa le arrebataron la cartera mientras esperaba el autobús.
2. A los gatos les fascina el pescado.
3. José María le pintó la casa al vecino.
4. Luisa les hizo un flan a los invitados.
5. Todas las noches le cepillo la cola a la gata.
6. Mi madre siempre le plancha la ropa a mi abuela.
7. A mi perro le duele la garganta.
8. Al ensayo le faltan referencias.
9. Arístides les regaló un libro a sus padres.
10. Julita le arruinó el día a su hermano.
11. El cartero le entregó el paquete a la persona equivocada.
12. Manuel le arrancó algunas páginas al libro.
13. La actriz principal le cedió su papel a la coprotagonista.
14. A los chicos no les importa el precio del regalo.
15. No te incumben sus problemas.
16. La abogada le compró los derechos de la novela al escritor para hacer una película.

E. SPs y OIs. Construya oraciones interrogativas con las siguientes frases sustituyendo el SP subrayado por un OI. ¿Qué propiedad confirman estos casos? De manera general, ¿qué podemos decir de los significados en la lengua?

1. arrancar páginas del diario
2. preparar la leche de la bebé
3. limpiar las manchas del abrigo
4. adicionar el azúcar en la mezcla
5. poner ungüento en la herida
6. hacer una fiesta para los estudiantes

F. Función. Añada un OI para crear significados más detallados/complejos.

1. Julio estropeó la sorpresa.
2. Faltan algunas entrevistas.
3. El cirujano ya extrajo el tumor.
4. Llegaron muchas invitaciones.
5. El peluquero hizo un pelado fenomenal.
6. Sobró demasiada comida.

G. Agramaticalidades. ¿Qué propiedad hace que sean agramaticales los siguientes ejemplos? Ofrezca una versión corregida.

1. *El bombero le partió su pierna a Luis durante el rescate.
2. *Julia levantó su mano.
3. *Graciela se rascó su pierna.
4. *Su hijo siempre se lava sus manos antes de comer.

H. Agramaticalidades. Corrija los siguientes ejemplos. ¿Qué tipo de agramaticalidad presentan estos casos?

1. *Lo quiero darse, en cuanto lo termines.
2. *Al lo llamar por su nombre, enseguida se volteó.
3. *¡Debes lo terminar a tiempo!
4. *¡He comídome toda la pizza!
5. *Lo se regalé a Julio por su cumpleaños.

I. Variación. Identifique los clíticos dativos y acusativos, y determine si su uso es canónico. Para los usos no canónicos, diga si se trata de variación dialectal (laísmo, leísmo, loísmo) o léxica (construcción causativa o de verbos léxicos que alternan con ligeros).

1. Laura le envió una carta a Rosa.
2. La niña saludó al maestro en el parque. Le vio mientras corría a coger la pelota.
3. Luisa tiene una gata y la quiere mucho.
4. El general les hizo marchar durante horas.
5. La semana pasada, Manuel la obsequió un libro a su hija.
6. Las frutas siempre se las compro al vendedor de la esquina.
7. Esta mañana, mientras salía apurada, le empujé sin querer.
8. El chico lo dibujó muy bien, el edificio.
9. Espero encontrarle en otro momento. Debemos continuar esta conversación.
10. Le besó la mano respetuosamente.

J. Construcciones impersonales. En español existen diferentes formas de construir proposiciones cuyos sujetos no se refieren a un individuo en particular. Construya oraciones de este tipo con las frases siguientes. Diga qué estrategia usó en cada caso y por qué. En lo posible, use estrategias diferentes.

      conducir despacio/en esta ciudad
      gustar el café/en la República Dominicana
      comer sano/siempre
      comportarse de manera correcta/siempre
      levantarse temprano/durante la semana

K. Usos de *SE*

a) ¿Qué función tiene *se* en los siguientes ejemplos? ¿Qué interpretación tiene este tipo de construcción?
      Se hizo añicos la botella de vino.
      Se carbonizaron las hamburguesas.
      Se cerraron las puertas.

b) Añada OIs a los ejemplos anteriores. ¿Se mantiene la misma interpretación? Ofrezca evidencia.

7.9.3 *Problemas de reflexión*

L. Ambigüedades. En español las construcciones con *comprar* y *vender*, (1) y (2), son ambiguas cuando no conocemos el contexto. Ofrezca paráfrasis de las dos interpretaciones posibles de cada ejemplo. ¿Cómo surgen dichas interpretaciones?

(1) Luis le vendió el auto a Manuel.
(2) Carlos les compró la casa a sus padres.

M. Contrastes. Teniendo en cuenta el ejercicio G, diga por qué (1a) es aceptable. ¿Cuál es la diferencia entre (1a) y (1b)?

(1) a. Carla se puso sus zapatos.
     b. Carla se puso los zapatos.

N. Detectando patrones peculiares con pronombres átonos. Teniendo en cuenta su conocimiento de los OIs y los pronombres átonos: i) describa qué pasa con los pronombres átonos de dativo en los siguientes ejemplos. ii) Basado en estos datos, ¿cómo explicaría este comportamiento? (El ejemplo 3 es particularmente relevante.)

1. A algunos le gustan los cuentos. (https://www.botiga.com.uy/ninos-regalos-ofertas/13_kg_.html accedido: 28/6/2023)
2. Si queréis ver la lista que le mandé a mis padres está en [My Whish List](https://volando-entre-paginas.blogspot.com/2013/02/por-que-te-pintas-los-labios-porque-voy.html, accedido: 28/6/2023)
3. Recuerdo que en una carta que le mandé a mis padres les escribí que los ingleses todavía no habían llegado, pero sí les decía que lo más bravo era soportar el clima. (https://estacionplus.com.ar/contenido/16853/pedro-vergara-una-historia-de-vida-rodeada-de-gloria-y-laurel, accedido: 28/6/2023)

Ñ. Otros fenómenos interesantes con pronombres átonos. Es común que hablantes nativos pronominalicen (1) como en (2) ¿Qué sucedió en este caso? ¿Por qué pasa?

(1) Josefina les trajo un lindo regalo a sus hijos.
(2) Josefina se los trajo.

O. *Llover* es un verbo que no requiere argumentos; sin embargo, pude aparecer con un SN derivado de la misma raíz o un hipónimo (ver Capítulo 6). También es posible adicionarle un OI, (1). ¿Qué interpretación tiene el OI en este caso? Argumente su respuesta.

(1) Al chico le llovió en el cumpleaños. (referido a una fiesta que se hizo al aire libre)

8 Oraciones más complejas

Negación, yuxtaposición, coordinación y subordinación

Temas

Negación y oraciones negativas
    Dimensiones léxicas de la negación: antónimos y prefijos negativos
    Dentro de la oración: frases negativas, concordancia o duplicación de negación
    Contrastes, contradicciones y las conjunciones adversativas

Oraciones subordinadas
    Funciones de las oraciones subordinadas
    Oraciones subordinadas de infinitivo
    Los pronombres átonos en predicados complejos

Objetivos

Identificación de las diferentes dimensiones de la negación en español
Identificación y análisis de la estructura de las oraciones subordinadas

Introducción

Una parte importante de cómo caracterizamos las oraciones depende de su estructura. Al inicio de este libro notamos que una de las propiedades fundamentales de las oraciones es que contienen, al menos, un SN sujeto y un SV predicado. De esta división se deriva que para que exista una oración es necesario que la construcción incluya un verbo. Notamos, además, que el significado intrínseco del verbo y el tipo de construcción en la que aparece (esto está directamente relacionado con la información que queremos transmitir) determinan los argumentos requeridos en dicha construcción. Asimismo vimos que los argumentos se realizan sintácticamente de diferentes formas, o sea, cumplen diferentes funciones dentro de la oración: sujeto, OD, OI y objeto de preposición. A nivel lógico, señalamos que las oraciones expresan un juicio que relaciona un sujeto y un predicado. En este capítulo aplicaremos todas estas ideas para estudiar cómo funcionan las oraciones negativas y las subordinadas.

DOI: 10.4324/9781003415879-9

Nuestro objetivo principal es ir completando la caracterización general de las clases de oraciones. Para este propósito, examinaremos la negación que, en algunas de sus dimensiones, también es una propiedad oracional. Veremos que, al igual que otros contextos analizados, la negación se puede expresar en los diferentes niveles gramaticales. Consideremos ciertos antónimos como *posible/imposible*, donde la paráfrasis de una oración con negación *no es posible*, puede ser el antónimo de *imposible*. Estos casos muestran que podemos expresar los significados negativos a varios niveles: léxico, de constituyentes (*¿A quién viste? A nadie.*), oracional (*¿Vienes, o no vienes?*), y también como oposición entre dos oraciones (*Voy, pero sola.*). En la segunda parte del capítulo, examinaremos cómo se pueden combinar múltiples oraciones, bien de modo paralelo (yuxtaposición, coordinación, etc.) o mediante la incrustación de unas dentro de otras, i.e., la subordinación. Estudiaremos asimismo la estructura de las oraciones subordinadas, concentrándonos en a) los diferentes tipos—clasificación que tiene en cuenta la función de la subordinada dentro de la oración principal—, y b) la propiedad de finitud—si se trata de subordinadas conjugadas o de subordinadas infinitivas—. Integraremos estos dos temas al ver cómo la negación interactúa con diversas propiedades oracionales, incluyendo las relaciones que se establecen entre oración principal y subordinada. Nuestro foco en este capítulo estará en las subordinadas sustantivas, es decir, las que cumplen función de objeto y sujeto. En el próximo capítulo ofreceremos más detalles de las subordinadas adjetivas y las adverbiales. Finalmente, examinaremos qué ocurre con los pronombres átonos en el contexto de oraciones subordinadas infinitivas, un tipo de predicado complejo.

8.1   Las diferentes formas de expresar negación y contraste

La capacidad de expresar negación es uno de los componentes más importantes de las lenguas naturales. Como afirmó en una ocasión el filósofo Jerry Fodor, la negación expresa formas de pensamiento que no se pueden representar directamente por imágenes. Fodor invitaba a ilustrar el siguiente pensamiento: "No hay ninguna jirafa parada al lado mío". Para reflexionar sobre algunos de los mecanismos para expresar la negación comenzaremos por inspeccionar un fragmento del ensayo de Jorge Luis Borges titulado "Las alarmas del Doctor Américo Castro". Borges escribió esta reseña crítica, bastante irónica, a un libro del filólogo español Américo Castro, donde este último describe el español del Río de la Plata. Notemos que la ironía, en sí misma, es una figura del lenguaje que incorpora un sentido negativo: se dice algo, pero se implica lo contrario. El objetivo del ensayo de Borges es argumentar, contra lo afirmado por Castro, que la variedad de español rioplatense no es peculiar. En su escrito, Borges critica el método de investigación que lleva a tal conclusión y presenta una visión inclusiva del idioma.

La prosa de Borges es muy elegante y está repleta de elementos irónicos. Lee con atención el fragmento a continuación y trata de descubrir la intención del autor en los diferentes contextos. Parte de la crítica que Borges le hace a Castro es que confunde el lenguaje común con la presentación literaria de voces populares. Cuando leas este texto, trata de detectar los elementos irónicos. A la misma vez, localiza los casos de negación, tanto a nivel léxico como sintáctico.

> **Ironía**: modo de expresión o figura retórica que consiste en decir lo contrario de lo que se quiere dar a entender, empleando un tono, una gesticulación o palabras que insinúan la interpretación que debe hacerse.

Fragmento de "Las alarmas del doctor Américo Castro" de Jorge Luis Borges (1974, 653–4)

La palabra *problema* puede ser una insidiosa petición de principio. Hablar del *problema judío* es postular que los judíos son un problema; es vaticinar (y recomendar) las persecuciones, la expoliación, los balazos, el degüello, el estupro y la lectura de la prosa del doctor Rosenberg. Otro demérito de los falsos problemas es el de promover soluciones que son falsas también. A Plinio (*Historia natural*, libro octavo) no le basta observar que los dragones atacan en verano a los elefantes: aventura la hipótesis de que lo hacen para beberles toda la sangre que, como nadie ignora, es muy fría. Al Doctor Castro (*La peculiaridad lingüística*, etcétera) no le basta observar un "desbarajuste lingüístico en Buenos Aires": aventura la hipótesis del "lunfardismo" y de la "mística gauchofilia".

Para demostrar la primera tesis —la corrupción del idioma español en el Plata—, el doctor apela a un procedimiento que debemos calificar de sofístico, para no poner en duda su inteligencia; de candoroso, para no dudar de su probidad. Acumula retazos de Pacheco, de Vacarezza, de Lima, de *Last Reason*, de Contursi, de Enrique González Tuñón, de Palermo, de Llanderas y de Malfatti, los copia con inútil gravedad y luego los exhibe, *urbi et orbi* como ejemplos de nuestro depravado lenguaje. No sospecha que tales ejercicios ("Con una feca con chele/y una ensaimada/vos te venís pal centro/de gran bacán") son caricaturales; los declara "síntoma de una alteración grave", cuya causa remota son "las conocidas circunstancias que hicieron de los países platenses zonas hasta donde el latido del imperio hispano llegaba ya sin brío". Con igual eficacia cabría argumentar que en Madrid no quedan ya vestigios del español, según lo demuestran las coplas que Rafael Salillas transcribe (*El delincuente español: su lenguaje*, 1896):

El minche de esa rumi
dicen no tenela bales;
los he dicaito yo,
los tenela muy juncales...

El chibel barba del breje
menjindé a los burós:
apincharé ararajay
y menda la pirabó. [...]

La actitud de Borges hacia el texto de Castro se revela a nivel léxico en la polaridad de los adjetivos y sustantivos: *insidioso, falso, demérito, remoto, inútil. Falso* se opone a *verdadero, remoto* a *cercano, demérito* es lo opuesto de *mérito*, mientras que *insidioso*, que significa 'que contiene un engaño oculto', contiene el mismo prefijo negativo *in-* que aparece en *inútil*. A nivel oracional, notamos el uso del cuantificador negativo *nadie*, la repetición de la negación oracional *no*, y la contraposición de proposiciones para fines de contraste, por ejemplo, cuando enlaza *no sospecha X... y los declara... Y.*

8.2   Sobre la negación

De manera general, el término **negación** se refiere al rechazo de la veracidad de un enunciado o frase, la no afirmación de la existencia de algo, la no realización de una situación, o a la expresión del significado contrario de una palabra, frase u oración. Gramaticalmente, negación también se refiere al conjunto de procedimientos morfosintácticos existentes en la lengua que nos posibilitan expresar este tipo de significados (Sánchez López 1999, 2563).

De todas las formas de negación que existen en la lengua quizás en la primera que pensamos es la negación a nivel oracional. En este contexto, en español, normalmente usamos la partícula *no* delante del verbo y de ahí se genera la interpretación negativa, (1a) y (1b).

(1) a. Borges camina por Buenos Aires.
    b. Borges no camina por Buenos Aires.

Sin embargo, hay otros contextos en los que también es posible negar el contenido de un elemento. Pensemos en las siguientes construcciones.

(2) a. Julia estudió no español, sino inglés.
    b. Julia estudió mucho para el examen, pero/sin embargo le fue mal.
    c. Julia es desagradable.
    d. Julia es casada.

El ejemplo (2a) contrapone las materias español e inglés. Nótese que en este caso no se niega el hecho de que Julia haya estudiado, sino del contenido de lo estudiado. En el ejemplo (2b) se contrapone el hecho de que Julia estudió mucho, lo cual podríamos esperar que se correspondiera con un buen resultado, con la realidad que es un mal resultado. De ahí que la segunda oración se exprese como una contradicción con respecto a la primera. En cuanto a (2c) podríamos parafrasearla como 'Julia no es una persona agradable'. En este contexto, el prefijo negativo *des-* es el que nos da la interpretación negativa. Este caso es muy interesante porque normalmente no podemos obtener una interpretación negativa a nivel oracional con la simple presencia de una palabra que incluya un morfema negativo. Sin embargo, como se trata de una construcción copulativa donde el verbo no aporta significado léxico es posible obtener esta interpretación. Por último, con un adjetivo antónimo y la negación, (2d) puede parafrasearse como 'Julia no es soltera'.

¿Existe la edad del *no*?

Se dice que los niños pasan por "la edad del *no*". En un análisis del habla de una niña llamada María, cuyos datos están disponibles en el corpus de López-Ornat en CHILDES (https://childes.talkbank.org), Roeper y Pérez-Leroux (2011) notan que a pesar de que *no* es una palabra muy abstracta, María la usa desde muy temprano y de modo bastante frecuente. A la edad de un año y nueve meses, una de cada siete palabras de María era *no*. Otra observación interesante es que María usaba con frecuencia la negación en posición final, por ejemplo, *Pupa* [='herida'] *no*. Los adultos pueden usar *no* en posición final de enunciado en fragmentos negativos (*Al cine*, no), pero este orden es el menos frecuente en el uso adulto. El uso innovador, variado y flexible que le da María al *no* resulta sorprendente para los enfoques teóricos que enfatizan la fidelidad al *input* en el aprendizaje temprano y que proponen que en sus primeras etapas el lenguaje de los niños es poco abstracto.

Usos de *no* de María entre (1;9) y (2;1) (Léase: año; mes)

Negación final	Otros órdenes de palabras	Concordancia de negación
Nene sienta no. (1;9)	Este no es tuyo, e de mamá solo. (2;1)	Nada caca. (2;0)
Trista [triste] no. (1;9)	No la chupan las vacas. (2;1)	No sabo nada. (2;1)
Pupa no. (1;9)		

A continuación estudiaremos con detenimiento algunas de las propiedades generales de los diferentes contextos de la negación. Debido a que la negación tiene muchas particularidades, nos enfocaremos en las cuestiones principales en cada caso e intentaremos proveer una representación suficientemente rica del fenómeno en ese contexto. Sin embargo, nuestra caracterización no va a ser completa, por lo que invitamos a los interesados a buscar más información en los textos citados.

Antes de proseguir identifica los elementos negativos en esta oración y señala a qué categoría sintáctica pertenecen: "... esas páginas no me pueden salvar, quizás porque lo bueno ya no es de nadie, ni siquiera del otro, sino del lenguaje o la tradición". "Borges y yo" (Borges 1974, 808)

8.3 Dimensiones léxicas de la negación

La morfología derivacional aporta recursos para introducir la negación a nivel de la palabra. Además del prefijo negativo *des-* que vimos en (2c) y sus variantes *de-, dis-* y *ex-*, en español existen otros prefijos con significado negativo, entre ellos *in-, a-* y *anti-*. A continuación aparecen ejemplos de cada uno. Una cuestión interesante es que también existen palabras en las que parecería que podemos identificar un prefijo negativo; sin embargo, no hay una contraparte con sentido opuesto, por ejemplo: *avalente, amorfo, inodoro, incoloro, insípido.* ¿Puedes pensar en algún otro ejemplo? ¿Cómo se podrían explicar estos casos?

des-	*in-*	*a-*	*anti-*
leal-desleal	propio-impropio	moral-amoral	comunista-anticomunista
envolver-desenvolver	oportuno-inoportuno	simetría-asimetría	esclavista-antiesclavista
confiar-desconfiar	posible-imposible	normal-anormal	congelante-anticongelante
construir-deconstruir	resistible-irresistible	político-apolítico	corrosivo-anticorrosivo

Las palabras en sí mismas, en cuanto a su significado, también pueden entrar en una relación de oposición con otras palabras relacionadas. Este es el caso de los antónimos. En el Capítulo 1 notamos que **los antónimos** son palabras que tienen un significado opuesto o contrario entre sí. Dentro de los antónimos podemos diferenciar, al menos, tres clases: graduales, complementarios y relacionales o recíprocos. Observe los ejemplos de cada tipo.

- **Graduales.** Las dos palabras están en lugares opuestos de una escala gradual, por ejemplo, los sustantivos de temperatura (*frío/calor*), o los adjetivos de tamaño (*alto/ bajo*), de luminosidad (*claro/oscuro*), de interés (*aburrido/interesante*).

- **Complementarios**. El significado de una palabra excluye el de la otra, i.e., son incompatibles. La afirmación de uno de los elementos implica la negación del otro. Por ejemplo, si algo es *legal*, no puede ser *ilegal*; si alguien es *soltero* no puede ser *casado*; si alguien está *vivo* no puede estar *muerto*.
- **Relacionales o recíprocos**. Designan una relación desde el punto de vista opuesto, no se puede dar un elemento sin que quede implícito la existencia del otro en tal situación. Ejemplo: *comprar* y *vender* (para que alguien venda una cosa, otro tiene que comprarla; si uno no compra, el otro no vende). Otros ejemplos son *padre/hijo*, *doctor/paciente*, *cliente/abogado*, *ir/venir*, *dar/recibir*.

Una propiedad de la negación a nivel morfológico y léxico es que solo se puede interpretar con respecto a la palabra a la que aparece asociada. En cambio, a nivel oracional, la negación puede afectar al predicado o la oración completa, o asociarse específicamente con un argumento focalizado como el OD: *No le des el dinero al abogado, dale los documentos*, o al OI, como en la oración *No le des el dinero al abogado, dáselo a su asistente*. En cuanto a su alcance, la negación a nivel léxico y morfológico es semejante a la negación de un constituyente dentro de una oración, como veremos a continuación.

8.4   La negación a nivel de sintagmas

Es posible negar elementos menores que una oración y mayores que una palabra, es decir, frases o constituyentes. Sánchez López (1999, 2566) señala que la negación sintagmática es distinta de la negación a nivel oracional, ya que solo tiene alcance sobre el sintagma al que está asociada y no afecta la oración en su conjunto. En sus ejemplos, dados en (3), vemos cómo el sintagma que está asociado a la partícula negativa *no* es lo único que se interpreta como negativo.

(3) a. No mucha gente sabe eso.
   b. María comió no peras, sino manzanas.
   c. No por eso vamos a enfadarnos.

La interpretación de (3a) corresponde a 'poca gente sabe eso', mientras que en (3b) negamos el objeto comido y no el hecho de haber comido. El ejemplo (3c) parecería más complejo a primera vista; sin embargo, también tiene la interpretación referida a solo la parte negada. Podemos parafrasear (3c) como 'esa no es la razón por la cual nos vamos a enfadar (sino otra)', es decir, lo que (3c) no implica es que no nos vayamos a enfadar.

Nótese que en estos casos también parece haber una contraposición entre la versión afirmativa y la negativa. Otra cuestión interesante es que algunas de estas construcciones tienen una entonación especial. Por ejemplo, en (3b) la palabra *peras* tiene una realización prosódica diferente a la que tendría en una construcción como *María comió peras*, donde simplemente estamos dando información. En (3b), en cambio, estamos corrigiendo la información que tiene el oyente. En la lengua escrita, los casos marcados desde el punto de vista prosódico se representan, a modo grueso, mediante el uso de mayúsculas: *María comió no PERAS, sino MANZANAS*.

8.5   La negación a nivel de la oración

Cuando pensamos en la negación, pensamos generalmente en la negación a nivel oracional donde en español se utiliza la partícula *no* delante del predicado. Con frecuencia vemos que se categoriza la partícula *no* como adverbio. Sin embargo, debemos recordar que su distribución es especial y distinta de la distribución de adverbios de modo, tiempo o lugar. Específicamente, *no* ocurre consistentemente delante del verbo (4), y no puede intervenir ningún elemento entre ambos, a excepción de los verbos auxiliares y los pronombres átonos.

(4) a. **No tirar** papeles.
   b. **No** debes **tirar** papeles.
   c. **No** los he **tirado** yo.

También puede usarse el *no* anafóricamente, refiriéndose a otra proposición dada en el discurso, como respuesta a una pregunta, (5), o para rebatir un enunciado anterior que puede quedar implícito, (6).

(5) A: ¿Vienes?
   B: No.

(6) A: ¿Vas a cenar en casa?
   B: No. Se estropeó la estufa. → queda implícito que 'no vas a cenar en casa'

Una propiedad interesante de la negación a nivel oracional, como señalan varios autores, es que puede afectar a toda la proposición o a un constituyente. Estas dos posibilidades se pueden observar claramente en las dos interpretaciones generales posibles de (7), tomado de Di Tullio (2014, 263).

(7) El gobierno no aumentó el presupuesto educativo este año.
   A. Negación de la proposición
      'No es cierto que el gobierno haya aumentado el presupuesto educativo este año'.
   B. Negación de los diferentes constituyentes
      i. El gobierno no aumentó este año *el presupuesto educativo,* sino el militar.
      ii. El gobierno no aumentó el presupuesto educativo *este año,* sino el anterior.
      iii. El gobierno no *aumentó* el presupuesto educativo este año, sino que lo disminuyó.
      iv. No aumentó el presupuesto educativo este año *el gobierno,* sino el Congreso.

Además de la partícula negativa *no,* en español hay otros elementos que también poseen un significado negativo o que pueden aparecer en contextos negativos y recibir una interpretación negativa. Sánchez López (1999) nota que, teniendo en cuenta el comportamiento sintáctico de estos elementos, es posible dividirlos en dos grandes grupos. El primer grupo está compuesto por elementos que incluyen dentro de su significado rasgos negativos, entre ellos se encuentran los pronombres *nadie* y *nada,* el determinante *ninguno/a,* los adverbios *nunca* y *jamás,* sintagmas que incluyen *ni* y expresiones como *en (mi/ la) vida,* etc. El segundo grupo está compuesto por elementos que pueden tener significado negativo, pero que no tienen rasgos negativos explícitos, entre ellos están el determinante *alguno,* frases que incluyen comparativos como *la menor idea,* frases hechas como *pegar un ojo* y algunos adverbios y preposiciones como *todavía* y *hasta.*

A los elementos que pertenecen al primer grupo los denomina **palabras negativas,** mientras que a los del segundo grupo los llama **términos de polaridad negativa.** La diferencia fundamental entre los dos tipos radica en que las palabras negativas pueden aparecer por sí solas, al menos en algunas posiciones en la oración, (8a) vs. (8b). En cambio, los miembros del segundo grupo siempre tienen que aparecer con la partícula *no*, (9) y (10). Nótese que en este último caso la gramaticalidad del enunciado no está afectada por el orden de palabras, sino por la presencia o ausencia de la partícula *no*.

(8)   a. Nadie vino hoy.
      b. *Hoy vino nadie.

(9)   a. *Juan <u>todavía</u> ha llegado.
      b. *<u>Todavía</u> Juan ha llegado.
      c. *Juan ha llegado <u>todavía</u>.

(10) a. Juan <u>todavía</u> **no** ha llegado.
      b. <u>Todavía</u> Juan **no** ha llegado.
      c. Juan **no** ha llegado <u>todavía</u>.

En lenguas como el español, **las palabras negativas** también pueden comportarse como términos de polaridad negativa y aparecer ligadas a la partícula *no*. En algunos contextos se requiere la partícula negativa *no* acompañando la realización de una palabra negativa. Este fenómeno se denomina **concordancia de negación**. Contrario a lo que podía esperarse a nivel lógico, en lenguaje natural la coexistencia de dos elementos negativos no implica necesariamente una afirmación, (11) (al menos no en todas las lenguas).

(11) a. **No** trajo <u>nada</u> a la fiesta, ¡puedes creer!
      b. **No** ha venido <u>nunca</u>.
      c. **No** vi a <u>nadie</u>, mientras caminaba de regreso.
      d. Hoy **no** vino <u>nadie</u>. (cf. (8b))

Las oraciones en (11) pueden expresarse como en (12), con el mismo significado. Por eso es más adecuado analizar los casos en (11) como concordancia de negación y no como casos de doble negación. Nótese el uso del marcador diferencial de caso o *a*-personal en (11c) y (12c), ¿por qué aparece la *a*-personal en este contexto?

(12) a. <u>Nada</u>, trajo a la fiesta, ¡puedes creer!
      b. <u>Nunca</u> ha venido.
      c. <u>A nadie</u> vi, mientras caminaba de regreso.
      d. <u>Nadie</u> vino hoy.

Además de la relación de concordancia entre dos elementos en una misma oración, es posible que ocurran varias palabras negativas como parte de un mismo enunciado. Los siguientes ejemplos tomados de Bello (1847) y Butt & Benjamin (1994) muestran que pueden coocurrir múltiples frases negativas dentro de una misma oración.

(13) <u>No</u> pide <u>nunca nada</u> a <u>nadie</u>.
(14) <u>Apenas</u> come <u>nada</u>.

El comportamiento de otras palabras negativas como los adverbios *jamás* y *nunca*, y el determinante *ninguno/a* es igual que el de *nadie* y *nada*, (15).

(15) a. <u>Jamás/nunca</u> llamó por teléfono.

      b. **No** llamó por teléfono <u>jamás/nunca</u>.

      c. *Llamó por teléfono <u>jamás/nunca</u>.

Generalización acerca de palabras negativas. Cuando aparecen en posición _____ funcionan como la partícula negativa *no*, mientras que si aparecen en posición _____ necesitan coocurrir con la partícula negativa *no*, de lo contrario la oración es agramatical.

Un caso interesante es el de *ninguno/a*. En principio podríamos pensar que como el referente siempre es vacío o nulo no sería necesario expresar el rasgo de número. Sin embargo, es posible expresar número en este caso también. Según Sánchez López (1999), antiguamente las formas plurales *ningunos* y *ningunas* eran frecuentes. Aunque en la actualidad se dice que los hablantes desfavorecen las formas plurales, todavía encontramos muchos casos donde el número plural se expresa.

Origen etimológico de *nada* y *nadie*

Estos pronombres se originaron a partir de los participios *nacida* y *nacido*. Sánchez López (1999, 2568) nota que *nada* proviene de RES NATA = cosa nacida, mientras que *nadie* proviene de HOMO NATUS = hombre nacido. Como se puede apreciar por su etimología, en un principio, el significado de estos términos no era negativo. Sin embargo, poco a poco, su significado ha ido evolucionando y la interpretación negativa se ha consolidado. Actualmente, pueden funcionar como palabras negativas por sí solas en algunas posiciones sintácticas. En otros momentos de la historia del español, según apunta Sánchez López, también era necesario usar la partícula negativa *non* con estos pronombres, independientemente de la posición que los mismos ocuparan dentro de la oración, o sea, solo se comportaban como términos de polaridad negativa. Parecería ser que el comportamiento ambivalente que tienen en la actualidad (como palabras negativas y como términos de polaridad negativa) se deriva de su evolución a lo largo de los años.

En cuanto a los **términos de polaridad negativa,** además de las formas básicas señaladas anteriormente, encontramos una gran variedad de construcciones y frases idiomáticas. Estas frases siempre tienen un significado negativo dentro de una construcción que incluya la partícula *no*, aunque en sí mismas no son negativas. A continuación listamos ejemplos, algunos tomados de Sánchez López (1999), de los varios tipos de términos que se usan en contexto de polaridad negativa.

I. Elementos escalares: se basan en escalas de números y usan frases comparativas, y/o la partícula *ni*.

    No tiene <u>más que</u> unos pocos pesos.

    No tiene <u>ni</u> un peso.

    No tienen <u>(ni) la menor intención</u> de hacer su trabajo. 'no tienen ninguna intención'

    Vino **sin** <u>la mayor</u> intención de visitarte. 'no tenía mucha intención'

II. Frases idiomáticas: cumplen funciones semejantes a las frases negativas, pero sin partícula negativa expresa. A veces ocurren con *ni*.

No ver un alma por esas partes (ni un alma, ni una sola persona)
No mover un dedo/una pestaña (=no hacer nada)
No dejar títere con cabeza (=acusarlos a todos, acabar con todo)
No dejar piedra por mover (=investigar todas las posibilidades)
No soltar prenda (=quedarse callado)
No decir esta boca es mía (=quedarse callado)

III. Sintagmas temporales o espaciales con la preposición *en*:

<u>En mi vida</u> me habían hablado así. (=en ningún momento en mi vida…)
<u>En toda la tarde</u> fue capaz de decir algo coherente. (=no dijo nada coherente durante la tarde)
<u>En todo Madrid</u> se puede encontrar alguien tan capaz. (=no se puede encontrar)

Por último, consideraremos dos contextos donde la interacción entre la negación y los diferentes elementos que aparecen en la construcción tiene efectos peculiares. El primer contexto corresponde a expresiones temporales. Específicamente, examinemos el uso de la preposición *hasta* y de los adverbios *todavía* y *ya*, los cuales cambian el valor aspectual del predicado cuando se combinan con la negación. Esto muestra que interactúan con la organización temporal/aspectual de la situación denotada por el verbo.

Para empezar repasemos brevemente algunas cuestiones relacionadas con este tópico. Habíamos señalado que la interpretación aspectual de los enunciados se construye, primariamente, a partir del verbo y el tiempo gramatical en que este aparece, pero que también puede ser afectada por otros elementos presentes en la oración. Vimos que el pretérito favorece una interpretación delimitada y que los significados léxicos de los verbos también son parte central de la computación del aspecto. Por ejemplo, un verbo con fase final inherente como *llegar* selecciona una interpretación télica, mientras que un verbo de proceso como *correr* no. Estas interpretaciones aspectuales básicas son afectadas por la presencia de otros elementos. Por ejemplo, el tipo de OD cuenta: la oración *Marcos cantó boleros* es atélica, mientras que *Marcos cantó un bolero* es télica.

Con *hasta*, *todavía* y *ya* lo que sucede es que cuando aparecen con la negación tienen un significado diferente del significado que tienen cuando aparecen en contextos afirmativos. Sánchez López (1999, 2598–2604) observa que en la versión afirmativa *hasta* tiene una interpretación durativa: marca el final de un proceso con cierta duración, (16a). En contraste, *hasta* combinado con la negación denota un momento puntual que indica el inicio de la acción, (16b), aspecto iniciativo.

Variación regional en el uso de *hasta*

Muchos investigadores han notado que en algunas variedades del español de América Latina *hasta* se usa de manera diferente. Por ejemplo, una oración como *Hasta las 4 abre* tiene el significado de 'no abre hasta las 4' o 'a las 4 abre'. Teniendo en cuenta lo aprendido hasta ahora, ¿qué explicación propondrías para el comportamiento de *hasta* en estos casos?

(16) a. Luis estudió hasta las o cho.
    'Luis empezó a estudiar en un momento anterior a las 8 y concluyó dicha actividad a las 8' (interpretación durativa)
    REPRESENTACIÓN GRÁFICA DE LA SITUACIÓN: ············→|
                                                                   8 p. m.

    b. Luis no estudió hasta las ocho.
    'Luis empezó a estudiar a las 8'[1]   (interpretación iniciativa)
    REPRESENTACIÓN GRÁFICA DE LA SITUACIÓN: |→············
                                                                  8 p.m.

El caso de *todavía* y *ya* es un poco más complejo. Estos adverbios marcan de manera implícita un contraste entre el intervalo temporal que refiere el verbo con el que aparecen y otro intervalo secuencialmente ordenado. Los ejemplos de Sánchez López (1999, 2602–3), repetidos en (17) y (18), muestran la posibilidad de dicha interpretación. En (17a) se alude en cierta forma a un posible momento futuro donde tal vez Juan deje de vivir en Barcelona. En (17b) se apunta a una etapa anterior en la que no vivía allí.

(17) a. Juan todavía vive en Barcelona.
    'Juan ha vivido antes/lleva tiempo viviendo en Barcelona'
    REPRESENTACIÓN GRÁFICA DE LA SITUACIÓN: →······|······
                                                         ahora

    b. Juan ya vive en Barcelona.
    'Juan no vivía antes en Barcelona'
    REPRESENTACIÓN GRÁFICA DE LA SITUACIÓN: |→······
                                                         ahora

Cuando los enunciados son negativos, se invierte la interpretación de los adverbios.

(18) a. Juan todavía no vive en Barcelona.
    Es la negación de: *Juan ya vive en Barcelona*, (17b).
    REPRESENTACIÓN GRÁFICA DE LA SITUACIÓN: | (→···)
                                                      ahora

    b. Juan ya no vive en Barcelona.
    Es la negación de *Juan vive todavía en Barcelona*, (17a).
    REPRESENTACIÓN GRÁFICA DE LA SITUACIÓN: →··· |
                                                       ahora

Otro caso que muestra efectos curiosos de la negación corresponde a construcciones que incluyen SNs sin determinante y con modificación. En el Capítulo 5 vimos que no es posible que un sustantivo contable aparezca en la posición de OD en singular, mientras que el mismo sustantivo en plural sí es posible, (19).

(19) a. *Manuela escribe novela interesante/que sea interesante.
    b. Manuela escribe novelas interesantes/que son interesantes.

---

1 Existe otra interpretación donde la negación se refiere al constituyente 'hasta las 8' solamente. Dicha interpretación sería 'no estudió HASTA LAS 8, sino HASTA LAS 7' o cualquier otra hora diferente.

Como ha sido notado, si añadimos la partícula *no* a (19a), la oración es gramatical, (20).

(20) Manuela no escribe novela interesante/que sea interesante.

Al parecer, en este caso, *no* afecta la interpretación del sustantivo *novela* que pasa a ser similar a 'ninguna novela' con un determinante negativo. Finalmente, obsérvese que la oración subordinada aparece en subjuntivo, tema que trataremos en las próximas secciones y también el capítulo siguiente. Pero antes de examinar cómo la negación afecta la relación entre oraciones, tenemos que saber qué tipos de relaciones existen entre las oraciones.

8.6   Relaciones entre oraciones

Recordemos que una de las propiedades que la sintaxis le da al lenguaje es la infinitud. Las palabras, aunque muchas, son contables. Las oraciones que podemos formar con ellas, en cambio, pueden ser infinitas. Al combinar unas pocas reglas estructurales podemos construir un conjunto infinito de estructuras. Esto es posible porque las reglas que utilizamos permiten insertar frases dentro otras de frases. Un ejemplo que ya vimos es el de un SN que contiene un SP que dentro de sí contiene otro SN y así sucesivamente, (21). Este proceso recursivo puede continuar infinitamente si quisiéramos.

(21) a. El gato de la vecina
       b. El gato de la vecina de la hermana ...
       c. El gato de la vecina de la hermana de Lucía...

También podemos expandir infinitamente las oraciones si insertamos oraciones dentro de oraciones, (22a-b), o si coordinamos una serie de oraciones, (22c).

(22) a. Jorge aseguraba que su abogado preguntaría si el testigo había declarado *algo*.
       b. (...) había declarado que el criminal le ofreció mil pesos...
       c. Luis hace karate y Milena juega tenis y Pedro toca en una banda y...

En el Capítulo 2 presentamos la clasificación de las oraciones en cuanto a su grado de complejidad. Teniendo en cuenta esta propiedad, las oraciones se clasifican en simples o compuestas. Las oraciones simples contienen un solo núcleo verbal, mientras que las compuestas contienen más de uno. Para crear oraciones compuestas, hay dos tipos de estrategias: la subordinación y la coordinación. Esta distinción corresponde a dos operaciones sintácticas fundamentales: la hipotaxis (fusión de una frase dentro de otra, es decir, subordinación o incrustación) y la parataxis (fusión por adyacencia). Esta sección introduce nociones básicas de la subordinación y la siguiente entra en el tema de las subordinadas infinitivas. Pospondremos el tratamiento detallado de las subordinadas conjugadas hasta el Capítulo 9, donde nos concentraremos en el modo gramatical. Por último, en 8.6 abordamos el tema de las oraciones coordinadas y la posibilidad de relaciones negativas entre oraciones.

Comencemos por la subordinación. La subordinación se da cuando un constituyente dentro de una oración se realiza como una oración con estructura interna propia. La oración que se inserta dentro de otra oración se denomina subordinada y la oración en la que se inserta otra oración se denomina oración matriz u oración principal. Las oraciones subordinadas pueden incluir una conjunción o nexo, por ejemplo, el complementante *que*. Pensemos en el ejemplo en (23) y la transformación que hemos realizado en (24), donde se ha subordinado o incrustado la oración que elabora el OD del verbo *declarar*.

(23) El criminal le ofreció mil pesos al testigo. El testigo declaro *eso*.
→ DOS ORACIONES INDEPENDIENTES

(24) El testigo declaró [que el criminal le ofreció mil pesos].
→ UNA ORACIÓN QUE CONTIENE UNA ORACIÓN SUBORDINADA

No toda combinación entre dos oraciones es por subordinación. Entre la subordinación y la independencia total, hay varios grados posibles de integración. Comparemos los casos en (25).

(25) a. /Está lloviendo./ / Ángela se dio cuenta de eso./   2 ORACIONES INDEPENDIENTES
      b. /No ha parado de llover/; /Ángela no podrá salir./   2 ORACIONES YUXTAPUESTAS
      c. /Está lloviendo/ y /Ángela se dio cuenta./   2 ORACIONES COORDINADAS
      d. /Está lloviendo/, pero /Ángela no se dio cuenta./   2 ORACIONES COORDINADAS
      e. /Ángela no podrá salir /porque está lloviendo.//   ORACIÓN SUBORDINADA DE CC
      f. /Ángela no se dio cuenta de /que está lloviendo.//   ORACIÓN SUBORDINADA DE OD

Al oyente le corresponde inferir la relación entre oraciones independientes o yuxtapuestas. Mientras menos integradas las oraciones, más inferencia hace el oyente para reconstruir la intención del hablante. En las subordinadas, en cambio, la relación es más explícita. En (25e), la subordinada elabora la causa que subyace a la afirmación principal. En (25f), la subordinada elabora el estado mental al que hace referencia el verbo *darse cuenta*, que es un verbo epistémico o de acción mental.

En la subordinación una oración contiene a la otra y la controla sintácticamente. La mayor integración ocurre entre una oración principal y una subordinada de infinitivo como en el caso de (26b), donde la frase en corchetes es una elaboración del OD indefinido en (26a). Nótese que el OD de *querer* en (25b-d) es toda la oración subordinada, la cual se indica entre corchetes.

(26) a. Jorge quería **algo**.
      b. Jorge quería [visitarnos].
      c. Jorge quería [que lo visitara]. (*que lo visites/*que lo visita)
      d. Jorge quiere [que lo visites con más frecuencia]. (*que lo visitaras)

Estos ejemplos muestran cómo la oración principal controla la subordinada. Nótese que en (26b), la oración subordinada carece de tiempo y tanto su situación temporal como la interpretación de su sujeto va dictada por la principal. Obsérvese que el sujeto implícito de *visitarnos* es *Jorge* y la acción se sitúa en algún momento posterior al momento en que Jorge siente el deseo. Estas inferencias van dictadas por el significado del verbo principal. Los ejemplos (26c-d) ilustran que el tiempo de la subordinada también puede ir controlado por la principal. En las oraciones subordinadas de verbos como *querer* se observa algo parecido a una concordancia de tiempo: si *querer* está en pasado, el verbo de la subordinada también tiene que estarlo. Si *querer* está en presente, no podemos usar un tiempo pasado. Abordaremos este tema en el Capítulo 9.

Por el momento, comparemos la interpretación de las cláusulas subordinadas en los pares en (27) y (28). En (27) se contrasta un caso en que el sujeto de la oración principal es también el sujeto de la oración subordinada, (27a), con un caso en que el sujeto de infinitivo se interpreta como el OI de la principal, (27b). En (28), el verbo *prometer* sitúa el evento subordinado en el futuro; mientras *olvidar* lo hace en un momento anterior. Obsérvese que en (28) el sujeto de la oración subordinada y de la principal es el mismo.

(27) a. Le prometí salir. → 'El hablante sale'
      b. Le permití salir. → 'La otra persona sale'

(28) a. Prometí regar las plantas. (prometer > regar)
      b. Olvidé regar las plantas. (regar > olvidar)

Las subordinadas conjugadas tienen mayor autonomía gramatical. En general, tienen libertad de referencia del sujeto, (29). Hay variación léxica (depende del tipo de verbo) en el grado de autonomía temporal. Compárese *querer*, (26), con verbos como *pensar* y *decir*, (30).

(29) a. Dije que (él/yo) iba a ganar las elecciones.
      b. Pienso que duerme/duermo/duermes/duermen.

(30) a. Dijo que ganó/ganaría/ganará/ha ganado las elecciones.
      b. Pienso que llueve/llovía entonces/lloverá.

Análisis resumido de la subordinación

Una oración es un conjunto funcional completo. Una oración puede incluir una (o más de una) oración(es) subordinada(s), cumpliendo la función de uno de sus argumentos (sujeto, OD, OI), o uno de sus adjuntos (complementos circunstanciales). Un tercer tipo de subordinadas funciona como modificador del sustantivo.

I. Tipos de oraciones subordinadas

Las cláusulas subordinadas se clasifican de acuerdo a la función del constituyente que reemplazan. Se dice que las subordinadas "reemplazan" o "expanden" los constituyentes.

- Las cláusulas subordinadas relativas, al igual que los adjetivos, tienen la función de modificar un sustantivo.
- Las subordinadas sustantivas pueden funcionar como sujetos u objetos.
- Las subordinadas adverbiales sirven como complemento circunstancial y reemplazan adverbios o frases preposicionales: pueden ser de tiempo, modo, manera o de muchos otros tipos.

EJEMPLOS

El gato <u>negro</u> → El gato [que me regaló mi madre] SUBORDINADA ADJETIVA
Es impresionante <u>ese edificio</u>. → Es impresionante [que hicieran
                                                    ese edificio tan alto] SUBORDINADA SUSTANTIVA
Prometió <u>algo</u>. → Prometió [que vendría a tiempo] SUBORDINADA SUSTANTIVA
Se casaron <u>ayer</u>. → Se casaron [antes de avisarles a sus padres] SUBORDINADA ADVERBIAL
Se casaron <u>con elegancia</u>. → Se casaron [como si fueran millonarios] SUBORDINADA ADVERBIAL

II. Estrategias generales para identificar las oraciones subordinadas

Una cláusula por núcleo verbal. ¡Hay que prestar especial atención a los infinitivos P que generalmente tienen sujeto implícito!

Las cláusulas subordinadas cumplen la función de otros constituyentes en la oración y, por lo tanto, ocupan su posición. Considérese el sujeto pospuesto del verbo *gustar* en las oraciones siguientes.

> i. Me gustan los helados. → UN VERBO, UNA CLÁUSULA
> ii. Me gusta [que me compres helados] → DOS NÚCLEOS VERBALES, DOS CLÁUSULAS
> iii. Me gusta [comer helado] → DOS NÚCLEOS VERBALES, DOS CLÁUSULAS

Nótese que el verbo de la oración subordinada no tiene que ser un verbo conjugado, (iii). Nótese también que el sujeto de *comer* es implícito y es "equivalente" al CI de *gustar*, me = el hablante.

Otras cuestiones relevantes sobre la identificación

A. Los tiempos compuestos cuentan como un solo núcleo verbal:
> Luisa [va a comprar] tomates.
> Luisa [ha comprado] tomates.
> Luisa [está comprando] tomates.

B. Los verbos aspectuales y los modales también cuentan como un solo núcleo verbal porque afectan la temporalidad o modalidad del segundo núcleo verbal, pero no introducen otros argumentos:
> José [acaba de comprar] tomates.
> José [puede comprar] tomates.

C. Los verbos de deseo, de opinión, etc., cuentan como núcleo verbal independiente:
> Marta quiere [comprar tomates].
>   1.°   2.°
> Luisa lamenta [haber comprado esos tomates].
>   1.°   2.°

Otras estrategias para segmentar y clasificar las subordinadas

- Una vez que esté claro que hay dos verbos léxicos distintos, hay que decidir cuál es el principal y cuál el subordinado. Una estrategia superficial es localizar la conjunción subordinante, la cual introduce la oración subordinada. El orden de palabras no es clave suficiente, porque el español es flexible.
> Me desespera [que siempre andes prometiendo cosas]
> [Que siempre andes prometiendo cosas] me desespera.
> CONJ   VERBO ASPECTUAL + GERUNDIO

- Una estrategia menos superficial es considerar si una oración contiene a la otra como uno de sus argumentos, y ver qué función cumple.
> Dijo que vendría mañana. → dijo algo, y lo que dijo era [que vendría mañana] →
> SUBORDINADA SUSTANTIVA, FUNCIÓN OD

-En el caso de las subordinadas de relativo, un diagnóstico superficial es que siguen a un sustantivo. Asegúrese de que formen un constituyente sintáctico.

> Llegó el amigo que va a ayudarnos con los impuestos.
>
> *El amigo llegó [que va a ayudarnos con los impuestos] → No separables, es un constituyente: subordinada de relativo
>
> Dijo la amiga que iba a ayudarnos con los impuestos.
>
> ✓ La amiga dijo que iba a ayudarnos con los impuestos. → Separables, *el* SN y la subordinada no forman un constituyente.

-El conector es un elemento relevante en la segmentación y puede ayudar en la clasificación: las sustantivas y las relativas primariamente se forman con *que*. Las relativas también usan pronombres como *cuyo, cual, quien*. Las adverbiales tienen una gran variedad de conectores, de acuerdo al significado. Sin embargo, hay casos ambiguos. Nótese el uso del acento.

> Puso el café [donde le dijiste].   (Adverbial) = Puso el café <u>ahí</u>.
>
> Manuel dijo [dónde encontrarlo].   (Sustantiva) = Manuel dijo <u>es</u>.
>
> El restaurante [donde se conocieron] ya no existe.   (Relativa) = El restaurante <u>italiano</u> ya no existe.

8.7   Las subordinadas de infinitivo y los predicados complejos

Una propiedad de las subordinadas de infinitivo es que ocupan la misma posición y cumplen las funciones que cumplen los SN de sujeto, OD y objeto de preposición. Usamos la función para clasificar los tipos de subordinas de infinitivo. Todos los ejemplos a continuación están tomados de letras de canciones en español. La oración de infinitivo se resalta en negrita.

(31)   SUBORDINADA DE OBJETO PREPOSIONAL
   a. **Para subir al cielo**, se necesita…
   b. Quisiera ser un pez, **para tocar mi nariz en tu pecera**

(32)   SUBORDINADA DE SUJETO
   Me gusta **estar contigo**…

(33)   SUBORDINADA DE OBJETO DIRECTO (También llamadas completivas)
   Quiero **ser tu ritmo**…
   Hazme **sentir**, hazme **dudar**…

Las subordinadas de infinitivo y las conjugadas difieren entre sí no solo en cuanto al grado de elaboración, sino también en cuanto al grado de integración con la oración principal. Además de que su temporalidad y la interpretación del sujeto dependen de la oración principal, muchas de las subordinadas de infinitivo de OD parecen estar aún más integradas con la principal. Una prueba de que existe una gran integración viene de la monta de clíticos. Como vimos en el capítulo anterior, los pronombres átonos en un grupo verbal como en el futuro perifrástico formado con *ir a*+infinitivo o con verbos modales como *poder* pueden aparecer tanto a la derecha del verbo en infinitivo como a la izquierda del auxiliar, ejemplos (34) y (35).

(34) a. Se lo va a comer. [hablando de la gata y el canario]
      b. Va a comérselo.

(35) a. Puede comérselo en cualquier momento.
      b. Se lo puede comer en cualquier momento.

Un fenómeno similar sucede con ciertos tipos de verbos principales que aparecen con subordinadas de infinitivo. En estos casos, aunque los clíticos son argumentos de la subordinada infinitiva, los mismos pueden aparecer en la posición donde aparecerían si correspondieran al verbo principal, (36a). Como el clítico puede realizarse como parte del verbo de la oración principal, una hipótesis es que se ha formado un complejo funcional entre las dos cláusulas. A estas estructuras se las conoce como **estructuras de predicados complejos**. Al igual que con los auxiliares y modales, la monta de clíticos es opcional en estos casos.

(36) a. Se lo quiere comer.
      b. Quiere comérselo.

Obsérvese que la monta de clíticos es imposible en las subordinadas conjugadas, (37).

(37) a. No quiero que se lo coma.
      b. *No se lo quiero que coma.

Sin embargo, no todos los verbos que toman subordinadas infinitivas permiten la monta de clíticos. Además, incluso dentro de los casos en los que es posible, existe mucha variación léxica. Por una parte, hay contextos en los que la monta es frecuente, por ejemplo, con verbos como *querer*, (38). En otros casos, en cambio, es menos frecuente, (39). Asimismo, cuando un verbo que normalmente permite la subida del pronombre átono de la subordinada se combina con frases verbales que incluyen varios verbos con contenido léxico, la realización del clítico al lado del verbo de la oración principal resulta imposible para algunos hablantes, (40). Para otros, (40b) es posible. Una observación general en estos casos parece ser la siguiente: a mayor contenido léxico de los verbos que

La negación y la formación de predicados complejos

Evalúa la aceptabilidad de las siguientes oraciones. Ejemplos adaptados de Thomas (2012).

Oración	¿Muestra proclisis? (sí/no?)	Hay negación? (sí/no?)	¿Es aceptable? (sí/no?)
María lo quisiera saber.			
María no lo quisiera saber.			
Juan no la quisiera comprar.			
Juan quisiera no comprarla.			
Juan la quisiera no comprar.			

se combinan más limitada es la posibilidad de subida. Finalmente, hay contextos en los cuales la subida no es posible, (41b) y (42b).

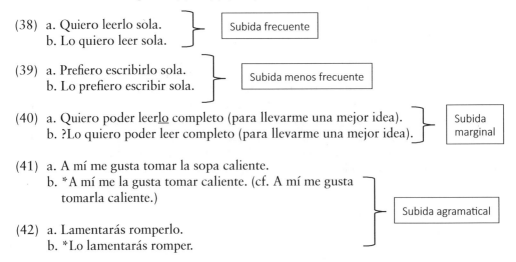

(38) a. Quiero leerlo sola.
      b. Lo quiero leer sola.

Subida frecuente

(39) a. Prefiero escribirlo sola.
      b. Lo prefiero escribir sola.

Subida menos frecuente

(40) a. Quiero poder leer<u>lo</u> completo (para llevarme una mejor idea).
      b. ?Lo quiero poder leer completo (para llevarme una mejor idea).

Subida marginal

(41) a. A mí me gusta tomar la sopa caliente.
      b. *A mí me la gusta tomar caliente. (cf. A mí me gusta tomarla caliente.)

(42) a. Lamentarás romperlo.
      b. *Lo lamentarás romper.

Subida agramatical

Además de estos casos, hay otros tipos de predicados complejos donde hay un alto grado de integración entre verbo principal y subordinado. Los **verbos de percepción** son un ejemplo. Este tipo de predicados son interesantes porque el OD que aparece con un verbo de percepción, sea un SN, (43a), o un pronombre átono, (43b), corresponde al sujeto de la subordinada.

(43) a. Oí **a Jorge** que cantaba en la ducha.
      b. **Lo** oí que cantaba en la ducha.

Nótese que la estructura argumental de *oír* requiere simplemente un experimentante/agente (quien oye) y un tema/estímulo (lo oído). En estos casos, el tema es complejo ('lo que oí fue a Jorge cantando') e incluye un SN (que funciona como OD o OI en la principal), que se interpreta, a su vez, como el sujeto de la subordinada. Con los verbos de percepción encontramos variabilidad en cuanto a si la subordinada es de infinitivo o de gerundio. Nótese que una u otra opción expresa sentidos ligeramente distintos, (44).

(44) a. La vi entrar.   [Puedo haber visto el resultado o el inicio]
      b. La vi entrando.   [La vi durante la actividad]

Otras construcciones de predicados complejos son las llamadas construcciones causativas de las cuales hablamos en el Capítulo 7. La causación puede expresarse de diferentes formas en las lenguas. Por un lado, existen verbos cuyo significado incluye un proceso y un resultado, cuyos sujetos se interpretan como la causa (o el causante) de un cambio del OD: *A* causa un cambio en/sobre *B*, (45). También se pueden utilizar construcciones perifrásticas que expresan la misma idea, (46). Por último, un significado más complejo como '*A* causa que *B* haga algo' se logra mediante la adición de verbos como *hacer* u *obligar*, (47).

(45) a. El capitán hundió el barco.
      b. Sofía quemó la pizza.

(46) a. El capitán provocó que el barco se hundiera.
    b. Sofía dejó que la pizza se quemara.

(47) a. El capitán los hizo hundir el barco.
    b. Sofía obligó a Susana a preparar la cena.

A semejanza de las construcciones con verbos de percepción, el pronombre átono que aparece en la oración principal representa el sujeto de la subordinada. La subordinada puede ser infinitiva o conjugada.

(48) a. Lo hizo que se hundiera/hundirse.
    b. La dejó que se quemara/quemarse.
    c. La hizo que comiera/comer.

Finalmente, como también vimos en el Capítulo 7, algunos hablantes muestran variación en el uso de los pronombres átonos en estos contextos. La alternancia de caso representa un contraste entra causación directa (con el acusativo) e indirecta (con el dativo). (49) muestra la especialización por contexto.

(49) a. Un hombre maltrató a un toro y el animal lo hizo volar por los aires. (https://www.lanacion.com.ar/el-mundo/video-hombre-maltrato-toro-animal-lo-hizo-nid2573940, accedido: 28/6/2023)
    b. Bajo engaños le hizo firmar a nuestra abuela para robarle. (https://www.lanacion.com.py/pais/2021/01/19/casa-varela-bajo-enganos-le-hizo-firmar-a-nuestra-abuela-para-robarle/, accedido: 28/6/2023)

8.8 Relaciones negativas entre oraciones: las conjunciones adversativas

Una característica fundamental de las oraciones coordinadas es que, a diferencia de las subordinadas, cada una mantiene su independencia. El hablante puede, simultáneamente, afirmar una oración y negar su coordinada, o puede contraponer las dos aserciones. A continuación aparecen dos ejemplos de dos tipos de coordinación y las interpretaciones de cada estructura.

(50) a. Vino y se fue. (AMBAS PROPOSICIONES SON AFIRMADAS)
    b. Ni viene ni se va. (AMBAS PROPOSICIONES SON NEGADAS)

    Coordinadas copulativas: afirmativas y negativas

(51) O vienes o te vas. (SE EXCLUYE UNA DE LAS DOS OPCIONES) → Coordinada disyuntiva

Vemos que la coordinación de oraciones se realiza mediante diferentes conjunciones. Uno de los propósitos de la coordinación es la enumeración. La conjunción *y* se usa al coordinar oraciones afirmativas y la conjunción *ni* al coordinar las negativas, ejemplos (50a) y (50b), respectivamente. En las oraciones disyuntivas se utiliza la conjunción *o*, (51).

    Otro propósito, muy común, que el hablante tiene al coordinar oraciones es contrastarlas de alguna manera. A este tipo de coordinación se la denomina **coordinación adversativa**. Una diferencia fundamental entre la coordinación adversativa y la coordinación copulativa y la disyuntiva es que mientras ambas oraciones son tratadas de modo simétrico en las coordinadas copulativas y disyuntivas, en el caso de las adversativas, no es así. En las coordinadas adversativas un componente de una de las dos oraciones se contrasta con algún componente de la segunda oración.

Se dice tradicionalmente que las oraciones adversativas son oraciones que se **oponen o contradicen** total o parcialmente. ¿Pero... qué quiere decir esto exactamente? Nótese que no se trata de una contradicción en el sentido lógico, como, por ejemplo, cuando decimos que *José no puede estar casado y ser soltero a la vez*. La coordinación adversativa se trata de algo diferente: la negación de implicaturas o expectativas generales. Por ejemplo, si ahora hace sol, esperamos que el día continúe soleado. Entonces podemos contrastar la realidad contra esa expectativa implícita, (52). Obsérvese que aunque no hay uso explícito de negación, sí hay negación de una implicatura.

(52) Hacía un lindo día, *pero ahora se nubló.* (Implicatura negada: no ha seguido soleado)

Este tipo de oraciones se forman con las llamadas **conjunciones adversativas**. Los ejemplos a continuación incluyen algunas de las conjunciones adversativas más frecuentes. Nótese que en las paráfrasis ofrecidas en algunos casos la negación implícita queda reflejada en la primera oración coordinada y en otras en la segunda.

pero

Tiene mucho dinero, pero no es feliz.

→ Esperamos que el dinero lo hiciera feliz, pero no es cierto. Contraste entre la expectativa que teníamos y la realidad.

aunque

Es importante estudiar, aunque no sea divertido.

→ Estudiar no es divertido, de todos modos es importante hacerlo. Contraste entre el hecho de que algo no es entretenido pero sí necesario.

sin embargo

Se levantó temprano; sin embargo, llegó tarde.

→ Esperamos que al levantarse temprano tendría la posibilidad de llegar a tiempo, pero no fue así. Contraste entre la expectativa que teníamos y la realidad.

no obstante

Ahora hace sol, no obstante lloverá por la tarde.

→ A pesar de que ahora hace sol, va a llover en la tarde. Contraste entre el sol de ahora y la lluvia de más tarde.

sino

Nuestro tío no vino, sino que volvió.

→ Contraste entre el hecho de ir o venir.

8.9 Resumen

En este capítulo vimos dos formas de elaborar y aumentar la complejidad de las oraciones. Una es la negación, mecanismo que consideramos más complejo porque siempre toma como base la forma positiva y transforma su significado. Vimos, además, que la negación puede operar a nivel de palabra, frase u oración, y cerramos el capítulo mostrando que la negación también puede operar entre oraciones en el caso de las coordinadas adversativas.

La segunda forma de elaborar una oración es mediante la subordinación, proceso en el que se aumenta la oración principal al incrustar una oración dependiente en lugar de un constituyente. Mostramos cómo distinguir las oraciones subordinadas de otras estructuras, cómo se clasifican las subordinadas de acuerdo a su función dentro de la oración principal, y cómo interactúan las subordinadas con las propiedades de la oración principal. Finalmente, al examinar los casos de la monta de clíticos y de las construcciones causativas, vimos que en algunos casos puede haber una integración funcional más estrecha entre la oración subordinada y la principal.

LECTURAS RECOMENDADAS

Sánchez López (1999) ofrece un tratamiento exhaustivo de la negación, incluyendo temas que no hemos cubierto como la elipsis en construcciones negativas. Con respecto a la subordinación, existe una amplia bibliografía. Cada tipo de subordinada tiene su propia bibliografía que incluye, además, temas relacionados como el tiempo y el modo, los conectores, los procesos de restructuración oracionales, etc. En el volumen de Gutiérrez- Rexach (2016), Pérez Jiménez trata en detalle las subordinadas adverbiales y Brucart, las de relativo. La gramática descriptiva de Bosque y Demonte (1999) contiene cuatro capítulos detallados sobre diferentes aspectos de la subordinación sustantiva.

8.10 Ejercicios

8.10.1 *Repaso de conceptos*

A. **Conceptos.** Asigne a cada definición el concepto que le corresponde. Nótese que hay más conceptos que definiciones.

Definiciones	*Conceptos*
1. ___Elementos que necesitan aparecer con la partícula *no* para poder expresar un significado negativo.	a) matriz
2. ___Tipo de palabra cuyo significado excluye el significado de otra palabra.	b) antónimos relacionales
	c) términos de polaridad
	d) concordancia de negación
3. ___Morfema que se adiciona al inicio de una palabra y que hace que la interpretación de esta sea la opuesta.	e) conjunciones adversativas
	f) antónimos complementarios
4. ___Cuando una palabra negativa aparece conjuntamente con la partícula de negación *no*.	g) complementante
	h) subordinada
5. ___Oración en la que se incrusta otra oración.	i) prefijo negativo
6. ___Palabra que aparece al inicio de algunas oraciones subordinadas y funciona como nexo.	j) independiente
	k) palabras negativas
7. ___ *pero, aunque, sino, sin embargo, no obstante.*	

8.10.2   Análisis básico

B. Conjunciones adversativas. Subraye las conjunciones adversativas.

1. Prohibido fumar.
2. ¿Vas a regresar antes de que llegue tu hermana?
3. El lobo persiguió al conejo, pero no lo alcanzó.
4. Nos reunimos todos los amigos, excepto Luis.
5. Espero que esta situación te sirva de lección.
6. Ojalá que esta vez se haga justicia.
7. No está lloviendo.
8. El mar inundó la ciudad, sin embargo, no hubo muertos.
9. Fernando estaba triste, mas nunca se lo dijo a su mamá.
10. La inflación sigue aumentando, no obstante, los economistas mantienen una perspectiva positiva.

C. Conjunciones adversativas. Complete con la conjunción adversativa apropiada.

1. Lucio está muy ocupado, _____ vendrá a visitarnos en cuanto pueda.
2. _____ muchos solicitaron, solo algunos serán aceptados.
3. No estamos preocupados, _____ un poco ansiosos por los resultados.
4. Hizo todos los ejercicios, _____ se le quedaron en casa.
5. No quiero que me escribas, _____ que me llames por teléfono de vez en cuando.
6. _____ llueva, iremos de excursión.
7. Es necesario vacunarse, _____ sea un poco doloroso.
8. No me dijiste nada acerca del problema, _____ otra persona me avisó.

D. *pero/sino*. Los aprendientes de español a veces confunden los usos de *pero* y *sino* por analogía con el conector inglés *but*. Prestando atención a la diferencia, complete las siguientes oraciones con *pero* o *sino*.

1. No me interesa llegar desde el inicio, _____ me gustaría verlos a todos.
2. No me interesa tu dinero, _____ tu amistad.
3. Entre ellas no solo hay pequeños problemas, _____ diferencias irreconciliables.
4. La medicina sabe mal, _____ tienes que tomártela.
5. No hice la tarea, _____ me va a ir bien en el examen.
6. No hice la tarea, _____ me fui a jugar tenis.

> El diccionario *Clave* dice lo siguiente:
> **sino:** Conj. Adversativa. 2. se usa para contraponer (*No estoy comiendo carne sino pescado*). 3. Solamente, tan solo. (*No espero sino que me creas*)
> **pero:** 1. S. Reparo, objeción. 2. Conj. enlace coordinador con valor adversativo. (*El proyecto es bueno pero muy utópico*).

a) En base a sus respuestas, provea una descripción más concreta del uso de estos enlaces oracionales.

       sino:

       pero:

E. sino/si no. La homofonía entre *sino* y *si no* es otra fuente de dificultad.

-*Sino* es una conjunción adversativa que **contrapone o contrasta un concepto a otro**. Por ejemplo: *Ese salmón que compraste no es de Canadá, sino de Estados Unidos.*

-*Si no* está formado por la conjunción condicional *si* y el adverbio negativo *no*, que juntos introducen una **oración condicional negativa**. Por ejemplo: *Si no hubieras comido tanto, no te dolería la tripa.*

Para distinguir *sino* de *si no*, examine si el *no* es negación oracional, pruebe a eliminarlo. Si la frase sigue funcionando, pero adquiere el significado opuesto, se trata de una condicional negativa. Ejemplo: al eliminar *no* de una condicional como *Si **no** estudias más, no vas a pasar,* obtenemos *Si estudias más, no vas a pasar,* una afirmación absurda pero gramatical. Si eliminamos *no* en la conjunción adversativa el resultado es anomalía: #*Ese salmón no es de Canadá, si de Estados Unidos.*

  i) Seleccione la forma correcta en las siguientes oraciones:

    1. No soy yo **sino/si no** tu madre quien dice que tienes que hacer la tarea.
    2. **Sino/Si no** llegas antes de las diez, nos vamos sin ti.
    3. Mi abogado me preguntó **sino/si no** sería mejor contar esta historia desde el principio.
    4. Dedicarse a la medicina no fue una decisión que tomó de repente, **sino/si no** más bien de forma gradual.
    5. No solo tienes que hacerle caso a tus padres, **sino/si no** también a todos tus mayores.

  ii) Indique de qué forma (*sino/si no*) son ciertas las siguientes afirmaciones.
    • El constituyente que sigue a **sino/si no** es consistentemente una oración.
    • La oración que precede a la cláusula con **sino/si no** contiene un elemento negativo.

F. Tipos de subordinadas (nominales/adjetivas/adverbiales). Encierre entre corchetes las oraciones subordinadas, identifique su tipo y la función que cumplen dentro de la oración principal.

    1. La vecina que vive dos apartamentos a tu derecha trajo la carta.
    2. Cuando los encontramos, ya se habían comido toda la comida.
    3. Todas las semanas me llama y también me visita.
    4. Me alegra que hayas obtenido el puesto de trabajo.
    5. Pusimos el colchón donde nos indicaste.
    6. Compré el libro cuyas reseñas parecían interesantes.
    7. La solicitud de trabajo que preparaste la semana pasada, la necesito.
    8. Te llamaremos en cuanto lleguemos a la playa.
    9. Lo hará para que estés contenta.
    10. No quiere que lo molesten en este momento.

G. Agramaticalidad. Marque con una *X* las oraciones que contienen errores y con N/A las que no contengan errores. Corrija las agramaticales.

    1. __No veo algo.
    2. __Juan no quiere helado.

    3. __Luisa saluda a nadie.

    4. __Nunca llama por teléfono a nadie.

    5. __No vino ninguno.

    6. __Hago nada después de clase.

H. Diferencias de significado. Identifique la diferencia formal entre los siguientes pares e indique si hay diferencia de significado o no. Si hay diferencia de significado, descríbala o dé una paráfrasis.

    1. a) No tiene la menor intención de lavar los platos.
       b) No tiene ninguna intención de lavar los platos.

    2. a) Nadie me dirige la palabra.
       b) No me dirige la palabra nadie.

    3. a) Viajó, aunque no tenía dinero.
       b) Viajó, pero no tenía dinero.

    4. a) Ese día hice ejercicios hasta las cuatro de la tarde.
       b) Ese día no hice ejercicios hasta las cuatro de la tarde.

8.10.3 *Problemas de reflexión*

I. Semántica de la coordinación y negación. Las conjunciones copulativas tienen diferentes interpretaciones:

        y: suma elementos
        ni: excluye todos los elementos
        o: excluye uno de los elementos

¿Cómo interactúan estas conjunciones con la negación? Compárese la interpretación de cada oración con su versión afirmativa. Ejemplos adaptados de Sánchez López (1999).

    (1) a. No vinieron Juan ni María. (No todos los hablantes aceptan esta oración.)
       b. No vinieron ni Juan ni María.
    (2) No vinieron Juan y María.
    (3) No vinieron Juan o María.

J. La preposición *sin* y sus significados
Tomado del diccionario *Clave*:

       sin 1. indica falta o carencia. 2. Seguido de un infinitivo actúa como negación. 3. Fuera o aparte de él ('excluyendo').

¿Qué significado tiene *sin* en los siguientes ejemplos? Dé paráfrasis de cada caso y compárelas entre sí. ¿Son suficientes los significados anteriores?

    (1) Vino sin nadie.
    (2) El perro entró sin nada en la boca.
    (3) ¿Por qué salieron sin mí?
    (4) Corrieron sin parar.
    (5) Es un salvaje, le gusta comer sin tenedor y cuchillo.
    (6) No habla sin dificultad.

K. Comparando teorías. En inglés, el uso de la doble negación resulta controversial porque en algunas variedades se interpreta como una afirmación y en otras como negación sencilla. La interpretación en español siempre es de negación sencilla, tanto cuando hay un sintagma negativo, (i), como cuando hay duplicación con la partícula negativa *no*, (ii). Como vimos, este segundo caso se denomina concordancia de negación.

(i) **Nadie** pidió ayuda.   'No es cierto que alguien haya pedido ayuda'
(ii) Yo **no** quiero **nada**.   'No es cierto que quiera algo'

La concordancia de negación tiene un comportamiento estricto. En este ejercicio primero intentaremos producir una breve descripción de las condiciones sintácticas en que ocurre y, segundo, practicaremos las destrezas de argumentación al comparar dos hipótesis posibles acerca de concordancia de negación en español.

Para explicar la distribución de la doble negación en español alguien podría proponer dos hipótesis distintas:

> **Hipótesis del orden.** Ocurre siempre que el sintagma negativo siga al verbo y no se dobla cuando el sintagma negativo precede al verbo.

> **Hipótesis de la función.** Ocurre con todos los sintagmas negativos excepto el sujeto.

a) Analice las siguientes oraciones negativas: subraye el sintagma negativo e indique su función gramatical, su posición relativa al verbo y si hay duplicación con *no*.

ORACIONES	Función del SNeg	Posición (antes/después del verbo)	Doblaje (aparece con **no**)
1. No viene nadie.			
2. No invitamos a nadie.			
3. Jamás me van a pagar el dinero que me deben.			
4. No creo nada de lo que dice ese político.			
5. ¿Por qué no viniste nunca a verme?			
6. Santa Claus no le trae regalos a ningún niño que se porte mal.			
7. A ningún estudiante lo van a suspender.			
8. En este pueblo no sucede nada.			

b) ¿Qué patrones observa en la tabla anterior? En base a esto, evalúe las hipótesis presentadas anteriormente. Note que ambas pueden describir algunos datos; en otros casos, solo una funciona.

9 Evaluando las proposiciones
El modo en español (subjuntivo e indicativo)

Temas

Morfología del subjuntivo
Significado de los tiempos del subjuntivo
Enfoques modernos sobre el subjuntivo
Subjuntivo y negación
Subjuntivo y tiempo

Objetivos

Repasar la habilidad de reconocer las formas del subjuntivo
Reforzar el conocimiento de los contextos de uso del subjuntivo
Reforzar la comprensión de los contrastes de significado de la oposición subjuntivo/indicativo
Expandir y profundizar el conocimiento de los contrastes semánticos
Evaluar los problemas principales en las definiciones pedagógicas del subjuntivo

---

Introducción

En el Capítulo 3 estudiamos el tiempo como categoría gramatical y su relación con la categoría aspecto. Señalamos que el tiempo es una categoría deíctica que sitúa el momento de la situación que denota el verbo o el predicado verbal con respecto al momento del habla, de manera directa o indirecta. Al estudiar las formas verbales vimos que, además de información temporal, también tienen una valoración aspectual (los llamados tiempos aspectualmente sensitivos, i.e., muestran cierta afinidad por ciertos tipos de situaciones), y que pertenecen a una de las dos categorías de modo: indicativo o subjuntivo. En el Capítulo 3 tratamos los tiempos del indicativo, modo que domina en las oraciones simples. Ahora que ya hemos empezado a analizar las oraciones subordinadas, estamos listos para abordar el tema del modo como categoría gramatical y examinar sus complejas relaciones con la categoría del tiempo. Aunque nos concentraremos principalmente en el modo subjuntivo, lo contrastaremos con el indicativo.

De manera descriptiva, se considera que el modo gramatical es una forma de marcar si la situación denotada por el verbo se expresa como posible, real, necesaria o deseable.

DOI: 10.4324/9781003415879-10

Esta definición, aunque útil, parece un poco como una lista de supermercado y nos hace preguntarnos: ¿qué tienen en común esas dimensiones de una situación? En este capítulo veremos que la definición y delimitación de los significados del modo son cuestiones bastante complejas. Asimismo constataremos cómo las definiciones sencillas que se ofrecen generalmente en contextos pedagógicos son no solo insuficientes, sino, con frecuencia, equivocadas.

Siguiendo la misma estrategia que hemos venido empleando hasta ahora, vamos a comenzar por distinguir entre los contextos de uso fijo del subjuntivo y los variables. En otras palabras, diferenciaremos los contextos donde no hay alternancia de modo de aquellos en que ambas opciones son posibles, ya que solo en el segundo caso la selección de una u otra forma corresponde (generalmente) a diferencias semánticas. También veremos cómo la selección del modo interactúa con diferentes elementos dentro de las construcciones.

9.1 Las formas y tiempos del subjuntivo

En la actualidad el subjuntivo en español consta de dos tiempos simples: el presente y el imperfecto, y sus dos tiempos perfectos correspondientes: el pretérito perfecto y el pluscuamperfecto. En el caso de los tiempos compuestos, al igual que en el modo indicativo, ambos componentes, el tiempo y la presencia de la perfectividad del participio, son ingredientes separados que contribuyen a la interpretación de la proposición marcada por el subjuntivo. A continuación, ofrecemos un inventario de los tiempos simples y los compuestos del subjuntivo para todas las personas gramaticales.

Tiempos simples

	PRESENTE	
	PRIMERA CONJUGACIÓN	*SEGUNDA Y TERCERA CONJUGACIONES*
yo	am-e	tem-a; part-a
tú	am-e-s	tem-a-s; part-a-s
él/ella/Ud.	am-e	tem-a; part-a
nosotros	am-e-mos	tem-a-mos; part-a-mos
vosotros	am-é-is	tem-á-is; part-á-is
ellos/ellas/Uds.	am-e-n	tem-a-n; part-a-n

	IMPERFECTO	
	PRIMERA CONJUGACIÓN	*SEGUNDA Y TERCERA CONJUGACIONES*
yo	am-a-ra/se	tem-ie-ra/se; part-ie-ra/se
tú	am-a-ra/se-s	tem-ie-ra/se-s; part-ie-ra/se-s
él/ella/Ud.	am-a-ra/se	tem-ie-ra/se; part-ie-ra/se
nosotros	am-á-ra/se-mos	tem-ié-ra/se-mos; part-ié-ra/se-mos
vosotros	am-á-ra/se-is	tem-ié-ra/se-is; part-ié-ra/se-is
ellos/ellas/Uds.	am-a-ra/se-n	tem-ié-ra/se-n; part-ié-ra/se-n

Tiempos compuestos

	PRETÉRITO PERFECTO	*PRETÉRITO PLUSCUAMPERFECTO*
yo	haya amado	hubiera/hubiese + PARTICIPIO
tú	hayas +PARTICIPIO	hubieras/hubieses + PARTICIPIO
él/ella/Ud.	haya + PARTICIPIO	hubiera/hubiese + PARTICIPIO
nosotros	hayamos + PARTICIPIO	hubiéramos/hubiésemos + PARTICIPIO
vosotros	hayáis + PARTICIPIO	hubierais/hubieseis + PARTICIPIO
ellos/ellas/Uds.	hayan + PARTICIPIO	hubieran/ hubiesen + PARTICIPIO

Morfológicamente el presente del subjuntivo muestra una mutación en la vocal temática, tal que, la vocal del primer grupo cambia a -*e*-, y la del segundo y tercero cambian a -*a*-. Es decir, de alguna manera podemos decir que "se invierten" las vocales temáticas.

(1) Hablar / que yo hable (-*ar*→e)
     Escribir / que yo escriba (-*er*/-*ir*→a)

Excepto por ese cambio y por la ausencia de la marca de primera persona, las formas del presente del subjuntivo son similares a las del presente de indicativo. Por ejemplo, los verbos con irregularidades en la raíz en primera persona de presente de indicativo usan esas raíces irregulares en el presente del subjuntivo. Así un verbo como *poner* que es irregular en presente indicativo, *yo pongo*, tiene la misma raíz en presente subjuntivo, *yo ponga/ tú pongas/ella ponga/nosotros pongamos*, etc. Por su parte, el imperfecto del subjuntivo consiste en un morfema TMA -*ra*-, y en el segundo y tercer grupo encontramos, además, una diptongación de la vocal temática (-*ie*-). En algunos dialectos además de la forma -*ra*- aparece la forma -*se*- (*quisiera/quisiese*). Los verbos cuya raíz presenta irregularidades en el pretérito del indicativo también son irregulares en el imperfecto del subjuntivo: *poner/ puso/pusiéramos, ir/fue/fuera, ser/fue/fuera, haber/hubo/hubiera, pedir/pidió/pidiera*, etc. Tanto en el presente como en el imperfecto del subjuntivo no se usa la -*o* como marca de primera persona, sino la ausencia de marca, i.e., morfema cero, al igual que sucede en las formas del presente y del condicional del indicativo.

Cambios lingüísticos

Antiguamente existían otras dos formas del subjuntivo. De estas, en la actualidad, hay una que corresponde a un contraste que está cayendo en desuso en algunas variedades, mientras que la otra ya ha desaparecido completamente, I y II, respectivamente.

I. Pretérito e imperfecto del subjuntivo: Formas en -*se* y -*ra*.

- En dependencia de la variedad del español hay variación en cuanto al uso de las terminaciones del imperfecto y el pluscuamperfecto. Algunas variedades usan -*ra*, mientras otras usan tanto -*ra* como -*se*. Si tenemos en cuenta todas las variedades, la forma -*se* es menos frecuente que la forma -*ra*.

> Interesante: la forma -*se* proviene del pretérito del subjuntivo que antiguamente contrastaba temporalmente con el imperfecto -*ra*. Hoy en día pocos hablantes mantienen el contraste aspectual y las dos formas se usan variablemente o con otros usos.
>
> Hubiese/lloviese… vs. Hubiera/lloviera…
>
> - Sin embargo, algunos hablantes mantienen un alineamiento aspectual con el tiempo de la oración principal.
>
> Quise que viniese.
> Quería que viniera.
>
> **II. El futuro del subjuntivo** (formas en -*re*-)
> - Las formas del futuro del subjuntivo han desaparecido completamente.
>
> *Hubiere/lloviere (formas inexistentes en la actualidad).

Como veremos al estudiar la interpretación de los tiempos del subjuntivo, la semántica del modo es un asunto complejo. Examinaremos la estrecha relación que se da entre el tiempo de la subordinada subjuntiva y el de la oración principal. También veremos cómo los diferentes verbos matrices seleccionan subordinadas con diferentes grados de dependencia referencial y temporal con respecto a la oración principal. Comencemos primero por un caso relativamente simple: la interpretación temporal básica de las formas sin verbo principal, como es el caso de las construcciones con *ojalá*.

Ojalá que es una expresión de deseo que se origina de la frase árabe *law sha-a Allah* 'si Dios quisiera'. De acuerdo al tiempo que se utilice, la interpretación de las formas del subjuntivo corresponde, o bien a los diferentes grados de posibilidad de que la situación ocurra, o al desconocimiento por parte del hablante de lo que ha sucedido. Los siguientes ejemplos nos ayudan a ver esto. Pensemos en la novela de Eduardo Sacheri *La noche de la Usina* cuando el personaje Fermín Perlassi acude al banco a solicitar un préstamo para poner en marcha una cooperativa.

(2) Ojalá (que) le den el préstamo a Fermín.   PRESENTE DEL SUBJUNTIVO

(3) Ojalá (que) le dieran el préstamo a Fermín.   IMPERFECTO DEL SUBJUNTIVO

(4) Ojalá (que) le hayan dado el préstamo a Fermín.   PRETÉRITO PERFECTO DEL SUBJUNTIVO

(5) Ojalá (que) le hubieran dado el préstamo a Fermín.   PLUSCUAMPERFECTO DEL SUBJUNTIVO

La interpretación general de todos los ejemplos es de un deseo por parte del hablante con respecto a la posibilidad de que Fermín obtenga el préstamo. Como (2) aparece en presente, este deseo se interpreta como relativo a una posibilidad inmediata o futura, es decir, en algún momento por venir. Esta forma se usa en contextos donde el hablante tiene una perspectiva ambigua frente a la posible realización del deseo. La interpretación temporal del imperfecto en (3) también es futura o inmediata, como la del presente, pero contribuye un matiz modal: indica que hay menor grado de probabilidad de que ocurra el evento. Supongamos, por ejemplo, una situación donde los bancos no quieren prestar dinero, tal vez porque el país se encuentra en un período de inestabilidad financiera o porque Fermín tiene pésimo historial de crédito. Aunque conseguir el préstamo no es totalmente imposible, sí es menos probable. En un contexto neutro, donde no existan problemas financieros de ningún tipo, el hablante preferirá el presente. Mientras más dudoso sea el caso es más probable que se use el imperfecto. Estas dos posibilidades se pueden representar gráficamente de la siguiente forma.

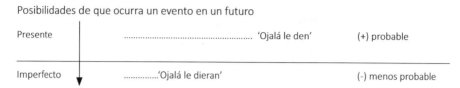

Posibilidades de que ocurra un evento en un futuro

| Presente | | .... 'Ojalá le den' | (+) probable |
| Imperfecto | | ....'Ojalá le dieran' | (-) menos probable |

El uso de los tiempos perfectos en (4) y (5) indica que el evento ya ha concluido; este significado se extrae del participio pasado. El tiempo verbal del auxiliar, a su vez, arroja diferentes interpretaciones. La interpretación de (4) apunta a que no hay conocimiento por parte del hablante del resultado de la solicitud de préstamo: puede ser que sí o que no, pero el hablante todavía no se ha enterado. En (5), en cambio, el hablante conoce el resultado de la solicitud, pero dicho resultado es contrario a su preferencia: el préstamo fue denegado y eso no era lo que el hablante deseaba.

Posibilidad de que haya ocurrido un evento en el pasado (Interpretación A)

| Pretérito Perfecto | | 'Ojalá le hayan dado.' | (?) (incierta) |
| Pretérito Pluscuamperfecto | | 'Ojalá le hubieran dado.' | (∅) (no sucedió) |

Para algunos hablantes el uso del pluscuamperfecto en (5) también puede interpretarse en contraste con el pretérito perfecto en cuanto a la probabilidad de que el evento ocurriera (Interpretación B). En este caso, el hablante no sabe el resultado, pero todo parecía indicar que era imposible. De modo similar al contraste entre el presente y el imperfecto del subjuntivo que vimos anteriormente, la selección del tiempo se refiere al grado de esperanza que tiene el hablante.

Posibilidad de que haya ocurrido un evento en el pasado (Interpretación B)

| Pretérito Perfecto | | 'Ojalá hayan ganado los Raptors.' | (?) (incierta) |
| Pretérito Pluscuamperfecto | | 'Ojalá hubieran ganado los Raptors.' | (-) (poca esperanza) |

Resumen de los usos de los tiempos del subjuntivo en la construcción "ojalá que…" y sus interpretaciones

Ojalá que [presente subjuntivo]: deseo algo simultáneo o posterior.

Ojalá que [imperfecto subjuntivo]: expresa incertidumbre sobre la ocurrencia de algo simultáneo con el presente o futuro.

Ojalá que [pretérito perfecto subjuntivo]: deseo algo anterior al momento del habla cuya realidad no conozco.

Ojalá que [pretérito pluscuamperfecto subjuntivo]: deseo que algo pasado sea diferente (también conocido como deseo contrafactual); deseo de algo anterior al momento del habla cuya realidad se desconoce, pero se considera altamente improbable.

9.2 Definiciones del modo

Una de las descripciones superficiales que frecuentemente se da con fines pedagógicos asocia el modo indicativo con la certeza y el subjuntivo con la duda. Este tipo de descripción, por ejemplo, es la que aparece en Wikipedia.

El **subjuntivo** es un modo gramatical presente en muchas lenguas con diferentes valores, entre los cuales suele estar las afirmaciones hipotéticas, inciertas, o los deseos; todos ellos caracterizados por el rasgo *irrealis*, que se opone al rasgo *realis* del indicativo. (https://es.wikipedia.org/wiki/Modo_subjuntivo, accedido: 28/6/2023.)

Continúa así la definición:

En la gramática tradicional se dice que es el modo de la oración adjunta [subordinada] (..) toma el carácter subjetivo de posible, probable, hipotética, creída, deseada, temida o necesaria.

Una evaluación rápida muestra que esta caracterización tiene virtudes y problemas en igual balance. Considérense los casos siguientes donde clasificamos las cláusulas subordinadas de acuerdo a su estatus en tanto a la distinción *realis/irrealis*.

(6) Cuando salí, ya todo estaba mojado. *realis* → MODO INDICATIVO
(7) Si fuera tú, me buscaría un gato. *irrealis* → MODO SUBJUNTIVO
(8) Me alegra que estés aquí. *realis* → MODO SUBJUNTIVO
(9) Soñé que viajaba. *irrealis* → MODO INDICATIVO

Los ejemplos del tipo (6) y (7) son los que se usan con frecuencia al ilustrar la definición de los modos. Sin embargo, si bien estos casos muestran una correspondencia entre grado de realidad de las proposiciones y los modos verbales, en (8) y (9) encontramos divergencia. Específicamente, la subordinada en (8) incluye un verbo en subjuntivo, *estés*, pero la proposición del complemento de alegrarse se presenta como real, i.e., algo que está sucediendo. Mientras tanto, en (9), la subordinada complemento puede considerarse como irreal, ¡es un sueño!, pero se usa un tiempo del indicativo: el pretérito imperfecto. Muchos investigadores han notado esta discordancia y han llegado a la conclusión de que la distinción entre los modos no puede basarse únicamente en una asociación con la realidad/irrealidad.

El caso de *alegrar* es interesante porque el verbo *alegrar* pertenece a un grupo de verbos llamados factivos, que también incluye otros como *saber/lamentar/reconocer*, etc. Los **verbos factivos** tienen la propiedad de que presuponen la verdad de la oración subordinada que toman como complemento. Sin embargo, las oraciones subordinadas que estos verbos rigen pueden aparecer tanto en indicativo, (10), como en subjuntivo, (11).

(10) a. Algunas personas que <u>creen</u> en teorías de la conspiración **no saben** que la tierra es redonda.
    b. <u>Sé</u> que **llegaste** tarde.   VERBO FACTIVO→ MODO INDICATIVO

(11) a. <u>Lamento</u> que *tengas* tanto trabajo.
      b. <u>Me alegra</u> que *estés* aquí conmigo.
      c. <u>Me da pena</u> que no *hayas podido ir*.   VERBO FACTIVO→ MODO SUBJUNTIVO

Obsérvese que todos los ejemplos en (11) se corresponden con hechos verdaderos en el mundo real (actual). En (11a) lamento algo que ha sucedido o está sucediendo. En (11b) el hablante y el oyente están en el mismo lugar en ese momento y, por lo tanto, también es una situación real. Por último, en (11c), lo que apena al hablante es algo que ya sucedió.

De modo semejante, no puedo 'saber' algo a menos que sea un hecho. *Saber* es uno de los llamados **verbos epistémicos** o **verbos de pensamiento**. Si el contenido de mi pensamiento no refleja la realidad, no debo usar *saber*, sino otros verbos de pensamiento semánticamente más débiles como *creer* o *pensar*.

(12) a. Perlassi <u>sabe</u> que lo han engañado.   VERBO EPISTÉMICO FACTIVO
      b. Perlassi <u>piensa</u> que lo han engañado.   VERBO EPISTÉMICO NO FACTIVO
      c. Perlassi <u>cree</u> que lo han engañado.   VERBO EPISTÉMICO NO FACTIVO

Se usa *saber* si lo que decimos que se sabe es factual, mientras que *pensar* o *creer* se usan cuando no hay garantías de que lo sea. Así, verbos como *saber* presuponen la verdad de la cláusula subordinada que toman como complemento. Nótese que en (12), independientemente de si el verbo presupone o no la veracidad del enunciado de la subordinada, se usa el modo indicativo. Algo interesante pasa con la negación en estos casos: cuando negamos el verbo de la oración principal es posible que el verbo de la cláusula subordinada aparezca en subjuntivo, (12b) y (12c), mientras que en (12a) esto no es posible. Abordaremos este patrón en la sección 9.6.

El contraste entre *saber* y *creer* es que *saber* tiene la presuposición de factividad. Recordemos que las presuposiciones son significados que preceden lógicamente al enunciado, i.e., son prerrequisitos lógicos. Por lo tanto, son un tipo de significado que permanece estable y no se cancela, aunque se niegue la aserción. Comparemos el comportamiento de *saber* con el de *creer* en los siguientes ejemplos. La proposición subordinada en (13) corresponde a un documental fotográfico de la BBC que muestra la dramática disminución en el tamaño de los glaciares en Islandia. Para ilustrar algo cuya factualidad está mucho menos clara, usamos *creer*, por ejemplo, para hablar del futuro de los viajes a Marte, ejemplos (13c-d).

(13) a. Los expertos del medio ambiente saben que se han reducido los glaciares de Islandia.
         → presuposición: "se han reducido los glaciares"
      b. Los incrédulos no saben que se han reducido los glaciares de Islandia.
         → presuposición: "se han reducido los glaciares"
      c. Algunos expertos creen que se logrará viajar a Marte en este siglo.
         → no hay presuposición con respecto a la subordinada
      d. Algunos expertos no creen que se logrará viajar a Marte en este siglo.
         → no hay presuposición con respecto a la subordinada

En resumen: los verbos de pensamiento se dividen en factivos, aquellos que presuponen la verdad del complemento subordinado, y los no factivos, aquellos que no introducen tal presuposición. También hay verbos **factivos emotivos** como los de (11) que presuponen la verdad del complemento oracional, a la misma vez que expresan la actitud subjetiva del sujeto hacia la situación (factual) designada por la subordinada.

Existe un uso especial de *se*, posiblemente originado del reflexivo, donde al añadirse esta partícula a los verbos epistémicos no factivos se devalúa la aceptación de la proposición y se establece una implicatura negativa. Obsérvese la diferencia entre los ejemplos i y ii.

    i. *Alvarado cree que su fraude no será descubierto.*   actitud neutra

    ii. a. *Alvarado se cree que su fraude no será descubierto.*   implicatura→ se equivoca

       b. *Catalina se cree hermosa.*   implicatura→ 'no lo es'

Estos casos no deben confundirse con otros usos de *se* como el impersonal:

    Se cree que el valor de la moneda va a caer.   se impersonal: 'la gente cree'

El tema de lo que es factual o no lo es, en estas épocas donde abundan las teorías de la conspiración, es un asunto muy ponderoso que queda más dentro del territorio del filósofo del conocimiento que de un humilde gramático. Algo que los lingüistas pueden añadir a esta discusión es que las lenguas dan bastante prioridad a marcar gramaticalmente el estatus epistemológico de las proposiciones, dicho de otra forma, a la diferencia entre una creencia justificable y una opinión sin base. Algunas lenguas como el quechua o el tibetano, por ejemplo, gramaticalizan la marcación de la fuente de conocimiento que tiene el hablante de la proposición. Sánchez (2004) señala que en quechua hay dos morfemas de tiempo pasado: *-rqa* y *-sqa*, y que el primero—llamado pasado atestiguado—se usa cuando el hablante tiene evidencia visual directa sobre la situación; el segundo—llamado pasado reportativo—se usa cuando el conocimiento del hablante de la proposición es de segunda mano, algo que alguien le ha dicho. En lenguas como el español, estas distinciones se expresan mediante los significados léxicos del verbo principal, (14).

(14) a. Vi que está lloviendo.   → equivalente a evidencia directa

      b. Me dicen que está lloviendo.   → equivalente a evidencia reportada

En el quechua y otras lenguas, esta diferencia se expresa morfológicamente, por una categoría muy relacionada al modo: la **evidencialidad**.

Variación lingüística en situaciones de contacto

Sánchez (2004) encontró usos inusuales de los tiempos del pasado en hablantes bilingües quechua-español a los que se les pidió que contaran una historia. Un fenómeno que observa esta investigadora es la sustitución del pretérito simple por el imperfecto o pretérito perfecto compuesto.

    daba de comer pan, trigo y agua (en vez de dio de comer)

    se ha llevado a su casa (en vez de lo llevó)

    (Sánchez 2004, 159)

> También encontró un uso frecuente de *había*, tanto como verbo principal como auxiliar del pluscuamperfecto:
>
>> Había una viejita dice. Había sembrado maíz.
>> Le había encontrado un pajarito amarillo.
>>   (Sánchez 2004, 157)
>
> Sánchez propone una convergencia funcional entre las dos lenguas mediante la cual los hablantes regulan el uso de los tiempos del español de acuerdo a los rasgos semánticos de evidencialidad que operan en quechua.

Otro argumento en contra de las definiciones del contraste indicativo/subjuntivo en términos de la distinción *realis/irrealis* lo proveen los verbos de ficción personal como *soñar, imaginarse*, etc., cuyo complemento oracional siempre aparece en indicativo, a pesar de que sabemos que no es cierto:

(15) <u>Soñé</u> que viniste a verme.   VERBO DE FICCIÓN PERSONAL → MODO INDICATIVO

Queda claro entonces que la verdad en el mundo actual no es el criterio que determina los usos del modo en español.

Independientemente de la actitud del hablante, hay casos en que el factor sintáctico rige la posibilidad del modo. En una oración simple como (16), aunque se exprese un mandato, el indicativo es la única posibilidad. Más adelante veremos que las oraciones simples que incluyen un adverbio modal permiten alternancia de modo.

(16) Te me vas enseguida.   (amenaza/mandato)

En cambio, en contextos subordinados ligados a verbos que expresan actitudes hacia la proposición (posibilidad, deseo, temor, influencia, mandato), la oración subordinada aparece consistentemente en el modo subjuntivo. Los ejemplos en (17) ilustran este patrón.

(17) a. <u>Quiero</u> que vengas.   VERBO DE DESEO
      b. <u>Dudo</u> que venga.   VERBO DE DUDA
      c. <u>Lamento</u> que venga.   VERBO DE EVALUACIÓN EMOTIVA
      d. <u>Mandó</u> a que nos calláramos.   VERBOS DE MANDATO O INFLUENCIA (d–f)
      e. <u>Sugiere</u> que nos callemos.
      f. <u>Pide</u> que nos callemos.

La característica que agrupa estos predicados es que no son de actitud neutra: compárese el modo en verbos de influencia o mandato (*pedir/sugerir/mandar*) con otros verbos de comunicación de actitud neutra (*decir/declarar/preguntar*), incluyendo los verbos que expresan la manera de comunicación (*murmurar/proclamar/gritar*). Nótese que este contraste es comparable al que existe entre factivos emotivos y factivos neutros.

Teniendo en cuenta la distribución de los usos del subjuntivo, autores como Quer (1998) y Fábregas (2014a y b) proponen que el subjuntivo ocurre principalmente en contextos de evaluación que pueden ser de carácter epistémico (de conocimiento) o afectivo, mientras que el indicativo se asocia con una actitud neutra.

> Según algunos investigadores, el modo indicativo se asocia con la actitud neutra de aseverar (declarar: afirmar o negar) el contenido de las oraciones o proposiciones, mientras que el subjuntivo se asocia con otras actitudes respecto del contenido de las oraciones o proposiciones, entre ellas, deseo/desiderativas, duda o posibilidad, mandato o evaluaciones personales.

No es el objetivo de este capítulo evaluar esta propuesta o su alcance, por el momento vamos simplemente a considerar los modos como asociados con ciertos contextos, y exploraremos la idea de que es solo en contextos variables (contextos en los que ambos modos son posibles) donde el modo contribuye al significado activamente.

9.3   Distribución del subjuntivo e indicativo en español

9.3.1   *Modo y contexto*

Para comprender los usos y significados del subjuntivo y el indicativo el mejor punto de partida es tener en cuenta que hay contextos en los que el uso de cada modo es fijo, es decir, la otra opción no es una posibilidad, y contextos que son variables, i.e., ambas opciones son posibles.

Contextos de uso fijo: solo se permite un modo; el uso del otro modo genera agramaticalidad, como ilustran (18) y (19).

(18)   a. Ojalá que llueva café.
      b. *Ojalá que llueve café.

(19)   a. Hoy llueve.
      b. *Hoy llueva.

Contextos de uso variable: se permiten ambas formas y la selección de una u otra contribuye al significado.

(20)   Duda que el libro está en el estante.
    → El hablante afirma la veracidad de la proposición subordinada.

(21)   Duda que el libro esté en el estante.
    → El hablante no afirma la veracidad de la oración subordinada.

Hay múltiples determinantes contextuales que hacen posible o imponen el uso del subjuntivo, entre ellos:

   i) posición (verbo de la oración principal o de la subordinada);
  ii) función gramatical de la subordinada: subordinadas sustantivas (también llamadas nominales), de relativo (también llamadas adjetivas) y adverbiales;

    iii) tipo de verbo, en el caso de las subordinadas nominales;

    iv) negación, en el caso de las subordinadas nominales (cf. (22));

    v) tipo de conjunción y situación temporal del evento subordinado, en el caso de las subordinadas adverbiales (cf. (23)).

(22) a. Creo que eres amable. (cf. *Creo que seas amable.)
      b. No creo que seas amable.

(23) a. Lo hizo antes de que llegaras.
      b. Lo hizo cuando llegaste.

Aprendizaje del modo subjuntivo en niños pequeños

Los niños pequeños aprenden la morfología del subjuntivo muy temprano (Aguado 1995; Hernández-Pina 1984), pero inicialmente solo la usan en contextos de deseo o mandato que son contextos de uso fijo, (i).

(i) a. Hagamos yoga mamá (Santiago, 2;02)
    b. Aquí no escribas (Rafael, entre 2;00–2;06)
    c. Abuela no guarde (Santiago, 2;02)

El subjuntivo aparece más tarde en contextos de uso variable como el de las relativas, donde el contraste opcional de modo identifica la especificidad y existencia del referente.

(ii) Busca alguien que le lea/lee un libro.

Pérez-Leroux (1998) encontró que los niños no producen las relativas de subjuntivo hasta que no entienden cuestiones como falsas creencias, uno de los cambios en el desarrollo cognitivo que se conoce como "desarrollo de una teoría de la mente".
Adaptado de *Enciclopedia de la lingüística hispánica* (Gutiérrez-Rexach 2016).
Autores como Blake (1988) y Dracos, Requena y Miller (2019) observan que los contextos que los niños dominan más tarde en el aprendizaje del lenguaje son los contextos factivos-emotivos (como *estar contento de…*); y los de no aserción (*no cree que*).

9.3.2   *Resumen del contraste indicativo/subjuntivo en oraciones principales*

La distribución del modo en el caso de las oraciones principales depende principalmente de la función comunicativa de la oración. Habíamos visto que las oraciones pueden usarse en función declarativa, interrogativa, exclamativa e imperativa. Las dos primeras se centran obviamente en intercambio de información, mientras que las exclamativas están asociadas a la expresión de sorpresa y no evalúan intrínsecamente la proposición: pueden igualmente indicar admiración o disgusto. Estos tres tipos se expresan en indicativo, a menos que incluyan expresiones de probabilidad o deseo, en cuyo caso es posible usar el subjuntivo (cf. (25)). Los mandatos, peticiones o sugerencias, cuya función comunicativa es la de influencia (aunque difieren en el grado de fuerza con que se comunica la misma), tienen propiedades especiales: algunos aparecen en subjuntivo y otros usan el modo imperativo. Así observamos la siguiente distribución de los modos:

- La afirmación (y funciones relacionadas) se expresa en el indicativo.

(24) a. Llueve.
      b. No l12lueve.

Con adverbios y construcciones de duda o posibilidad, se permite el subjuntivo, pero no se requiere. Las dos posibilidades existen.

(25) a. Posiblemente venga.   → En este caso existe poco contraste,
      b. Posiblemente viene.   tal vez, el grado de optimismo.

- Las expresiones idiomáticas o construcciones de deseo tales como *ojalá (que...)*
       son contextos fijos que requieren el subjuntivo. Estos casos quizás se pueden clasificar como subordinadas ya que aparecen con el complementante *que*.

(26) a. ¡Que hable!
      b. ¡Ojalá que llueva!

- Los mandatos tienen forma propia: en los mandatos positivos se usa el imperativo, mientras que el imperativo negativo adopta directamente las formas de subjuntivo, (27). (Recuérdese que en los mandatos positivos cuando el hablante se dirige al oyente de manera formal también se usa el subjuntivo: *usted, venga*. Lo mismo sucede cuando los oyentes son un grupo, i.e., plural: *ustedes, vengan.*)

(27) No vengas.

- Con verbos modales se da un uso optativo, (28b-c). Hay que recordar que los modales pueden aparecer en contextos de influencia o pedido, donde se considera que suavizan el mandato, y el uso del subjuntivo indica menor aserción y aporta un efecto comunicativo de cortesía, (28c). La expresión de cortesía en el pedido puede amplificarse en el caso de los verbos modales usando entonación interrogativa en vez de declarativa. Los ejemplos en (29) muestran que existe una gradación semejante con el presente e imperfecto de indicativo, y el imperfecto del subjuntivo con verbos modales de deseo y de permiso.

(28) a. Tráeme el desayuno a la cama. Imperativo → autoritario
      b. ¿Puedes traerme el desayuno a la cama? Modal en indicativo → intermedio
      c. ¿Pudieras traerme el desayuno a la cama? Modal en imperfecto del subjuntivo → más cortés

(29) a. Debes/Debías/Deberías quedarte a estudiar.
      b. Quiero/Quería/Querría/Quisiera comer queso.
      c. Si me permite/permitiera/permitiese pasar, por favor.

9.3.3 *Resumen de la selección del modo en contextos de subordinación sustantiva*

Como señalamos en la sección anterior, la función gramatical y/o el tipo de la oración subordinada es uno de los factores que puede influir en la selección de un modo u otro.

En esta sección y en las dos siguientes examinaremos los diferentes usos y sentidos para las diferentes clases de oraciones subordinadas: las sustantivas, las de relativo y las adverbiales.

Como hemos visto, las <u>subordinadas sustantivas</u> son oraciones que funcionan como objeto o sujeto de un verbo. Generalmente se trata de contextos obligatorios y el uso de cada modo corresponde al significado del verbo, como muestran los siguientes ejemplos. Repasemos las observaciones anteriores.

- Los verbos de actitud neutra, tales como los verbos de pensamiento o de comunicación, no usan subjuntivo:

(30) Piensa/sabe/dice/exclama/anuncia que vendrá mañana → MODO INDICATIVO

- Los verbos que expresan cierto tipo de evaluación, por ejemplo: deseo, duda, actitud emocional hacia la proposición, seleccionan el subjuntivo.

(31) Quiero/prefiero/le obligo a/le permito <u>que venga</u>. → MODO SUBJUNTIVO
(32) Me preocupa/alegra/conviene/molesta <u>que no haya llegado</u>. → MODO SUBJUNTIVO

- Algunos verbos que toman una oración como complemento constituyen contextos variables. Muchos hablantes no tienen una clara intuición de que haya contraste de sentido en estos casos.

(33) a. Me olvidé de que viniste.
      b. Me olvidé de que hubieras venido.   → uso variable

- Los contextos de negación introducen la posibilidad de subjuntivo. La alternancia puede interpretarse, a veces, como contraste entre aserción o ausencia de aserción.

(34) a. Creo que tiene dinero.
      b. No creo que tenga/tiene dinero.   → uso variable

(35) a. No creo que tiene dinero. → MODO INDICATIVO: el hablante está seguro de que no tiene dinero.
      b. No creo que tenga dinero. → MODO SUBJUNTIVO: el hablante no está seguro de si tiene dinero o no.

- En casos de expresiones de probabilidad, la alternancia de modo se interpreta en una escala o gradiente.

(36) a. Es probable que viene. → más probable
      b. Es probable que venga. → menos probable

- Por último, algunos verbos cambian de significado con el modo de la subordinada:

(37) a. Admite que viene el inspector. (='confiesa')
      b. Admite que venga el inspector. (='permite')

9.3.4   *La selección del modo en las subordinadas adjetivas o de relativo*

Las subordinadas adjetivas o de relativo son oraciones subordinadas que modifican a un sustantivo de la oración principal. En cuanto a la selección del modo, este se trata de un contexto optativo donde el contraste entre indicativo y subjuntivo obedece a factores semánticos. El modo indicativo afirma la existencia y especificidad del referente del SN del cual es parte la subordinada relativa, (38).

(38) Buscamos a una secretaria que habla español. MODO INDICATIVO → 'una secretaria específica'

El uso del subjuntivo, por el contrario, no afirma la existencia de tal individuo, (39).

(39) Buscamos (*a) una secretaria que hable español. MODO SUBJUNTIVO → 'una secretaria cualquiera'

Obsérvese, además, que en (38) puede usarse el *a*-personal, mientras que en (39) no. (La oración en este último caso resulta agramatical, como indica el asterisco.) Como vimos, uno de los usos asociados a la *a*-personal es como marca de especificidad/definitud. La propiedad de no definitud hace que encontremos el modo subjuntivo con más frecuencia con ciertos determinantes, por ejemplo, los indefinidos, que con los definidos, (40).

(40) a. *Buscamos la secretaria que hable español.
       b. *Buscamos a la secretaria que hable español.

Sin embargo, se puede observar que la "definitud", aunque con frecuencia se asocia con la especificidad, no siempre se interpreta en forma específica. Existen casos en los que hay una disociación entre ambas propiedades; en dichos casos, el modo resulta la principal clave para expresar la especificidad. Nótese que la diferencia de modo persiste entre los ejemplos en (41), adaptados de Guitart (1995), aunque ambos SNs son definidos.

(41) a. En este colegio suspenden al que se copie. MODO SUBJUNTIVO → 'a cualquiera que se copie'
       b. Suspenden a los que se copian.   MODO INDICATIVO → 'a todos los que se copian'

Finalmente, hay entornos en los que por sus características de significado solo puede usarse uno de los dos modos. Un caso es el de los pronombres *cualquiera/quienquiera* que se derivan del subjuntivo del verbo *querer*, y que solo toleran las relativas en modo subjuntivo, (42). Sin embargo, este no es el caso de expresiones indefinidas negativas, que toleran cierta flexibilidad, (43).

(42) Ponemos en la calle a cualquiera que venga/*viene a molestar...

(43) a. Nadie que venga a una fiesta se va a aparecer con las manos vacías. MODO SUBJUNTIVO
       b. Nadie que viene a una fiesta se va a aparecer con las manos vacías. MODO INDICATIVO

Para concluir, mostraremos el caso de las subordinadas relativas restrictivas y las no restrictivas. La diferencia entre ambos grupos es semejante, en parte, a los usos de los adjetivos en posición posnominal y prenominal. Las subordinadas relativas restrictivas son aquellas que ayudan a escoger un elemento o varios elementos dentro del grupo de referencia. En otras palabras, nos ayudan a identificar al referente. Las relativas no restrictivas simplemente ofrecen una característica propia del sustantivo cuyo conjunto ya ha sido identificado. Estas últimas tienen una entonación parentética y en ellas se pueden usar diferentes pronombres relativos, tales como, *que, quien* o *cuyo*. Por ejemplo, un profesor hablando de su clase podría usar una relativa restrictiva o no restrictiva, dependiendo de si está definiendo un subgrupo de sus estudiantes, (44a), o añadiendo información adicional sobre los estudiantes ya identificados, (44b).

(44) a. Los estudiantes que se han copiado en el examen están suspendidos.

   Restrictiva= define el conjunto de los estudiantes que están suspendidos; 'algunos se han copiado'

   b. Los estudiantes, que/quienes se han copiado en el examen, están suspendidos.

   No restrictiva= existe un conjunto de estudiantes cuya propiedad es que se han copiado en el examen; 'todos se han copiado'

Una propiedad importante de las relativas no restrictivas es que solo pueden aparecer en indicativo; el uso del subjuntivo hace que la oración sea agramatical, (45). La razón es que si estamos ofreciendo una propiedad que caracteriza a un grupo que sabemos que existe no podemos usar el subjuntivo. Estos sentidos son incompatibles, como vimos en (38) y (39).

(45)   *Los estudiantes, que/quienes se hayan copiado en el examen, están suspendidos.

   (No restrictiva en subjuntivo → agramatical)

Nótese que este ejemplo sería gramatical si se tratara de una oración subordinada restrictiva: *Los estudiantes que se hayan copiado serán suspendidos*. En este caso el hablante no sabe cuáles o cuántos, o incluso si hubo estudiantes que se copiaron en el examen, pero enuncia que si existe tal grupo (el conjunto de estudiantes que se copiaron), entonces dichos estudiantes serán suspendidos.

9.3.5 *Selección del modo en algunos tipos de proposiciones subordinadas adverbiales*

Las subordinadas adverbiales son oraciones que realizan la función de varios tipos de complementos circunstanciales. En cuanto a la selección del modo, en este caso encontramos tanto contextos de uso obligatorio (solo un modo es posible) como contextos de uso optativo (ambos modos son posibles). Los contrastes dependen primariamente de tres factores semánticos: la situación temporal del evento de la oración subordinada, la especificidad y la contrafactualidad. Esto quiere decir que al decidir cuál es el modo en una subordinada adverbial dada, el hablante deberá tener en cuenta tanto elementos léxicos y morfológicos (el tipo de complementante y los tiempos, cada uno asociado a significados determinados), como factores de significado propiamente dicho asociados a la subordinada, tales como su estatus referencial y la situación temporal de la misma (específico/no específico, *realis/irrealis*, respectivamente).

En cuanto a los factores léxicos y morfológicos, de modo general, podemos identificar tres dimensiones que interactúan con la situación temporal del evento de la subordinada:

 – El tiempo de la oración principal que puede situar la situación como realizada, (46a), o no, (46b):

(46) a. Vino cuando lo llamamos.
> Oración principal en pretérito → la subordinada ya ha ocurrido, MODO INDICATIVO

    b. Vendrá cuando lo llamemos.
> Oración principal en futuro → la subordinada se orienta al futuro, MODO SUBJUNTIVO

– La relación temporal expresada por el conector:

(47) a. Vino antes de que lo llamáramos.
> El evento de la oración principal precede al de la subordinada → no hay aserción, i.e., el evento de la subordinada no ocurre: 'no lo llamamos porque vino antes', MODO SUBJUNTIVO

    b. Vino después de que lo llamamos.
> El evento de la oración principal ocurre después del de la subordinada → hay aserción, i.e., el evento de la subordinada ocurre: 'lo llamamos y luego/por eso vino', MODO INDICATIVO

– El significado del conector que puede ser orientado al futuro o al pasado, por ejemplo, el contraste entre finalidad y causa:

(48) a. Lo hice para que me pagaran.
> Finalidad → orientación futura de la subordinada, MODO SUBJUNTIVO

    b. Lo hice porque me pagaron.
> Causa → orientación actual de la subordinada, MODO INDICATIVO

Si analizamos los ejemplos (46), (47) y (48) en conjunto podemos notar algo interesante en cuanto a los conectores y el tiempo/modo en la subordinada. En (46) que incluye *cuando,* un conector que podemos considerar como neutro (expresa de alguna manera simultaneidad), existe una correlación entre el tiempo de la oración principal y el tiempo/modo de la subordinada. En cambio, en el caso de *antes de* y *después de*, (47), que marcan explícitamente anterioridad y posterioridad, respectivamente, vemos que la correlación se establece entre la temporalidad del conector y el tiempo/modo de la subordinada. Un patrón similar se da en (48) donde, aunque los conectores no tienen marca explícita de tiempo, cada uno lleva implícita una orientación temporal. Obsérvese que en estos dos últimos casos el tiempo de la oración principal se mantiene constante.

Por otro lado, la especificidad de la situación también juega un papel importante. Se usa el indicativo cuando hay referencia a una situación específica (actual) y el subjuntivo si se trata de situaciones genéricas. Nótese que las oraciones a continuación se podrían parafrasear de modo distinto: 'tu madre te está ordenando que te levantes, así que hazlo' y 'si una persona mayor te lo ordena, deberías levantarte', (49a) y (49b), respectivamente.

(49) a. Levántate cuando te lo ordena tu madre.   Situación actual
    b. Levántate cuando te lo ordene una persona mayor.   Posibilidad general

Finalmente, en algunas subordinadas adverbiales, el factor clave es la contrafactualidad, el hecho de que las situaciones expresadas no son posibles en el mundo actual. Estos casos siempre aparecen en subjuntivo, (50):

(50) a. Si tuviera tiempo, te acompañaría.
    b. Si hubiera tenido tiempo, te habría acompañado.

Para las **subordinadas adverbiales de tiempo, modo y lugar** (también conocidas como subordinadas adverbiales propias, ya que reemplazan adverbios de tiempo, modo y lugar), el parámetro principal es la relación temporal, específicamente la temporalidad del evento de la oración subordinada. Como ya señalamos, el evento de las subordinadas puede ocurrir en un momento anterior, posterior o simultáneo al evento de la oración principal. Los conectores temporales en los ejemplos a continuación ilustran esta relación.

(51) a. Sale **después de** dormir la siesta.
            dormir > salir
       b. Sale **antes de** dormir la siesta.
            salir > dormir

Así, como muestran los ejemplos (52–54), en las subordinadas adverbiales de tiempo, lugar y modo la situación temporal es lo que determina el uso de cada modo.

(52) a. Entró cuando lo llamamos. → MODO INDICATIVO
            evento de la subordinada ya ha ocurrido en el momento del habla
       b. Entrará cuando lo llamemos. → MODO SUBJUNTIVO
            evento de la subordinada no ha ocurrido en el momento del habla

(53) a. Puso la foto [donde le dijimos]. → MODO INDICATIVO
            el evento de 'decir' ya había ocurrido en el momento de habla
       b. Pondrá la foto [donde le digamos]. → MODO SUBJUNTIVO
            el evento de 'decir' no ha ocurrido todavía en referencia al momento de habla

(54) a. Escribió el ensayo como quiso. → MODO INDICATIVO
            evento ya ocurrido
       b. Escribirá el ensayo como quiera. → MODO SUBJUNTIVO
            evento no ocurrido

En el caso de las temporales, el tiempo de la principal interactúa con la interpretación del conector temporal.

(55) a. Lo hizo cuando llegaste.
       b. Lo hará cuando llegues.

Obsérvese que (55) sigue el patrón básico que ilustramos en (52–54). Si la oración subordinada se refiere a un evento ya ocurrido, se usa el indicativo (55a). Si la subordinada se refiere a un evento que no ha ocurrido, se utiliza el subjuntivo, (55b). En estos casos hay correspondencia entre el tiempo de la oración principal y el modo de la subordinada (pasado-indicativo y futuro-subjuntivo). Sin embargo, como existen conectores temporales con información específica acerca del tiempo, podemos "anular" el efecto del tiempo de la oración principal, (56).

(56) a. Lo hizo antes de que llegaras.
       b. Lo hizo cuando/después que llegaste.

Aquí, aunque ambas oraciones matrices están en el pasado, la distinción de modo en la subordinada se mantiene. Difieren en que usamos el pretérito imperfecto del subjuntivo para alinear la temporalidad de la subordinada con la situación temporal en el pasado. Este comportamiento refuerza dos puntos fundamentales. El primero es la idea de que la temporalidad de la situación de la cláusula subordinada gobierna la selección del modo. El segundo punto es la importancia de la relación entre los diferentes elementos que aparecen en una construcción y la contribución de cada elemento al significado general. Si volvemos a (55) podemos notar que el conector en ambos casos es el mismo (*cuando*), mientras que en (56a) aparece *antes de*. Este conector señala que el evento de la subordinada es posterior al evento de la oración principal. Esta posibilidad no se da en las subordinadas de modo ni de lugar, cuyos conectores no contienen información temporal.

En los otros tipos de subordinadas adverbiales, la selección de modo está determinada por diferentes factores que dependen de cada contexto. A continuación, examinaremos tres tipos de subordinadas: las causales, las de finalidad y las contrafactuales. Las primeras expresan la causa o la razón por la que ocurre algo, como su nombre indica, (57), y las segundas el propósito o el fin, (58). Las contrafactuales, como ya adelantamos, expresan una condición contraria a la realidad, (59).

(57) Vino porque lo llamaste.   Causales→ MODO INDICATIVO
(58) Vino para que le mostraras la tarea.   De finalidad → MODO SUBJUNTIVO
(59) Si fuera millonaria, me iría de viaje.   Contrafactuales → MODO SUBJUNTIVO

Las subordinadas causales y **de finalidad** siguen el patrón donde la selección del modo va guiada por la orientación temporal del contexto. Las causales siempre aparecen en indicativo, mientras que las de finalidad siempre aparecen en subjuntivo. Una propiedad importante de estos conectores es la temporalidad a la que están asociados: las causas anteceden las consecuencias, mientras que los propósitos se orientan hacia el futuro. Nótese la diferencia entre (57) y (58). En (57) el evento de venir es una causa del evento de llamar que ocurre antes. En (58), el evento de mostrar (si es que ocurre) sucederá en un momento posterior a la llegada de la persona. Aunque la oración principal aparezca en futuro, (60), la distribución del modo en las subordinadas es igual: *porque*, indicativo; *para que*, subjuntivo. En otras palabras, la correlación entre el significado temporal del conector y la temporalidad de las subordinadas se mantiene independientemente del tiempo verbal de la oración principal. Este caso es similar al de *antes de que* y *después de que*, donde la correlación se establece entre el conector y el modo de la subordinada, y no entre el tiempo de la oración principal y modo de la subordinada.

(60) a. Lo haré para que me paguen.
      b. Lo haré porque me pagarán.

Un tipo especial de subordinadas adverbiales son las **oraciones subordinadas condicionales**, que sirven para expresar una relación de condición. La oración subordinada bajo el complementante *si* expresa la condición y se denomina antecedente o **prótasis**. La oración principal, también llamada **apódosis**, expresa la consecuencia de la condición. Las condicionales tienen una contraparte subjuntiva, las **subordinadas contrafactuales**. El contraste de modo en las oraciones condicionales corresponde a la oposición *realis/irrealis*. Mientras las subordinadas condicionales expresan la posibilidad de que algo suceda en dependencia de que ciertas condiciones se cumplan, las contrafactuales sitúan la condición fuera de la realidad. Nótese la diferencia de interpretación en el siguiente par.

(61) a. Si llego temprano, te acompaño al concierto.   CONDICIONAL
     b. Si llegara temprano, te acompañaría al concierto.   CONTRAFACTUAL

        prótasis   apódosis

Si añadimos la oración "pero todos los días llego tarde, así que no podré acompañarte", que contradice el antecedente, (62a), tal combinación resulta contradictoria, mientras que la contrafactual funciona perfectamente, (62b). Como las contrafactuales expresan que la proposición no es verdadera, son compatibles con la oración coordinada que contradice la condición. En el caso de las condicionales, esto no es posible.

(62) a. #Si llego temprano, te acompaño al concierto, pero todos los días llego tarde, así que no podré acompañarte.
     b. Si llegara temprano, te acompañaría al concierto, pero todos los días llego tarde, así que no podré acompañarte.

El sentido de las contrafactuales queda ilustrado claramente con los versos de la sublime poetisa puertorriqueña negra Julia de Burgos.

> Ay, ay, ay, que el esclavo fue mi abuelo
> es mi pena, es mi pena.
> Si hubiera sido el amo,
> sería mi vergüenza
> "Ay, ay, ay, de la grifa negra", Julia de Burgos.
> https://enciclopediapr.org/content/julia-de-burgos-sus-poemarios/, accedido:
> 28/6/2023

Condicional vs. imperfecto del subjuntivo

En algunas regiones de Cuba se usa el imperfecto del subjuntivo en contextos donde en otras variedades se usa el condicional. El uso del condicional también es posible en este caso en esta variedad.

> ¿Qué *fuera* de mí sin ti? (vs. ¿Qué *sería* de mí sin ti?)

Las contrafactuales son también un ámbito de variación en múltiples dialectos. En Cuba se escucha tanto el condicional como el imperfecto del subjuntivo en la oración principal o de consecuencia.

> Si hubiera tenido tiempo, te *hubiera/hubiese* acompañado al cine.
> Si hubiera tenido tiempo, te *habría* acompañado al cine.

9.4   Gradientes de relevancia y cortesía

La selección de tiempos y modos no siempre está regida por factores estrictamente semánticos como los que hemos venido discutiendo, sino también que le permite al hablante expresar matices pragmáticos. Además de los contrastes de cortesía que vimos en la sección 9.3.2, hay contrastes que sugieren que los modos pueden usarse para expresar una gradación de relevancia discursiva, donde el indicativo estaría asociado a una mayor relevancia, mientras que el subjuntivo a menos relevancia. Consideremos los siguientes ejemplos.

(63) El mundo no va a dejar de girar porque suspendiste un examen.
(64) El mundo no va a dejar de girar porque le hayan dado el Nobel.

La lingüista Pat Lunn afirma que el subjuntivo ofrece un continuo de contrastes de aserción en el que la forma *-se* codifica menor aserción que *-ra*, y la forma de *-ra* es la que se usa en contextos hipotéticos. Los siguientes ejemplos, adaptados de Lunn (1989), muestran los aportes expresivos de las diversas formas del subjuntivo, según esta autora:

(65) a. **Quiero/quisiera/quisiese** pedirle un favor.   GRADIENTE DE CORTESÍA
     b. No puedo creer que **tengo** esas deudas.   RESIGNACIÓN
     c. No puedo creer que **tenga** esas deudas.   ESTUPEFACCIÓN
        (Lunn 1989, 221)

(66) "No me veo horrible y tampoco me veo una belleza. Me veo normal.
     Pero si te **dijese** que me veo fea o del montón,
     creo que sería falsa humildad".   INCREDULIDAD/ ABSURDO
        (Lunn 1989, 227)

9.5   Subjuntivo y tiempo

Hemos visto cómo los tiempos de la cláusula subordinada pueden anclarse directamente al origen o subordinarse al tiempo de la principal. La secuencia de tiempos o *consecutio temporum* ocurre cuando el tiempo de la subordinada concuerda con el de la principal. En el Capítulo 3 vimos que, en el discurso indirecto, el hablante puede "acomodar" el tiempo de la subordinada al de una oración principal si esta está en pasado, (67b).

(67) DISCURSO DIRECTO. Diana dijo: "Está lloviendo y no voy a salir".
     DISCURSO INDIRECTO. Diana dijo que estaba lloviendo y no iba a salir.

El subjuntivo, modo esencialmente subordinado, tiende a ser referencialmente dependiente del tiempo de la oración principal. Al existir una relación entre la situación temporal del verbo de la oración subordinada y la del verbo de la oración principal, el anclaje temporal se realiza en base al verbo de la oración principal. Distribucionalmente hablando, si la forma verbal de la oración principal está en presente o futuro utilizamos el presente del subjuntivo, (68a–b) mientras que si está en imperfecto (un tiempo del pasado), utilizamos un tiempo del pasado en la subordinada, como el imperfecto o el pluscuamperfecto, (68c–d), respectivamente.

(68) a. Luisa quiere que vengas a su cumpleaños.   PRESENTE IND.-PRESENTE SUB.
     b. Luisa querrá que vengas a su cumpleaños.   FUTURO IND.-PRESENTE SUB.
     c. Luisa quería que vinieras a su cumpleaños.   IMPERFECTO IND.-IMPERFECTO SUB.
     d. Luisa quería que hubieras venido a su cumpleaños.   IMPERFECTOIND.-PLUSCUAMPERFECTO SUB.

COMBINACIONES POSIBLES: PRES-PRES; FUT-PRES; PAS-PAS

No todos los verbos que toman complemento oracional exhiben estas propiedades. El caso de *querer*, detallado en (68), es un caso de secuencia temporal. Sin embargo, en general, las subordinadas de indicativo no requieren secuencia temporal, (69).

(69) a. Dice que no viene/vino/va a venir a tu cumpleaños.   PRES-PRES/PAS/FUT
      b. ¿Te pensabas que no venía/voy a venir a tu cumpleaños?

Algunas subordinadas subjuntivas como las de verbos factivos emotivos también pueden mostrar una cierta independencia temporal semejante a la de (69), y los tiempos del presente/pasado/futuro en la subordinada pueden coocurrir con una oración matriz en presente o pasado, (70).

(70) a. Lamenta no vengas/hayas venido/vinieras a su cumpleaños.
      b. Lamentaba que no vengas/hayas venido/vinieras a su cumpleaños.

Finalmente, las cláusulas subordinadas tienen una relación más o menos estrecha con la oración principal. Como estudiamos en el capítulo anterior, la subordinación más profunda ocurre en las oraciones subordinadas de infinitivo, donde la subordinada: a) no expresa tiempo, y b) la interpretación de su sujeto implícito va dictada por un argumento de la oración principal.

(71) a. Le prometimos pasear a la gata. 'prometimos que nosotros vamos a pasear a la gata'
      b. Le dejamos pasear a la gata. 'dejamos que él o ella paseen/pasearan a la gata'

9.6 Subjuntivo y negación

Antes de concluir, queremos llamar la atención sobre la interacción entre la negación y el modo subjuntivo. Muchos gramáticos han notado que si bien la negación tiene alcance sobre la oración en la que aparece realizada, en algunos contextos es posible que su efecto se extienda a la oración subordinada. Por ejemplo, una oración subordinada de infinitivo con negación en la principal permite dos interpretaciones: una relativa a la proposición principal y otra a la subordinada. Con negación en la subordinada, en cambio, solo se observa una interpretación. Este contraste es sutil, pero estable.

(72) No planeo beber.   A: 'tengo intención de no beber'
                         B: 'no tengo planes al respecto de beber'

(73) Planeo no beber.   A: 'tengo intención de no beber'

Con las subordinadas conjugadas esto solo sucede si el verbo de la subordinada está en modo subjuntivo. Obsérvese la diferencia en cuanto a la gramaticalidad de los siguientes ejemplos de Sánchez López (1999, 2587).

(74) a. Nunca he conocido a un periodista que cometiera ningún delito.
      b. *Nunca he conocido a un periodista que cometió ningún delito.

Al parecer, es la diferencia de modo, indicativo vs. subjuntivo, lo que genera el contraste de gramaticalidad entre las dos opciones. En (74a) parecería que lo que sucede es que la palabra negativa *nunca* de la oración principal establece la concordancia con *ningún* que aparece en el predicado de la oración subordinada. Nótese que en la oración subordinada no hay ningún elemento negativo que pueda establecer la concordancia con *ningún*, así que tenemos que asumir que es posible en este caso porque está licenciado por *nunca* de la oración principal.

El mismo tipo de comportamiento lo encontramos en los contextos que incluyen negación en la oración principal. Obsérvese que en (75), al igual que en (74a), puede aparecer una palabra de polaridad negativa en el predicado de la oración subordinada.

(75)   No creo que tenga ningún dinero/nada de dinero/nada.

Nótese, además, que, aunque la alternancia no es posible, la posibilidad de licenciar una palabra negativa en el ámbito de la subordinada solo es posible en el caso que se usa el subjuntivo.

(76)   *No creo que tiene ningún dinero/nada de dinero/nada.

Este tipo de comportamiento sugiere que la subordinada de subjuntivo es "sintácticamente transparente", ya que permite que la negación de la oración principal tome alcance sobre la palabra negativa y la licencie. Esto contrasta con el caso de las subordinadas en indicativo donde necesitamos incluir la partícula *no* delante del verbo de la oración subordinada, como muestra el ejemplo (77).

(77)   a. Creo que no tiene ningún dinero/nada de dinero/nada.
       b. *Creo que tiene ningún dinero/nada de dinero/nada.

Finalmente, los contrastes de modo en oraciones subordinadas con verbos epistémicos negados ponen de relieve la posibilidad de disociar la perspectiva epistémica del hablante, con la del sujeto de la oración principal. En (78a) el uso del indicativo podría indicar que el hablante tiene cierta reserva con respecto a lo que piensa el otro individuo acerca de la presencia de extraterrestres en nuestra sociedad. Por otro lado, el uso del subjuntivo en (78b) puede indicar que, o bien el hablante comparte la opinión del individuo, o que simplemente no la cuestiona. Note las paráfrasis ofrecidas.

(78)   a. No cree que hay extraterrestres andando entre nosotros.
          'Hay extraterrestres, pero no lo cree'.
       b. No cree que haya extraterrestres andando entre nosotros.
          'No se sabe'.

Lo mismo se puede ver en oraciones en las que el hablante y el sujeto coinciden, (79).

(79)   a. No creo que existen los políticos honestos.
          'Existen, pero me niego a creerlo'.
       b. No creo que existan los políticos honestos.
          'No sé si existen o no'.

9.7   Breve resumen y conclusiones

En este capítulo hemos examinado la distribución de los modos en diferentes contextos y las interpretaciones a las que dan lugar. Vimos que en algunos contextos sintácticos los usos de cada modo son fijos y el intercambio de uno por otro genera agramaticalidad, por lo que no tiene sentido comparar el uso del modo en tales contextos. Hemos adoptado entonces un análisis que distingue entre usos fijos y usos variables. Es en el segundo caso donde exploramos las diferencias de significados que se generan en dependencia del uso de uno u otro modo. De manera general, hemos afirmado que no es posible establecer una correspondencia entre "la realidad" y el uso/distinción de los modos indicativo y subjuntivo. Existen otros contrastes de significado que se asocian con el modo que no se relacionan con el estatus *realis/irrealis* en la proposición subordinada, entre ellos, la especificidad o falta de esta, cuestiones de cortesía, relevancia, perspectiva epistémica del hablante, etc. Por todas estas razones, las propuestas y definiciones más modernas de modo no se centran en el estatus *realis/irrealis* de la proposición, como muestra la definición que ofrece el diccionario de la RAE.

> Modo: Categoría gramatical que se expresa en el verbo mediante flexión, y manifiesta, <u>entre otros valores,</u> la actitud del hablante hacia lo enunciado o la dependencia sintáctica en algunas clases de subordinación. (DRAE: https://dle.rae.es/modo?m=form, accedido: 10/11/2020).

Las discusiones teóricas del subjuntivo en la actualidad debaten si es posible dar un análisis unificado al modo y si tal análisis debe ser sintáctico, semántico o pragmático. Las propuestas más recientes sugieren que todos los niveles de análisis son relevantes y que, si hay un análisis unificado, este se debería implementar a un nivel muy alto de abstracción. Una propuesta favorecida contemporáneamente es la de Quer (1998), quien dice que el subjuntivo se asocia con contextos donde hay una serie de *mundos alternativos de evaluación*, mientras que el indicativo se calcula contra el modelo mental del mundo del hablante. Con las subordinadas sustantivas, vemos que los predicados que las seleccionan introducen futuros alternativos (los mandatos y deseos), o comparaciones con mundos subjetivos (las cosas que prefiero/me agradan/etc., en comparación con las que no).

(80) a. Quiero que vengas.
      b. Me gustaría que no hiciera tanto frío.

Los contrastes de especificidad de los modos que hemos visto a lo largo de este capítulo podrían surgir a partir del hecho de que el indicativo se ancla en referencia al mundo de evaluación del hablante o del sujeto de la oración principal y, por consecuencia, a referentes específicos dentro de esos mundos. En el caso del uso del subjuntivo, podría tratarse de un mundo de evaluación más amplio, otros mundos posibles que pueden expresar una base modal de propósito (lo que busco, cuando busco *cualquier secretaria que hable español*) o de necesidad (los mundos necesarios de *Levántate cuando te lo pida un anciano*), o de posibilidad (*Aunque* [=exista la posibilidad de que] *llueva voy a salir*).

LECTURAS RECOMENDADAS

En la *Enciclopedia de la lingüística hispánica*, Kempchinsky (2016) ofrece una clasificación sencilla de los verbos que toman cláusulas de subjuntivo como complemento directo y discute temas de la relación entre subordinada sustantiva y la principal, incluyendo la obviación (relación entre sujetos) y las relaciones temporales. Los artículos de Fábregas (2014a y 2014b) ofrecen un extenso tratamiento del modo subjuntivo.

9.8   Ejercicios

9.8.1   *Repaso de conceptos*

A. Conceptos. Complete con la palabra o expresión que corresponda al concepto que se alude.

1. El_____es una categoría gramatical que aparece codificada en la desinencia verbal y que evalúa el estatus de la proposición.
2. Una subordinada_____funciona de la misma manera de un complemento circunstancial de tiempo.
3. Los verbos_____presuponen que su complemento oracional es una proposición verdadera.
4. Los verbos_____toman complementos que expresan pensamientos.
5. La distinción_____describe el contraste entre proposiciones que se dan como existentes en la realidad, como *Vi que Alberto salía corriendo* y otras que no, como *Soñé que Alberto salía corriendo*.

9.8.2   *Análisis básico*

B. Identificación. Subraye el verbo de la oración principal y el de la subordinada, encierre la subordinada entre corchetes [ ], e indique el tipo (NOMINAL, ADVERBIAL, ADJETIVA). Identifique si la subordinada es de infinitivo, de subjuntivo, o de indicativo (INF/SUBJ/IND).

1. Probablemente no venga mañana.
2. Esteban preferiría haber ganado la carrera.
3. ¡Ojalá haya llegado el libro que me compré en línea!
4. Me hubiera gustado que hubieses terminado más temprano.
5. Aunque no me haya llamado en mucho tiempo, seguimos siendo amigas.
6. Si quisiera dormir, me acostaría ahora mismo.
7. El profesor me recomendó que practicara más en casa.

C. Función de las subordinadas. Expanda el constituyente subrayado con una oración subordinada. Diga la función del constituyente expandido, y el modo que ha utilizado. (No tiene que mantener el significado de la palabra o frase reemplazada, solo debe mantener la función.)

1. Eso me preocupa mucho.
2. Invitamos a una persona amable.
3. Cree eso.
4. No cree eso.
5. Lo hizo precipitadamente.
6. Lamenta todo lo que le dijiste.

D. Contrastes de modo. ¿De qué depende la selección del modo en los siguientes pares de oraciones? (Por ejemplo, del tiempo, el conector oracional, el verbo de la oración principal, el significado, la especificidad, el significado de factualidad/contrafactualidad, etc.). Explique brevemente.

1. a. Lo haré cuando quiera.
   b. Lo hice cuando quise.

   2. a. Contratarán un informático que trabaje con la última tecnología.

      b. Contratarán a un informático que trabaja con la última tecnología.

   3. a. Si tengo tiempo, haré varios tipos de galletas.

      b. Si hubiera tenido tiempo, habría hecho varios tipos de galletas.

   4. a. Me llamó en cuanto supo la noticia.

      b. Me llamará en cuanto sepa la noticia.

   5. a. Creo que vendrá mañana.

      b. No creo que venga mañana.

   6. a. Lo haré esta noche así que lo revisas mañana.

      b. Lo haré esta noche para que lo revises mañana.

E. Agramaticalidad ¿Qué está mal en las siguientes oraciones? Corríjalas y provea una breve explicación, usando la terminología estudiada.

   1. *Algunos senadores creían que, por su estatus, no tuvieran que pasar por el detector de armas.

   2. *Págale a la compañía de teléfonos antes de que te cancelan la cuenta.

   3. *Me pidió que voy a llevar el auto al mecánico.

   4. *Pienso que estés equivocado.

   5. *En esa ciudad a cualquiera que anda en bicicleta lo arrollan.

F. Diferencias de significado. Explique la diferencia de significado entre los pares de ejemplos a través de paráfrasis, e identifique brevemente la base del contraste.

   1. a) ¿Puede servirme un té caliente?

      b) ¿Pudiera servirme un té caliente?

   2. a) Si tuviera auto, te llevaría a tu casa.

      b) Si hubiera tenido auto, te habría llevado a tu casa.

   3. a) El dentista me dijo que no me cepillara los dientes con un cepillo tan duro.

      b) El dentista me dijo que no me cepille los dientes con un cepillo tan duro.

   4. a) Ojalá que haya dejado de fumar.

      b) Ojalá que deje de fumar.

   5. a) No cree que hayamos comprado el auto por tan poco dinero.

      b) No cree que hemos comprado el auto por tan poco dinero.

   6. a) Busco un libro que cuente la historia de las varias masacres del siglo XX.

      b) Busco un libro que cuenta la historia de las varias masacres del siglo XX.

   7. a) Aunque te caigan mal mis padres, debes intentar ser más amable.

      b) Aunque te caen mal mis padres, debes intentar ser más amable.

   8. a) Enciende la luz cuando entres al cuarto, y la apagas cuando te acuestes.

      b) Enciende la luz cuando entras al cuarto, y la apagas cuando te acuestas.

9.8.3   *Problemas de reflexión*

G. Realización del sujeto en cláusulas infinitivas y subjuntivas. Para cada uno de los contextos dados a continuación, determine si el enunciado presentado es correcto o incorrecto en función del contexto dado. (Tomado de Bruhn de Garavito [1997] "Verb complementation, coreference and tense in the acquisition of Spanish as a second language" in Pérez-Leroux, A. T., and W. R. Glass, eds., 1997. *Contemporary Perspectives in the Acquisition of Spanish: Volume 1: developing grammars*. Somerville: Cascadilla Press.)

1. Pascual maneja muy rápido. Él cree que manejar despacio es perder tiempo.
   Pascual dice: *Me molesta que maneje despacio*
   ¿Correcto o incorrecto?
2. Una empleada de limpieza va a trabajar a la casa del Sr. Giménez.
   El Sr. Giménez dice: *Deseo que limpie primero la cocina.*
   ¿Correcto o incorrecto?
3. Marisa siempre es muy puntual, pero su jefa siempre llega tarde a las reuniones. Un
   día, Marisa le habla de eso a un compañero de trabajo. Marisa dice: *Me molesta
   que llegue siempre tarde.*
   ¿Correcto o incorrecto?
4. Margarita cumple años el viernes. Desea recibir muchos regalos.
   Margarita dice: *Quiero que reciba muchos regalos*
   ¿Correcto o incorrecto?

a) Agrupe las oraciones de acuerdo a un criterio relevante y formule una generalización
   que explique los resultados.

H. **Referencia del sujeto de las subordinadas.** Clasifique cada caso en infinitivas, indicati-
   vas, subjuntivas o subjuntivas con modal. Expanda cada caso con sujeto explícito para
   demostrar si es posible hacer correferencia o no. Proporcione una descripción de los
   procesos de correferencia en los sujetos de acuerdo al tipo de subordinada.

Ejemplos

   (1) a. Quiero que ___vaya a la fiesta. → SUBJ; que otro vaya a la fiesta; *que yo
          vaya…
       b. Quiero ir a la fiesta.   → INF; yo ir a la fiesta; *otro ir a la fiesta
   (2) a. Creo que voy a la fiesta.   → IND; que yo voy; *que Luis voy…
       b. Creo que va a la fiesta.   → IND; que él va; *que yo va…
   (3) Espero que___ pueda hablar con él.
   (4) a. Me parece problemático que maneje de noche/manejar de noche.
       b. Me parece problemático que pueda manejar de noche.
   (5) a. A Patricia le molesta que no llegue a tiempo.
       b. A Patricia le molesta no llegar a tiempo.
       c. A Patricia le molesta que pueda no llegar a tiempo.
   (6) a. Siento mucho que no pueda ayudarte.
       b. Siento mucho no poder ayudarte.

10 Oraciones copulativas y oraciones pasivas. Predicación, orden de palabras y estructura de la información

Temas

Predicación
Oraciones copulativas: *ser* y *estar*
Diferentes tipos de pasivas en español
Recapitulación de los tipos y usos de *se*
Orden de palabras

Objetivos

Repasar y profundizar la distinción entre *ser* y *estar*
Identificar asociaciones entre contexto y tipo de oración, y contexto y orden de palabras

Introducción

Este capítulo trata de cuatro construcciones que si bien hemos mencionado no hemos abordado de manera directa: las oraciones copulativas, las construcciones pasivas—verbales y estativas—y las pasivas con *se*. A primera vista parecería que estas construcciones no están relacionadas; sin embargo, si tomamos como punto de partida la noción de predicación (la atribución del significado del predicado al sujeto) podemos ver la conexión entre ellas. Veremos que las oraciones copulativas representan la relación de predicación en su forma más simple, mientras que las oraciones pasivas verbales (SER+participio) y las pasivas estativas (ESTAR+participio) "alteran" o cambian la relación de predicación con respecto a sus contrapartes activas. Por último, en las oraciones pasivas con *se*, al igual que en las impersonales con *se*, la noción de predicación está ausente en la mayoría de los casos. Examinaremos con atención las propiedades formales de cada una de estas estructuras y las restricciones a las que están sujetas. Así observaremos que cada una ocurre dentro de esferas específicas de uso que están determinadas por la interacción de diferentes factores.

Dentro de las oraciones copulativas, también analizaremos la distribución y usos de las cópulas *ser* y *estar*. Al igual que en otros temas estudiados, veremos que es necesario distinguir los contextos de usos de cada cópula que son fijos (solo una opción es posible) de los contextos en los que ambas pueden aparecer. Solo en el segundo caso, la selección

DOI: 10.4324/9781003415879-11

del verbo aporta una diferencia en la interpretación. Veremos, además, cómo los varios contextos resultan diferentes desde el punto de vista del aprendizaje. También recapitularemos los diferentes usos de *se* vistos a lo largo de este texto para concluir con una perspectiva más completa de los tipos de funciones de este elemento dentro de la gramática. Finalmente, y de manera muy breve, presentaremos un esbozo sobre un tema muy importante en el estudio del español: la variación en el orden de los principales constituyentes oracionales. Veremos cómo las diferencias en el orden de palabras reestructuran la información y discutiremos cómo los diferentes órdenes interactúan con la noción de predicación. Comenzamos entonces por ofrecer una breve introducción del concepto de predicación.

10.1 Sobre la predicación

Al estudiar la oración como categoría gramatical vimos que muchas gramáticas proponen una división bipartita en sujeto-predicado, y que algunos análisis establecen correspondencia entre las categorías gramaticales de sujeto-predicado y las nociones pragmáticas de tópico-comentario. Se dice entonces que el sujeto es el elemento del que se habla en la oración (el tópico) y el predicado "lo que se dice del sujeto" (el comentario). Como apuntamos en el Capítulo 4, las nociones de tópico y comentario se refieren a la forma en que los hablantes empaquetan o estructuran la información en el discurso. Teniendo en cuenta esta partición, en filosofía se distinguen dos tipos de enunciados o juicios: los téticos y los categóricos. Los enunciados o juicios categóricos niegan o afirman algo acerca del sujeto y su estructura gramatical se alinea con la partición sujeto-predicado. Los enunciados téticos, en cambio, no se interpretan acerca del sujeto (todos los elementos tienen un mismo estatus informativo), ni reflejan la partición sujeto-predicado: simplemente declaran que sucede algo. Así, la división tópico-comentario solo se aplica a los juicios de tipo categórico.

La distinción tético-categórico es de carácter discursivo, no dictada por las estructuras gramaticales. En español, sin embargo, existe una asociación entre algunos órdenes de palabras y esta distinción. Con los verbos inacusativos, que permiten tanto sujetos posverbales como preverbales, las construcciones con sujetos posverbales se interpretan como téticas (acerca de la situación), mientras que las que tienen el sujeto preverbal se interpretan como juicios categóricos.

(1) a. Salió <u>la luna</u>.[1]
   b. <u>La luna</u> salió.

(2) a. Llegó <u>el gato</u>.
   b. <u>El gato</u> llegó.

En sintaxis se denomina predicación a la atribución de la propiedad que denota el predicado (SV) al sujeto. Además, la predicación sintáctica depende de la posición que ocupen los constituyentes: el sujeto tiene que preceder al predicado, SUJETO-PREDICADO.

---

1 (1) es una adaptación de los ejemplos de Suñer (1981, 208): *Apareció la luna/La luna apareció.*

Dentro de la sintaxis, una noción que captura una intuición similar (aunque no exactamente igual) a la oposición tético-categórico es la de predicación. Diferentes disciplinas (la lógica, la semántica o la sintaxis) ofrecen diferentes definiciones, no siempre equiparables, de lo que constituye predicación. En sintaxis, la predicación se entiende, de manera general, como la atribución de una propiedad—entendida como un predicado—al SN que funciona como sujeto de la oración en contextos que presentan el orden Sujeto-Predicado. Si regresamos a los ejemplos anteriores, solo (1b) y (2b) representan estructuras predicativas, donde hay predicación, decimos algo acerca de algo/alguien, mientras que (1a) y (2a) representan construcciones presentacionales, simplemente decimos que ocurre algo. En otras palabras, las oraciones (1b) y (2b) comunican algo sobre la luna y el gato, mientras que (1a) y (2a) hablan <u>de lo que sucede</u>.

Otros contextos donde no hay predicación en español son las construcciones con *haber* (presentacionales) o las construcciones con verbos meteorológicos, ej., *Hay tres ardillas/lápices/un problema*; *Llovió.* (Se trata de construcciones impersonales con sujetos no recuperables, inexistentes.)

Para completar esta breve sección acerca de la predicación, examinaremos un subtipo conocido como predicación secundaria.[2] En algunas construcciones podemos encontrar, además de la relación de predicación entre Sujeto-Predicado, otra relación de predicación adicional. Consideremos el ejemplo en (3).

(3) El gato llegó hambriento.

Nótese que (3) nos dice no solamente que el gato llegó, sino cómo llegó. Podemos imaginar que el gato pasó tiempo fuera de casa sin comer y cuando llegó tenía mucha hambre. Así (3) ofrece dos propiedades acerca del gato: 'el hecho de que llegó' y 'el hecho de que llegó en cierto estado =hambriento'.[3] Los casos de predicación secundaria son diferentes de los casos de modificación directa. Obsérvese que, aunque (4) también incluye el SA *hambriento*, solo nos dice que llegó un gato que tiene la característica (habitual) de tener hambre. En este caso el SA modifica directamente a la frase nominal *el gato* y juntos forman un constituyente sintáctico.

(4) El gato hambriento llegó.

Finalmente, el ejemplo (3) muestra, además, que la propiedad que se le puede atribuir al sujeto no tiene que ser únicamente un predicado verbal, ya que el SA *hambriento* también se le aplica. En la siguiente sección veremos que la propiedad que se le atribuye al sujeto en las oraciones copulativas nunca es un predicado verbal, sino un SN, un SA o un SP.

---

2 La *predicación secundaria* se entiende en oposición a la relación de predicación entre Sujeto-Predicado que se considera como primaria.

3 La relación de predicación secundaria también se puede establecer entre un predicado secundario y el OI o el OD: *A María le operaron el quiste **dormida*** (Demonte y Masullo 1999) o *Vi a **Juan** cansado*. Otro caso de predicación secundaria son los contextos de *tener+a* SN, ej., *Tengo a la perra **enferma**,* que vimos en el Capítulo 6. Nótese que, en las construcciones de predicación secundaria, aunque no existe un verbo que relaciona el SN y el predicado secundario, la interpretación indica que la relación entre ambos es parecida a la que se establece en las oraciones copulativas: 'La perra está enferma'; 'Juan está cansado', 'María estaba anestesiada'. No es casualidad que el verbo que "aparece" en las paráfrasis es uno de los verbos copulativos.

10.2   Oraciones copulativas

A lo largo de este texto hemos examinado diferentes tipos de verbos y hemos afirmado que la estructura argumental de las distintas clases de verbos determina la forma de la oración. Para completar el rango de construcciones posibles, necesitamos considerar el caso de las oraciones copulativas que en español incluyen los verbos *ser, estar* y *parecer.*

De manera general, hemos dicho que el significado del verbo determina la interpretación, función y, en muchos casos, la posición de los diferentes argumentos que aparecen en una oración. Vimos, por ejemplo, que un verbo como *escribir* requiere dos argumentos: el agente que realiza la acción y el objeto creado a causa de la acción del agente. Dichos argumentos se realizan como sujeto y OD, respectivamente, y orden de palabras es: SUJ-V-O. Hemos señalado, además, que los argumentos del verbo son requeridos para expresar su significado. El caso de los verbos copulativos es interesante porque, a diferencia de la mayoría de los verbos, no proyectan argumentos, ni denotan un evento.[4]

Los verbos copulativos son verbos ligeros cuya función es enlazar directamente un sujeto con un predicado o atributo. Las construcciones copulativas pueden tener formas variadas, dependiendo del tipo de predicado que se utilice. Los ejemplos a continuación ilustran diferentes posibilidades: (5), un SN, (6), un SA y (7), un SP.

(5) Mi vecino es <u>profesor.</u>
(6) Mi gata es <u>gris</u>.
(7) Mi carro es <u>de gasoil</u>.

La función del verbo en estos casos es simplemente unir un elemento, el SN sujeto, con la propiedad que se le atribuye. Así la contribución semántica del verbo es mínima: simplemente nos dice que el sujeto de la oración tiene una propiedad determinada. Por esta razón dijimos que las construcciones copulativas representan la forma más simple de la predicación. Los verbos copulativos también funcionan como repositorio de la marca del tiempo y modo en la oración. El comportamiento de las construcciones copulativas en algunas lenguas como el ruso apoya esta hipótesis. En ruso cuando el tiempo es presente, usualmente, la cópula no se realiza; es decir, la cópula aparece en contextos diferentes al del tiempo presente. (Recordemos que el presente es el tiempo no marcado.)

> Las oraciones copulativas representan la relación de predicación en su forma más simple: la atribución de una propiedad, i.e., un predicado, ya sea nominal, adjetivo o preposicional, al elemento que funciona como sujeto.

Los ejemplos en (8) muestran los tres verbos copulativos en español: *ser, estar y parecer.*

(8) a. José es elegante.   (estado no delimitado)
     b. José está elegante.   (estado delimitado)
     c. José parece un pingüino.   (estado aparente)

---

4 Existe una clase muy pequeña de verbos, los meteorológicos del tipo *llover,* que tampoco proyectan argumentos. Estos verbos en sí mismos son suficientes para expresar el significado del evento que denotan.

A continuación, estudiaremos la distribución sintáctica y semántica de *ser* y *estar*, y los contrastes semánticos que se dan cuando ambas cópulas son posibles. Por el momento, nótese que, desde el punto de vista aspectual, estos predicados son estativos (i.e., no hay acción ni movimiento) y hay diferencias interpretativas entre ellos. Al comparar (8a) y (8b) notamos que (8a) se refiere a un estado no delimitado, mientras que (8b) es un estado delimitado. (8c), por su parte, atribuye un estado aparente, introduciendo una implicatura negativa ('que Juan no es un pingüino'). Es fácil comprobar que se trata de una implicatura, porque no hay contradicción si afirmamos lo contrario.

(9) José parece un pingüino y, de hecho, lo es.

10.3   *Ser* y *estar*, y el problema de la definición del significado

En español existe un contraste entre los dos verbos copulativos principales: *ser* y *estar*. Este contraste, inexistente en muchas lenguas, por ejemplo, el inglés o el francés, representa un reto para los aprendices de español como segunda lengua que tienen que incorporar una nueva diferenciación.

El desarrollo que sigue el proceso de adquisición de las cópulas por hablantes monolingües de español muestra que este aspecto también constituye un reto para los hablantes nativos. Sera (1992) reporta que, aunque entre los 3 y 4 años los niños ya muestran un 70 % de uso correcto de las cópulas, algo que ubica su uso por encima de una selección aleatoria, todavía no se comportan como los adultos. Por ejemplo, un error que los niños comenten es que usan *estar* con más frecuencia que *ser*.

Dentro de la enseñanza del español como lengua extranjera hay dos estrategias para explicar los usos y distribución de las cópulas. La primera consiste en proporcionar largas listas de uso, por ejemplo: *ser* se utiliza para hablar del tiempo, para localizar acontecimientos, para dar características que tienen que ver con la apariencia física; mientras que *estar* se usa con los gerundios, el estado civil de un individuo, la ubicación en el espacio de un objeto, etc. La segunda estrategia consiste en proponer una generalización común, pero equivocada, como la que aparece a continuación.

[…] el verbo *ser* se utiliza por lo general, en situaciones permanentes mientras que el verbo *estar* se emplea más en situaciones temporales. (https://hoyhablamos.com/ser-estar-usos-ser-estar-espanol/, accedido: 28/6/2032)

Volvamos a algunos ejemplos ya mencionados para tratar de entender lo que el contraste entre *ser* y *estar* es, y lo que no es. Dijimos que (8a) y (8b) contrastaban estados temporalmente no delimitados y estados delimitados. Obsérvese la respectiva compatibilidad de estas construcciones con adverbios temporales de uno y otro tipo como *siempre* y *hoy/ahora/en este momento*.

(10) a. José siempre es elegante.   (estado no delimitado)
      b. José está elegante hoy/ahora/en este momento.   (estado delimitado)

Nótese, además, que si bien (10b) es compatible con adverbios y expresiones que se refieren a un momento puntual como con *hoy*, también puede aparecer con adverbios que se refieren a todo el período de existencia como *siempre*, (11a). Curiosa pero no sorprendentemente, *ser* no puede aparecer con un adverbio puntual como *hoy*, (11b).

(11) a. José siempre está elegante.
      b. *José es elegante hoy.

La diferenciación entre estados delimitados temporalmente y estados no delimitados es parecida a la definición que postula un contraste entre propiedades permanentes vs. transitorias; sin embargo, no es idéntica. Consideremos (12).

(12) El lagarto está muerto.

Podemos decir que *estar muerto* es un estado permanente: la muerte, hasta donde sabemos, es una condición irreversible. Este ejemplo muestra que una definición que asocie estados permanentes con *ser* y transitorios con *estar* es fallida. Podríamos intentar rescatar esta definición con listas de excepciones, pero eso no ayuda, ya que perderíamos el poder explicativo. Resulta mejor tratar de entender cómo funciona realmente esta distinción. Intentaremos explicar, con las herramientas que tenemos, cómo un estado como *muerto*, que es permanente, puede aparecer con un verbo como *estar*. Para ello vamos a utilizar la siguiente idea: el contraste entre las cópulas es de tipo aspectual y depende de la delimitación temporal. Comencemos por señalar que, aunque *muerto* se refiere a un estado permanente, se puede entender como un estado <u>delimitado</u>, ya que corresponde a la fase siguiente al estado de estar *vivo*. Ambas propiedades, *vivo* y *muerto*, son dos estadios en el ciclo de vida de los seres vivientes. Esto capta mejor la intuición que vemos en este contraste.

De manera general, puede decirse que el contraste entre las cópulas emerge de las propiedades temporales intrínsecas de los dos verbos. *Ser* sería el término menos marcado, solo sirve de enlace y no hace referencia a límites temporales. (¡Esto no es lo mismo que decir que no pueda expresar temporalidad!, i.e., tiempo verbal). *Estar*, por su parte, implica un estadio del individuo, una delimitación en la situación. Eso explicaría contrastes del tipo *ser gordo/estar gordo*, donde la segunda opción sugiere un cambio de estado. ¿Por qué en (13) interpretamos la propiedad de *gordo* de forma distinta según la cópula?

(13) a. Ese gato es gordo.   (la propiedad de gordo se entiende como permanente o intrínseca)
      b. Ese gato está gordo.   (la propiedad de gordo se entiende referida a la actualidad)

Nótese que con *ser* la propiedad se aplica a toda la existencia del individuo, describiendo entonces una propiedad inherente. Con *estar*, en cambio, la propiedad se entiende como relativa al momento en que se habla. Podemos evaluar las dos interpretaciones añadiendo una oración como *Pero no era gordo antes* después de ambos ejemplos. Como muestra (14), la versión con *ser* da lugar a una contradicción, mientras que la versión con *estar* no es problemática. Esto es compatible con la idea de que *estar* parece incluir como parte de su significado una alusión temporal que ancla la propiedad al tiempo verbal del enunciado, en este caso el presente, mientras que *ser* parece carecer de esta propiedad, así la propiedad se interpreta como algo permanente.

(14) a. #Ese gato es gordo, pero no era gordo antes.
      b. Ese gato está gordo, pero no era gordo antes.

Otro enfoque ligeramente diferente propone que *ser* contrasta individuos contra otros individuos de la misma clase, por ejemplo, *ser profesor, ser médico, etc.*, mientras que *estar* compara individuos consigo mismos, en otras fases de su existencia. Ambas propuestas mejoran la generalización inicial, que es poco explicativa y que se equivoca con casos básicos como con *ser estudiante* que no es un estado permanente, o, al menos, ¡no debería serlo!, con la oposición *vivo/muerto*, o con la posesión: *esta mochila es mía*, pero si te la regalo, *será tuya*.

Sobre la diferenciación de las cópulas

Que existen diferencias semánticas entre las cópulas es una idea aceptada; precisarla no es algo trivial. La intuición general es clara: *ser* es el término que menos información tiene, mientras que *estar* contiene cierta información temporal que hace que interpretemos el contenido del predicado como ligado a un momento específico.

Un ejemplo ilustrativo lo ofrece Querido (1976). Este investigador construye un escenario donde un botánico llega a un bosque que nunca ha visitado y ve un árbol con hojas amarillas. Como es la primera vez que ve ese tipo de árbol (y teniendo en cuenta su experiencia del mundo, donde la mayoría de los árboles tienen hojas verdes que a veces cambian de color al amarillo, ocre o rojo), el botánico está en la disyuntiva de qué verbo selecciona para describir la propiedad de las hojas del árbol. Elegir *ser* implicaría que las hojas del árbol siempre tienen ese color. Escoger *estar*, en cambio, no presupone que el color amarillo se mantiene el año entero. Por supuesto, el botánico escoge *estar*. Su selección no niega que las hojas puedan ser permanentemente amarillas. La idea es que, aunque *estar* puede referirse a una propiedad evaluada en un momento específico, también es compatible con un dominio temporal más amplio. Siempre podemos extender una propiedad que atribuimos a un elemento en un momento determinado a todos los momentos posibles de su existencia.

Otros autores observan que en la selección de la cópula también entran cuestiones pragmáticas, como el punto de vista del hablante, las creencias que tenga acerca de la naturaleza de los estados, y las características que denoten los adjetivos. Por ejemplo, una propiedad como "alto" puede ser evaluada con respecto a toda la clase a la cual pertenece el individuo o con respecto al individuo mismo (Schmitt y Miller 2007). Así se puede decir: "El niño es alto para su edad" o "El niño está alto".

SER	ESTAR
- Es el término menos marcado, no impone límites temporales.	- Implica una delimitación temporal de la situación (aunque dicha situación pueda extenderse).
- Sirve para contrastar individuos contra otros individuos de una misma clase.	- Sirve para comparar individuos consigo mismos en otras fases de su existencia.

10.4   Distribución de *ser* y *estar* e interpretación

Con estas ideas en mente, comencemos por distinguir los **contextos fijos,** donde solo se usa uno de los dos verbos, y los **contextos variables,** donde la selección de la cópula conlleva **diferencias semánticas.** Nos enfocaremos primero en las restricciones sintácticas.

10.4.1   *Contextos sintácticos fijos (Primera parte)*

Con predicados nominales, es decir SNs, como ilustra (15), solamente se usa *ser* en español.

(15)   a. José es ₛₙ[estudiante].
       b. José es ₛₙ [un excelente estudiante].
       c. Yo soy ₛₙ[Margarita].
       d. Luisa es ₛₙ[mi hermana].
       e. Hoy es ₛₙ[domingo].[5]
       f. Son ₛₙ[las tres].

Lo mismo sucede con sintagmas preposicionales que incluyen *de* y que clasifican los objetos/individuos/entidades de acuerdo a su material, su origen, la posesión u otras propiedades relevantes, (16).

(16)   a. Los estudiantes **son** <u>de Argentina</u>. → procedencia, origen
       b. El techo **es** <u>de madera</u>. → material
       c. El bolso **es** <u>de Luisa</u>. → posesión
       d. Ese político **es** <u>de derechas</u>. → inclinación política
       f. Esa tela **es** <u>de mala calidad</u>. → propiedad del tejido

Estar, por su parte, aparece tanto con los tiempos progresivos, ESTAR+gerundio, (17), como con los participios, ESTAR+participio, (18).

(17)   a. **Está lloviendo.**
       b. Julio **estuvo cocinando** toda la tarde.
       c. La empresa **estaba regalando** invitaciones a los empleados.

(18)   a. Ese vestido **está** <u>cosido</u> muy mal.
       b. El pastel **estaba** <u>quemado</u> completamente.
       c. Maruja **está** <u>divorciada/casada</u>.
       d. El uniforme **está** <u>envejecido</u>.

Con adverbios modales como *bien y mal* también se usa *estar*, (19).

(19)   **Está** <u>mal</u> irse de vacaciones durante la pandemia.

10.4.2   *Contextos sintácticos "fijos"*

En estos casos vamos a ver que, si bien hay una distribución fija, i.e., cada cópula aparece en un contexto determinado, se observa una ligera partición o distribución en base a ciertas propiedades de los predicados con los que se combina cada cópula. Podemos

---

5 También es posible decir: *Estamos a domingo/en febrero/a 23 de marzo.*

vislumbrar así ciertas correspondencias entre los significados temporales de las cópulas y las propiedades de los sintagmas con que se combinan. Por ejemplo, más allá de los casos vistos, encontramos que la selección de la cópula varía de acuerdo con el significado de la preposición o el SN regido por esta. Con predicados formados con *para*, que indican finalidad, solo se utiliza *ser*, (20), mientras que las frases idiomáticas con *de* que expresan un estado, por su parte, usan *estar*, (21). Este segundo caso muestra que el valor temporal que conlleva *estar* es compatible con las propiedades temporales de este tipo de frase.

(20) a. El poema **es** <u>para Sara</u>.
     b. El pastel **es** <u>para fiesta de cumpleaños</u>.
     c. La donación **es** <u>para la biblioteca</u>.

(21) a. La doctora **está** <u>de guardia</u>.
     b. Los estudiantes **están** <u>de vacaciones</u>.
     c. Los muchachos **están** <u>de fiesta</u>.
     d. El país **está** <u>de luto</u>.

En español existen muchas frases hechas con *estar* que explotan la propiedad temporal asociada a esta cópula. Una característica interesante de los ejemplos a continuación es que, aunque se trata de SPs en el predicado, los interpretamos como adjetivos.

    estar <u>de rechupete</u>= estar bueno
    estar <u>en las nubes/en la luna de Valencia</u>= estar distraído
    estar <u>en la gloria</u>= estar feliz
    estar <u>entre la espada y la pared/contra las cuerdas</u>= no tener opción
    estar <u>de atar/de remate</u>= comportarse de manera no cuerda, i.e., loco

La localización temporal y espacial también refleja una partición de acuerdo con el tipo de elemento que se ubique. En el Capítulo 5 vimos que los sustantivos pueden clasificarse en tanto a si las entidades denotadas corresponden a un **evento** o un **objeto**. Este contraste se refleja en la selección de la cópula. Para ubicar espacial o temporalmente un evento se usa *ser*, (22), mientras que para ubicar un objeto se utiliza *estar*, (23). Nótese que los individuos, humanos y animales, se comportan como objetos.

(22) a. <u>El partido de ajedrez</u> **es** a las ocho de la noche.
     b. <u>El concierto de piano</u> **es** en el nuevo teatro.
     c. <u>La exposición de Mondrian</u> **es** en el Centro Pompidou.

(23) a. <u>El pastel</u> **está** sobre la mesa.
     b. <u>Los pasteles</u> **están** en el horno.
     c. <u>Luisa</u> **está** con Jorge en el patio.
     d. <u>La gata y yo</u> **estamos** en la cama.

Otra diferencia entre los eventos y los objetos es que solo los primeros tienen la posibilidad de combinarse con expresiones que denotan nociones temporales como duración, inicio, fin, etc.:

(i) a. Durante el partido llovió dos veces. (vs. *Durante el museo vimos muchos cuadros.)

b. El partido comenzó a las tres en punto. (vs. *El edificio comenzó a las tres en punto.)

c. Al inicio de la conferencia presentaron a los participantes. (vs. *Los jugadores estaban parados al inicio del estadio.)

Por último, existen sustantivos ambiguos en cuanto a su interpretación, i.e., pueden ser tanto eventos como objetos. En esos casos la cópula nos permite saber cuál es el referente. Un ejemplo es *concierto* que puede significar tanto una función como una partitura de música. Otro ejemplo es *clase,* que puede referirse a grupo humano o a la sesión de enseñanza.

(ii) a. La clase es en el edificio nuevo. (= lugar donde ocurre o donde tiene lugar la sesión de enseñanza)

b. La clase es a las 3. (= hora a la que ocurre o tiene lugar sesión de enseñanza)

c. La clase está en el café. (= los estudiantes y el instructor)

La diferenciación entre la localización de eventos y objetos se presenta normalmente como un contexto categórico, i.e., sin variación. Sin embargo, los hablantes nativos no siempre siguen esta distribución estrictamente. Sera (1992) encontró que los adultos usaban *estar* para localizar objetos un 100 %, pero utilizaban *ser* para localizar eventos en un 81 % de las ocasiones, el 19 % restante de las veces los adultos usaron *estar* para localizar eventos.

10.4.3 *Contextos sintácticos variables*

El contexto más complejo en tanto a la distribución de las cópulas en español es el caso de los SAs, ya que ambos verbos pueden usarse. En algunos casos, la selección va fijada por el significado del adjetivo, aunque la división no es absoluta o categórica. En otros casos, los adjetivos son compatibles con ambas cópulas y la selección de una u otra influye en la interpretación de la propiedad. La interpretación acerca de que se trata de algo permanente surge cuando el adjetivo aparece con *ser*, mientras que cuando aparece con *estar* se interpreta como no necesariamente permanente. Veamos algunos ejemplos.

Los adjetivos que denotan estados de ánimos, estados físicos situacionales o circunstancias temporales específicas requieren *estar*, (24).

(24) a. El bebé **está** <u>enfermo</u>.

b. Los médicos **están** <u>muy cansados</u> después de la operación.

c. El vecino **está** <u>triste</u> porque se murió el presidente.

d. Los chicos **están** <u>alegres</u> porque las clases terminaron.

Esto, sin embargo, hay que interpretarlo con cuidado y no mecánicamente. El adjetivo *triste* puede usarse para predicar sobre una situación, contrastándola con otros tipos de situaciones, (25). En ese caso, *triste* no se refiere a un estadio de un individuo o un estado de ánimo, sino una clasificación del tipo de situación y se usa *ser*.

(25)   La situación es triste/deplorable. → Esa **es** una situación triste/deplorable.

Este uso lo encontramos cuando la propiedad forma parte del carácter del individuo. Así, en (26) la propiedad se entiende como algo permanente.

(26)   a. Julio es triste/melancólico. 'Julio es un hombre triste/melancólico'
       b. Antonio es alegre. 'Antonio es un hombre alegre'

Las construcciones con adjetivos pueden expresar, además del contraste de estado delimitado/no delimitado, un contraste entre individuos, (27a) y (28a), o un contraste que toma como centro o referencia al individuo mismo, (27b) y (28b).

(27)   a. El niño es grande. → es más alto que los otros
       b. El niño está grande. → creció, ha cambiado

(28)   a. La mujer es elegante. → más elegante que otras mujeres en general
       b. La mujer está elegante. → ha venido bien vestida, no siempre es el caso

Por último, hay adjetivos de cambio léxico, cuya interpretación depende de la cópula con la que aparezcan, por ejemplo, *verde*, (29) y (30). Estos casos son parecidos a los adjetivos que cambian de significado de acuerdo a la posición en que aparezcan: prenominal, *un pobre hombre*, o posnominal, *un hombre pobre*.

(29)   Las manzanas/las peras **son** verdes. → el color de la fruta
(30)   Las manzanas/las peras **están** verdes. → las frutas no están maduras

Hay otros casos de giros léxicos que pueden ser desambiguados por la cópula y el sujeto como el caso de los pares a continuación:

ser rica/estar rica; ser frío/estar frío; ser lista/estar lista; ser callado/estar callado; ser interesada/estar interesada; ser despierto/estar despierto

Ambas cópulas también pueden aparecer con participios. Aunque incluimos los participios adjetivales con *estar* como un ejemplo de contextos de uso fijo, de hecho, ambas cópulas pueden combinarse con elementos de este tipo y dan lugar a dos tipos de construcciones pasivas en español: la pasiva verbal y la pasiva estativa, (31a) y (31b), respectivamente. Las estudiaremos en detalle en la siguiente sección.

(31)   a. La casa fue destruida en 1995.   Pasiva verbal
       b. La casa está destruida.   Pasiva estativa

Proceso de adquisición de las dos cópulas

La adquisición de las cópulas muestra diferentes trayectorias tanto en los aprendices adultos de español como lengua extranjera como en el caso de los niños que aprenden español como lengua materna.

Los aprendices de español como segunda lengua, según Van Patten (1987), cumplen varias etapas:

   I.   omisión
  II. sobregeneralización de *ser*
 III. *estar* como auxiliar en los tiempos progresivos
 IV. *estar* para localizar objetos
  V. uso de *ser* y *estar* con predicados que incluyen adjetivos

Los niños monolingües, según Sera (1992):

- Tienden a usar *estar* más que *ser* (comparados con los adultos).
- Usan *estar* para localizar eventos (¡Los adultos también lo hacen!: un 19 % de las veces.)
- Con predicados que incluyen adjetivos, cuando los niños usan una cópula distinta de la selección de los adultos, usan *ser*.

Variación: extensión de *estar* y posibles interpretaciones de su uso

En algunas regiones parece existir un proceso de extensión de *estar* a contextos que normalmente aparecerían con *ser*. Este tipo de variación ha sido documentada en Puerto Rico, (i).

(i)   a. Si se van unos pocos (de Puerto Rico), la comida va a <u>estar</u> más abundante.
     b. Esa nariz <u>está</u> bien ancha y fea.
      (Ortiz López 2016)

Un estudio de las cópulas en el español de Buenos Aires, Battersby (2017), propone que en contextos que incluyen adjetivos y ambas cópulas son posibles, el uso de *estar* sirve para enfatizar el punto de vista del hablante. Así, cuando se usa *estar*, los enunciados incluyen la perspectiva del hablante y tienen interpretaciones ligadas a la evidencialidad* o de tipo evaluativo, (iia). El uso de *ser*, en cambio, se interpreta como neutro, (iib).

(ii) a. La nueva película de Almodóvar está buena.
      b. La nueva película de Almodóvar es buena.
      (Battersby 2017)

*Camacho (2015) propone un análisis teórico de las cópulas que incorpora la evidencialidad ligada a las construcciones con *estar*.

10.5   Tres tipos de construcciones pasivas en español

Si las construcciones copulativas representan la predicación en su forma más simple, las construcciones pasivas representan una alteración en la relación de predicación con respecto a sus contrapartes activas o una eliminación de esta. De manera descriptiva, decimos que la voz pasiva refleja un cambio en cuanto a las funciones de los argumentos de un verbo transitivo en comparación con la versión activa. El OD de la oración activa aparece como el sujeto de la pasiva, (32), mientras que el sujeto de la activa aparece como una frase preposicional introducida por la preposición *por* (ver Capítulo 4, sección 4.5.1).

(32)   a. La empresa construyó el edificio.   ACTIVA
       b. El edificio fue construido por la empresa.   PASIVA

Formalmente la voz pasiva se considera una operación de <u>reducción de valencia</u> mediante la cual un verbo transitivo expresa solo uno de sus dos argumentos. En muchas lenguas, la función principal de la voz pasiva es reducir la prominencia discursiva del agente y aumentar la del tema. Si comparamos las dos opciones en cuanto a la predicación notamos que la versión activa nos dice algo acerca del agente, mientras que la pasiva nos dice algo acerca del tema. En español existen tres tipos de construcciones pasivas: la pasiva verbal, (33), la pasiva estativa, (34), y la pasiva con *se*, (35).

(33)   a. La insulina fue descubierta en Toronto por Banting y Best hace cien años.
       b. Chichen Itzá fue abandonada por sus habitantes.
(34)   Chichen Itzá está abandonada hoy en día.
(35)   a. Se abandonó la antigua capital Maya.
       b. En 1921, se descubrió la insulina.

Una condición necesaria para poder formar una oración pasiva es que el verbo sea transitivo. Sin embargo, en español, esto no es suficiente. Como hemos dicho, las oraciones con verbos transitivos que denotan estados no siempre pueden alternar con una versión pasiva en español. Considere el caso de los verbos sicológicos transitivos a continuación.

(36)   a. Los niños adoran el chocolate.
       b. *El chocolate es adorado por los niños.

(37)   a. Los perros odian los truenos.
       b. *Los truenos son odiados por los perros.

En estos casos, otros factores juegan un papel importante, específicamente el tipo de sujeto y de objeto. Obsérvese que (38a) tiene sujeto cuantificador y OD específico y humano. Su contraparte pasiva, (38b), es posible, aunque se trata del mismo verbo que en (37). Otra diferencia importante es que (36) y (37) se interpretan como proposiciones genéricas, donde los SNs, *el chocolate* y *los truenos* denotan la clase completa, mientras que (38) no.

(38)   a. Todos odian al alcalde.
       b. El alcalde es odiado por todos.

Los predicados de percepción tampoco forman oraciones pasivas fácilmente, pero a veces también pueden hacerlo.

(39) a. Mucha gente ve la televisión.
      b. Mucha gente escucha la radio.

(40) a.??La televisión es vista por mucha gente.
      b.?La radio es escuchada por mucha gente.

Estos casos mejoran si ocurren en el pasado y si el objeto es específico, (41), y/o si el sujeto es un cuantificador, (42).

(41) a. Mucha gente ha visto este cuadro. → Ese cuadro ha sido visto por mucha gente.
      b. Mucha gente ha escuchado esa sinfonía. → Esa sinfonía ha sido escuchada por mucha gente.

(42) Muchos escuchan ese programa de radio. → Ese programa de radio es escuchado por muchos.

Los ejemplos anteriores muestran que la construcción pasiva verbal está sujeta a restricciones léxicas y aspectuales. Esto sucede, en parte, porque en español existen otras construcciones que expresan significados similares: la pasiva con *se* y la topicalización, o anteposición, del OD. Estas dos construcciones cubren parte del espacio expresivo de la pasiva verbal. En otras lenguas como el inglés que hay menos posibilidades, el uso de la pasiva verbal está más extendido.

Construcciones alternativas al uso de las pasivas verbales

?El perro fue mordido por el gato.   → Al perro lo mordió el gato. (preferible)
?Luisa fue entrevistada por el banco. → A Luisa la entrevistaron en el banco. (preferible)
??La iglesia es vista desde lejos.   → Desde lejos se ve la iglesia. (posible, mucho mejor)
?La ley es respetada por todos aquí. → Aquí se respeta la ley. (posible, mucho mejor)

10.5.1 *Pasiva verbal*

La pasiva verbal se forma con *ser*+participio pasado. Al igual que en todas las construcciones pasivas, el OD de la versión activa se realiza como sujeto. En la pasiva verbal, el agente se puede expresar como una frase preposicional regida por *por*, (43a) y (43c). La expresión del agente siempre es opcional.

(43) a. Las ventanas fueron abiertas (por los chicos).
      b. La gran pirámide de Giza fue construida <u>con mucho esfuerzo</u>.
      c. La gran pirámide de Giza fue construida <u>en 20 años</u> (por esclavos).

Como la pasiva verbal hace referencia <u>al proceso</u> puede incluir el complemento agente y también es compatible con modificadores que aluden a la duración o la forma en que tuvo lugar dicho proceso. Esto lo podemos comprobar fácilmente si analizamos construcciones en (43). Obsérvese que estos casos son compatibles con complementos circunstanciales que indican forma del proceso de construcción, (43b), y el tiempo que este llevó, (43c). El mismo comportamiento aparece en (44).

(44) Luisa fue entrevistada en menos de cinco minutos/con mucho esfuerzo/ sorpresivamente.

10.5.2   *Pasiva estativa*

La pasiva estativa se forma con *estar*+participio pasado. A diferencia de la pasiva verbal, la estativa solamente expresa el <u>estado resultante</u> de la acción o evento, (45), por lo que no hace referencia a la acción o proceso en sí mismos.

(45)   a. Las ventanas están abiertas.
       b. El sótano está inundado.
       c. La mantequilla está derretida.

Esto lo podemos comprobar fácilmente si añadimos modificadores que se refieren a la duración o forma del proceso de construcción. Como muestra (46), la oración resulta agramatical.

(46)   *La gran pirámide de Giza está construida en 20 años/con mucho esfuerzo.

Si consideramos la pasiva verbal y la estativa juntas, podemos decir que la pasiva verbal se asemeja a un video que nos ofrece una vista al desarrollo del evento, mientras que la pasiva estativa es como una foto que tomamos cuando el evento ha finalizado: el estado resultante. Debido a su significado, una restricción de la pasiva estativa es que solo es posible con verbos cuyo significado incluya un estado resultante, (47). Por esta razón es incompatible con las situaciones que denotan los predicados sicológicos y los de percepción donde el objeto no cambia por la situación, es decir, no hay "un resultado", (48).[6]

(47)   a. Las puertas están pintadas.
       b. El pollo está cocinado.
       c. La carta está escrita con lápiz.
       d. El librero de IKEA ya está armado.

(48)   a. *La gata está amada/odiada.
       b. *El libro está leído.
       c. *El cuadro está visto.

---

6 Los ejemplos (48a–b) son posibles con el significado 'la acción está ejecutada'. Nunca se refieren a un estado del sujeto.

Cuando el significado del verbo lo permite, es posible incluir modificadores adverbiales y/o preposicionales en las construcciones pasivas estativas. Estos elementos siempre hacen referencia a la duración del estado, (49), y no al proceso. Sabemos que las ventanas se abren y se cierran, y mientras están de una u otra forma podemos decir por cuánto tiempo estuvieron así.

(49) a. Las ventanas estuvieron abiertas durante la noche/varios días.
     b. La comida estuvo servida por más de tres horas y nadie quiso comer.
     c. El proceso de inscripción estuvo cerrado durante la tarde.

Obsérvese la diferencia con "en X tiempo", frase que, como vimos, alude directamente a la duración del proceso, (50).

(50) El servicio de internet estuvo caído durante 15 minutos/*en 15 minutos.

Por último, en la pasiva estativa <u>nunca se puede mencionar el agente</u>, (51). Esto es de esperar, si consideramos que esta construcción solo se refiere al estado resultante y no al proceso que es la parte del evento que incluye al agente.

(51) a. *La cosecha está destruida por el enemigo.
     b. *Las ventanas están abiertas por el carcelero.
     c. *La oficina está desordenada por los ladrones.

10.5.3 *Pasiva con se*

En la construcción pasiva con *se*, al igual que en la pasiva verbal y la estativa, el argumento tema se realiza como sujeto y rige la concordancia con el verbo. El argumento agente se suprime y el *se* se considera marca del proceso de reducción argumental. Una diferencia fundamental entre la pasiva con *se* y las pasivas anteriores es el orden de palabras. En la pasiva con *se*, como en las oraciones impersonales, no aparece ningún elemento en posición anterior al complejo formado por *se* y el verbo: el sujeto se realiza en posición posverbal, compárense (52) y (53).

(52) Se divulgaron (las) noticias del asesinato.   PASIVA CON *SE*
(53) Las noticias del asesinato fueron divulgadas.   PASIVA VERBAL

En la actualidad no hay acuerdo acerca del análisis de las oraciones pasivas con *se*. Varios lingüistas, entre ellos Mendicoetxea (1999), han propuesto que se trata de construcciones que están evolucionando y que tienen un carácter mixto. Específicamente, se dice que las pasivas con *se* muestran concordancia como las construcciones pasivas verbales y estativas, pero, a diferencia de estas, el orden de palabras es similar al de las construcciones impersonales con *se*.

Una característica que apoya esta hipótesis es la ambivalencia ante una propiedad que tradicionalmente se le atribuye a la pasiva con *se*: la imposibilidad de expresar el agente. Los ejemplos en (54), tomados de Mendicoetxea (1999, 1683), muestran que el agente puede aparecer en algunas ocasiones. Obsérvese que el orden de palabras varía en este caso: el sujeto pasa a posición preverbal.

(54) a. Los rumores sobre el nuevo encarcelamiento se divulgaron <u>por un periodista ajeno a TVE</u>.

   b. El gran arcaísmo de la epopeya castellana se va ya aceptando <u>por todos</u>. (Menéndez Pidal, Idea Imperial de Carlos V, 39; en Cartagena [1972,115])

   c. La historia se había publicado por un abad. (La España del Cid, I, 14, 19; en Kärde [1943, 91])

La expresión del agente es problemática para los análisis que proponen que la **pasiva con** *se* es un subtipo de la **construcción impersonal**. El argumento en este caso es bastante sencillo: si la pasiva con *se* fuera un subtipo de las construcciones impersonales cuando del OD es plural, (55), esperaríamos que el agente nunca se pudiera expresar, como ocurre en las oraciones impersonales, (56).

(55) a. Se vende zapatos. (impersonal)
   b. Se venden zapatos. (supuestamente pasiva con *se*)

(56) a. *Se vende/vendieron zapatos por los tenderos.
   b. *Los zapatos se venden/vendieron por los tenderos.

   La última característica a señalar es que, a diferencia de la pasiva verbal y la pasiva estativa, la pasiva con *se* muestra menos restricciones en cuanto a los verbos que pueden participar en ella, como muestran (57) y (58), tomados de Mendicoetxea (1999, 1670).

(57) a. Se temen las nuevas movilizaciones anunciadas.
   b. Se corrieron unos 100 metros.

(58) a. *Las nuevas movilizaciones son temidas.
   a'. *Las nuevas movilizaciones están temidas.
   b. *Unos 100 metros fueron corridos.
   b'. *Unos 100 metros están corridos.

Los ejemplos anteriores demuestran que no resulta fácil proponer un análisis que dé cuenta de las varias propiedades de la pasiva con *se*. Aunque se ha propuesto que existe una equivalencia entre esta construcción y la pasiva verbal, esta idea no es aceptada por todos. Desde el punto de vista del funcionamiento de la lengua, como apunta Mendicoetxea, no tiene sentido que existan dos construcciones que tengan el mismo significado, ya que, normalmente, una de las construcciones cae en desuso o se especializa.

Características generales de las construcciones pasivas en español

- Es necesario que el verbo sea transitivo para poder aparecer en la voz pasiva.
- Los verbos que denotan estados no participan en las construcciones pasivas generalmente, aunque existe variación.

- La pasiva verbal aparece primariamente con verbos de aspecto dinámico: predicados de acción concreta con sujetos agentes donde el OD tema es creado, (i) y (ii), o materialmente afectado, (iii).

  (i) a. Luis preparó un rico pastel.

  　b. El pastel fue preparado (por Luis).

  (ii) a. Liebeskin diseñó la nueva ala del ROM.

  　b. La nueva ala del ROM fue diseñada por Liebeskin.

  (iii) a. Manuela pintó la ventana.

  　b. La ventana fue pintada por Manuela.

- La pasiva verbal se usa mucho menos en español que en inglés, ya que otras construcciones cubren sus espacios expresivos.

- La pasiva estativa solo expresa el estado resultante de una acción, (a-b), o proceso, (c).

  (iv) a. El pastel está preparado.

  　b. La ventana está pintada.

  　c. El sótano está inundado.

- En las construcciones pasivas con *se* el sujeto aparece generalmente en posición posverbal. La pasiva con *se* tiene menos restricciones que la pasiva verbal y la estativa en cuanto a los verbos que pueden aparecer en ella.

10.6   Recapitulación de los diferentes usos de *se*

Ahora que hemos visto el último de los usos *se*, queremos mencionar dos observaciones relevantes acerca del funcionamiento de este elemento dentro de la gramática del español y dar un resumen de los diferentes usos mencionados a lo largo de este libro.

La primera observación tiene que ver con la distribución de *se* en los diferentes contextos. Como se ha señalado ampliamente dentro de la tradición gramatical española (RAE 2010, entre otros), los contextos en los que aparece *se* pueden dividirse en dos tipos: a) contextos donde *se* alterna con otras formas del mismo paradigma, y b) contextos donde *se* es invariable. Esta diferenciación se conoce como usos paradigmáticos y no paradigmáticos de *se*, respectivamente.

Ejemplos del primer caso son el *se* **reflexivo**, (59), que denota que una acción que se ejecuta sobre el sujeto, el *se* **recíproco**, (60), que aparece con sujetos plurales para indicar acción mutua, y el *se* **aspectual**, (61), que toma los rasgos de persona y número del sujeto, y es compatible con determinadas interpretaciones aspectuales como la culminación del evento en enunciados delimitados aspectualmente, (61a-b), o con el inicio de un estado, (61c).

(59)　a. (yo) Me baño todos los días. (1.ª Sg (yo) = me)　　*SE* REFLEXIVO

　　　b. (<u>tú</u>) **Te** bañas todos los días. (2.ª Sg (tú) = te)

　　　c. <u>Manuel</u> **se** baña todos los días. (3.ª Sg (él) = se)

(60) a. <u>Tú y yo</u> **nos** miramos fijamente.
        (2.ª Sg +1.ª Sg= 1.ª PL = nosotros, nos)   *SE* RECÍPROCO
      b. <u>Él y ella</u> **se** ayudan el uno al otro. (3.ª Sg + 3.ª Sg = 3.ª PL = ellos, se)

(61) a. **Me** tomé el vaso de leche. (1.ª Sg (yo) = me)   *SE* ASPECTUAL
      b. Manuel y yo **nos** vimos la serie de una sentada. (3.ª P + 1.ª P = nosotros = nos)
      c. El niño **se** sube al árbol. (3.ª Sg (él) = se)

En los usos no paradigmáticos no hay alternancia de persona: siempre aparece *se*. Este es el caso del *se* **espurio**, que equivale al clítico dativo *le/les*, (62), el *se* **impersonal**, que equivale a *la gente* o a un sujeto indefinido, (63), el *se* **intransitivizador**, donde un verbo transitivo que expresa un resultado aparece solamente con el argumento tema como sujeto (64), y el *se* **pasivo**, (65).

(62) a. <u>Le</u> entregué la carta a Juan. → **Se** la entregué a Juan.   *SE* ESPURIO
      b. <u>Les</u> di un regalo a mis padres. → **Se** lo di a mis padres.

(63) **Se** come bien en Toronto.   *SE* IMPERSONAL

(64) a. El jarrón **se** rompió.   *SE* INTRANSITIVIZADOR
      b. Las sillas **se** rompieron.

(65) a. **Se** cerraron las puertas.   *SE* PASIVO
      b. **Se** cerró la ventana.

La segunda observación se refiere a los contextos no paradigmáticos. En el Capítulo 6 vimos que *se* es el clítico menos especificado, por esta razón es un buen candidato para aparecer en las **construcciones impersonales**. Al no hacer referencia ni al hablante ni al oyente, las construcciones impersonales con *se* pueden interpretarse con respecto a un sujeto indeterminado o indefinido. Como tampoco tiene rasgos de número, dicho sujeto puede recibir una interpretación plural o general. Esto sería similar a lo que ocurre con el sustantivo *gente* que, aunque es singular morfológicamente, su interpretación semántica es colectiva, i.e., todos los individuos. Hay otra hipótesis distinta que postula que el *se* "se reinterpreta" como sujeto en estos casos, tal vez porque carece de marca de caso. Concluimos que, aunque no haya un análisis definitivo, el hecho de que *se* es el clítico menos especificado de todos lo hace la mejor opción del paradigma pronominal del español para expresar la impersonalidad.

Al considerar conjuntamente la conducta del *se* **intransitivizador** y el *se* **pasivo**, llegamos a la conclusión de que *se* puede considerarse una marca de reducción argumental (eliminación del argumento sujeto de la versión activa). Finalmente, el *se* **espurio**, como dijimos en el Capítulo 7, es caso aparte, ya que aparece como una variante morfofonológica de *le/les*. El cuadro a continuación resume los tipos de *se* que hemos vistos en este texto.

Tipos de *se* vistos en este texto

Reflexivo. Aparece en construcciones transitivas. Es correferente con el sujeto e indica que el sujeto realiza la acción sobre sí mismo, (i), o sobre una parte de sí, (ii). Este uso se ha extendido a otros verbos que no son transitivos como *suicidarse*, los llamados reflexivos léxicos (King y Suñer 2008).

> (i) Daniel$_i$ se$_i$ baña todos los días. (cf. <u>Daniel</u> baña <u>a su perro</u> todas las semanas.)
>
> (ii) Julia se lava los dientes tres veces al día.

Recíproco. Si el sujeto es plural, los pronombres reflexivos se pueden entender como recíprocos (de acción mutua). Estos casos "se interpretan como dos oraciones coordinadas [con] referencia cruzada: el sujeto de la primera es el objeto de la segunda, y viceversa" (Di Tullio 2014, 173–4): *Los vecinos se ayudan mutuamente/el uno al otro*.

Aspectual. Es compatible con contextos que incluyen verbos de consumo donde el OD es delimitado, o con verbos de movimiento que indican un cambio de estado.

> (iii) a. Pedro se comió la pizza. (cf. *Pedro se comió pizza.)
>
> b. Pedro se lee las novelas de una sentada. (cf. *Pedro se lee novelas de una sentada.)
>
> (iv) Pedro se subió al árbol. ("ya está arriba")

Espurio. Aparece en contextos de secuencias de pronombres átonos que incluyen un pronombre dativo de tercera persona y uno acusativo. El pronombre dativo cambia a *se*: le lo/la/las → se lo/la/las…

> (v) Juana le regaló <u>una computadora</u> a su hijo. = Juana le la regaló. → Juana se la regaló.

Impersonal. Aparece en construcciones de sujeto nulo cuya interpretación es humano y no específico.

> (vi) a. Se descansa bien en la playa.
>
> b. Se come bien en Toronto.

Pasivo. Aparece en construcciones con verbos transitivos donde se ha suprimido el argumento sujeto de la versión activa. El OD de la versión activa se realiza como sujeto. *se* queda como marca de la reducción argumental.

> (vii) Los periodistas divulgaron las noticas. → Se divulgaron las noticias.

Intransitivizador. Aparece con verbos transitivos que denotan eventos que tienen un resultado. Al igual que el *se* pasivo, indica que se ha suprimido el agente. El sujeto de la oración con *se* corresponde al OD de la versión transitiva, el argumento tema. La construcción con el *se* intransitivizador admite el sujeto prenominal.

> (viii) Mi madre quemó la camisa sin querer mientras la planchaba. → La camisa se quemó.

10.7   El orden variable de palabras en español

En esta última sección trataremos brevemente algunas cuestiones relacionadas con la variación del orden de los constituyentes en español, lo cual refleja una **interacción entre la predicación y otros aspectos de la gramática.** Intentaremos proporcionar una visión general del alcance del fenómeno y de los diferentes factores que interactúan.

En más de una ocasión habrás escuchado que el español es una lengua que tiene un orden de palabras bastante libre. Si bien esta afirmación es cierta, hay que pensar en cómo interactúa con otras propiedades de la gramática. Primero, como señalamos en el Capítulo 4, al hablar de variación en el orden de palabras adoptamos implícitamente un punto de referencia frente al cual comparamos las demás opciones. Aunque la idea de un orden base es bastante intuitiva, un problema que se presenta es decidir cuál es dicho orden. Una opción es tomar como punto de partida la estructura de la información, la cual tiene en cuenta cómo se organiza la información en los enunciados y en qué contextos los diferentes órdenes de palabras son adecuados. Se distinguen dos tipos contextos:

I. **Contextos de foco amplio**: toda la información es nueva, i.e., todos los elementos del enunciado tienen un mismo estatus informativo. Estos contextos sirven como respuesta a la pregunta: *¿Qué pasa?/¿Qué pasó?*, que indaga acerca de la situación en su totalidad.
II. **Contextos marcados desde el punto de vista de la información**: algunos elementos pueden tener mayor o menor relevancia desde el punto de vista informativo que otros. De manera general, existen dos procesos gramaticales que permiten resaltar el estatus informativo de un elemento: la topicalización (hacer de un elemento dado el asunto de la proposición) y la focalización (darle a un elemento el estatus de información nueva).

Los contextos de foco amplio se consideran la opción no marcada y se toman como base frente a la cual se evalúan otros órdenes alternativos de un mismo enunciado. Así, (66) sería la opción por defecto, mientras que (67a) podría usarse en un contexto donde alguien pregunta acerca de *los dulces*: *¿Qué pasó con los dulces?* En este caso *los dulces* serían el tópico, de lo que estamos hablando. En (67b), posible respuesta a *¿Qué les regaló Juan a los niños?*, el tópico son *los niños*. Ese proceso de anteponer un constituyente para hacerlo tópico oracional se llama **topicalización.**

(66)   Juan les regaló los dulces a los niños.
(67)   a. Los dulces, Juan se los regaló a los niños.
       b. A los niños, Juan les regaló los dulces

El tipo de verbo que aparece en la construcción es un factor importante a la hora de decidir cuál es el orden no marcado. Cuando estudiamos la posición del sujeto en el Capítulo 4, observamos que diferentes tipos de verbos estaban asociados a determinados órdenes de palabras. Los verbos transitivos se corresponden con el orden **Suj-V-O**, (66), mientras que el orden de los verbos del tipo *gustar* es **OI-V-Suj**, (68). Por último, algunos verbos intransitivos (los inacusativos) tienden a aparecer con el sujeto posverbal: **V-Suj**, (69).

(68)   A los niños les gustan los dulces.
(69)   ¡Llegó Juan con los dulces!

Dado que los tres tipos de verbos se identifican con órdenes específicos, la variación se debe examinar por contraste entre pares o grupos de oraciones que tienen el mismo verbo (o verbos de una misma clase). De esta forma podemos concluir que en español, en contextos de foco amplio, encontramos (de manera general) tres órdenes posibles de palabras en dependencia del tipo de verbo: **Suj-V-(O)** (transitivos), **OI-V-Suj** (verbos del tipo *gustar*) y **V-Suj** (inacusativos). Si el contexto conversacional requiere que la estructura de información de la oración sea marcada, i.e., si algún elemento es más relevante que los demás, podemos alterar estos órdenes neutros. Así vemos que hay dos fuentes de variación en cuanto al orden de palabras: la léxica (tipos de verbos) y la pertinente a la estructura de información.

La predicación interactúa de modo importante con los diferentes órdenes de palabras. Cuando definimos la relación de predicación al inicio del capítulo dijimos que era la atribución de una propiedad (un predicado) al sujeto de la oración cuando este último precede al predicado. Así, con verbos que permiten sujetos posverbales y preverbales, la versión con sujeto preverbal corresponde a una estructura con predicación acerca del sujeto, mientras que si el sujeto es posverbal la estructura es presentacional, i.e., de información nueva. Repetimos el ejemplo (1).

(1) a. Salió <u>la luna</u>. (presentacional)
     b. <u>La luna</u> salió. (predicativa, se entiende como acerca de la luna)

La ausencia de predicación también la vimos en las construcciones con *haber*, con verbos meteorológicos y en las **pasivas con *se***, donde, a diferencia de las demás pasivas, el sujeto aparece mayoritariamente en posición posverbal. ¿Pero qué sucede cuando el elemento en posición preverbal no es el sujeto de la oración? Pensemos en dos contextos: a) contextos con verbos del tipo *gustar*, y b) contextos donde la estructura de la información varía y prácticamente cualquier elemento puede aparecer en primera posición, como (67). Veamos cada caso por turno.

En el caso de los verbos del tipo *gustar* (OI-V-Suj), se ha propuesto que el OI experimentante es **"el sujeto nocional o semántico"**, el elemento sobre el que decimos algo en la oración, mientras que el argumento tema es el **sujeto gramatical**, i.e., genera concordancia (Masullo 1992). Esta propuesta es interesante porque implica que la relación de predicación también puede establecerse entre el predicado verbal y un constituyente que no es el sujeto gramatical. Una propiedad clave de este tipo de contexto es que se trata de construcciones de foco amplio. En otras palabras, este es el orden de palabras por defecto de estas construcciones.

En contextos donde la estructura de la información es marcada y un elemento diferente del sujeto aparece en primera posición, no suele hablarse en términos de predicación, pero sí se dice que, al realizarse dicho elemento en posición inicial, el mismo pasa a ser el tópico (acerca de lo que hablamos en la oración), i.e., topicalización. Si tenemos en cuenta estos dos casos vemos que hay una línea muy fina entre la predicación "decir algo de algo/alguien" y la topicalización "hablar acerca de algo/alguien". Ambos procesos tienen resultados parecidos en cuanto a la interpretación y requieren la misma configuración: el elemento relevante tiene que aparecer en primera posición. Aunque la topicalización y la predicación no son lo mismo, ambas comparten características interpretativas.

Antes de concluir esta parte sobre topicalización retornemos al tema de las estructuras pasivas y sus usos. Habíamos mencionado que la pasiva verbal no se usa tanto en español como en otras lenguas. Si la pasiva verbal es un proceso mediante el cual se asigna prominencia al argumento tema—el OD de la versión activa se realiza como sujeto en la pasiva—en lenguas donde exista otro mecanismo que permita hacer lo mismo, ambos mecanismos van a competir. Esto explicaría el uso restringido de la pasiva verbal en español.

El segundo proceso que permite alterar el orden neutro de palabras es la **focalización**. Aunque hay diferentes formas de focalizar un elemento, la opción por defecto en español es colocar el elemento en posición final del enunciado, posición privilegiada desde el punto de vista de la información. De manera general se dice que las lenguas presentan la información de la conocida a la desconocida, es decir, ordenamos lo que decimos de "lo viejo" a "lo nuevo". Así, si preguntamos *¿quién les regaló los dulces a los niños?* o *¿quién compró los dulces?*, el oyente puede responder con (70) y (71), respectivamente. En ambos casos el elemento que aporta la información nueva—el foco de la pregunta—es el sujeto, y aparece en la última posición.

(70) Se los regaló <u>Juan</u>.
(71) (Los dulces) Los compró <u>Juan</u>.

También se puede focalizar un elemento mediante construcciones más complejas, como la del llamado "*ser* focalizador", (72), donde una oración relativa se enlaza predicativamente con el foco informacional mediante el verbo copulativo *ser*.

(72) a. El que vino **fue Luis**. ('la persona que vino es Luis')
    b. Lo que compró Luis **fue el vino**.
    c. Lo que hizo Luis **fue comprar el vino**.

Las variaciones en el orden de palabras que tienen que ver con la estructura de la información están relacionadas, a su vez, con variaciones en los patrones de entonación de los enunciados, de manera similar (aunque quizás menos saliente) a las diferencias que encontramos entre las oraciones interrogativas y las declarativas. Numerosos estudios en los últimos años han investigado las propiedades prosódicas de los enunciados y sus partes, incluyendo su relación con los diferentes órdenes de palabras y sus propiedades. Estos trabajos examinan la interacción entre la sintaxis y la prosodia, tema interesante pero también muy complejo, por lo que queda fuera de los objetivos de este texto. Por ahora, nos limitamos a invitar a los lectores a que piensen en cómo les "suenan" las diferentes variantes de una misma oración para ver si notan alguna diferencia.

10.8 Conclusiones

En este capítulo abordamos la relación que existe entre temas que parecen ser diversos, pero que demuestran la interacción entre el orden de palabras, la predicación y los diferentes tipos de estructuras disponibles en la gramática del español. Al adoptar una visión más general, podemos explicar por qué algunas construcciones, entre ellas las pasivas verbales, son de uso limitado. También estudiamos en cierto detalle las oraciones copulativas y vimos que *estar* (a diferencia de *ser*) está ligado a cierta interpretación temporal. Al examinar estos tópicos hemos podido constatar la interrelación entre los diferentes aspectos que componen la gramática de una lengua y la necesidad de un acercamiento multidimensional. De la misma forma que se debe estudiar la construcción del significado composicionalmente, las diferentes construcciones deben ser consideradas como partes de un todo complejo que es la gramática de una lengua.

LECTURAS RECOMENDADAS

La predicación es un tema central dentro de la gramática de las lenguas y puede ser abordado desde diferentes perspectivas. Para la predicación en oraciones copulativas recomendamos Fernández Leborans (1999) y para predicación secundaria Demonte y Masullo (1999). Para un acercamiento desde el punto de vista semántico a la predicación ver González Rivera (2016). Para las diferentes construcciones con *se* consultar Mendicoetxea (1999).

10.9 Ejercicios

10.9.1 *Repaso de conceptos*

A. Conceptos. Asigne a cada definición el concepto que le corresponde. Note que hay más conceptos que definiciones.

Definición	Conceptos
1. Relación que se establece entre el sujeto y un elemento que forma parte del predicado verbal.	a) predicación
	b) topicalización
2. Verbos copulativos.	c) pasiva con *se*
3. Verbo copulativo que no impone límites temporales. Término menos marcado.	d) presentacional
	e) ser y estar
4. Proceso mediante el cual un elemento se mueve a la primera posición de la oración y se convierte en el tópico de esta.	f) estar
	g) pasiva verbal
	h) ser
5. Construcción pasiva en que el sujeto puede aparecer en posición posverbal.	i) predicación secundaria
6. Construcción en voz activa donde no hay predicación, toda la información es nueva y el sujeto aparece en posición posverbal.	

10.9.2 *Análisis básico*

B. Predicativas o presentacionales. Clasifica las siguientes oraciones en estructuras predicativas o presentacionales. ¿Qué propiedades gramaticales has tenido en cuenta?

1. El presidente de la empresa financiera hizo declaraciones ayer.
2. Llegaron varios invitados a la fiesta durante tu ausencia.
3. Había varias personas preguntando por ti a la salida de la conferencia.
4. La chica corrió hasta la esquina en menos de 10 segundos.
5. La puerta es amarilla y verde.
6. Los perros duermen plácidamente a los pies de la cama.
7. Entraron muchos mosquitos por el hueco de la ventana.
8. Las tropas enemigas invadieron la ciudad.

    9. La ciudad fue devastada por las tropas.
  10. Ocurrieron varios accidentes y una catástrofe mayor.

C. Tipo de construcción. Identifique las siguientes construcciones.

    1. El vecino me regaló una planta de romero.   ____pasiva estativa
    2. Las cortinas son de colores brillantes.   ____pasiva con *se*
    3. Se construyeron muchos edificios durante la posguerra.   ____presentacional
    4. A Juana le fascinan las películas de misterio.   ____pasiva verbal
    5. Hay vientos huracanados y mucha lluvia en el pronóstico   ____intransitiva
       de las próximas horas.
    6. Los viñedos fueron fumigados con pesticidas varias veces.   ____transitiva
    7. Los libros de texto están impresos en buen papel.   ____copulativa

D. *ser, estar o haber*. Complete con la forma apropiada en presente.

    1. Esas sábanas _____de algodón.
    2. El discurso _____a las 9 de la noche.
    3. Luisa _____abogada, pero ahora _____de profesora.
    4. En la despensa _____latas de tomates.
    5. Los libros que compré _____para mi hermana.
    6. Todavía no _____las seis de la tarde y ya tengo sueño.
    7. La mayoría de la ropa _____del extranjero.
    8. Aunque no (ustedes)_____de acuerdo, iremos al restaurante.
    9. Manuel _____de España, pero ahora _____en Canadá.
  10. Ojalá que no _____dificultades.
  11. El discurso que querías que te escribiera _____en tu escritorio.
  12. En dos semanas aproximadamente (nosotros)_____de vacaciones.
  13. En este momento los libros de texto _____a muy buen precio.
  14. Veo que hoy (tú)_____de muy mal humor.

E. Cópulas. Haga oraciones con las siguientes frases usando solamente *ser* y *estar*. ¿En qué casos ambos son posibles? ¿Cuál es la diferencia entre las dos posibilidades?

    1. El gato/comiendo/pescado
    2. La profesora/colombiana
    3. El libro/en la mesa
    4. La chica/muy elegante
    5. El libro/interesante
    6. La puerta/de madera
    7. La cosecha/destruida/por los insectos
    8. El azafrán/la más cara de las especias

F. Selección de cópula. Identifique la dimensión que describe la selección de la cópula en los siguientes pares de oraciones.

Adjetivos con significados diferentes

Tipos de construcciones pasivas

Tipo de sustantivo: evento vs. objeto

Propiedad permanente vs. propiedad asociada a una etapa

A. Alicia es estudiosa./Alicia está estudiosa.
B. El partido de fútbol es en el estadio./El estadio está en las afueras.
C. El plátano es verde./El plátano está verde.
D. El ensayo fue escrito por Luis./El ensayo está escrito de manera adecuada.

G. **Cópulas y significados.** ¿Cuál es la diferencia de significado entre (1) y (2)? Ofrezca una paráfrasis de cada oración.

(1) Julio está de camarero.
(2) Julio es camarero.

H. **Contraste de significado.** Explique las diferencias entre los siguientes pares de oraciones e identifique los elementos que contribuyen a estas.

(1) a. La sinfonía es a las 7.
    b. La sinfonía está en tu escritorio.

(2) a. Los chicos son malos.
    b. Los chicos están malos.

(3) a. Elena es una actriz de cine.
    b. Elena parece una actriz de cine.

(4) a. La viuda fue arruinada.
    b. La viuda está arruinada.

I. **Semántica.** Explique por qué los ejemplos (1a) y (1c) no resultan en una contradicción a pesar de que la propiedad de la segunda oración es opuesta a la de la primera, mientras que (1b) sí.

(1) a. Los chicos son callados, pero están muy conversadores.
    b. #Los chicos están callados, pero están muy conversadores.
    c. Los chicos parecen callados, pero son muy conversadores.

J. **Pasivas verbales y estativas.** Realizando las modificaciones necesarias en cada caso, convierta los siguientes ejemplos en pasivas verbales o estativas. Si no es posible, explique por qué.

1. El chef hizo el pastel con queso de cabra.
2. La computadora vale 1500 dólares.
3. El jurado le otorgó el primer premio al escritor peruano.
4. Los niños adoran los libros de aventuras.
5. El cocinero tostó el café ligeramente.
6. Más de medio millón de personas visitó la nueva exposición del museo.
7. La actriz cantó la canción al final del programa televisivo.

K. **Construcciones pasivas.** Complete con *ser*, *estar* o *se*. Diga si la construcción se interpreta como un proceso, un estado, o una propiedad.

INTERPRETACIÓN

1. El pastel _____ hecho por un maestro pastelero.
2. El arroz ya _____ cocinado.
3. _____ abandonaron esos proyectos hace mucho tiempo.

4. El museo _____abandonado durante muchos años.
5. Las puertas _____abiertas a las 8 a. m.
6. Las puertas _____abiertas desde las 8 a. m.
7. _____abrieron las puertas a las 8 a. m.

L. Tipos de *se*. Identifique el tipo de *se* en cada construcción.

ESPURIO, IMPERSONAL, REFLEXIVO, RECÍPROCO, ASPECTUAL, PASIVO, INTRANSITIVIZADOR

1. Aquí se cocina todos los días.
2. Mi amiga se cepilla los dientes cada vez que come algo.
3. No se lo he dicho todavía.
4. Se rompió la ducha.
5. Se regalan libreros de IKEA y libros de gramática.
6. Los chicos se mandan mensajes cada una hora.
7. El gato se devoró la comida en un instante.

M. Orden de palabras. Elija la/las respuesta/s adecuada/s teniendo en cuenta la pregunta. En casos en que más de una respuesta sea posible, ordénelas según sus preferencias (1, mejor; 2…, etc.). Tanto si es hablante nativo como si no lo es, discuta sus juicios con un hablante nativo.

1. ¿Qué pasó?
   a. Luis le arregló la bicicleta al hermano.
   b. La bicicleta, Luis se la arregló al hermano.
   c. Al hermano, Luis le arregló la bicicleta.

2. ¿Quién te corrigió los apuntes?
   a. Los apuntes, la instructora me los corrigió.
   b. La que me corrigió los apuntes fue la instructora.
   c. Los apuntes me los corrigió la instructora.

3. ¿Quién llegó?
   a. Llegó Luisa.
   b. Luisa llegó.
   c. La que llegó fue Luisa.

4. ¿Qué hizo Julio para la fiesta?
   a. El pastel de manzana lo hizo Julio.
   b. Julio hizo el pastel de manzana.
   c. El pastel de manzana fue Julio quien lo hizo.

5. ¿Qué pasó?
   a. Salió el gato.
   b. El gato salió.
   c. El que salió fue el gato.

6. ¿Qué pasa? ¿Por qué estás tan triste?
   a. A los chicos no les gustaron los regalos.
   b. Los regalos no les gustaron a los chicos.
   c. Lo que no les gustó a los chicos fueron los regalos.

10.9.3 *Problemas de reflexión*

N.*ser, estar* y *haber*. Teniendo en cuenta los siguientes datos, ¿de qué depende el uso de *estar*?

En la mesa hay libros.	*En la mesa están libros.
En la mesa hay unos libros.	?En la mesa están unos libros.
*En la mesa hay los libros.	En la mesa están los libros.

Ñ. Concordancia en oraciones copulativas. Aunque generalmente el sujeto y el verbo concuerdan en persona y número, hemos visto fenómenos interesantes de concordancia en varias construcciones impersonales. ¿Cómo explicaría los dos patrones de concordancia posibles en (1)? ¿Por qué esta posibilidad no está disponible en (2)?

1 a. Las pruebas finales no son/es lo importante.
   b. Don Fulgencio y el gerente del banco son/es la misma persona.

2. a. El más problemático eres/*es tú.
   b. La más problemática soy/*es yo.

O. Predicación secundaria

I. Los ejemplos en (1) incluyen casos de predicación secundaria. ¿Cuál es el predicado secundario? ¿Qué función sintáctica tiene el elemento al que se le atribuye dicho predicado?

(1) a. Esteban vio salir a Luis cansado.
     b. Esteban vio a Luis salir cansado.

II. Aunque (1a) y (2) se diferencian muy poco, (2) tiene dos interpretaciones, mientras que (1a) solo tiene una. ¿Cuáles son las interpretaciones de (2) y cómo surgen? ¿Qué determina que (1a) no tenga esta posibilidad?

(2) Esteban vio salir al vecino borracho.

III. ¿Por qué es agramatical (3)?

(3) Esteban vio llegar a Luis inteligente.

Epílogo

Aunque quedan muchos, quizás infinitos, temas por cubrir—probablemente ningún libro de gramática sería o estaría "completo"—esperamos haberles ofrecido a nuestros lectores lo suficiente para motivarlos a continuar pensando en la gramática del español. Por ahora, nos contentamos con haberles mostrado los mecanismos subyacentes y principios más generales de su funcionamiento, en otras palabras, algo similar a ese orden del que Borges nos habla en el caso de la *Biblioteca de Babel*.

Quienes la imaginan sin límites, olvidan que los tiene el número posible de libros. Yo me atrevo a insinuar esta solución del antiguo problema: La biblioteca es ilimitada y periódica. Si un eterno viajero la atravesara en cualquier dirección, comprobaría al cabo de los siglos que los mismos volúmenes se repiten en el mismo desorden (que, repetido, sería un orden: el Orden). Mi soledad se alegra con esa elegante esperanza.

(Borges 1974, 471)

Referencias

Aguado, Gerardo. 1995. *El desarrollo del lenguaje de 0 a 3 años*. Madrid: CEPE.

Alarcos Llorach, Emilio. 1994. *Gramática de la lengua española*. Madrid: Espasa Calpe.

Alarcos Llorach, Emilio. 1999. *Estudios de gramática funcional del español*. Tercera edición. Madrid: Gredos.

Álvarez-López, Yadira. 2019. *Straight to the Subject a Unified Analysis of Preverbal and Postverbal Subjects in Broad Focus Constructions in Spanish*. Ph.D. dissertation, University of Toronto.

Aronoff, Mark & Kirsten Fudeman. 2005. *What Is Morphology?* Oxford: Blackwell Publishing.

Authier, Jean-Marc. 1992. Is French a null subject language in the DP? *Probus* 4(1), 1–16.

Battersby, Tanya. 2017. *The Speaker-Oriented Use of Estar: Semantic Variation in the [Copula + Adjective] Context in Buenos Aires Spanish*. Ph.D. dissertation, University of Toronto.

Belletti, Adriana & Luigi Rizzi. 1988. Psych-verbs and θ-theory. *Natural Language & Linguistic Theory* 6(3), 291–352.

Bello, Andrés. *Gramática de la lengua castellana destinada al uso de los americanos*. Santiago de Chile, Imprenta del Progreso, 1847. Alicante: Biblioteca Virtual Miguel de Cervantes, 2002. https://www.cervantesvirtual.com/nd/ark:/59851/bmczk5c0

Borges, Jorge Luis. 1974. *Obras Completas*. Buenos Aires: Emecé.

Bosque, Ignacio (comp.). 1995. *El sustantivo sin determinación. Presencia y ausencia de determinante en la lengua española*. Madrid: Visor.

Bosque, Ignacio. 1999. El nombre común. En: Ignacio Bosque & Violeta Demonte (Dirs.), *Gramática descriptiva de la lengua española*, 3–75. Madrid: Espasa Calpe.

Bosque, Ignacio & Violeta Demonte (Dirs.). 1999. *Gramática descriptiva de la lengua española*. Madrid: Espasa Calpe.

Brucart, José María. 2016. Oraciones de relativo. En: Javier Gutiérrez Rexach (ed.), *Enciclopedia de Lingüística Hispánica* (Volumen 1), 722–736. London and New York: Routledge.

Butt, John & Carmen Benjamin. 1994. *A New Reference Grammar of Modern Spanish*. New York: Springer.

Cabrera Infante, Guillermo. 1974. *Tres tristes tigres*. Madrid: Editorial Fundamentos.

Camacho, José, Liliana Paredes & Liliana Sánchez. 1997. The genitive clitic and the genitive construction in Andean Spanish. En: James R. Black & Virginia Motapanyane (eds.), *Clitics, Pronouns and Movement*, 23–38. *Current Issues in Linguistic Theory*, 140. Amsterdam: John Benjamins.

Camacho, José. 2013. *Null Subjects*. Cambridge: Cambridge University Press.

Camacho, José. 2015. What do Spanish copulas have in common with Tibetan evidentials? En: Isabel Pérez-Jiménez, Manuel Leonetti & Silvia Gumiel-Molina (eds.), *New Perspectives on the Study of Ser and Estar* (Issues in Hispanic and Lusophone linguistics 5), 173–201. Amsterdam: John Benjamims.

Camacho, José. 2018. *Introducción a la sintaxis del español*. Cambridge: Cambridge University Press.

Campos, Héctor. 1999. Transitividad e intransitividad. En: Ignacio Bosque & Violeta Demonte (Dirs.), *Gramática descriptiva de la lengua española*, 1519–1574. Madrid: Espasa Calpe.

Campos, Héctor. 2016. Complementos y objetos. En: Javier Gutiérrez Rexach (ed.), *Enciclopedia de Lingüística Hispánica* (Volumen 1), 448–460. London and New York: Routledge.

Cartagena, Nelson. 1999. Los tiempos compuestos. En: Ignacio Bosque & Violeta Demonte (Dirs.), *Gramática descriptiva de la lengua española*, 2934–2975. Madrid: Espasa Calpe.

Chomsky, Noam. 1957. *Syntactic Structures*. The Hague/Paris: Mouton.

Contreras, Helles. 1978. *El orden de palabras en español*. Madrid: Cátedra.

Cuza, Alejandro. 2008. *The L2 Acquisition and L1 Attrition of the Interpretation and Use of Aspectual Properties in Spanish among English-speaking L2 Learners and Long-term Spanish Immigrants*. Ph.D. dissertation, University of Toronto.

de Friedemann, Nina S. & Carlos Patiño Rosselli. 1983. *Lengua y sociedad en el Palenque de San Basilio*. Bogotá: Instituto Caro y Cuervo.

De la Vega, Sara L. & Carmen Salazar. 2007. *Avanzando: gramática española y lectura* (6th ed.). New York: Wiley.

De Miguel, Elena. 1999. El aspecto léxico. En: Ignacio Bosque & Violeta Demonte (Dirs.), *Gramática descriptiva de la lengua española*, 2977–3060. Madrid: Espasa Calpe.

de Saussure, Ferdinand. 1916. *Cours de linguistique générale*. Charles Bally & Albert Sechehaye (eds.). Lausanne-Paris: Payot.

Demonte, Violeta. 1995. Dative alternation in Spanish. *Probus* 7, 5–30.

Demonte, Violeta. 1999. El adjetivo: clase y usos. La posición del adjetivo en el sintagma nominal. En: Ignacio Bosque & Violeta Demonte (Dirs.), *Gramática descriptiva de la lengua española*, 128–215. Madrid: Espasa Calpe.

Demonte, Violeta & Isabel Pérez-Jiménez. 2012. Closest conjunct agreement in Spanish DPs: Syntax and beyond. *Folia Linguistica* 46(1), 21–73.

Demonte, Violeta & Pascual J. Masullo. 1999. La predicación: los complementos predicativos. En: Ignacio Bosque & Violeta Demonte (Dirs.), *Gramática descriptiva de la lengua española*, 2461–2523. Madrid: Espasa Calpe.

Di Tullio, Ángela. 2014. *Manual de gramática del español*. Buenos Aires: La isla de la luna.

Doutrich, Cynthia & Norma Rivera-Hernández. 2013. *Senderos: Comunicación y conversación en español*. Boston: Cengage Learning.

Dracos, Melisa, Pablo Requena & Karen Miller. 2019. Acquisition of mood selection in Spanish-speaking children. *Language Acquisition* 26(1), 106–118. DOI: 10.1080/10489223.2018.1464006

Estigarribia, Bruno. 2006. Why clitic doubling? A functional analysis for rioplatense Spanish. In: Timothy L. Face & Carol A. Klee (eds.), *Selected Proceedings of the 8th Hispanic Linguistics Symposium*, 123–136. Somerville, MA: Cascadilla Proceedings Project.

Fábregas, Antonio. 2014a. A guide to subjunctive and modals in Spanish: Questions and analyses. *Borealis* 3(2), 1–94. DOI: 10.7557/1.3.2.3064

Fábregas, Antonio. 2014b. Del subjuntivo como forma regente. *Anuario de Filología* 4, 15–44.

Fernández Leborans, M. Jesús. 1999. La predicación: las oraciones copulativas. En: Ignacio Bosque & Violeta Demonte (Dirs.), *Gramática descriptiva de la lengua española*, 2357–2460. Madrid: Espasa Calpe.

Fernández Soriano, Olga. 1999. El pronombre personal. Formas y distribuciones. Pronombres átonos y tónicos. En: Ignacio Bosque & Violeta Demonte (Dirs.), *Gramática descriptiva de la lengua española*, 1207–1273. Madrid: Espasa Calpe.

Fernández Soriano, Olga. 2016. Clíticos. En: Javier Gutiérrez-Rexach (ed.), *Enciclopedia de lingüística hispánica* (Volumen 1, Parte II), 423–435. London: Routledge.

Fernández-Ordóñez, Inés. 1999. Leísmo, laísmo y loísmo. En: Ignacio Bosque & Violeta Demonte (Dirs.), *Gramática descriptiva de la lengua española*, 1317–1397. Madrid: Espasa Calpe.

Galeano, Eduardo. 1986. *Memoria del fuego. III. El siglo del viento*. México DF: Siglo XXI.

García, Erica. 1975. *The Role of Theory in Linguistic Analysis: The Spanish Pronouns System*. Amsterdam: North-Holland Publishing Company.

Gilman, Graciela A., Nancy Levy-Konesky & Karen Daggett. 2005. *Horizontes. Repaso y conversación* (5th ed.). New York: Wiley.

Gleitman, Lila R. 1990. The structural sources of verb meanings. *Language Acquisition: a Journal of Developmental Linguistics* 1, 3–55.

González Rivera, Melvin. 2016. Predicación. En: Javier Gutiérrez-Rexach (ed.), *Enciclopedia de lingüística hispánica* (Volumen 1, Parte II), 809–820. London: Routledge.

Goodall, Grant. 1993. SPEC of IP and SPEC of CP in Spanish wh-questions. In: William J. Ashby, Marianne Mithun, Giorgio Perissinotto & Eduardo Raposo (eds.), *Linguistic Perspectives on the Romance Languages*, 199–209. Amsterdam: John Benjamins Publishing.

Guitart, Jorge. 1995. The NP-based, class/member analysis of mood choice in Spanish relative clauses. In: P. Hashemipour, R. Maldonado & M. V. Naerssen (eds.), *Festschrift in Honor of Tracy D. Terrell*, 385–398. New York: McGraw-Hill.

Gutiérrez Ordóñez, Salvador. 1999. Los dativos. En: Ignacio Bosque & Violeta Demonte (Dirs.), *Gramática descriptiva de la lengua española*, 1854–1930. Madrid: Espasa Calpe.

Gutiérrez-Rexach, Javier (ed.). 2016. *Enciclopedia de Lingüística Hispánica* (Volumen 2). London and New York: Routledge.

Harris, James. 1991. The exponence of gender in Spanish. *Linguistic Inquiry*, 22(1), 27–62.

Heap, David. 2005. Constraining optimality: Clitic sequences and feature geometry. In: Lorie Heggie & Francisco Ordóñez (eds.), *Clitic and Affix Combinations. Theoretical Perspectives*, 81–102. Amsterdam and Philadelphia: John Benjamins Publishing Company.

Hernández-Pina, Fuensanta. 1984. *Teorías psicolingüísticas y su aplicación a la adquisición del español como lengua materna*. Madrid: Siglo XXI.

Hernanz, M. Lluisa 1999. El infinitivo. En: Ignacio Bosque & Violeta Demonte (eds.), *Gramática descriptiva de la lengua española Madrid*, 2197–2356. Madrid: Espasa Calpe.

Hualde, José Ignacio, Antxon Olarrea & Anna María Escobar. 2010. *Introducción a la lingüística hispánica* (Segunda edición). Cambridge: Cambridge University Press.

Kempchinski, Paula. 2016. Subjuntivo. En: Javier Gutierrez Rexach (ed.), *Enciclopedia de Lingüística Hispánica* (Volumen 1), 65–74. London and New York: Routledge.

King, Larry D. & Margarita Suñer. 2008. *Gramática española, análisis y práctica*. Tercera edición. New York: McGraw-Hill.

Lipski, John. 1994. *Latin American Spanish*. London and New York: Longman.

Lunn, Patricia. 1989. Spanish mood and the prototype of assertability. *Linguistics* 27, 687–702.

Maldonado González, Concepción. 1997. *Clave. Diccionario de USO del español actual*. Madrid: Ediciones SM.

Marín, Rafael. 2015. Los predicados psicológicos. Debate sobre el estado de la cuestión. En: Rafael Marín (ed.), *Los predicados psicológicos*, 11–50. Madrid: Visor.

Markle-LaMontange, Joanne. 2016. *Perfect Timing: Child Heritage Acquisition of the Spanish Present Perfect in a Francophone Context*. Ph.D. dissertation, University of Toronto.

Martínez, José Antonio. 1999. La concordancia. En: Ignacio Bosque & Violeta Demonte (eds.), *Gramática descriptiva de la lengua española*, 2695–2786. Madrid: Espasa Calpe.

Masullo, Pascual. 1992. *Incorporation and Case Theory in Spanish: A Crosslinguistic Perspective*. Ph.D. dissertation, University of Washington.

Mayer, E. & Liliana Sánchez. 2017. Feature variability in the bilingual-monolingualcontinuum: Clitics in bilingual Quechua-Spanish, bilingual Shipibo-Spanish and in monolingual Limeño Spanish contact varieties. *International Journal of Bilingual Education and Bilingualism* 22:7, 883–896. DOI: 10.1080/13670050.2017.1322037

Mendicoetxea, Amaya. 1999. Construcciones con *se*: medias, pasivas e impersonales. En: Ignacio Bosque & Violeta Demonte (Dirs.), *Gramática descriptiva de la lengua española*, 1631–1722. Madrid: Espasa Calpe.

Mendoza, Eduardo. 2022. *Trasbordo en Moscú*. Barcelona: Seix Barral.

Morgan, Terrell A. & S. Armin Schwenter. 2016. Vosotros, ustedes, and the myth of the symmetrical Castilian pronoun system. In: Lori Czerwionka, Alejandro Cuza & Daniel J. Olson (eds.),

Inquiries in Hispanic Linguistics: From Theory to Empirical Evidence, 263–280. Amsterdam: John Benjamins.

Nebrija, Antonio de. 1492. *Gramática castellana*. http://www.cervantesvirtual.com/obra/gramatica-castellana

Ortiz López, Luis. 2016. Dialectos del español de América: Caribe antillano (Morfosintaxis y pragmática). En: Javier Gutiérrez-Rexach (ed.), *Enciclopedia de lingüística hispánica*, 316–329. London: Routledge.

Patience, Matthew, Laura Colantoni, Gabrielle Klassen, Malina Radu & Olga Tararova. 2014. *Prosodic phrasing of ambiguous sentence: A comparative study*. Paper presented at Linguistic Symposium on Romance Languages, Western University, May 2–4.

Pérez-Jiménez, Isabel. 2016. Subordinación adverbial. En: Javier Gutierrez Rexach (ed.), *Enciclopedia de Lingüística Hispánica* (Volumen 2), 75–87. London and New York: Routledge.

Pérez-Leroux, Ana T. 1998. The acquisition of mood selection in Spanish relative clauses. *Journal of Child Language* 25, 585–604.

Pérez-Leroux, Ana T. & William R. Glass. 2000. Linguistic diversity and inclusion in the foreign language classroom. *Foreign Language Annals* 33, 58–62.

Pérez-Leroux, Ana T. & Anny P. Castilla-Earls. 2016. Adquisición del español como lengua materna. En: Javier Gutiérrez-Rexach (ed.), *Enciclopedia de lingüística hispánica*, 213–230. London/New York: Routledge.

Pérez-Leroux, Ana T., Mihaela Pirvulescu & Yves Roberge. 2018. *Direct Objects and Language Acquisition*. Cambridge: Cambridge University Press.

Perlmutter, David. 1971. *Deep and Surface Structure Constraints in Syntax*. New York: Holt, Rinehart & Winston.

Picallo, M. Carme & Gemma Rigau. 1999. El posesivo y las relaciones posesivas. En: Ignacio Bosque & Violeta Demonte (Dirs.), *Gramática descriptiva de la lengua española*, 972–1023. Madrid: Espasa Calpe.

Quer, Josep. 1998. *Mood at the Interface*. The Hague: Holland Academic Graphics.

Querido, Antonio. 1976. The semantics of copulative constructions in Portuguese. In: Marta Luján & Fritz Hensey (eds.), *Current Studies in Romance Linguistics*, 343–366. Washington, DC: Georgetown University Press.

Real Academia Española. 1991. *Esbozo de una gramática de la lengua española*. Madrid: Espasa Calpe.

Real Academia Española. 2010. *Nueva gramática de la lengua española*. Madrid: Espasa Calpe.

Rigau, Gemma. 1999. La estructura del sintagma nominal: los modificadores del nombre. En: Ignacio Bosque & Violeta Demonte (Dirs.), *Gramática descriptiva de la lengua española*, 311–362. Madrid: Espasa Calpe.

Roeper, Thomas & Ana T. Pérez-Leroux. 2011. Simplicity and complexity in child language and its explanation. *Infancia y Aprendizaje* 34(3), 363–380.

Rojo, Guillermo & Alexandre Veiga. 1999. El tiempo verbal. Los tiempos simples. En: Ignacio Bosque & Violeta Demonte (Dirs.), *Gramática descriptiva de la lengua española*, 2868–2934. Madrid: Espasa Calpe.

Ruda, Marta. 2018. *On the Syntax of Missing Objects. A Study with Special Reference to English, Polish, and Hungarian*. Amsterdam: John Benjamins.

Sacheri, Eduardo. 2016. *La noche de la usina*. Madrid: Alfaguara.

Sánchez López, Cristina. 1999. La negación. En: Ignacio Bosque & Violeta Demonte (Dirs.), *Gramática descriptiva de la lengua española*, 2561–2634. Madrid: Espasa Calpe.

Sánchez, Liliana. 2004. Functional convergence in the tense, evidentiality and aspectual systems of Quechua Spanish bilinguals. *Bilingualism: Language and Cognition* 7(2), 147–162.

Schmitt, Cristina & Karen Miller. 2007. Making discourse dependent decisions: the case of the copulas *ser* and *estar* in Spanish. *Lingua* 117(11), 1907–1929.

Seco, Rafael. 1971. *Manual de gramática española*. Revisado y ampliado por Manuel Seco. Madrid: Aguilar.

Sera, María D. 1992. To be or to be. *Journal of Memory and Language* 31, 408–427.

Seres, Daria & M.Teresa Espinal. 2018. Psychological verbs and their arguments. *Borealis – An International Journal of Hispanic Linguistics* 7(1), 27–44. DOI: 10.7557/1.7.1.4404

Serrano, María. 1996. Sobre el uso del pretérito perfecto y pretérito indefinido en el español de Canarias: pragmática y variación. *Boletín De Filología* 35(1), 534–566.

Suñer, Margarita. 1982. *The Grammar of Spanish Presentational Sentence Types*. Washington, DC: Georgetown University Press.

Suñer, Margarita. 1988. The role of agreement in clitic doubled constructions. *Natural Language & Linguistic Theory* 3, 391–434.

Thomas, Danielle. 2012. *Grammatical Optionality and Variability in Bilingualism: How Spanish-English Bilinguals Limit Clitic-climbing*. Ph.D. dissertation, University of Toronto.

Torrego, Esther. 1984. On inversion in Spanish and some of its effects. *Linguistic Inquiry* 15, 103–130.

Torrego, Esther. 1998. *The Dependencies of Objects*. Cambridge, MA: MIT Press.

Torrego, Esther. 1999. El complemento directo preposicional. En: Ignacio Bosque & Violeta Demonte (Dirs.), *Gramática descriptiva de la lengua española*, 1779–1805. Madrid: Espasa Calpe.

VanPatten, Bill. 1987. Classroom learners' acquisition of *Ser* and *Estar*: Accounting for developmental patterns. In: Bill VanPatten, Trisha R. Dvorak & James F. Lee (eds.), *Foreign Language Learning*, 19–32. Rowley: Newbury.

Vendler, Zeno. 1957. Verbs and times. *The Philosophical Review* 66(2), 143–160.

Verdelle, A. J. 1994. *The Good Negress*. Chapel Hill, NC: Algonquin Books.

Índice de materias